KB138154

사상가 특집 2권

주제 속 주희, 현대적 주희

유교문화연구총서 25

사상가 특집 2권

주제 속 주희, 현대적 주희

황종원 · 김도일 외 지음

성균관대학교 유교문화연구소 사상가특집편집위원회(김도일, 김동민, 원용준, 지준호, 황종원),

유학동양한국철학과BK21연구단 / 한국유교학회 공동발간

일러두기

책은 『 』, 논문과 시는 「 」, 그림과 노래는 〈 〉 등으로 표시한다.

서지 사항은 서명, 편명, 페이지 순서로 밝힌다.

　이 책은 성균관대학교 유교문화연구소 발간《유교문화연구총서》내
〈사상가 특집〉의 두 번째 권이다. 현재까지 연구소에서 발간해 온 학
술지들, 특히 『유교사상문화연구』(한국유교학회 공동발간)와 *Journal of*
*Confucian Philosophy and Culture*를 중심으로 특정 사상가에 대한 연
구논문들을 선별하여 엮는다. 〈사상가 특집〉의 기획 의도 중 하나는 유
교문화연구소와 한국유교학회가 쌓아온 근 20년간의 연구 성과를 정리
하여 보고하는 데 있다. 이와 더불어 또 다른 기획 의도는 독자들이 이
한 권의 책을 통독함으로써 해당 사상가의 주요 사상들에 대하여 조망할
기회를 갖게 하는 데 있다.

　이 두 번째 권의 주제는 주희(朱熹) 철학이다. 주희는 송대 유학의 집
대성자로 조선 성리학에도 엄청난 영향을 미쳤던 인물인 만큼, 그의 철
학사상을 체계적으로 연구한 저작은 이미 적지 않다. 그렇지만 그 사상
체계의 방대함과 복잡함으로 인해, 그의 철학사상은 세부 주제별로 여
전히 새롭게 연구되고 있다. 또 그가 전체 송명 유학을 대표하는 철학자
가운데 한 명임으로 인해, 그의 철학사상이 지닌 현대적 의미에 대한 재
조명 작업도 부단히 이루어지고 있다. 이런 이유에서 주희 철학의 여러
주제 혹은 문제를 각기 다른 학자가 다양한 관점에서 탐구한 논문들을
결집한 이 저서는 기존의 연구서와는 구별되는 특별한 의의를 지닌다.
첫째는 아직까지 분명히 해명되지 못한 세부 탐구 주제에 대한 연구자들
의 새로운 견해를 보여주어, 주희 철학에 대해 더욱 세밀한 이해를 도울
수 있다는 점이다. 둘째는 현대의 중요한 문제 혹은 철학 사조와 관련

지어 주희 철학을 탐구한 여러 연구물을 살핌으로써 그것의 다양한 현재적 의의를 음미할 수 있다는 점이다. 본 저서는 주희 철학을 본격적으로 이해하고자 하는 대학원생들에게 특색 있는 개론서 역할을 할 수 있을 것이다.

이 책은 논문의 성격에 따라 2부로 나누었다. 1부는 주제별 주희 철학 이해이고 2부는 주희 철학에 대한 현대적 이해이다.

1부의 논문 7편은 주희의 사상체계를 구성하는 주요 범주 혹은 주제를 새로운 관점이나 해석을 통해 다룬 것들이다. 통상적으로 주희의 철학사상은 이기론(理氣論), 심성론(心性論), 수양론(修養論)의 이론체계로 분류되거니와, 이 저서도 우선은 이 체계에 따라 논문을 배치했다. 다만 기존 연구에서는 밝히지 못한 새로운 시각과 견해를 선명히 드러낸 연구물을 선별했기 때문에, 주희 철학이 포함하는 여러 중요한 주제를 다 아우르지는 못했다. 예컨대 이 저서에는 이발미발(已發未發), 주경함양(主敬涵養) 같은 중요한 주제가 빠져 있다. 그렇지만 일반적인 주희 개론서에서 쉽게 다루지 않는 주제가 포함되어 있기도 하다. 바로 특정 유교 경전에 대해 주희의 해석이 보이는 특징과 그 철학적 의미를 다룬 것들이 그것이다.

주희의 철학에서 리(理)는 핵심 중의 핵심이 되는 개념이다. 안재호는 「주희(朱熹)의 리(理)는 본체(本體)인가?」라는 글에서 주희의 리 개념이 어떤 의미를 지닌 본체인지를 해명하고 있다. 무엇보다 그가 현실의 악이라는 엄중한 문제를 인정하고 그것을 극복하기 위해, 리를 형이상의 초월적 본체로 상정해 도덕 실천을 위한 절대불변의 근거를 마련했고, 인식론적으로 이를 명확히 파악하여 그대로 따라야 하는 공부를 강조했다고 설명한다. 나아가 이런 이해의 맥락에서 주희의 리는 '초월적 형식 규정'이고, 그 발용은 '추상적 형식 작용'이며, 그런 작용을 통해서는 천지만물의 보편성만 보장할 수 있기 때문에, 현상세계에서는 리가 기에 제한되어 각이(各異)한 개체성을 표현하게 된다고 해명한다. 본체론적 측면에서 주희의 리가 갖는 함의를 정치하게 설명하면서, 본체로서의 리를 최대한 긍정적으로 이해하려 했다.

주희 철학에서 본체로서의 리는 태극(太極)이라는 명칭으로도 불린다. 김한상은 「체용론(體用論)과 주희(朱熹) 철학의 태극(太極) 개념에 대한 고찰」에서 본체인 태극과 현상인 음양(陰陽)이 체와 용의 관계를 이루고 있는지를 고찰한다. 논자는 초기에 주희가 태극과 음양을 체와 용으로 사유했지만, 1173년 이후에는 체와 용의 용어 사용을 자제한 점에 주목한다. 주희는 리를 체로, 기를 용으로 보는 해석을 인정하지 않은 것이다. 논자는 그 이유를 주희가 체와 용을 본체와 현상의 연속성을 보여주는 데 유용한 개념 틀로만 사용하고, 본체와 현상의 단절성을 보여주기에는 무리가 있다고 여겼기 때문이라고 설명했다. 태극-음양 관계에 대한 분석을 통해 주희의 체와 용에 대한 관점을 명확히 해명한 글이라 하겠다.

주희의 심성론에서 지각(知覺)은 명료하게 이해되지 못한 개념 중 하나이다. 연재흠은 「주희(朱熹) 철학에 있어 '지각(知覺)'의 의의」라는 글에서 이 개념의 함의를 세밀하게 분석했다. 우선 주희가 마음의 기능으로서의 지각은 기에 의해 이루어지며, 그중에서 음기는 기억을, 양기는 지각, 사려를 일으킨다고 했음을 밝혔다. 아울러 지각의 구체적인 내용은 생리적, 심리적 지각과 선악, 시비를 판단하는 도덕적 지각을 포함하는데, 이는 주희의 인심도심(人心道心)설과 관련이 있음을 규명했다.

마음의 지각 작용에 대한 중시는 격물궁리(格物窮理)설의 정립과도 연결된다. 그리고 주지하듯이 육왕심학에서는 이 격물궁리설이 실제로는 고자의 의외설(義外說)을 인정하는 것이라 비판한다. 홍성민은 「의외설(義外說) 비판을 통해서 본 주자 도덕 인식론의 특징」이라는 논문에서 육구연의 비판을 통해 주희의 격물궁리설이 지닌 인식론적 특징을 규명한다. 주희와 육구연 사이의 논변에 대한 분석을 통해 논자는 상이한 도덕 인식론을 구축했기 때문에 입장 차이를 보였다고 하면서, 주희는 선험적 도덕지식과 외재적 경험지식을 구분하지 않고, 의(義)가 내외를 일관한다고 주장했음을 밝혔다.

주희 사상에서 중요하게 다루어야 할 연구 영역의 하나가 주희의 유교 경전 이해의 문제이다. 다음 세 편의 글은 이 문제를 다루고 있다.

신정근은 「주희의 인(仁)과 지(知) 관계에 대한 해법」이라는 글에서 『논어』「옹야」 24장에 나오는 어진 자(仁者)는 '이치에 닿게 속일 수는 있지만(可欺)', '이치에 어긋나게 속일 수는 없다(不可罔也)'는 구절에 대한 이해의 문제를 중심으로, 멍청한 인자(仁者)에서 벗어나기 위한 역대 유학자들의 해법을 공자에서 주자에 이르기까지 고찰하였다. 이 고찰을 통해 저자는 이 해법이 공자에게서는 인(仁)과 지(知)의 결합으로, 맹자에게서는 성(性) 안에 측은지심과 시비지심을 포함함으로써, 순자에게서는 성 밖에 비교, 판단하는 지(知)를 둠으로써 제시되었다고 했다. 후대에도 이러한 관점은 기본적으로 계승되어 동중서도 인과 지의 결합으로 인자의 오류 가능성을 배제할 수 있다고 보았고, 주자 또한 인자의 오류 가능성을 피하기 위해서는 지식을 갖추어야 함을 강조했음을 논증했다.

김도일은 「주자의 『대학』 해석에 있어서의 실천의 문제」라는 글에서 주희가 왜 명명덕(明明德)과 신민(新民) 외에 지어지선(止於至善)을 독립된 강령으로 삼았는지 하는 문제를 해명했다. 논자의 지적처럼 일반적으로 명명덕과 신민은 각각 수기와 치인에 배속되는 데 반해, 지어지선은 일반적으로 앞의 두 강령의 지향점에 지나지 않는 것으로 여겨진다. 논자는 지어지선이 또 하나의 독립된 강령이 된 까닭은 명명덕과 신민이 종국에는 실천을 통해서만 완성될 수 있음을 강조하기 위한 것이었음을 밝혔다.

한편 김동민은 「주자의 『춘추(春秋)』 해석 방법론」에서 주자가 『춘추』를 해석한 핵심적 방법이 무엇인지 해명했다. 이 글에서 그는 주자가 『춘추』의 대의(大義)를 파악하는 것이 『춘추』 해석의 관건이라고 하면서 그 대의를 밝히기 위한 방법으로 객관적 독법을 제시했음을 밝혔다. 아울러 『춘추』 해석의 기준으로 자주 활용되던 포폄(褒貶)의 필법이 지닌 허구성을 삼전(三傳), 호안국(胡安國), 정이천(程伊川)의 해석을 예로 들며 비판했음을 소개했다. 이 글을 통해 저자는 주자가 기존의 『춘추』 해석을 과감하게 비판하고 객관적인 해석방법론을 제시했다는 점에서 학술사적인 가치가 크다고 평가했다.

 이어지는 2부에서는 주희 철학에 대한 현대적 이해를 다룬 4편의 논문이 실려 있다. 그런데 여기서 말하는 주희 철학에 대한 현대적 이해는 서로 다른 두 가지 연구 방법을 포함한다. 하나는 현대철학의 관점으로 주희의 철학을 재해석하고 그 의미를 재음미하는 것이고, 다른 하나는 현대의 어떤 중요한 문제에 대해 현대철학의 어떤 분야를 의식하면서도 그 개념 틀에 얽매이지 않고 주되게는 주희 철학 자체가 갖는 독자적 특징을 파악하고 그 의미를 재조명하는 것이다. 물론 이 두 방법은 모두 각기 나름의 의의가 있다. 아래 4편의 논문 중에서 첫 번째 글은 전자에 속하고, 나머지 3편은 후자에 속한다.

 강진석은 「해석학의 입장에서 바라본 주자학」이라는 글에서 현대 해석학의 관점에서 주희 철학을 재음미했다. 논자는 주희가 북송 담론을 통해 사서의 가치를 재발견하고, 새로운 언어와 철리(哲理)로 해석을 했으며, 북송 담론에서 전승한 개념은 주희의 독자적 사유와의 '융합' 속에서 새로운 변이를 일으켰다고 했다. 또 기존의 개념은 주자의 사색과 당대인들과의 논쟁 속에서 끊임없이 변모하였고, 이를 통해 주자의 의미지평은 해석학적 순환 과정 속에서 수정과 확장과 종합 등의 양태로 변신을 거듭하였다고 했다.

 김재경은 「격물과 윤리적 딜레마」라는 논문에서 현대윤리학적 관점에서 주희의 격물치지론이 지니는 의의를 간호사의 윤리적 딜레마 문제를 중심으로 규명하고 있다. 일련의 문제에 대한 분석을 통해 논자는 주희

의 격물이론이 일상의 격물화, 격물의 일상화를 통해 궁극적으로 합내
외지리(合內外之理)를 추구하고, 주희의 격물론은 윤리적 의사결정을 위
한 직관과 추론이라는 윤리적 판단 기제를 함축하고 있으며, 그것은 현
대 간호사들이 겪는 윤리적 딜레마를 재구조화하는 데 유효한 해석학적
도구가 될 수 있음을 논증했다.

한편 김상준의 「'다른 근대'와 주희 주권론의 현재성」은 주희의 군주론
을 주권론이라는 매우 색다른 시선에서 재해석한 글이다. 논자는 서구
근대 주권론의 한계가 그 전권(專權)적, 전국(戰國)적, 팽창적 성격에 있
는 데 반해, 주희의 군주권(君主權)에서 인간으로서의 군(君)은 떨어져 나
가고, 추상적 실체로서의 '주권'만 남는다고 분석한다. 나아가 주희의 주
권론은 공존적 미래 주권론의 경지, 천하위공(天下爲公)=천하무외(天下
無外)의 주권관을 열어보인다고 주장한다.

마지막으로 황종원은 「주자 인(仁) 개념의 자연 생명론적인 의미」라는
글에서 현대 생태철학을 의식하며 주희의 인 개념이 지닌 자연론적 함의
를 분석하고, 주희가 천지의 원형이정(元亨利貞)과 인간의 인의예지(仁義
禮智) 사이의 일치를 어떻게 논증했는지 고찰했다. 분석과 고찰을 통해
주희는 생명 개념을 매개로 원(元)과 인(仁) 사이의 일치는 비교적 훌륭
하게 논증했으나, 형이정(亨利貞)과 의예지(義禮智) 연결은 부자연스러움
을 밝혔다.

편집인 황종원

2부 주희 철학에 대한 현대적 이해

1부

주제별 주희 철학 이해

주희(朱熹)의 리(理)는 본체(本體)인가?
- 리 개념의 여러 문제 정리

안재호(중앙대학교 철학과 부교수)

1. 이끄는 말

주지하다시피 주희는 북송의 신유가 철학을 집대성한 학자로 평가된다.[1] 그의 철학 체계는 일반적으로 천도론(天道論)이 생략되었다고 평가되는 육왕심학(陸王心學) 등과 달리, 동양철학의 모든 범주를 아우르는, 즉 본체(우주)론과 심성론 그리고 수양론 모두를 포괄하는 방대한 체계이며, 그것들 간의 논리적 정합성을 갖추려 노력했던, 나름대로 체계적인 것이라고 평가받는다. 이런 주희의 체계에서 가장 근본이 되는 개념은 역시 리(理)를 제외하고 다른 것을 말할 수 없다.[2] 주희의 철학 체계에서 리 개념은 본체론에서 뿐만 아니라 심성론과 수양론에서도 가장 근본적이며 핵심이 되는 것으로, 이른바 본체이다.[3] 그런데 또한 주지하다시

---

[1] 물론, 牟宗三 등은 주희가 북송 신유학의 학술내용 전체를 집대성한 것으로 보지 않지만, 우리는 일단 전통적이고 일반적인 평가를 긍정해보자.

[2] "리는 주희철학사상의 핵심이고, 또한 그 철학의 출발점이자 종결점이다."(張立文, 『朱熹思想研究』, 臺北: 谷風, 1986, 212쪽)

[3] 아마 본체에 대한 이해에도 여러 가지 서로 다른 방식이 있을 것이다. 오해를 피하기 위해 필자가 이해하는 내용을 적시하자면, 본체는 우선 실체 - 다른 어떤 것에 의지하지 않고 존재하는 것이고 나아가 천지 만물 - 경험 세계의 모든 존재들의 최종근거이며, 그래서 또한 전체

피, 주희의 리 개념에는 표면적으로 보기에 양립 불가능한 몇 가지 주장들이 혼재한다. 예를 들면, 리에는 동정이 있을 수 없다고 했다가 또한 동정이 있다고 주장하고, "리일분수(理一分殊)"처럼 리는 같지만 기가 다르다고 했다가 또한 기가 달라서 리가 다르다고 주장하기도 했다. 여기에 더하여 초절적(超絶的) 형이상자인 리가 유행한다거나, 구체적 사물과 현상의 질료가 되는 기를 낳는다는 등의 주장도 나타난다. 이와 같이 양립 불가능해 보이는 주장들이 혼재하는 리가 과연 본체인가?

이런 문제에 대해서 역대의 여러 학자뿐만 아니라 오늘날의 연구자들도 서로 다른 해석을 내놓고 있다. 기실, 주희의 재전(再傳) 제자들부터 시작되는 리 개념에 대한 문제 제기는, 명대 중기 이후 본체론에서는 "리기일물(理氣一物)"이라는 주장으로 정리되어 갔고,[4] 심성론에서는 "심즉리(心卽理)"로 종합되는 모습이 나타났다.[5] 우리 조선조 성리학에서의 양대 논쟁 – 사칠리기논쟁과 인물성동이논쟁 또한 궁극적으로 주희의 리 개념에 대한 해석 문제였다고 말할 수 있다. 이 두 논쟁에 대한 이해 역시 해석하는 학자의 입장에 따라 각각 다르다. 그렇다면 주자학은 그 자체가 이율배반적이어서 도대체 정합적일 수 없는 철학 체계일 뿐인가? 어쩌면 그런 측면이 있을 수도 있다. 그러나 우리의 작업은 주희를 도와 보다 유의미한, 나름의 가치를 지닌 정합적 철학 체계로 해석하는 것이 아닐까? 그렇다면 우리는 분명 취사선택을 해야 할 것이다. 주희가 진정 의도했던, 해결하려고 했던 문제는 무엇이고 그것은 어떤 방식으로, 어떤 이론을 통해 해결될 수 있는가? 이것을 기준으로 주희의 주장을 정리하고 체계화시키는 것이 주자학을 연구하는 우리의 임무라고 생각한다.

시공간을 아우를 수 있는 – 특정한 시공간에 제한되지 않지만 그렇다고 시공과 隔絶되지 않은 형이상자를 말한다.

4 羅欽順과 王廷相이 그 대표라고 말할 수 있다. 그 과정에 대해서는 陳來, 안재호 옮김, 『송명성리학』, 예문, 1997 참조.

5 재론할 필요 없이 양명학이 그 대표이다.

지난 세기에 활약한 중국 신유학자들에 따르면, 주희는 정이(程頤)와 마찬가지로 현실의 문제, 악이라는 엄중한 문제를 인정하고 그것을 극복하려는 노력에 매진했고,[6] 정주(程朱)가 선택한 해결의 방식은 분석적이요 인식적이었다.[7] 그래서 주희는 리를 형이상의 초월 본체로 상정하여 도덕실천을 위한 절대불변의 근거를 마련했고, 이를 명확히 파악하여 그대로 따라야 하는 공부를 강조했다. 우리는 주희의 학술목표와 문제해결 방안에 대한 이상과 같은 이해의 맥락에서 그의 본체 개념 - 리를 분석할 것이다.

주희의 리[太極] 개념은 또한 떼어놓을 수 없는 하나의 짝이 있으니, 바로 형이하자로 규정되는 기(氣)이다. 리와 기, 이 둘의 관계 규정은 리 개념을 본체로 이해할 수 있는지 판단하는데 핵심적인 역할을 한다. 따라서 우리는 리 개념 자체만이 아니라 기와의 관계에 대해서도 심도 있게 살펴보지 않을 수 없다. 본문에서 우리는 우선 리 개념 자체에 대한 주희의 확고한 규정을 살펴보고, 기와의 관계에서 설명될 수밖에 없는 몇몇 특징들에 대해서 차례로 고찰하며, 이를 통해 주희의 리 개념이 본체인지 판단할 것이다.

2. 형이상자(形而上者): 초절적(超絶的) 형식 규정

주지하다시피 주희는 리를 "소이연지고(所以然之故)"와 "소당연지칙(所當然之則)",[8] 즉 존재의 근거와 당위의 법칙으로 설명했다. 그런데 이것은 리가 담당하는 역할을 제시한 것이지, 그 자체의 특징을 직접적으로

---

6   唐君毅,『中國哲學原論導論』,臺北: 學生, 1986[全集校訂版] 등 참조.
7   牟宗三,『心體與性體(一, 三)』,臺北: 正中, 1969 등 참조.
8   『大學或問』上 8쪽: "天下之物, 則必各有所以然之故, 與其所當然之則, 所謂理也."

규정한 것은 아니다. 그렇다면 리의 특징은 무엇인가? 주희는 『역전』의 사상을 응용해서, 리를 "형이하자(形而下者)"인 기와 달리 "형이상자(形而上者)"로 보았다.[9] 그런데 주희의 '형이상자'는 '형'보다 위, 즉 형체에 얽매이지 않는 초월적이고 독립적인 것을 말한다. 이때의 '형'은 단지 경험 세계의 사물만을 가리키지 않고 그것들을 구성하는 질료로서의 음양오행도 포함한다. 그래서 주희는 태극(리)이 "음양 밖에 있지만 음양 가운데서 운행하지 않은 적이 없다."[10]고 주장했다. "음양 가운데서 운행한다."라는 의미는 다음 절에서 살펴보기로 하고, 일단 "음양 밖에 있다."라는 말은 리가 음양으로부터 독립적이라는 의미이다. 이런 인식은 음양 및 그것에 의해 구성된 사물이 있기 전에 이미 그 사물의 리가 있다거나[11] 리가 많기 때문에 사물이 많을 수 있다는[12] 주장에서 다시 초월적이고 근원적인 의미도 있음을 확인할 수 있다. 설령 주희의 사상을 전기와 후기로 구분한다고 하더라도, 주희의 본체론 체계에서 리의 선재(先在)는 결코 부정되지 않는다.[13] 그래서 리는 확실하게 사물로부터 독립할 수 있고 초월적이며, 또한 그래서 근원적인 존재[14]인 것이다. 이런 이유 때문에 주희는 태극(리)이 "오직 하나이어서 상대가 없는 것"[15]이고 기와는 "결단코" 다른 특별한 존재라고[16] 주장했던 것이다.

---

9 『朱子語類』 卷1 3쪽: "理, 形而上者; 氣, 形而下者."

10 『朱子大全』 卷36 「答陸子靜」5 9쪽: "在陰陽之外, 而未嘗不行乎陰陽之中."

11 『朱子大全』 卷46 「答劉叔文」1 24쪽: "雖未有物, 而已有物之理; 然亦但有其理而已, 未嘗實有是物也."

12 『朱子語類』 卷94 2387쪽: "惟其理有許多, 故物亦有許多."

13 이에 대한 상세한 분석과 설명은 陳來, 『朱熹哲學硏究』, 華東師範, 2000 참조.

14 여기에서 말하는 존재는 경험 세계에서 인식할 수 있는 존재물을 가리키지 않는다. 그것은 다만 리가 하나의 개념임을 의미한다. 필자가 리를 존재로 말하는 경우는 모두 이와 같은 의미이다.

15 『朱子語類』 卷100 2549쪽: "太極只是箇一而無對者."

16 『朱子大全』 卷46 「答劉叔文」1 24쪽: "所謂理與氣, 此決是二物."

이처럼 초월적이요 근원적이어서 상대가 없는 특별 존재인 리는 추상적일 수 있을 뿐, 조금도 구체적인 어떤 것일 수 없다.[17] 주희는 형이상자[道] 또한 음양오행을 포함한 만물의 "소이(所以)", 즉 초월 근거로 규정한다. "한 번 음하고 한 번 양하는 근거", "음양의 근거", "음양이 되는 근거", "순환의 근거"[18] 등등의 표현이 그것이다. 형이상자에 대한 주희의 이런 인식은 정이와 그 맥을 같이 하지만 그보다 더 확고하게 독립성을 강조한다. 정이는 그의 형 정호와 달리 형이하의 작용을 통해 드러나는 형이상을 긍정하는 것이 아니라, 형이하의 초월적 근거로서 형이상을 이해했다.[19] 주희는 정호처럼 형이상을 형이하와 분리될 수 없는 것으로 여기지 않고, 정이의 노선을 따라, 그보다 더 강력하고 확고하게 형이하를 초월하여 독립할 수 있는 것으로 생각했다. 여기에서 우리가 주의해야 할 점은, 위에서 살펴본 것처럼, 만물의 최종근거가 되는 리가 바로 형이상자이고, 그것은 구체적인 형이하자를 초월하는 독립 실체라는 사실이다. 다시 말해서, 리가 구체성을 담보하는 음양 등과 전혀 상관없이 홀로 존재할 수 있다는 것이다.

리에 대한 이런 인식은 매우 중요한 사실을 시사한다. 그런데 그것은 기실 심각한 문제를 노정한다고 말할 수 있다. 주희는 정이와 마찬가지로, 너무도 뚜렷한 현실의 악을 극복하기 위한 근거를 마련하여 이상적 인간[聖人]의 완성을 도모했다. 그 근거가 바로 형이상의 독립 실체로서의 리(태극, 도)이다. 주희가 보기에, 만물의 존재 근거인 리는 모든 사

---

17 "리는 형이상으로, 오직 '있기[在]'만 하지 '존재하지[有]' 않는다. …… 초월적 형이상의 근거이다."(劉述先, 『朱子哲學思想的發展與完成』, 臺北: 學生, 1984, 270쪽) "리는 어떤 사물이 그 사물이 되는 원리이기 때문에 그 자신은 어떤 존재의 의미도 없다."(杜保瑞, 『南宋儒學』, 臺灣商務, 2010, 270쪽)

18 『朱子大全』卷36「答陸子靜」5 9쪽: "所以一陰而一陽者."; 『周子全書』卷1 9쪽: "所以陰陽者道也."; 『朱子語類』卷74 1896쪽: "所以爲陰陽者, 乃道也. …… 是所以循環者乃道也."

19 정호에 관해서는 안재호, 「정호의 '생지위성'설 비판」, 『유교사상문화연구』56, 2014 참조. 정이에 관해서는 『河南程氏遺書』권3, 67쪽; 권15, 162쪽 등 참조.

람과 사물에 품부되는데, 그 내용은 지극히 훌륭하고 선한 도리일 뿐이다.[20] 비록 사람과 사물 모두에 품부되는 지선(至善)이기는 하지만, 앞에서 설명한 것처럼, 리는 동시에 천지 만물을 초월한 독립 실체이다. 반드시 그래야만 하는 까닭은, 경험 세계의 만물이란 시공간의 제약과 그에 따른 변화의 모습을 드러낼 수밖에 없지만 도덕실천의 확고한 근거가 되는 리는 결코 어떤 제약과 변화도 용납할 수 없기 때문이다. 그래서 주희는 리가 "응결하고 조작할 수 있는" 기와는 달리 어떤 "정의(情意)나 계탁(計度), 조작(造作)"도 없는 것으로 "단지 정결(淨潔)하고 공활(空闊)한 세계"라고 말했다.[21] 다시 말해서, 도덕실천의 근거인 리는 경험 세계와는 격절된 절대의 완전한 세계이어야 한다는 것이다. 그래야만 절대불변의 지선을 확보할 수 있고, 그것이 인간을 비롯한 천지 만물에 품부되었음을 근거로 도덕실천이 가능하기 때문이다. 그러나 문제는 바로 그렇기 때문에 또한 리가 온전히 자기 역할을 다하기 어렵다는 점이다. "정의, 계탁, 조작"이 없는 "정결하고 공활한 세계"인 리는 비록 지선일지라도 또한 시공간의 제약을 받는 경험 세계에서 어떤 작용도 드러내지 않고, 그 자신 어떤 의도나 의지를 표현하지 않는다. 형이상자인 리는 현상세계와 격절된 초월자이다. 그렇다면 그것은 초절적(超絶的) 형식규정일 뿐이지, 도덕실천을 추진시킬 수 있는 온전한 근거가 되기 어렵다. 주희의 공부가 절대불변의 지선인 리를 곧장 드러내는 것이 아니라, 리와 거리가 있을 수밖에 없는 마음[心]을 안정시키고 몸가짐을 경건하게 하는 주경(主敬)과 인지적 특성을 드러낼 수밖에 없는 격물궁리(格物窮理)인 까닭이 바로 여기에 있는 것이다.[22]

---

20 『朱子語類』卷94 2371쪽: "太極只是箇極好至善底道理. 人人有一太極, 物物有一太極. 周子所謂太極, 是天地人物萬善至好底表德."

21 『朱子語類』卷1 3쪽: "蓋氣則能凝結造作, 理却無情意, 無計度, 無造作. …… 若理, 則只是箇淨潔空闊底世界, 無形跡, 他却不會造作."

22 주희의 공부에 관해서는 안재호, 「철학치료와 주희의 수양론」, 『철학탐구』47, 2017.08; 안재

3. 동정(動靜)과 유행(流行)

경험 세계를 초월하는 형이상자인 리에 대해, 주희는 동정이 없다고 주장하기도 하고 또 있다고 주장하기도 한다. 나아가 천명(天命) 등의 개념을 통해서 그것의 유행을 주장하기도 한다. 이처럼 양립이 불가능한 것으로 보이는 주장을 함께 내놓는 까닭은 무엇인가? 양립이 가능하기 때문인가? 이 문제 - 리의 동정과 유행에 관한 연구자들의 해석은 크게 넷으로 구분해볼 수 있다. 첫째는 단편적인 부정이다. 형이상자이기 때문에 경험 세계에서의 어떤 운동도 불가능하고 오직 기에 수반내지 승반해서 운동의 모습을 갖는다는 해석이다.[23] 둘째는 소극적인 부정이다. 리가 비록 현상세계에서의 운동을 직접 실현할 수는 없지만, 천지만물의 근원이라는 역할을 수행하기 때문에 리는 여전히 일종의 "실현원칙"이요 "존재의 원리"라는 것이다. 다만 그것은 형식적인 개념의 의미일 뿐 활발발(活潑潑)한 본체는 아니라고 주장하는 것이다.[24] 셋째는 일반적 긍정이다. 주희가 "리일분수(理一分殊)"를 주장하고 또한 천명 등을 통해서 리의 유행을 말하는 것은 바로 리가 활동한다는 것이요 리의 자기현현이라는 주장이다.[25] 마지막은 적극적인 긍정으로, 리가 "실현원칙"이고 그래서 "활리(活理)"라는 주장이다.[26] 이상에서 확인할 수 있는 것처

호, 「경과 궁리의 메커니즘」, 『중국학보』76, 2016.05 참조

23 역사적으로는 明初의 曹端이 대표 인물이다. 그는 주희의 리가 "죽은 사람"과 같다고 비판했다.(『周子全書』권5, 「辨戾」, 86쪽) 퇴계의 리발이 갖는 의미를 이해하지 못하는 이승환은 이런 논리를 퇴계에게까지 적용시킨다.(이승환, 「퇴계 리발설의 수반론적 해명」, 『동양철학』34, 2010 참조)

24 牟宗三(『心體與性體』참조)과 陳來(『주희철학연구』참조)가 여기에 속한다. 모종삼이 리를 "只存有而不活動"이라고 규정하는 까닭도 위와 같은 해석에 기인한다.

25 정상봉(「주자형이상학의 심층구조-태극에 대한 이해」[한국철학논집33, 2012.03], 「퇴계의 주자철학에 대한 이해와 그 특색」[한국철학논집37, 2013.07])과 藤井倫明(『流行之理』[『朱熹思想結構探索』, 臺大出版中心, 2011]) 등이 이런 주장을 펼친다.

26 唐君毅가 이렇게 주장한다. 唐君毅, 『中國哲學原論導論』, 臺北: 學生, 1986[全集校訂

럼, 리의 동정이나 유행에 대해서 서로 용납하기 어려워 보이는 이해와 해석들이 동시에 제시되고 있다. 무엇이 옳은 이해와 해석인가? 옳은 것을 가려내기 위해서 우리는 앞 절에서 리의 특성을 살폈고, 이를 바탕으로 주희의 설명을 분석해보도록 하겠다.

앞 절에서 살펴보았던 것처럼, 주희는 형이상자인 태극(리)을, 현상을 초월한 독립 실체로 생각했다. 이뿐만 아니라 『태극도설』에 입각해서 음양오행(기)을 생성한다고까지 주장했다.[27] 주희가 보기에, 기는 리의 소생이다.[28] 그는 무엇을 근거로 리가 기를 생성한다고 말하고, 그 생성은 또한 어떤 의미인가? 주희의 설명에 따르면, "움직여 양을 낳고 고요하여 음을 낳는다."라는 말에서 낳는다는 것은 음양이 태극으로부터 유래했음을 드러내며, "무극하여 태극이다."는 무가 유를 낳을 수 있다는 의미이다.[29] 기실, 이런 주장은 무극에 대한 주희의 일반적 설명과 현격한 차이를 보이는 것이다. 다만, 여기서는 리가 기를 낳을 수 있다는 주장의 논리를 방편적으로 제시했다고 이해해볼 수 있겠다. 다시 말해서, 현상세계의 어떤 것으로도 규정할 수 없는["無極"] 초월적 절대 실체인 태극(리)["無"]이 현상세계를 구성하는 질료["有"]인 음양오행을 근거 지운다는 의미를 강조하려 했다는 것이다. 그래서 주희는 초월적 절대 실체가 낳은 음양이라는 기 안에는 반드시 그 실체인 태극의 리가 함께 있다고 주장한다.[30] 결국, 기에 대한 리의 "낳음", 기는 리로부터 "유래함" 등의 실제 의미는 "근거함"인 것이다.

따라서 태극이 음양을 낳고, 리가 기를 낳는다는 주희의 말은 결코 엄

版)]), 465 · 474쪽 참조.

27 『朱子大全』卷37「答程可久」4 33쪽: "太極, …… 不倚於陰陽而生陰陽."

28 『朱子語類』卷4 71쪽: "氣雖是理之所生."

29 『朱子語類』卷94 2368쪽: "'動而生陽, 靜而生陰.' 說一'生'字, 便是見其自太極來. …… '無極而太極', 言無能生有也."

30 『周子全書』卷1 7쪽: "太極生陰陽, 理生氣也. 陰陽旣生, 太極在其中, 理復在氣之內也."

마가 아기를 낳듯 하나의 실체가 또 다른 실체를 생산한다는 의미가 아니다.[31] 그는 이렇게 말했다.

> 태극으로부터 만물이 화생(化生)하는 데까지 단지 하나의 도리로 포괄할 뿐, 먼저 이것이 있고나서 나중에 저것이 생기는 것은 아니다. 단지 전체적으로 하나의 위대한 근원인데, 체에서 용에 이르고 은미함에서부터 현저함에 이를 뿐이다.[32]

인용문을 표면적으로 해석하면, 태극과 만물은 체와 용으로, 그것들의 관계는 단지 보이지 않던 것이 분명하게 드러나는 것일 뿐이다. 결코, 태극이 먼저가 아니고 만물의 화생(化生)이 나중이 아니다. 그러나 이런 해석은 주희의 기본 전제에 어그러진다. 태극(리)은 현상세계에 절대 개입하지 않는 초월적 절대 실체이다. 그런데 위와 같이 해석한다면, 초월 실체가 직접 현상세계의 만사 만물로 현현한다는 의미가 되어 그 자신의 지위를 상실하게 된다.[33]

그렇다면 어떻게 해석해야 자신의 지위를 상실하지 않을 수 있는가? 질료로서의 음양오행(기)을 태극(리)에서 독립시키는 것이 하나의 방법이다. 주희가 보기에, 음양오행은 만물이 품수 받아 생겨나는 근거이다. 그런데 그 말단에서 근본으로 나아가자면, 오행의 다름은 음양의 실질에 근거하고 음양의 실질은 또한 태극에 근거한다. 그래서 만물은 하나의 태극으로 통일된다. 그 근본에서 말단으로 나아간다면 만물이 태극

---

31 그래서 陳榮捷은 "낳음"이 "본원의 의미", "필연의 이치라는 의미를 갖는다."고 주장했다.(陳榮捷, 『朱熹』, 臺北: 東大, 1990, 62쪽)

32 『朱子語類』 卷94 2372쪽: "自太極至萬物化生, 只是一箇道理包括, 非是先有此而後有彼. 但統是一箇大源, 由體而達用, 從微而至著耳."

33 그래서 주희 자신도 근원적으로 태극과 동정을 체용으로 이해하는 것이 잘못임을 인정했다. 『朱子大全』 卷45 「答楊子直」1 11쪽: "熹向以太極爲體, 動靜爲用, 其言固有病."

을 분유(分有)해서[34] 본체로 삼기 때문에 만물 안에는 각각 하나의 태극이 있는 것이다.[35] 현상세계의 만물은 직접적으로 음양오행에 의해 생성된다. 그 음양오행의 최종적인 근거는 태극이고, 그래서 만물은 각각 하나의 태극을 지니고 이를 자신의 본체로 삼는다. 그러나 만물을 직접 생성시키는 음양오행이 곧 태극은 아니다. 단지 최종적인 근거로서 태극이 제시될 뿐이다. 최종적인 근거이기 때문에 태극(리)이 음양오행(기)에 앞선다고 말하지만, 기실 그것들이 존재하는 방식은 둘이 함께 하는 것이요,[36] 생성된다고 하면 둘이 모두 생성되는 것이다.[37] 그러므로 리가 기를 낳는다는 주희의 낳음["生"]이란 근거가 된다["本"]는 의미일 뿐이지, 결코 진정한 생성을 의미하지 않는다.[38] 근거가 된다는 의미는 논리적, 이론적 선재(先在)를 말할 뿐이지 창생을 말하는 것이 아니다.[39]

리(태극)가 기(음양오행)의 근거이지만, 기라는 질료를 직접 생성하는 것은 아니다. 그렇다면 기라는 존재 자체는 형이상의 초월 실체와 상관없이 '있는' 것이다. 주희에 의하면, 세상에는 리도 있고 기도 있는데, 리는 형이상의 도(道)로 사물을 낳는 근본이고 기는 형이하의 기(器)로 사물을 낳는 도구이다. 그래서 사람을 비롯한 모든 사물의 생성은 반드시

---

34 편의상 분유라는 용어를 사용했지만, 플라톤 식의 의미가 아니라 "理一分殊"에 근거한 것이다.

35 『周子全書』卷9「理性命章」168~169쪽: "二氣五行, 天之所以稟受萬物而生之者也. 自其末以緣本, 則五行之異本二氣之實, 二氣之實又本一理之極, 是合萬物而言之, 爲一太極而一也. 自其本而之末, 則一理之實而萬物分之以爲體, 故萬物之中各有一太極."

36 『朱子語類』卷94 2372쪽: 問, "'太極動而生陽, 靜而生陰', 見得理先而氣後." 曰, "雖是如此, 然亦不須如此理會, 二者有則皆有."

37 『朱子語類』卷75 1929쪽: "如'易有太極, 是生兩儀', 則先從實理處說. 若論其生則俱生, 太極依舊在陰陽裏."

38 그래서 "理生氣"는 "리에 의거해야 비로소 기가 적절하게 生化한다는 것"(牟宗三, 앞의 책, 505쪽), 혹은 "기가 依理해서 生하고 行하는 것"(唐君毅, 앞의 책, 485쪽)으로 해석할 수 있다.

39 혹은 "제일성과 제이성이라는 지위의 차이를 말한" 것이라고 볼 수 있다.(陳來, 앞의 책, 97쪽)

리를 받은 다음에 본성이 생기고, 기를 받은 다음에 형체를 갖는다.[40] 이처럼 리와 기는 결단코 두 가지 서로 다른 물건이다. 단지 현상세계와 그 사물이라는 각도에서 볼 때 둘이 함께 해서 각각 갈라놓을 수 없지만, 그것들이 독자적인 물건임은 분명하다.[41] 비록 물건이라 표현했지만, 리와 기는 모두 형이상학적 개념이요 그래서 물건이라는 표현은 단지 방편일 뿐이다. 어쨌든 분명한 것은 리와 기가 서로 얽매이지 않는, 독립적인 것이라는 사실이다.

그렇다면 초월적 절대 실체인 리(태극) 이외에 또 다른 독립 실체로서 기가 존재하는 것인가? 어떻게, 그리고 어째서 최종근거인 리로부터 독립한 기가 존재할 수 있는가? 위에서 살펴본 내용에서 간접적으로 알 수 있듯이, 주희는 '어떻게'에 대한 설명을 하지 않았다. 그러나 '어째서'에 대한 대답은 어쩌면 논리적으로 당연한 것일 수밖에 없다. 초월적 독립 실체인 리는 현상세계와 상관없이 '있는' 것, 좀더 적확하게는 현상세계의 어떤 규정도 적용되지 않고 또한 시공간의 특정한 위치를 차지하지도 않기 때문이다. 그러므로 현상세계에서 자신의 존재를 드러내기 위해서는 반드시 별도의 도구가 필요하다. 그것이 바로 형이하의 질료인 기이다. 그러므로 비록 태극은 태극이고 음양은 음양일 뿐이지만, 태극은 오직 음양 가운데 있을 수 있지 음양을 떠날 수 없다.[42] 리는 현상세계의 어떤 물건이 아니다. 그래서 현상세계에서는 오직 기 가운데 보존될 뿐

---

40 『朱子大全』 卷58 「答黃道夫」 1 4쪽: "天地之間有理有氣. 理也者, 形而上之道也, 生物之本也; 氣也者, 形而下之器也, 生物之具也. 是以人物之生必稟此理然後有性, 必稟此氣然後有形."

41 『朱子大全』 卷46 「答劉叔文」 1 24쪽: "所謂理與氣, 此決是二物, 但在物上看, 則二物渾淪, 不可分開各在一處, 然不害二物各爲一物也." 리기가 渾淪하다는 말은 결코 "그 存有性을 말한 것일 수 없고, 오직 운행에 대해 말할 수 있을 뿐이다."(勞思光, 『新編中國哲學史 (제3권상)』, 臺北: 三民, 1987, 275쪽)

42 『周子全書』 卷1 7쪽: "太極只在陰陽之中, 非能離陰陽也. 然至論太極, 則太極自是太極, 陰陽自是陰陽."

이다. 기가 없다면 리는 올라탈 곳이 없고,[43] 기가 응결하지 않는다면 리는 부착할 곳이 없게 된다.[44] 이와 같은 리와 기의 관계가 바로 그 유명한 "서로 떠나지 않지만[不相離]" "서로 섞이지도 않고[不相雜]", "하나이지만 둘이고 둘이지만 하나[一而二, 二而一]"라는 것이다. 현상세계에서의 모든 존재는 리와 기를 각각 품수 받아야만 온전히 존재할 수 있고, 리와 기는 그래서 반드시 함께 한다. 그러나 리는 형이상의 독립 실체로 모든 존재의 최종적인 근거이고, 기는 단지 구체적 형체를 구성하는 형이하의 질료이다. 현상적으로 드러나는 모습은 구체적 사물 하나이지만, 그것의 구성 요소는 리와 기 둘인 것이다.[45]

리는 비록 현상세계에서 기와 분리되지 않지만, 형이상의 초월적 독립 실체이기 때문에 현상세계에서의 어떤 직접적인 활동도 있을 수 없다.[46] 그러나 그것은 천지 만물의 최종근거이기도 하기 때문에 어떻게든 현상세계를 근거 지워야 한다. 그래서 주희는 또한 리에 동정(動靜)이 있다고 주장하기도 했다. 그렇다면 도대체 리에 있다는 동정이란 무엇인가? 어떻게 동정하는가?

주희가 생각하기에, 움직이지 않지만 움직일 수 있는 것이 리이다.[47] 이는 곧 리 스스로가 운동하지는 않지만 기를 운동하도록 할 수 있다는

---

43 『朱子語類』卷1 3쪽: "理又非別爲一物, 卽存乎是氣之中; 無是氣, 則是理亦無掛搭處."

44 『朱子語類』卷1 3쪽: "若氣不結聚時, 理亦無所附著."

45 이와 같은 맥락에서 劉述先은 리기가 二元이라고 명확하게 주장한다(같은 책, 269쪽, 289쪽 참조). 물론, 리기일원을 주장하는 학자들도 여럿이다. 그러나 그들도 현상세계에서의 이원적 대립은 인정하는데, 그렇기 때문에 해석의 정합성을 잃게 된다. 예를 들어, 范壽康, 『朱子及其哲學』, 臺灣開明, 1976, 73쪽 참조. 기실, 二元을 말한다면, 리는 결코 최종근거일 수 없을 것이다. 반대로, 一元을 말하면서 기라는 존재가 리라는 최종근거로부터 생성된 것이 아니라고 한다면, 또한 그것을 하나의 독립 실체로 말하지 않을 수 없다. 따라서 리기의 관계는 일원이 되었든 이원이 되었든 모두 정합적인 설명이 어려울 수밖에 없다.

46 조작, 계탁, 정의가 없을 뿐만 아니라 운동도 있을 수 없다. 따라서 "理不可以動靜言."(『朱子語類』卷94, 2370쪽)

47 『朱子語類』卷5, 96쪽: "未動而能動者, 理也." 리의 이런 측면을 勞思光처럼 "리의 발용" 혹은 "운용"으로 말할 수 있을 것이다.(앞의 책, 281쪽)

말이다. 리를 이렇게 이해해야 최종적인 근거로서의 자격과 지위를 확보할 수 있다. 다만, 주희는 그 최종근거로서의 리를 오직 '형식[所以然]'으로만 이해했을 뿐, 스스로가 '활기 있는' 것으로 생각하지 않았다. 그가 보기에, "움직여 양을 낳음 또한 오직 리이고, 고요하여 음을 낳음 또한 오직 리이다."[48] 다시 말해서, 동정으로 표현되는 음양은 형식 근거로서의 리에 의한 것이다. 그래서 주희는 "음양이 동정하지 태극이 동정하지 않는다. 다만 리에 동정이 있으나 리는 볼 수 없으니 음양에 근거한 다음에 알게 된다. 리가 음양에 타고 있음은 마치 사람이 말을 타는 것과 유사하다."[49]고 말했다. 운동의 주체인 음양을 동정하게 하는 리는 형이상의 '형식적' 근거이기 때문에 당연히 현상적 운동이 있을 수 없다. 그것은 오직 현상적 운동 주체에 의해서만 자신을 드러낼 수 있다. 그래서 "리가 음양을 탄다."라고 말했지만, 이를 "사람이 말을 타는 것"으로 비유하는 것은 적절하지 않다. 사람은 말을 조정하지만, 리는 앞에서 살펴봤던 것처럼 어떤 의도나 작위도 하지 않기 때문이다. 리는 오직 '정태적 형식 규정'일 뿐이다.

주희가 보기에, 비록 세상에는 오직 음양 동정이 끊임없이 순환할 뿐 다른 일이 없지만, 그 동정에는 반드시 동정하는 근거로서의 리 — 태극이 있다. 그래서 태극은 본체의 측면에서 동정을 포함한다고 말할 수 있고, 유행의 측면에서 동정이 있다고 말할 수도 있다. 그러나 태극이 곧 동정이라고 말하면 형이상과 형이하가 구분되지 않을 것이다.[50] 여기에서 우리가 주목해야 하는 것은 본체와 유행의 측면, 그리고 형이상하의

---

48 『朱子語類』卷1 1쪽: "動而生陽, 亦只是理; 靜而生陰, 亦只是理."

49 『朱子語類』卷94 2374쪽: "陰陽動靜, 非太極動靜. 只是理有動靜, 理不可見, 因陰陽而後知. 理搭在陰陽上, 如人跨馬相似."

50 『朱子大全』卷45「答楊子直1」11~12쪽: "蓋天地之間, 只有動靜兩端, 循環不已, 更無餘事. 此之謂易, 而其動其靜, 則必有所以動靜之理焉, 是則所謂太極者也. …… 蓋謂太極含動靜則可[以本體而言也], 謂太極有動靜則可[以流行而言也], 若謂太極便是動靜, 則是形而上下者不分."

구분이다. 우선, 본체로서의 태극은 모든 '소연(所然)'의 '소이연(所以然)'이기 때문에 자연스럽게 동정의 리이기도 하다. 그러나 유행의 측면에서 태극에 동정이 있다는 것은 결코 태극 자체가 동정한다는 말은 아니다. 앞에서 본 것처럼, 태극이 음양에 "올라타서" 함께 동정한다는[51] 의미일 뿐, 태극 자체가 동정하는 유행을 가리키지 않는다. 주희는 유행을 직접적으로 리에 근거한 기의 활동이요, 나아가 그것에 따라 만물이 발육된다고까지 말했다.[52] 따라서 "태극에 동정이 있음은 천명의 유행으로, 한 번 음하고 한 번 양하는 것을 일러 도라고 한다는 말이다."[53]라는 주희의 주석도 결코 태극(리) 자체의 유행을 말하는 것이 아니다. 천명은 음양의 운동에 의해 드러나는 태극이요, 그 유행이란 갈마드는 음양의 흐름과 그것에 "타고 있는" 태극의 "불상리(不相離)"한 모습을 말할 뿐이다.[54] 결코 태극 자신의 어떤 현상적 흐름을 말하지 않는다.[55] 그다음, 형이상과 형이하의 구분은 태극(리)이 '정태적 형식 규정'임을 분명하게 표현한다. 태극은 현상세계를 초월한 형이상의 독립 실체이고, 동정은 현상세계에서만 나타나는 형이하의 구체적인 운동이다. 그래서 태극은 비록 동정을 포함할 수 있고 음양에 "올라타서" 동정하거나 유행할 수도 있지만, 곧바로 동정하는 음양일 수 없다. "태극은 태극이고 음양은 음

---

51 그런 의미가 드러나는 주희의 발언은 매우 많다. 예를 들면, 『朱子語類』卷94 2370쪽: "惟 '動而生陽, 靜而生陰', 理寓於氣, 不能無動靜. 所乘之機, 乘, 如乘載之乘', 其動靜者乃乘載在氣上, 不覺動了靜, 靜了又動."; 『朱子語類』卷94 2376쪽: "理搭於氣而行."; 『朱子語類』卷94 2376쪽: "太極理也, 動靜氣也. 氣行則理亦行. 二者常相依而未嘗相離也. 太極猶人, 動靜猶馬, 馬所以載人, 人所以乘馬. 馬之一出一入, 人亦與之一出一入. 蓋一動一靜, 而太極之妙未嘗不在焉."

52 『朱子語類』卷1 1쪽: "有理, 便有氣流行, 發育萬物. …… 有此理, 便有此氣流行發育." 그래서 劉述先은 이 문장이 "理生氣를 잘 설명한 내용"(같은 책, 278쪽)이라며, "리의 유행이란 단지 虛說일 뿐"(299쪽)이라고 주장했다.

53 『周子全書』卷1 7쪽: "太極之有動靜, 是天命之流行也, 所謂一陰一陽之謂道."

54 "천명유행은 리기를 겸해서 말했다."(陳來, 같은 책, 102쪽)

55 물론, 천명 자체는 사람의 도덕실천과 같은 당위의 근거를 설명한다. 『論語集註』「爲政」54쪽: "天命, 卽天道之流行而賦於物者, 乃事物所以當然之故也."

양일 뿐이요", "리와 기는 결단코 두 가지 물건이기" 때문이다.

　종합하자면, 주희가 비록 태극(리)의 동정, 유행을 이야기하지만, 그것은 결코 형이상의 독립 실체인 태극(리)이 직접 동정하고 유행한다는 말이 아니다. 동정과 유행의 주체는 형이하의 질료인 음양오행(기)이다. 태극은 단지 그것에 "올라탈" 뿐이다.[56] 그러므로 태극의 동정과 유행을 인정한다고 하더라도, 그것은 단지 최종근거로서의 태극이 갖는 '추상적이요 형식적인 작용'을 인정하는 것에 불과하다. 이런 입장은 일종의 소극적 긍정이라 말할 수 있을 것이다.

4. 다소(多少)와 편전(偏全)

　주지하다시피, 주희는 정이의 "리일분수(理一分殊)"를 존재론의 영역으로까지 확장해서 "달이 모든 하천에 비추는"[57] 것처럼, 태극도 사물들 각각에 깃들어 있으며, 또한 상대가 없는 절대적 "하나"라고[58] 주장하여 만물일체의 근거를 마련했다.[59] 더구나 그것은 지극히 훌륭하고 선한 도리여서[60] 도덕실천의 근거가 된다고 설명했다. 그러나 천지 만물은 현상적으로 각각 상이한 모습과 성질을 보인다. 심지어 같은 종류의 사물일지라도 결코 한 가지 모습이 아니다. 사람은 상이한 육체와 성격 및 도덕적 품격을 보인다. 이처럼 만물이 일체이기도 하고 또 각각 다르기도

56　여기에서 알 수 있듯이, 주희의 형이상학 체계에서는 현상세계의 최종적인 근거라는 태극이 외에 형이하의 질료인 음양오행(기)을 별개의 것으로 인정하며, 따라서 태극(리)은 형이상의 본체로 온전히 자리매김할 수 없는 것 같다.

57　『朱子語類』卷94 2409쪽: "如月映萬川相似."

58　『朱子語類』卷100 2549쪽: "太極只是箇一而無對者."

59　『周子全書』卷1 15쪽: "蓋合而言之, 萬物統體一太極也; 分而言之, 一物各具一太極也."

60　『朱子語類』卷94 2371쪽: "太極只是箇極好至善底道理. 人人有一太極, 物物有一太極."

하다는 모순적 모습을 설명하기 위해 주희는 "같은 것이 리이고, 같지 않은 것이 기"[61]라고 주장했다. 현상적으로 드러나는 차이는 기에 의한 것이다. 그러나 현실적으로 인간을 포함한 만물은 육체와 같은 형상만이 아니라 본질적인 내용에서도 서로 같지 않다. 주희의 말처럼 리가 같다면, 성과 같은 본질적인 내용은 어떻게 다를 수 있는 것인가? 이런 관점은 인성과 물성을 구분하는 유가의 전통에 부합하지 않는다.

이상의 문제를 해결하기 위해 주희는, 적어도 현상세계에서는 기에 의해 리가 제어된다고 주장했다. 그가 보기에, 태극은 다만 음양오행의 리일 뿐 다른 어떤 사물이 아니다.[62] 심지어 인의예지신과 같은 덕성 또한 오행의 리일 뿐이다.[63] 그런데 형이상의 독립실체인 태극(리)이 어떻게 형이하의 질료인 음양오행(기)에 의탁하는가? 그 까닭은 바로 태극(리) 자신의 특성 때문이다. 음양오행 등의 기는 비록 리에 의해 근거 지워지지만, 현상세계에서는 리가 그것을 관리할 수 없다. 현상세계에서 리는 단지 기에 깃들 뿐이고 일상적인 운용은 모두 기로부터 말미암는다. 그래서 "다만 기는 강하고 리는 약할 뿐이다."[64] 리가 기에 깃든다고 할 때, 기의 상태와 상관없이 리는 어떤 기에도 품부되고 그래서 그 기의 상태에 따라 리의 현현이 결정된다.[65] 이런 설명도 이미 리의 본체성을 훼손하고 있는데, 주희는 심지어 기가 품부된 양에 따라 리도 달리 품부된다고 생각했다. 마치 강물을 어떤 도구로 뜨느냐에 따라 그 양이 달라지듯, 리 또한 기에 따라 달라진다.[66] 이렇게까지 논리가 나아가면

---

61 『朱子語類』卷1 9쪽: "同者理也, 不同者氣也."

62 『朱子語類』卷94 2365쪽: "所謂太極者, 只二氣五行之理, 非別有物爲太極也."

63 『通書解』: "五常, 仁義禮智信, 五行之理也."

64 『朱子語類』卷4 71쪽: "氣雖是理之所生, 然旣生出, 則理管他不得. 如這理寓於氣了, 日用間運用都由這簡氣, 只是氣强理弱."

65 『朱子語類』卷59 1389쪽: "如稟得氣淸明者, 這道理只在裏面; 稟得氣昏濁者, 這道理亦只在裏面, 只被這昏濁遮蔽了. 譬之水, 淸底, 裏面纖微皆可見; 渾底, 裏面便見不得."

66 『朱子語類』卷4 58쪽: "人物之生, 天賦之以此理, 未嘗不同, 但人物之稟受自有異耳. 如

더욱 심각한 문제가 제기될 수밖에 없다. 그것은 바로 '태극(리)의 분할'이다. 형이상의 태극[至理]이 있고, 만물은 비록 그것을 품부 받지만 온전한 태극이 아니라 각각 자신의 형기에 의해 제한된 것[殊理]을 받게 된다.[67] 다시 말해서, 현상세계의 모든 사사물물이 각각 서로 다른 리를 품부받는다는 것이다. 그렇다면 천인합일, 만물일체를 주장하기 위해 제시된 "리동(理同)", "리일분수(理一分殊)" 등의 명제는 어떤 의미나 가치도 가질 수 없고, 나아가 사람들의 본성 또한 각이(各異)해서 "학주성인(學做聖人)"할 수 있는 잠재성과 그 실현의 가능성을 보편적으로 긍정할 수 없게 된다.

이런 문제들이 제기될 수 있는데도 불구하고 주희가 위와 같이 주장한 까닭은 무엇인가? 여기에서 우리는 우선 주희의 근본적인 의도와 그것을 실현하기 위한 이론 틀을 숙고할 필요가 있다. 주희는 도덕실천의 절대적 근거를 마련하기 위해 형이상의 독립 실체인 지선(至善)의 리를 제시했고, 나아가 그것이 사람을 포함한 모든 사물에 품부되었다고 주장했다. 이를 통해 비록 형식적이기는 하지만, 만물일체라는 경지뿐만 아니라 도덕실천이라는 구체적인 활동의 최종적인 근거도 마련되었다. 그러나 이런 주장은 유학이 강조하는 인성의 훌륭함, 인본주의적 전통을 훼손하게 된다. 그래서 주희는 천지지성 이외에 기질지성을 제시하는데,[68] 그 근거가 바로 위에서 설명한 것과 같은 기에 의한 리의 제한이다. 주희 스스로 걱정한 것처럼, 기의 제한을 받는 리는 분명 그 본체성

一江水, 你將杓去取, 只得一杓; 將碗去取, 只得一碗; 至於一桶一缸, 各自隨器量不同, 故理亦隨以異."

67 이런 맥락에서 주희는 전체로서의 리와 사물 각각이 구비한 리를 구분했다. 『朱子語類』卷94 2372쪽: "問, "未有一物之時如何?" 曰, "是有天下公共之理, 未有一物所具之理." 이른바 "天下公共之理"와 "一物所具之理"는 여러 의미로 분석할 수 있지만, 가장 근본적인 의미는 형이상의 태극과 만물의 본질일 것이다. 필자는 이를 '至理'와 '殊理'로 구분한다.

68 주희의 기질지성과 그것이 드러내는 문제 대해서는 안재호, 「맹자 인성 개념에 대한 주자학적 해석」, 『유교사상문화연구』 51집, 2013.03 참조.

에 훼손을 입고 그 통일성에 분열이 생긴다.[69] 그것은 어쩌면 주희에 의해 규정된 리의 특성과 또 기와의 관계에서 나타나는 도저히 피할 수 없는 한계일 수 있다. 그러나 주희의 이런 설명, 즉 태극이라는 최종근거를 제시해서 보편성 원리[至理]를 확보하고 다시 기에 의한 제한을 통해 개체성 원리[殊理]를 인정하는 설명은 그의 목적을 실현하기 위한 부득이한 이론적 체제라고, 동정적으로 이해해볼 수 있을 것이다.

주희가 보기에, 같은 것 가운데도 다름이 있고 다른 것 가운데도 같음이 있다. 리는 본래 같지 않음이 없다. 그러나 기에 떨어진 다음에 그 거친 모습 – 생물학적 본능의 측면은 사람과 금수가 같다. 만일 사람이 "의리(義理)"를 알지 못한다면 금수의 나락으로 떨어질 뿐이다. 근본적으로, 사람에게 품부된 리가 금수와 다른데, 스스로 그것을 보존해야만 금수와 다른 인간의 존엄성을 증명할 수 있다. 불교처럼, 꿈틀거리는 모든 것에도 불성이 있어 만물이 모두 나 자신과 마찬가지라고 말할 수는 없다.[70] 여기에서도 위에서 지적한 문제가 그대로 드러나지만, 주희의 의도는 명확하다. 불교에서처럼 인간의 지위를 기타 짐승과 같은 차원으로 끌어내릴 수 없는데[71], 인간의 존엄함은 현상세계에서 오히려 비슷한 기의 특징인 "거친 모습" – 본능에서 찾을 수 없고 오직 류적(類的) 본성의 차이로 설명해야 한다. 그래서 본래 같은 리[至理: 보편성 원리]이지만,

---

69 『朱子大全』卷50「答程正思」16 30쪽: "形氣旣異, 則其生而有得乎天之理亦異. 蓋在人, 則得其全而無有不善; 在物, 則有所蔽而不得其全. 是乃所謂性也. …… 恐於一原處未甚分明."

70 『朱子語類』卷59 1389쪽: "須是去分別得他同中有異, 異中有同, 始得. 其初那理未嘗不同. 才落到氣上, 便只是那粗處相同. 如飢食渴飮, 趨利避害, 人能之, 禽獸亦能之. 若不識箇義理, 便與他一般也. …… '惟皇上帝降衷于下民', '民之秉彝', 這便是異處. '庶民去之, 君子存之', 須是存得這異處, 方能自別於禽獸. 不可道蠢動含靈皆有佛性, 與自家都一般."

71 주희가 주장하는 것처럼 불교에서 사람과 금수를 구분하지 않는 것은 아니다. 인간도만이 업을 짓거나 업으로부터 해탈할 수 있고, 축생도를 포함한 나머지 5도에서는 다만 업력을 소비할 뿐이다. 그러므로 불성을 똑같이 지니고 있다고 해도, 오직 사람만이 부처가 될 수 있는 것이다.

기품의 제약으로 인해 서로 다른 리[殊理: 개체성 원리]를 품수받은 것이라고 주장한다.

그런데 만물이 정말 류별(類別)로 나아가 개체별(個體別)로 서로 다른 리를 품수받는 것인가? 주희가 그런 주장이 가져올 문제 – 태극(리)의 분할과 본체성 훼손을 명확하게 인지하고 있었는지는 확인하기 어렵다. 그러나 리의 같지 않음[不同]을 치우침과 온전함[偏全]으로 표현하는 데에서 주희를 위한 변명이 가능하다고 본다.[72] 그가 보기에, 천지만물이 하나의 근원에서 비롯했다는 점에서 말한다면 리는 같고 기는 다르다. 그러나 그것들의 서로 다른 형체를 볼 때, 그것을 구성하고 있는 기는 오히려 비슷하지만 그에 따라 품부된 리는 절대 같지 않다. 기의 다름은 순수함에 차이가 있기 때문이고, 리의 다름은 치우치거나 온전함에 다름이 있기 때문이다.[73] 다시 말해서, 기의 다름은 청탁수박(淸濁粹駁)일 뿐이고, "절대 같지 않다"라는 리의 다름은 '질적인 차이'가 아니라 특정한 개체를 형성하고 있는 기의 상태에 따른 '온전함 정도의 차이'이다. 이런 인식은 앞에서 이미 설명한 것처럼, 주희가 태극을 음양오행의 리로, 오상(五常)을 오행의 리로 규정한 것에 근거한다. 다시 말해서, 본원적 차원에서는 리(태극)가 천지 만물의 최종적인 근거로서 질적으로는 물론 양적으로도 문제가 없지만, 현상세계에서는 스스로 관리할 수 없는 기에 의탁하기 때문에 질이 아닌 양의 문제가 발생하는 것이다.[74]

아무리 기의 제한을 받는다고 해도 리에 있어서 양의 문제가 있을 수 있나? 이 또한 해석이 필요한데, 여기에서 우리가 주목해야 하는 개념

---

72 물론, "구성론적으로 도대체 본연지리(지리)가 기질지리(수리)로 전화하는 것을 어떻게 闡述할지도 해결되지 않은 문제이다."(陳來, 같은 책, 143쪽)

73 『朱子大全』 卷46 「答黃商伯」4, 11쪽: "論萬物之一源, 則理同而氣異; 觀萬物之異體, 則氣猶相近而理絕不同也. 氣之異者, 粹駁之不齊; 理之異者, 偏全之或異."

74 『朱子語類』 卷4 71쪽: "氣稟偏, 則理亦欠闕了."; 『朱子語類』 卷4 75쪽: "性有偏者. 如得木氣多者, 仁較多; 金氣多者, 義較多."

은 역시 "편전(偏全)" – 온전함 정도의 차이이다. 리에 편전이 생기는 까닭에 대해, 주희는 본원적 차원과 현상적 차원에서의 리기 선후 문제로 설명하기도 했다. 본원, 즉 형이상의 초월 세계에서는 리가 있어야 기가 있을 수 있기 때문에 최종근거인 리에 어떤 치우침도 있을 수 없다. 그러나 현상세계의 천지 만물에게 품부되는 것을 말한다면, 구체적이고 상이한 형체를 생성하는 기가 있고 나서 그것에 리가 구비되기 때문에 기의 존재 여부가 곧 리의 존재 여부를 결정하고, 기의 다소(多少)가 리의 다소를 결정한다. 따라서 이때의 리는 편전을 말할 수 있는 것이다.[75] 여기에서 분명하게 나타나는 주희의 인식은 다음과 같다. 첫째, 본원적 초월세계와 구체적 현상세계는 명확하게 구분되는 두 차원이다. 둘째, 따라서 각각의 세계에서 리기의 관계 또한 상이하게 규정되는데, 리의 편전은 오직 구체적 현상세계에서만 말할 수 있는 것이다. 문제는 현상세계에서 나타나는 리의 편전이 기의 제약으로 말미암은 것이고, 나아가 그것은 '양의 차이'로부터 야기되기 때문에 '온전함의 정도 차이'에 그치지 않는 것 같다는 점이다. 기실, 이런 문제는 두 가지 요소가 겹쳐서 발생한 것으로 보인다. 첫째는 주희 자신의 "미혹"[76] 때문일 수 있고, 둘째는 형이상학 개념 사용의 불명료함 때문일 수 있다. 주희의 미혹은 그가 "종종 논리적 개념을 실체로 이해했기"[77] 때문에 일어났다고 말할 수 있다. 논리적 개념은 아니지만 리(理)이기는 한 인의예지신 등의 덕성도 결코 그 수를 많거나 적다고 말할 수 있는 구체적 실체가 아니다. 그리고 주희는 분명 정호와 마찬가지로 사물에 비해 훌륭한 기질을 부여받

---

75 『朱子大全』卷59「答趙致道」1, 42쪽: "所論理氣之偏, 若論本源, 旣有理而後有氣, 故理不可以偏全論. 若論稟賦, 則有是氣而後理隨以具, 故有是氣則有是理, 無是氣則無是理, 是氣多則是理多, 是氣少卽是理少, 又豈不可以偏全論耶?"

76 "얼마만큼 '품수했다'는 주자의 설명은 그 스스로의 미혹이다."(陳來, 같은 책, 141쪽)

77 陳來, 같은 책, 143쪽.

은 사람만이 지선(至善)인 태극을 실현할["推"] 수 있다고 생각했다.[78] 그러나 그런 내용을 정호처럼 명확하게 제시하지 않고 다만 기의 제약이라는 큰 얼개 안으로 끌고 들어와 그 의미를 축소시켰다. 어떤 제자가 모든 사물이 각기 하나의 태극을 구비했으니 리에는 온전하지 않음이 없지 않냐고 묻자, 주희는 온전하다고 말해도 되고 치우친다고 말해도 괜찮다고 대답했다. 리 자신의 입장에서 얘기하면 온전하지 않음이 없지만, 기의 입장에서 말한다면 치우침이 없을 수 없기 때문이다. 그런데 "기의 입장"이라는 주희의 말을 다른 제자는 "실현할 수 없는 측면"이라고 기록했다.[79] 여기에서 편전을 '온전함 정도의 차이'로 해석할 수 있는 실마리가 출현한다. 만일 "기의 입장"만을 긍정한다면, 그것은 분명 많고 적음, 즉 양의 차이로밖에는 이해할 수 없을 것이다. 그러나 "실현할 수 없는 측면"을 말한다면, 그것은 양의 차이가 아니라 능력의 차이이고 그래서 또한 '온전함 정도의 차이'라고 말할 수 있을 것이다. 사람은 기의 제약이 적어서 오상을 모두 실현할 수 있는 능력이 있지만, 기타 만물은 기의 제약 때문에 오상의 몇 가지를 실현할 수 있거나 부분적으로 혹은 약하게 실현할 수 있는 것이다. 그러므로 엄밀하게 말하자면, 천지만물은 리를 "다소" 내지 "편전"하게 품부받은 것이 아니라 모두 온전한 리를 품부받는다. 다만 그것들의 리가 각각 다른 까닭은 그것이 어쨌든 상이한 기(질)에 떨어진 이후 정현(呈現)되는 전혀 다른 차원의 리이기 때문이다.[80] 결국, 주희의 체계에서도 리는 결코 많거나 적게, 존재론적 혹은 결정론적으로 부여받는 것이 아니라 비록 기(질)의 제약은 피할 수 없

---

78 정호와 관련된 내용 및 그에 대한 비판은 안재호, 「정호 "生之謂性"설 비판」, 『유교사상문화 연구』56집, 2014.06 참조.

79 『朱子語類』권4, 57~58쪽, 廣錄: 又問: "物物具一太極, 則是理無不全也." 曰: "謂之全亦 可, 謂之偏亦可. 以理言之, 則無不全; 以氣言之[士毅錄作"以不能推言之."], 則不能無 偏."

80 달리 표현하자면, 기의 상태에 따라 리의 현현이 결정되는 것이다. 注65) 참조.

을지라도 각각의 개체 사물에 온전히 품부되었다고 말할 수 있을 것이다.[81]

5. 맺는말

주희는 선진 유학의 정신과 북송의 선배 유학자들이 이룩한 갖가지 업적들을 종합하여 불교에 맞설 수 있는 유학의 이론체계를 건립하려 했다. 그 체계의 근본이요 핵심이 되는 개념은 바로 본체로 인식되는 리(태극)이다. 주희는 이 리를 통해 본체론과 심성론 및 수양론을 유기적으로 통합시키려 했고, 또한 그것을 만물일체와 도덕실천의 절대적 초월 근거로 삼으려 했다. 그래서 그는 리가 천지 만물의 최종근거이자 절대불변의 완전한 것임을 강조하기 위해 상대적이고 끊임없이 변화하는 경험 세계와는 격절된 형이상의 초월자로서 어떤 구체적인 작용이나 의도를 드러내지 않는다고 주장했다. 이렇게 볼 때, 주희가 말하는 리는 '초월적 형식규정'이다. 따라서 그런 리가 기를 생성하고 그것에 동정이나 유행이 있다는 주장은 방편적으로 "리의 발용"이나 "운용"으로 말해볼 수 있으나, 적나라하게 이야기한다면 최종근거가 가질 수 있는 '추상적 형식 작용'일 뿐이다. 구체적이고 직접적인 운동과 유행의 주체는 적어도 현상세계에서 리와 독립적으로 존재하는 기이지, 형이상의 초월적 형식규정일 수 없다. 리는 기에 "올라타야만" 동정, 유행할 수 있다. 이런 어려움이 있는데도 리의 작용을 말하지 않을 수 없는 까닭은 그것이 천지만물의 최종근거이기 때문이다. 최종근거라면 천지 만물과 어떻게든 관계를 가져야한다. 그래서 주희는 사사물물이 모두 태극(리)을 품부받아서

---

81 그래서 牟宗三은 리(태극)가 하나인가 여럿인가라는 질문에 대해 "하나일 뿐이다. 여럿은 '존재의 然'에 따라 權說한 假象"이라고 주장했다.(같은 책, 505쪽)

자신의 본질로 삼는다고 주장했다. 그러나 그렇다면 보편성 혹은 공통성만을 인정할 수 있을 뿐, 천지만물의 개체성은 담보되지 않는다. 이런 이유 때문에 주희는 개체 사물의 본질로서의 리가 기의 제한으로 인해 많거나 적고, 온전하거나 치우친다고 설명하여 각각의 상이한 개체성을 보장하려했다. 그러나 이런 설명은 또한 태극의 분할이라는 문제와 리가 갖는 본체성이 훼손되는 보다 더 심각한 문제를 야기하는데, 동정적으로 이해해볼 때 이는 주희의 체계에서 보편성 원리와 개체성 원리를 함께 보장하려고 부득이하게 제시할 수밖에 없는 설명 체제인 것이다. 그나마 "편전(偏全)"은 도덕실천의 능력 차이를 이야기하는 것으로 해석할 수 있으므로, 적어도 태극의 분할이라는 문제는 극복될 수 있는 것으로 보인다.

　이상의 논의를 종합할 때, 우리의 주제 – 주희의 리는 이른바 본체일 수 있는가? – 에 대한 답은 어떠해야 하는가? 이 글을 시작하면서 필자는 각주3)에서 본체가 세 가지 조건을 만족시켜야 한다고 주장했다. ① 실체이고 ②최종근거이며 ③시공간에 제한받지 않고 격절되지도 않는다. 주희의 리는 이상의 조건을 대부분 만족시킨다. 다만, ㈎ 최종근거가 자신으로부터 독립한 다른 실체를 인정할 수 있는지, ㈏ 스스로가 현상세계와 격절되어서는 안 된다는 조건 등에 부합하기 어려워 보인다. 첫 번째 문제에 있어서, 주희는 리의 특성상 현상세계에서 어쩔 수 없이 질료인 기를 독립실체로 인정했다. 그러나 그렇다고 해도 본원적 측면에서는 리의 선재를 인정함으로써 이원론적이긴 하지만, 힘겹게라도 리가 최종근거임을 인정하였다. 두 번째 문제 역시 비록 리가 능동적으로 현상세계에 참여한다고 말할 수는 없지만, 최종근거로서 질료인 기를 통한 관계 맺음은 그것이 "유행"이든 '형식적 작용'이든 진행되고 있기 때문에 완벽하게 격절되었다고 말하기는 어렵다. 따라서 이상의 동정적 이해를 종합해볼 때, 주희의 리는 비록 문제가 없는 것은 아니지만, 본체일 수 있다.

체용론(體用論)과 주희(朱熹) 철학의 태극(太極) 개념에 대한 고찰

김한상(명지대학교 철학과 조교수)

1. 문제 제기

체용(體用)은 동양철학의 여러 범주들 가운데서도 가장 중층적이고 다양한 의미를 가진 개념이다. 이에 체용론(體用論)은 많은 중국철학 연구자들에 의해 관심을 끌어왔고,[1] 가장 중국적인 사유를 담고 있는 것으로 여겨져 왔다. 체용론(體用論)은 중국적 혹은 동양적 세계관을 담고 있는 철학용어이기에 그 자체가 중국적 혹은 동양적 '세계관'이라고 말할 수 있지만 체용론이 지닌 '방법론'적 의의(意義)에 주목할 수도 있다. 즉 체용론은 중국적, 혹은 동양적 사유를 다양한 방식으로 표현해 내기에 적합한 사유의 논리, 혹은 방법론이라 보는 것이다.[2] 멍페이위안(蒙培元)이 "이(체용범주)는 형이상·하(形而上·下)범주와 함께 (성)리학 본체론의 중

---

1 역사적으로 동아시아에서 전개된 '체용' 담론에 대해서는 '장원목, 「性理學 本體論의 형성에 관한 연구: 張載의 本體論과 二程의 비판을 중심으로」, 서울대학교박사학위논문, 1998'의 제1장(6~21쪽)을 인용하여 정리하였다. 體用을 주제로 한 지금까지의 연구로서는 楠本正繼, 張岱年, 島田虔次, 牟宗三, 平井俊榮, 呂彦博, 杜松栢, 方克立, 陳來, 方克立, 張立文, 蒙培元, 池田秀三, 馬振鋒, 그리고 尹用男, 金帝蘭, 姜眞碩 등의 글들을 들 수 있다.

2 박성배, 「체(體)와 용(用)의 논리」, 『몸과 몸짓의 논리』, 서울: 민음사, 2007, 183~211쪽.

요 범주로서 방법론적 의의(意義)를 지니고 있다. 엄격히 말하면, 리학(理學) 본체론은 체용범주를 통해 세운 것이다.”[3]라고 말하는 데서 알 수 있듯이, 체용론 혹은 체용범주는 중국철학이 암묵적으로 전제하고 있는 사유의 논리로 볼 수 있다.

주희의 철학을 체계적으로 이해하기 위해서는 이들이 운용한 체용론 자체(형식과 주요 내용)를 함께 검토할 필요가 있다.[4] 성리학의 체용론은 주희에 와서 일단 완성된 것으로 볼 수 있지만 실상은 그리 간단하지 않다. 주희는 자신의 본체론 혹은 형이상학 체계를 구축해 나가는 과정에서 체용론적 도식에 대해 고민한 흔적이 보인다. 주희는 애초에 태극(太極)과 음양을 체용론에 입각하여 정리한다. 태극을 체(體)로 음양을 용(用)으로 본 것이다. 그러나 이후에 이는 수정된다. 중화신설(中和新說) 이후 주희 철학에서 태극은 자연[天地]의 순환작용[陰靜·陽動]과 마음[心] 작용[미발(未發)상태에서 수렴(收斂)·이발(已發)상태에서 현현(顯現)] 의 궁극적 근거로 자리 잡는다. 주희는 당시 그가 이해한 바, ‘체(體)’와 ‘용(用)’이 태극(太極)과 음양(陰陽)의 관계를 적절히 표현해낼 수 없는 것이 아닌가 하는 고민을 하게 된다. 그에 따르면 태극은 ‘천(天)’, ‘리(理)’와 동격으로 모든 현상의 궁극적 근거가 되는 원리이며 자연과 인간을 하나로 묶어주는 형이상학적 이치이다. 마침내 그는 태극과 음양을 체용론의 ‘체(體)’와 ‘용(用)’으로 규정하는 대신에 ‘본연지묘(本然之妙)’와 ‘소승지기(所乘之機)’라는 용어를 사용함으로써 체용개념을 운용함으로 인해 발생할 수 있는 오해를 방지하려 한다.

주희가 고민한 구체적인 내용이 무엇일까? 이 당시 그가 이해한 체

---

3 蒙培元, 『理學範疇系統』, 北京: 人民出版社, 1989, 148쪽; 장원목, 앞의 책, 7쪽에서 재인용.

4 불교와 유교의 다양한 체용론을 개괄한 글로서는 김제란, 「중국철학에서의 ‘체용’개념의 변천 과정」, 한국철학사상연구회, 『시대와철학』Vol. 17 No. 4, 2006.이 있다. 김제란은 불교의 체용론을 유교가 그대로 계승하고 있다고 말한다.

용(體用)은 어떤 내용이었을까? 이때의 그의 생각이 후기에까지 이어지는가 아니면 주희의 체용론 자체가 계속해서 성숙되어 가고 있는 중인가?

'본연지묘(本然之妙)'[太極]의 '묘(妙)'는 물(物)과는 달리 특정한 시공간의 제약 혹은 언어적 규정성으로부터 벗어나 동(動)·정(靜)을 적절히 관통하는 본체(本體)[태극]의 자유로움과 보편적 적용가능성을 드러내고자 한 언어이다. 본체(本體)로서의 태극은 음양을 주재하며 그 신묘함으로 인해 음양의 차원과는 구분되지만 한편 음양의 세계를 유행(流行)함으로써 항시 음양 안에서 음양과 더불어 작용하고 있다. 주희의 형이상학 체계에서 태극은 변화를 주재하는 것이자 변화 속에서 변화하지 않는 그 무엇으로 그 위상이 점차 강화된다.

주희는 그 이전의 전통적인 체용개념을 활용하여 자신의 철학을 구축해 나간다. 그러나 때로 체용론을 자신의 철학에 적용하는 과정에서 고민하는 모습을 보인다. 그 이유는 무엇인가? 이 문제를 해결하기 위해 우리는 체용(體用)개념의 중국철학적 맥락을 보다 분명히 밝히고, 이를 바탕으로 태극과 음양에 관계에 관한 주희의 고민에 대해 생각해보고자 한다.

2. 체용론(體用論)의 유래

체용(體用)는 원래 각각 "신체[人體] 혹은 신체의 각 부분"과 "작용, 운용, 시행(施行)할 수 있음"을 의미하는 말이었다. 이 용어가 이상과 같은 의미를 지니면서 각각 단독으로 사용되고 있는 사례는 중국 상고시대까지 거슬러 올라간다. 그러나 체(體)와 용(用)이 대(對)나 쌍(雙)으로 가장 처음 사용되고 있는 『순자(荀子)』의 경우조차도 '형체(形體)'와 '作用(혹은 功用)'을 의미하고 있는 정도이다. 따라서 당송시기의 체용론과는 상당한 거리가 있다.[5] 다만 여기서 우리는 불교전래 이전의 중국 고유의 '체(體)' 개념이 주로 '형체(形體)' 혹은 '형질(形質)'을 의미하고 있었다는 점은 주목해둘 필요가 있다.

체용범주의 유래를 놓고 학자들 간에 대개 두 갈래의 의견대립이 있어온 것 같다. 체용범주는 중국철학적 문맥 속에서 형성되고 확립되었다는 견해(중국철학유래설)와 체용범주 성립에 불교의 영향이 컸음을 지적하는 견해(불교철학유래설)가 그것이다. 체용범주의 중국철학유래설의 대표자는 전통적으로는 허형(許衡), 고염무(顧炎武) 등이 있었고, 현대인으로서는 탕용통(湯用彤), 장리원(張立文) 등이 대표적이다. 불교철학유래설의 경우, 전통적으로 위료옹(魏了翁), 이옹(李顒) 등이 있었고, 현대의 학자로서는 멍페이위안(蒙培元)과 시마다 겐지(島田虔次) 등 다수의 일본인들이 있다.[6]

탕용통(湯用彤)에 따르면, 위진시기에 일종의 사상혁명이 일어나는데, 그것은 한(漢) 대의 우주론(宇宙論) 혹은 우주구성론(宇宙構成論)에서 위진의 체용론 혹은 본체론(本體論)으로의 대전환이다. 즉 인과적인 논리를 매개한 한대 이전까지의 우주발생론(宇宙發生論)에서 체용일여(體用一如), 체외무용(體外無用), 용외무체(用外無體)를 핵심으로 하는 위진 본체론(本體論)에로의 사유방식의 전환이 일어났다는 것이다. 그는 위진현학의 본말론(本末論)을 체용론(體用論)와 동일시하면서, 현학(玄學)의 사유구조는 대승불교 공(空) 사상의 중국적 이해에 기초가 되고 있음을 암시한다. 아울러 최초의 중국적 특색을 지닌 불교학자 승조(僧肇, 374~414)의 철학을 '즉체즉용(卽體卽用)의 체용사상(體用思想)'으로 규정한다.[7] 결

---

5 張立文, 『中國哲學範疇發展史』(天道篇), 北京: 中國人民大學出版社, 1986, 622쪽 및 627쪽; 장원목, 앞의 책, 8쪽에서 재인용.

6 체용의 기원과 관련해서는 고염무와 이옹의 논쟁이 유명하다. 강진석, 「체용의 기원 논쟁을 통해서 본 중국유가의 문화독법」, 중국학연구회, 『중국학연구』20권, 2001, 571쪽 이하 참고.

7 湯用彤, 『漢魏兩晉南北朝佛教史』, 上海: 商務印書館, 1991(初版은 1938년), 333쪽; 장원

체용론(體用論)과 주희(朱熹) 철학의 태극(太極) 개념에 대한 고찰 43

국 탕용통(湯用彤)은 중국의 위진현학이 인도 불교사상의 영향과는 거의 무관하게 체용론을 발달시켰으며 이것이 결국 중국이 인도적 사유를 소화해낼 수 있게 한 토대의 구실을 했다고 본다. 체용론(體用論)은 중국이 외부 사상의 영향을 받지 않고 독자적으로 발전시킨 것임을 강조하고 있는 셈이다.[8]

한편, 체용론은 불교가 중국화의 길을 모색하는 과정에서 발생되고 완성된 사유틀이라 보는 시각도 있다. 물론 체용론은 불교적 사유를 견지하면서 불교의 중국화를 모색하는 과정에서 생겨난 사유틀일 가능성도 배제할 수 없다. 본말론(本末論)에 입각한 위진현학이 체용론의 사유 구조를 연상시키는 부분을 일부 담고 있다고 하더라도, 그들이 체용범주를 중요한 철학적 문맥에서 사용하고 있지 않은 것이 분명한 이상 체용론과 본말론을 동일시할 수는 없다. 나아가 체용론을 중국적 체용론과 불교적 체용론으로 나누어 생각해볼 수도 있을 것[9]이며 불교적 체용론과 신유학적 체용론으로 세분해서 고찰할 수도 있을 것이다.

체용론을 형성시키고 정착시킨 것은 중국불교학자들이다. 이 때문에 송명철학에서 체용범주를 보편적으로 사용하기 시작했을 당시부터 체용범주의 유래가 불교임을 지적한 학자가 많았다.[10] 그럼에도 불구하고 주희 등은 체용론을 광범위하게 원용하고 있다. 이에 체용범주의 맹아는 중국 본래적인 것이라 하더라도 이를 완성한 것은 중국불교와 신유학이라 할 수 있다.

목, 앞의 책, 4쪽에서 재인용.

8 장원목은 이는 체용론 형성에 끼친 불교의 역할을 지나치게 축소하고 있는 것이라고 본다. 장원목, 앞의 책, 8쪽.

9 景海峰, 「中國哲學體用論的源與流」, 深圳: 『深圳大學學報』, 1991, 5쪽, 25쪽; 장원목, 앞의 책, 10쪽에서 재인용.

10 蒙培元, 앞의 책, 148~149쪽. 北宋의 晁說之, 元의 許衡, 明末淸初에 顧炎武와 논쟁했던 李顒 등은 體用範疇가 불교에서 유래한 것임을 지적하고 있다; 장원목, 앞의 책, 10쪽에서 재인용.

3. 방법론으로서의 체용론(體用論)

일반적으로 체용 범주의 체(體)는 본체(本體) 혹은 실체(實體)로, 용(用)
은 (본체의) 작용(作用) 혹은 현상(現象)으로 정의되고 있지만, 이러한 사
전적 정의만으로는 체용범주가 지닌 다양성이 충분히 파악되지 않는다
는 점에 대해 거의 모든 연구자들이 동의한다. 멍페이위안(蒙培元)은 체
(體)와 용(用)이 각각 실체(實體)와 기능[功能], 본질(本質)과 현상(現象)
으로 번역될 수 있다고 한다. 그러나 실체(實體)나 본질(本質)이 무엇이
며, 왜 그렇게 번역될 수 있는지는 설명하고 있지 않다.[11] 장리원(張立
文)은 중국철학의 범주를 체계적으로 정리하여, 체용범주를 이른바 '허
허(虛虛)범주'에 귀속시킨 후 대체로 본질(本質)과 현상(現象), 본체(本體)
와 작용(作用), 실체(實體)와 속성(屬性) 등의 함의를 지니고 있다고 정리
한다.[12] 탕이제(湯一介)는 "그것[體用範疇]은 본체(本體)와 현상(現象)의 의
미를 포함할 뿐만 아니라 근거(根據)와 공용(功用), 전체(全體)와 부분(部
分), 추상(抽象)과 구체(具體) 등등의 의미를 지니고 있다."[13]고 말한다. 한
편 윙칫 찬(Wing-tsit Chan)과 그레이엄(A. C. Graham)은 체(體)와 용(用)을
'Substance'와 'Function'으로 번역한다.[14] 이는 다분히 서양철학 개념을
염두에 둔 것이다.

체용(體用)개념이 현대어로 쉽사리 번역되지 않는 이유는 그것이 명확
한 정의를 내릴 수 있는 개념어가 아니라 사변의 논리, 방법, 사유운용

---

11 蒙培元, 앞의 책, 148쪽 이하; 장원목, 앞의 책, 11쪽에서 재인용.
12 張立文, 『中國哲學範疇發展史』(天道篇), 北京: 中國人民大學出版社, 1986, 621쪽 이하
   참고; 장원목, 앞의 책, 11쪽에서 재인용.
13 湯一介, 『中國傳統文化中的儒道釋』, 北京:中國和平出版社, 1988, 23쪽; 장원목, 상동.
14 Wing-tsit Chan, *Chu Hsi: New Studies*, Honolulu: University of Hawaii Press, 1989,
   및 A.C. Graham, *Two Chinese Philosophers, Chéng Ming-tao & Chéng Yi-chúan*,
   London: Lund Humphries, lst ed. 1958, Reprinted 1978, 참고.

(思惟運用)을 위한 범주이기 때문이다. 체용개념 자체는 처음에 체(體: 신체, 형체 등을 의미)와 용(用: 운용, 활용, 실용가능함 등을 의미)이 구체적인 의미를 지니고 사용되다가 형식적으로 모든 대립항 – 예를 들어 음양(陰陽), 물심(物心), 유무(有無), 아물(我物), 일다(一多), 돈점(頓漸), 본말(本末), 선악(善惡), 지행(知行), 도기(道技), 도기(道器) 등등 – 을 수시로 필요와 문맥에 따라 대입할 수 있는 독특한 존재의 '형식'으로 간주할 수 있다.[15]

이처럼 체용론은 동양철학의 특수한 역사적 경험과 내용을 담은 동양적 세계관을 드러내주는 것인 동시에 동양철학이 다양한 사유를 전개해 나감에 있어서 공통적으로 운용해왔던 보편적 방법론이기도 하다. 이하에서는 체용론이 함축한 세계관적 혹은 방법론적 특성을 엄밀히 구분하지 않은 채 전통철학에서 운용되어 온 체용론 자체가 함축한 철학적 전제에 관해 논하고자 한다. 이를 통해 우리는 체용론이 단순히 방법론 차원에 머물지 않고 나름의 독특한 세계관을 드러내고 있다는 점을 인정할 수 있을 것이다. 체용론은 중국적 혹은 동양적 세계관을 담지한 동양철학적 방법론이기 때문이다.

(1) 우선, 체용개념이 그 특질을 드러내는 문맥에서는 늘 이 두 글자가 짝을 이루어 함께 거론[對用竝擧]된다는 점이 주목되어야 한다. 즉 체(體)는 용(用)을 전제로 하며 용(用)은 체(體)를 전제로 해서만 사용된다. 따라서 용(用) 없는 체(體)나 체(體) 없는 용(用)은 생각할 수 없다는 점에서 체(體)를 實體(Substance, 獨立自存者)로 번역하기 곤란하다. 체용론은 '실체 중심적'이라기보다는 '관계 중심적'인 특성을 갖는 사유 형식이며, 관계 중심적 사유를 전개해 나가는 데 유용한 방법론이었음을 강조하고 싶다. 체용론을 받아들인다는 것은 체(體)를 문제 삼되 반드시 용(用)을

---

15 장원목, 앞의 책, 11쪽.

염두에 두고서 체(體)를 문제 삼으며, 용(用)을 문제 삼되 당연히 체(體)를 전제한 용(用)임을 인정한다는 것이다.

체용론(體用論)은 실체 중심적 사고와는 달리 체(體) – 용(用)의 상호 연관을 강력하게 강조한다. 따라서 체용론이 운용되는 맥락에서 체(體) 중심적 사유가 나타난다 하더라도 서구철학의 실체 중심적 사유와는 차이가 있을 것이다. 나아가 체용론은 본질적으로 관계론이므로 용(用) 중심적 사유도 나타날 수 있을 것이고, 체(體) 중심적 사유와 용(用) 중심적 사유가 나란히 대립한다 하더라도 이 양자를 질적으로 구분하기 힘들 수도 있다. 왜냐하면 체용론에서는 체와 용의 관계 자체에 초점을 맞춘다고 말할 수 있고, 체(體)는 용(用)에 그리고 용(用)은 체(體)에 상호 의존해 있는 것으로 이해되고 있기 때문이다.

(2) 앞에서 체용론이 불교가 중국화하는 과정에서 형성된 것임을 확인했다. 체용론(體用論)는 실용(實用)을 중시하는 중국적 사유의 구상적(具象的)이고 현실주의적(現實主義的)인 특성을 충분히 살리면서도, 현상의 배후 혹은 현상을 넘어서 있는 보다 추상적 초월적 경지를 추구해온 인도적 사유를 동시에 반영하고 있다고 볼 수 있다. 용(用) 중심적 사유와 체(體) 중심적 사유의 절묘한 결합이라고 말해도 좋을 것이다. 그러나 체는 용의 체이기에 형이상학적 '불변의 체'와는 다르며, 용은 체의 용이기 때문에 단순히 '현상적 실용적 용'과는 다르다. 따라서 체(體)와 용(用)의 관계는 '불상리(不相離)'인 동시에 '불상잡(不相雜)'인 관계 혹은 '일이이(一而二)'·'이이일(二而一)'의 관계라 표현할 수 있다. 이는 체(體)와 용(用)의 관계는 상호분리·단절[不相雜, 相離]과 상호공존·연속[不相離, 相卽]의 이중적 성격 위에서 포착될 수 있음을 의미한다. 이는 각 철학자의 입장에 따라, 그리고 체(體)와 용(用)의 보다 한정된 내용이 고려되었을 때 더욱 구체적으로 논의할 수 있을 것이다. 예를 들어 본체와 현상의 연속성[相卽性]은 다음과 같이 폭넓게 이해될 수 있다. 즉 상즉성(相卽性)은 체

(體)에서 용(用)으로, 용(用)에서 체(體)로 어떤 식의 통로가 열려 있음을 의미하기도 하고, 체(體)와 용(用)이 완전히 겹쳐 있을 수 있음, 즉 동시 공존[卽體卽用] 혹은 체와 용의 구분불가능한 혼용상태를 의미할 수도 있다. 또한, 시공간적으로 시차를 두고 연속(연결)될 수도 있음을 의미하기도 하고, 단지 논리적이거나 가치론적 차원에서 동시존재하거나 상호 연계될 수 있음을 의미할 수도 있다.

예컨대 장재는 신(神)[天德]과 화(化)[天道]를 체용의 관계로 이해하면서 이들을 일기(一氣)로 통일시킴[16]으로써 체용의 연속성을 강조하고 있다. 그러나 "체는 있으나 용이 없는"[17] 경우가 있을 수 있음을 인정함으로써 이 둘이 분리될 수 있음을 보여주고 있다. 이정(二程) 역시 체용이 동일한 근원['體用一源, 顯微無間']임을 인정[18]하거나 '체와 용이 선후(先後)가 없음'을 주장[19]함으로써 체(體)와 용(用)의 연속성 혹은 상즉성(相卽性)을 강조하고 있다. 아울러 이들 간에는 다름[殊]이 있어 '하나로 혼동해서는 안 된다'[20]고 봄으로써, 장재에 비해 체와 용을 보다 엄격히 구분하고 있다. 체와 용의 관계는 후에 주희에 의해 보다 복잡하고 심도 있게 탐구된다.[21]

장재와 이정 등은 도·불교의 무 혹은 공을 본체로 설정하는 무체유용(無體有用)의 논리를 '체용의 단절[體用殊絶]'로 파악하여 이를 비판한다. 반면에 그들은 유교적 본체를 리 혹은 기와 같은 '유(有)'로 설정하는

---

16 張載,『正蒙』「神化」, 첫번째 조목: 神, 天德; 化, 天道; 德其體, 道其用, 一於氣而已. (이하는 「神化」1이라고만 표시함. 다만 『遺書』「伊川先生語」1권, 첫번째 조목과 같은 경우는 「伊川先生語」1/1이라 표시함.)

17 「神化」27: "敦厚而不化, 有體而無用也."

18 『二程集』「易傳序」및「外書」12/67, 114, 118 등.

19 「明道先生語」1/22: "體用無先後."

20 『伊川先生文集』9권「與呂大臨論中書」: 大本言其體, 達道言其用, 體用自殊, 安得不爲二乎. 『粹言』「論道」/130: 大本言其體, 達道言其用, 烏得混而一之乎.

21 朱熹의 체용론에 관해서는 張立文, 蒙培元, 윤용남, 강진석 등의 논문을 참고할 수 있다.

'유체유용(有體有用)'의 논리를 내세움으로써 체와 용의 연속성을 강조한다. 그러나 장재에 비해 이정은 '체(體)로서의 유(有)'와 '용(用)으로서의 유(有)'의 성격이 보다 엄격히 구분되어야 함을 강조하고 있다.

(3) 체용론(體用論)은 변화유동하는 현상세계의 각종 운동을 통일적인 기준(중심, 축)에 의해 설명해내기 위한 형식임을 지적할 필요가 있다. 특히 체와 용이 분열된 현실을 염두에 둔다면 체는 용에 비해 상대적으로 불변적, 안정적, 고정적인 운동의 중심축의 위치를 점하는 것으로 설정된다. 이에 비해 용은 (상대적으로) 안정적 원리로 채택된 체에 그 중심을 두고 변화, 생성, 운동하는 측면을 지칭한다. 따라서 용은 체에 비해 (상대적으로) 역동적, 유동적, 불안정적이다.[22]

(4) 신유학의 체용론에서는 발생론적 사유와 즉체즉용적 사유가 결합되어 있다고 보는 것이 일반적이다. 리지린(李志林)은 신유학이 우주론과 본체론을 통합하고 있다고 본다. 다만 그는 우주론적·발생론적 본체론을 우주론(宇宙論)이라 명명하고, 후에 장원목이 언급한 바 있는 '즉체즉용적 본체론(卽體卽用的 本體論)'을 본체론(本體論)이라고 명명하고 있다.[23] 멍페이위안(蒙培元)은 리지린(李志林)과 같이 우주론(宇宙論)과 본체론(本體論)이라는 용어를 대비해서 사용하지만, 장다이녠(張岱年), 장리원(張立文) 등은 우주본체론(本根論), 우주발생론(大化論)이라는 용어를 사용하면서 이를 우주론의 두 영역으로 보고 있다. 멍페이위안(蒙培元)은,

---

22 원래 중국철학 고유의 태생적 맥락에서는 體가 존재론적이나 가치론적으로 用에 대해 우월하다고 생각해서는 안 될 것이며 이상과 같은 성격은 '상대적인 것'일 뿐이다. 이 점에서 형식으로서의 체용론은 철저히 관계중심적이다.

23 李志林, 『氣論與傳統思惟方式』, 上海: 学林出版社, 1990, 122쪽 이하.

엄격하게 말해서, 우주론(宇宙論)과 본체론(本體論)은 결코 동일한 것이 아니다. 본체론(本體論)은 세계본원(世界本原), 제일존재(第一存在) 혹은 제일원리(第一原理) 등의 문제를 토론하며, 우주론(宇宙論)은 우주자연의 생성발전 등의 문제를 토론하는 학문의 영역이다. 중국철학사상에서, 선진철학은 우주론과 본체론의 초보적인 양식을 제출하였다. 양한(兩漢) 시기의 철학은 기본적으로 우주론에 속한다. 위진현학과 수당불교학은 기본적으로 본체론에 속한다. 리학(理學)은 이 둘을 결합하여 체계적인 우주본체론(宇宙本體論) 철학을 세웠다.[24]

라고 말한다. 장원목은 발생론적 사유가 중국에 본래적인 사유라면, 즉 체즉용적 사유는 중국적 사유가 인도적 사유와 접촉함으로써 계발된 것이라고 보고 있다. 체용론은 발생론적 본체와 즉체즉용적 본체 모두를 포괄할 수 있는 사유체계이지만 즉체즉용적 본체와 더욱 친화적이라는 말이다.

(5) 체용론은 또한 중국인의 유기체적 사유와 밀접한 관계가 있다. 팡퉁이(方同義)는 중국철학에서의 '우주'는 하나의 '영원히 생생불식(生生不息)하는 생명적 존재임과 동시에 그것이 발전해 가는 유기적 체계'로 이해되고 있었다고 말한다.[25] 예를 들어 신유학자들은 개인이나 사회나 심지어 우주자연까지 하나의 동질적 구조를 지닌 살아있는 유기체라는 생각 위에서 본체론을 전개하고 있다. 따라서 신유학의 체용(體用)이론은 유기체의 본바탕으로서의 몸(신체)과 그 작용(동작)의 이미지를 철학적으로 추상한 것이라고 가정할 수 있다. 유기체에 있어서는 몸과 마음, 몸

---

24 蒙培元, 『理學範疇系統』, 北京: 人民出版社, 1989, 1쪽. 張立文의 경우는 張立文 主編, 『中華的知慧』, 上海人民出版社, 1996, 173쪽 참고.

25 方同義, 「本體與境界 – 中國古代哲學主題的理論闡釋」, 『B5中國哲學史』, 中国人民大学书报资料中心, 1993, 4~5쪽.

체와 운동이 원칙적으로 구분불가능하다. 체용론에 기반한 신유학의 본체이론에서는 존재와 운동, 사실과 가치, 존재론과 윤리학이 혼일(渾一)하게 통일되어 있다. 신유학의 본체론에서는 하나의 본체가 사실세계의 궁극적 근거이기도 하려니와 가치세계의 궁극적 근거이기도 하다. 마찬가지로 동일한 본체가 존재의 근거이기도 하거니와 운동의 중심축이기도 하다.

4. 체용론(體用論)과 본체(本體)

태극과 음양은 주자학에서 본체와 현상을 지칭하는 개념이라 말할 수 있다. 본체(本體)는 체용(體用)의 체(體)이기 때문에, 체용(體用)범주가 지닌 각종 특성을 지니고 함유하고 있다고 추정할 수 있다. 그러나 본체(本體)는 용과의 관계 하에서 설정된 본질적이고 근본적인 체이므로 내용적으로 이를 어떻게 규정하느냐에 따라 특정 철학의 성격이 드러나게 될 것이다. 그러나 본체의 구체적 내용이 어떻게 제시되더라도 본체는 체용론의 맥락 위에서 이해되어야 할 것이다.[26] 성리학에서 본체(本體)는 존재(자), 가치, 운동의 궁극적이고 통일적인 근거로 제시된다. 따라서 본체는 그 자체가 곧 궁극적 실재, 궁극적 가치, 궁극적 운동의 축 등의 의미를 함축한다.

본체(本體)는 궁극적 존재근거(존재론적 본체)로 이해될 수 있다. 예를 들어 전통시대의 도교는 본체를 무(無)로 이해했다. 불교의 경우는 다소 복잡하긴 하나 유가들은 그것을 무(無)와 다름없는 공(空)이라 이해했다. 신유학(新儒學)은 도·불교의 영향력 아래서 본체이론을 구성하게 되는

---

26 本體개념을 體用論의 體와 本末論의 本의 결합으로 볼 수 있는지는 더 많은 탐구가 필요하다.

데, 장재나 이정과 주희의 경우가 그 대표적인 사례이다. 이들은 도·불교에 의해 공(空)이나 무(無)로 이해된 본체를 비판하면서 본체를 유(有)라 말한다. 그러나 동일한 '유(有)'로서의 본체라 하더라도 장재는 일기(一氣) 혹은 태허신기(太虛神氣)에, 그리고 이정과 주희는 천리(天理)[一理, 太極]에 기초하여 본체(本體)이론을 형성해 나간다.

본체는 또한 궁극적 가치(가치론적 본체)로 이해될 수도 있다. 이 경우 본체를 절대선(絶對善)[至善]으로 규정할 것인가, 아니면 무선무악(無善無惡)으로 규정할 것인가, 혹은 그것을 인(仁)으로 규정할 것인가, 신(信)이나 지(知)로 규정할 것인가, 하는 것이 중요한 관심사가 된다. 나아가 본체를 동(動)적인 것으로 파악할 것인가 정(靜)적인 것으로 파악할 것인가 혹은 주체성의 근거로 파악할 것인가 객관성 확보의 근거로 규정할 것인가 등등이 이 문제와 함께 다루어질 수 있을 것이다.

본체는 운동의 궁극적 근거(동태론적 본체)로 설정되는 것이기도 하므로, 개인과 사회와 우주자연에서의 각종 운동을 어떻게 이해할 것인가 하는 것은 본체론의 중심문제 중 하나가 된다. 예를 들어 정주성리학(程朱性理學)에서는 운동의 근거를 최종적으로 기(氣)에다 돌릴 것인가 아니면 리(理)에 귀속시킬 것인가 하는 것이 문제되고 있다. 장재의 경우에 있어서도 운동의 궁극적인 근거를 본체인 태허신기(太虛神氣)에 귀속시킬 것인가 아니면 현상기(現象氣)인 음양지기(陰陽之氣)의 상호 대립적 구조[대대(待對)적 관계]와 연관시킬 것인가 하는 점이 문제되고 있다.

이처럼 중국철학의 본체론에서는 궁극적 존재근거와 궁극적 가치, 나아가 운동의 궁극적 근거를 동일한 하나의 본체(本體)로 파악하고 있다. 중국적 본체이론의 이와 같은 특성은 유기체적 세계이해와 밀접한 관련성을 지니는 것이라 보았다. 주희(朱熹)에 있어서 태극(太極), 천(天), 리(理), 본연지성(本然之性), 인(仁) 등은 모두 동일한 본체로 규정되고 있으며 장재(張載)에 있어서 태허신기(太虛神氣), 천지지성(天地之性) 등도 동일한 본체이다. 이들의 사고에 있어서 우주론 혹은 존재론에서의 궁극적 실재(존재적 본체)와 가치론에서의 궁극적 가치(가치적 본체)는 통일되어 있으며 동일한 본체로 지시되고 있다. 이상과 같은 견지에서 볼 때, 중국철학의 본체론은 존재론, 생성론(동태학), 가치론(윤리학) 모두를 통합적으로 전제하고 있다고 말할 수 있다. 이에, 문맥에 따라 존재론적 본체, 생성론적 본체, 즉체즉용적 본체, 발생론적 본체 혹은 가치본체라는 말을 사용할 수 있다.

아울러 이들 본체는 '명체달용(明體達用)', '명체적용(明體適用)', '전체대용(全體大用)' 등으로 표현되고 있듯이[27] 체용의 원리나 관계에 의해 제약되고 있다. 특히 체용(體用)의 '불상리(不相離)'·'불상잡(不相雜)'으로 요약되는 체용의 관계설정은 본고의 태극과 음양의 관계에 대한 논지 전개와 관련하여 중요하다.

본체론이 체용논리(體用論理)의 형식적 제약을 받고 있음을 염두에 둔다면, 본체론 내지 본체학은 실용학(實用學) 내지 사공학(事功學)과 대비될 수 있다. 실용학이 천문학, 풍수 지리학, 한의학, 정치학, 경제학, 자연학과 인문학을 포함한 일체의 개별과학을 지칭한다고 한다면, 본체학과 실용학의 구분은 서구에서의 제일철학과 과학의 구분과 유사하다고 하겠다. 또한 본체론(本體論)은 수양론(修養論)[修證論, 工夫論]과 대비 가능하기도 하다. 왜냐하면 체(體)와 용(用)이 분열된 현실상황에서 본체(本體)는 분열상태에 처한 현실적 인간이 도달해야 할 본래적 상태나 이상적 경지 즉 수양의 목표로 제시되는 가치본체이기도 하기 때문이다.[28] 서구의 인식론에 흔히 대응되는 신유학의 격물치지론(格物致知論)은 성경론(誠敬論)과 함께 공부론에 속한다. 본체(本體)는 일체 현상(존재나 운동)의 근거이기도 하면서, 일체 인간 행위의 궁극적 근거이기도 하기 때

---

27 景海峰, 앞의 논문, 26쪽.
28 荒木見悟, 『佛敎と儒敎』, 京都: 平樂寺書店, 1963, 3~8쪽. 荒木見悟는 본체개념을 本來性이라고 부르고 있다. 朱熹도 本來(性), 本然(性) 등의 개념을 사용했었다. 『朱子語類』 「程子之書」 참고.

문에 본체론이 현상론(現象論) 내지 수양론(修養論)과 대응되는 것은 자연스럽다.

5. 체용(體用)과 주희 철학의 태극(太極)-음양(陰陽) 관계

『장자』「대종사」편에서 '하늘'의 의미로 사용되고 있는 태극(太極)이란 용어가 중국 유가철학의 우주론 내지 본체론의 중심 개념으로 부각되게 된 것은 『주역』「계사전」에 "역에는 태극이 있으니 태극이 양의를 낳고, 양의가 사상을 낳으며, 사상이 팔괘를 낳는다.[易有太極, 是生兩儀, 兩儀生四象, 四象生八卦.]"라는 구절에 기인한다. 신유학 이전에 「계사전」의 태극은 기(氣)로 이해되어 왔다. 예컨대 한대(漢代) 이후 태극을 『노자(老子)』의 도(道)와 관련시키는 견해와, 원기(元氣)개념과 관련시키는 견해의 두 가지 설(說)이 있었다고 한다. 일반적으로 송대(宋代) 이전까지는 태극을 기(氣)로 이해했고, 주희가 이를 리(理)로 해석함으로써 성리학을 체계화했고, 주희 이후에 태극을 기(氣)로 보는 견해가 또다시 대두되기도 한다. 명대(明代)의 왕정상(王廷相, 1474~1544) 등은 태극을 '혼돈(混沌) 미분(未分)의 기(氣)'로 여긴다.[29]

주희의 태극 논의에 발단을 제공한 사람은 주돈이(周敦頤, 1017~1073) 다. 주돈이의 『태극도설(太極圖說)』을 통해 서로 불가분의 관계에 있는 우주[天地]와 인간 양자를 일관된 틀 내에서 연관시키는 나름의 신유학 체계를 수립하였는데 이 가운데 태극(太極)이 중심 개념으로 언급된다. 주돈이는 『노자(老子)』에 나오는 '무극(無極)'이라는 용어와 태극을 연결하여 "무극(無極)이면서 태극(太極)[無極而太極]"이라고 하여 태극을 새롭게 이해할 수 있는 단서를 열어 놓는다. 주희는 주돈이의 『태극도설(太極圖說)』

---

29 葛榮晋, 『中國哲學範疇史』, 黑龍江: 黑龍江人民出版社, 1987, 39~44쪽.

을 독창적으로 재해석하여 자신의 새로운 본체론 체계를 성립시킨다.

1161년에 이통(李侗, 1093~1163)이 태극(太極)을 "천지 본원의 리(理)"라 한 이래, 주희는 〈이발미발설(已發未發說)〉(1169)에서 주돈이의 "무극이태극(無極而太極)"이 성(性)을 논한 것이라고 여긴다.[30] 그 이후 주희는 태극을 우주의 궁극적 실재(존재적 본체)이자 궁극적 가치(가치적 본체)의 원리로 파악하게 되며 태극과 음양 혹은 태극과 만물의 관계를 규명하는 데 힘을 기울이게 된다. 주희는 태극론(太極論)을 발생론적 본체로 파악하는 경향이 강했던 주돈이의 본래 의도와는 달리 이를 체용론(體用論)적 사유 체계를 도입하여 본체론(本體論)과 인성론(人性論)[修養論]을 동일한 사유틀로 체계화한다.[31]

주희는 자신의 『태극도설해(太極圖說解)』가 완성된 해(1173년)에 양자직(楊子直)에게 보내는 편지에서 『태극도설』의 태극에 대한 자신의 생각을 아래와 같이 서술하고 있다.

하늘과 땅 사이에는 끊임없이 동정(動靜)이 순환하며 그 외의 일은 없습니다. 이것을 가리켜 역(易)이라 합니다. 그 움직임과 고요함에는 반드시 동정(動靜)하게끔 하는 이치가 있으니 이것이 이른바 태극입니다. 성인(聖人: 공자)께서 이미 그 실재함을 가리켜 이렇게 명명하셨고 주자(周子)께서 또한 그림을 만드셔서 그 특징을 잡아내셨으니 밝혀서 나타냄에 여지가 없습니다. '극(極)'이라는 명칭은 '추극(樞極)[32]'에서 그 의미를 얻은 것입니다. 성인(聖人)께

---

30 『延平答問』「辛巳二月二十四日書」; 『朱子大全』「已發未發說」 67:10a-12a. 陳來, 『朱熹哲學研究』.

31 『朱子語類』 卷68;95: "天地便是大底萬物, 萬物便是小底天地, 蓋人便是一箇小天地耳." 주희의 체계에서 천지와 인간은 대우주macrocosm와 소우주microcosm로서 서로 연결되어 있다.

32 樞極은 斗樞와 北極星을 가리킨다. 또 中樞權力을 비유하기도 한다. 斗樞는 北斗七星의 첫 번째 별로써 天樞라고도 한다. 斗樞는 때로 北斗를 가리키기도 한다. 『한어대사전』 참고. 여기서는 물론 태극 즉 성리학의 본체가 우주-천체 운동의 중심축으로써 존재와 가치의 궁

서 말한 태극은 천지만물(天地萬物)의 뿌리[根]를 가리킨 것입니다. 주자(周子)께서 이어 무극(無極)이라 한 것은 그 무성무취(無聲無臭)한 '묘(妙)'(제약 없음)를 드러낸 것입니다. 그러나 『태극도(太極圖)』에서 '무극이면서 태극'이라 하고, '태극은 본래 무극'이라 한 것은 무극 다음에 무극이 따로 태극을 낳았다든가 태극 위에 먼저 무극이 존재하였다는 것은 아닙니다. 또 '오행은 음양'이고, '음양은 태극'이라 한 것은, 태극이 있은 후에 태극이 따로 음양과 오행을 낳았다든가 음양·오행 위에 먼저 태극이 존재하였다는 것은 아닙니다. (태극에서 음양오행을 거쳐) 건도(乾道)가 남성을 이루고 곤도(坤道)가 여성을 이루며 이기(二氣)가 교감(交感)하여 만물을 화생(化生)하는데 이르기까지 무극(無極)으로서의 태극의 묘(妙)가 그곳에 각기 깃들어 있지 않음이 없습니다. 『태극도』의 강령과 대역(大易)의 뜻은, 노자(老子)의 소위 '만물생어유, 유생어무([萬]物生於有, 有生於無)'설이 조화(造化)에 참으로 시작과 끝이 있다고 여기는 것과는 정반대입니다.[33]

여기서 주희는 분명히 태극과 음양 사이의 시간적인 선후관계, 즉 발생론적 본체를 배제하고 있다. 즉 태극은 만물을 낳음으로써 만물과 선후관계에 있는 대신 만물과 동시적으로 존재한다. 그것은 모든 사물의 '뿌리'(근원)로서 존재하는 모든 것에 스며들어 있으며 만물과는 존재의 차원을 달리하는 바, "움직이고 고요하게끔 하는 이치"이자 "천지(天地)의 축"이라는 것이다.

주희는 『태극도설해』에서 『태극도설』의 첫 구절, "무극이태극(無極而太極)"이 태극의 "소리도 없고 냄새도 없는" 초경험적인 성질을 묘사하는 구절이라고 여긴다. 즉 태극이 공간적인 제약을 받지 않으며[34] "상(象)과

극적 근거임을 드러내고자 한 것이다.

33 『朱子大全』「答楊子直(1)」 45:11b-12a.

34 『朱子語類』 94:19: "太極無方所, 無形體, 無地位可頓放."

수(數)가 아직 형태를 갖추지 않았으나 그 이치는 이미 갖추고 있는 것"[35] 혹은 "형상이 없으면서 이치는 있는 것[無形而有理]" 등으로 표현된다.[36] 주희에 따르면 "무극이태극(無極而太極)"에서 무극(無極)은 곧 태극(太極) 이고 태극(太極)은 곧 무극(無極)이다. 무극(無極)과 태극(太極)은 모두 동 일한 본체인 리(理)를 지칭한다.[37] 따라서 '무(無)'를 본체로 여기는 도가 (道家)적인 저작으로 해석될 여지가 충분히 있는 주돈이『태극도설』을 '절 대유(絶對有)'의 철학인 '리의 철학'으로 해석한다.

상천(上天)의 일은 소리도 없고 냄새도 없으니 진실로 '조화(造化)'의 '추유(樞 紐)'[38]이자 '품휘(品彙)'의 '근저(根柢)'[39]이다. 그렇기 때문에 무극이면서 태극 이라고 말한 것이니, 태극 외에 다시 무극이 있는 것은 아니다.[40]

태극은 인간사회와 자연세계를 모두 관할하는 "온갖 운동의 중심 축 [實造化之樞紐]"이자 "모든 사물들의 [존재 및 가치의] 근거[品彙之根柢]"이 다. "온갖 운동의 중심 축"이란 특히 자연세계와 인간세계의 운동과 변

---

35 『易學啓蒙』「伏羲八卦次序圖」 卷2: "太極者, 象數未形, 而其理已具之稱.『朱文公文集』 「與郭沖晦」 卷37: 太極者, 象數未形之全體也."

36 『朱子大全』「答陸子美(2)」 36:5a.

37 그러나 無極而太極 대신에『宋史』에 수록된 대로 自無極而爲太極이라고 할 때는 문장의 구 조상 無極과 太極이 둘로 나뉘고 둘 사이의 시간적인 先後관계 및 生成관계를 뜻하게 된다. 이는 道家의 '無'生'有'의 발생론과 다르지 않다. 東京南,『朱子大傳』, 福州: 福建敎育出版 社, 1992, 663~676쪽 참조. 만약『太極圖說』의 첫 구절이 실제로 自無極而爲太極이라면 周敦頤 자신은 후대의 주자학자들의 해명과는 무관하게 기본적으로 道家로 분류됨이 타당 할 것이다.

38 樞紐는 北斗七星의 첫 번째 별 즉 紐星으로써 天樞라고도 한다. 앞의 樞極과 같은 말이다. 帝王을 비유하기도 한다.『한어대사전』 참고.

39 根柢은 草木의 뿌리를 말한다. '柢'도 '根'과 같다. 이 때문에 이 말은 事物의 根基 혹은 基礎 라는 의미로 사용된다.『한어대사전』 참고.

40 『太極圖說解』(『近思錄』 1:1): "上天之載, 無聲無臭, 而實造化之樞紐, 品彙之根柢. 故曰, 無極而太極, 非太極之外復有無極也."

화를 주도하는 질서나 법칙 등에 주목한 말이고, "모든 사물들의 [존재 및 가치의] 근거"라는 말은 태극이 모든 현존재의 '뿌리'임과 동시에 모든 현존재에 내재하여 그것들에 그 존재성과 가치성을 부여해주는 궁극적인 원리임을 말한다. 태극은 사물 전체뿐 아니라 사사물물 하나하나의 존재근거이기도 하므로, 모든 사(事)와 물(物)에 대한 분류와 해석의 궁극적인 기준이라고 말할 수도 있다.[41]

주희는 『태극도설』의 두 번째 구절[42]의 첫 부분을 해설하면서 태극과 음양의 관계에 관하여 다음과 같이 풀이한다. "리(理)인 태극은 기(氣)의 형체 속에서 그 작용을 드러내는데 동적인 측면의 작용이 드러난 기(氣)의 형태를 통틀어 양(陽)이라고 하고, 정적인 측면의 작용이 드러난 기(氣)의 형태를 통틀어 음(陰)이라고 한다." 즉 태극이 직접 움직여서 양(陽)을 낳고 음(陰)을 낳는 것이 아니라 태극에는 동(動)·정(靜)의 원리가 갖추어져 있다는 것이다. 태극은 음양(陰陽)·동정(動靜)의 근거인 본체(本體)이며, 음양(陰陽)의 동정(動靜)은 태극이 밖으로 드러나는 과정[天命之流行]에 있어서의 기틀이자 표현수단이다.[43] 태극이 유행(流行)하는 과정에서는 음양과 태극이 "하나로 섞여 있어서 틈이 없다"

진실함이란 이치[理]를 가지고 말한 것이니, 거짓됨이 없다는 의미이다. 정묘

---

41 『漢語大詞典』卷3 325쪽: 따라서 品彙之根柢는 "온갖 사물의 내용이나 본질을 구별하고 체계화할 수 있는 해석학적 작업의 근거"로도 풀이할 수 있을 것이다. 品彙는 名詞的인 지칭 ("things of all kinds [ultimate being]")이나 品과 彙는 "물품을 종류에 따라 나눔", "내용이나 본질을 구별하고品 모으다彙" 등의 뜻도 가지고 있다. 『漢語大詞典』은 품휘를 "다양한 종류의 사물들(事物的品種類別)"이라고 설명하고 있다.

42 『太極圖說』의 두 번째 구절은 다음과 같다. "太極이 움직여서 陽을 낳고, 움직임이 극한에 이르면 고요해지는데, 고요해져서 陰을 낳는다. 고요함이 극한에 이르면 다시 움직인다. 한번 움직이고, 한번 고요해지는 것이 서로 그 (상대방의) 바탕이 된다. 陰으로 나뉘고 陽으로 나뉘니 兩儀가 여기에 세워진다.[太極動而生陽, 動極而靜, 靜而生陰. 靜極復動, 一動一靜, 互爲其根, 分陰分陽, 兩儀立焉.]"

43 『太極圖說解』(『近思錄』1:2): "太極之有動靜, 是天命之流行也."

함[精]이란 기운[氣]을 가지고 말한 것이니 둘로 나뉘지 않는다[不二]는 것을 말한 것이다. 오묘하게 합해진다[妙合]는 것은 태극(太極)과 이기(二氣)·오행(五行)이 본래 하나로 섞여 있어서 틈(구별)이 없다는 것이다.[44]

이는 이정(二程)의 "현미무간, 체용일원(顯微無間, 體用一源)"과 "동정무단, 음양무시(動靜無端, 陰陽無始)"의 관점을 반영한 체용론(體用論)적인 해석의 흔적을 나타낸다.

앞에서 살펴본 바 체용론(體用論)에 따르면 원칙적으로 체(體)가 용(用)에(혹은 用이 體에) 대해 일방적 우위를 주장할 수 없다. 체용(體用)은 하나의 근원[體用一源, 卽體卽用, 體用不相離]임이 전제되고 있는 것이다. 따라서 체(體)가 실재(實在)한다면 용(用)도 실재(實在)하는 것이고 용(用)이 선(善)하다면 체(體)도 선(善)한 것이다. 이 경우 체용(體用)는 선후(先後)를 논할 수 없으며 동시공존(同時共存)[合一]한다. 나아가 체(體)와 용(用)의 동일성(同一性)[相卽性]이 인정된다. 이 경우는 체용관계(體用關係)가 이상적인 상태에 놓여 있을 때이다. 따라서 체(體)와 용(用)의 본래적 관계 내지 본연의 이상적 경지는 체용일여(體用一如), 체용일원(體用一源), 즉체즉용(卽體卽用)이다.[45] 이 경지는 굳이 체(體)와 용(用)의 구분조차 할 필요가 없으므로 체(體)도 용(用)도 없는 '무체무용(無體無用)의 경지'라고도 말할 수 있다. 이 경지는 일체의 분열이 조화와 통일에 의해 지양된 상태요, 온갖 차별이 다양성의 이름으로 화해를 이루고 있는 상태이므로 평등과 무차별의 경지라고 말할 수도 있다.

그러나 도달해야 할 이상[本體]이 현실의 작용 속에 언제나 남김없이 구체화되고 있다고는 볼 수 없다. 문제 상황에 직면해 있는 현실세계는

『太極圖說解』(『近思錄』 1:6): "眞以理言, 無妄之謂也. 精以氣言, 不二之名也. 妙合者太極二五, 本混融而無間也." 이는 『태극도설』의 "無極之眞, 二五之精, 妙合而凝, 乾道成男, 坤道成女, 二氣交感, 化生萬物, 萬物生生而變化無窮焉."의 앞 부분을 해석한 것이다.

45 景海峰, 앞의 논문, 23~25쪽.

언제나 체(體)와 용(用)의 분열상태에 처해 있다고 말할 수 있다. 용(用) 가운데는 부정되어야 할 것과 긍정되어도 좋을 것들이 혼재하고 있다고 파악되기 때문일 것이다. 이 경우 '체(體)'[주희 철학의 太極, 性]는 '용(用)' [陰陽, 心]에 일정한 목표와 방향을 부여하거나 용(用)이 도달해야 할 이상적인 경지나 목표로 설정된다. 이 점을 염두에 둔다면 체(體)[太極, 性] 는 용(用)[陰陽, 心]이 아니며, 용(用)은 체(體)가 아니다[體用不相雜]. 체(體) 가 체(體)라 불리는 이유도 그것이 용(用)과의 차별성을 전제로 한 것이다. 체(體)는 비록 용(用)을 전제한 것이기는 하나, 용(用)과 동일시될 수는 없는 것이며 용(用) 또한 이와 마찬가지이므로 이들은 구분될 필요가 있다. 체(體)와 용(用)이 분열된 상태 즉 현실에서는 체용(體用)의 선후(先後)가 문제될 수 있다. 심성론(心性論)에 대해 고심하며 주희가 호남학파의 '성체심용(性體心用)' 이론에서 중화신설(中和新說)의 '심통성정(心統性情)'론으로 나아간 이유도 여기서 찾을 수 있다.

우리는 이를 염두에 두고 주희가 태극(太極)과 만물의 관계를 체용(體用)의 각도에서 다루기를 시도하면서 고민한 흔적이 남아있는 언급들에 주목할 필요가 있다. 체용(體用)의 틀은 여전히 태극(太極)의 본체론적, 그리고 현상론적 의의를 분석하는데 유용한 도구를 제공하고 있기 때문이다.

대개 반드시 체(體)가 선 이후에야 용(用)이 행(行)해질 수 있는 것이다. 정자(程子)가 건곤(乾坤)의 동정(動靜)을 논하면서 '전일(專一)하지 않으면 곧게 뻗어나갈 수 없고 거두어 모으지 않으면 발산(發散)할 수 없다'고 말한 것은 또한 이런 뜻일 따름이다.[46]

(제자가 물었다): 「지금 『태극도설해(太極圖說解)』에서 '반드시 체(體)가 서고

---

46 「太極圖說解」(『近思錄』, 1:10): "蓋必體立, 而用得以行. 若程子論乾坤動靜, 而曰'不專一, 則不能直遂, 不翕聚, 則不能發散', 亦此意爾."

난 뒤에 용(用)이 시행될 수 있다'고 한 말의 뜻은 무엇입니까?」 (스승이) 말씀
하셨다:「체(體)가 먼저 존재한다는 말이다.」[47]

위의 언급들은 주희의 체용론(體用論)의 구도 내에서 현상과 본체의
위치가 표면상 동일한 가치를 내포하는 입장[48]이 현상보다는 본체를 우
선시하는 입장으로 바뀌고 있음을 보여주고 있다. 동시에 『태극도설해
(太極圖說解)』는 형이상(形而上)·형이하(形而下), 미발(未發)·이발(已發),
리(理)·기(氣), 성(性)·심(心), 중(中)·화(和), 태극(太極)·음양동정(陰陽
動靜) 등의 각기 두 범주의 관계를 모두 기존의 체용(體用)의 공식으로 등
치시키는 〈중화신설(中和新說)〉 이전의 체용(體用)논리를 배제하고 있다.
이는 주희가 기존의 태극과 음양(그리고 이와 병행하여 性과 心)을 체용(體
用)의 관계로 보는 시각이 태극과 음양 사이에 성립되는—더 정확히 표
현하자면 당위적으로 성립되어야 하는—관계의 특색을 살려내지 못한다
고 여기고 보다 정치(精緻)한 해설의 틀을 모색했음을 드러낸다.
    실제로 앞에서 언급한 양자직(楊子直)에게 보낸 편지에서 주희는 자신
이 처음에는 태극(太極)과 (陰陽의) 동정(動靜)의 관계를 체(體)—용(用)의
관계로 이해하고 있었으나 이는 후에 병폐가 있는 듯 하여 고쳤다고 토
로하고 있다. 여기서 그는 태극과 음양을 체용의 관계에 있는 것으로 보
는 대신 태극의 체(體: ‘本體’의 측면)와 태극의 용(用: ‘流行’의 측면)에 대하
여 이야기하고 있다.

    저는 일전에 태극(太極)을 ‘체(體)’로 여기고 (음양의) 동정(動靜)을 ‘용(用)’으
    로 여긴 적이 있으나 이 말에 실로 병폐가 있음을 알고 후에 이를 다음과 같

---

47 『朱子語類』94:39: “今『解』云, 必體立而用得以行, 如何. 曰, 體自先有.”
48 『朱子語類』42:103: “蓋尋這用, 便可以知其體. 蓋用則是體中流出也.” [道의] 用을 살펴
    보면 곧 그 本體를 알 수가 있다. 왜냐하면 用이란 바로 體가 유출된 것이기 때문이다.

이 고쳤습니다. '태극(太極)은 본래 그러한 오묘한 적절함이고, 동정(動靜)은 그것이 올라타는 기틀이다…….[49]

여기서 '본연지묘(本然之妙)'란 용어에 주목할 필요가 있다. '묘(妙)'라는 것은 '신(神)'과도 통하는 개념으로 "고요하면서도 움직이고, 움직이면서도 고요한"—즉 물(物)과는 달리 특정한 공간의 제약에서 벗어나 동(動)·정(靜)을 적절히 관통하는—본체(本體)의 자유로움과 보편적 적용성을 나타내주는 개념이다.[50] 주희가 생각하는 본체(本體)는 그 신묘함으로 말미암아 음양을 주재하면서 음양의 차원과는 구분되면서도 음양 안에서 음양과 더불어 항시 작용하고 있다. 이는 흡사 사람이 말을 타고 말을 몰면서 말이 가는 곳에 따라 가는 것과도 비유할 수 있다.[51] 달리 말해서 태극은 변화를 주재하는 것이자 변화 속에서 변화하지 않는 그 무엇이다.

생각건대, 태극(太極)은 (현상계의 동정(動靜)을 적절하게 아우르고 관통하는) 본체의 제약 없음이고[本然之妙], 동정(動靜)은 그것이 올라타서 (작용을 드러내는 氣의) 기틀[所乘之機]이다. 태극은 형이상(形而上)의 도(道)이고 음양(陰陽)은 형이하(形而下)의 기물(器物)이다. 그렇기 때문에 그 드러난 것으로

---

49 『朱子大全』「答楊子直」45:12a: "熹向以太極爲體, 動靜爲用, 其言固有病, 後已改之曰, 太極者本然之妙也, 動靜者所乘之機也. 此則庶幾近之. 來喩疑於體用之云甚當, 但所以疑之之說, 則與熹之所以改之之意, 又若不可相似. 然蓋謂太極含動靜則可(以本體而言也), 謂太極有動靜則可(以流行而言也), 若謂太極便是動靜, 則是形而上下者不可分, 而『易』有太極'之言亦贅矣."; 張立文, 『朱熹思想硏究』, 北京: 中國社會科學出版社, 1981, 284~285쪽에서 재인용.

50 『朱子語類』94:16: "『通書』云, 靜而無動, 動而無靜, 物也. 動而無動, 靜而無靜, 神也.『通書』「動靜」: 動而無靜, 靜而無動, 物也. 動而無動, 靜而無靜, 神也. 動而無動, 靜而無靜, 非不動不靜也. 物則不通, 神妙萬物."

51 『朱子語類』94:50: "太極猶人, 動靜猶馬, 馬所以載人, 人所以乘馬. 馬之一出一入, 人亦與之一出一入."

부터 보면 동(動)과 정(靜)은 때를 같이하지 않고, 음(陰)과 양(陽)은 위치를 같이하지 않으나 태극(太極)은 그 둘 사이 어디에나 있지 않은 경우가 없다. 그 은미한 측면으로부터 본다면 막연하여 아무런 조짐도 없는 가운데 동정(動靜)과 음양(陰陽)의 이치가 이미 다 그 가운데에 갖추어져 있다. 비록 그렇지만 앞으로 미루어 보아도 그 처음의 합해짐을 볼 수 없고 뒤로 당겨 보아도 그 마지막의 분리됨을 볼 수 없다. 그렇기 때문에 정자(程子)는 '움직임과 고요함이 단서(端緖)가 없으며 음(陰)과 양(陽)은 시작이 없다'라고 말하신 것이니 도(道)를 아는 자가 아니면 누가 그것을 알 수 있겠는가?[52]

태극(太極)으로부터 만물(萬物)이 분화, 생성되는 과정에 이르기까지 단지 하나의 도리(道理)가 포괄하고 있으며, 먼저 (개별적인 특정한) 이치가 있고 난후에 따로 또 다른 이치가 존재하는 것은 아니다. 다만 전체적으로 이는 하나의 큰 근원으로서, 체(體)로부터 용(用)에 이르고, 은미한 것으로부터 드러난 현상에 이를 뿐이다.[53]

위의 설명에서 태극은 만물의 근거(태극의 체)이면서 만물과 항상 함께 하는(태극의 용) 형이상적인 실재로 이해되고 있다. 즉 태극은 유행(流行)하여 모든 사물을 관통하며 그 다양한 사물들로 하여금 하나의 통일을 이루도록 한다. 이는 흡사 물이 한 군데에서 흘러나와 한 방향으로 계속 흘러 여러 곳에 스며듦으로써 여러 곳이 서로 연결되어 있게끔 하는 것과도 비교될 수 있다. 물의 원천(源泉)과 흐름 등의 비유는 태극과 만물

---

52 『太極圖說解』(『近思錄』 1:2): "蓋太極者本然之妙也, 動靜者所乘之機也. 太極形而上之道也. 陰陽形而下之器也. 是以自其著者而觀之, 則動靜不同時, 陰陽不同位, 而太極無不在焉. 自其微者而觀之, 則沖漠無朕, 而動靜陰陽之理, 已悉具於其中矣. 雖然推之於前而不見其始之合, 引之於後而不見其終之離也. 故程子曰, 動靜無端陰陽無始. 非知道者, 孰能識之."

53 『朱子語類』 94:27: "自太極至萬物化生, 只是一箇道理包括, 非是先有此而後有彼. 但統是一箇大源, 由體而達用, 從微而至著耳."

의 관계에 대하여 또 하나의 시각을 제공한다. '근(根)', '본(本)', '대원(大源)' 등이 단순히 '소이연(所以然)'으로서의 근거의 뜻만이 아닌 '근원', '원천'(origin, source)의 뜻도 지니고 있다면 샘에서 물이 솟아나와 흐르듯이 태극은 창조자, 혹은 산출자로서 만물에 시간적으로나 공간적으로 앞서면서도 그것이 산출한 사물과 항시 떨어져 있지 않은 존재가 되어 버린다.[54] 태극의 유행(流行)이 처음부터 모든 존재를 꿰뚫고 있으며 태극은 이 성실한 "흐름"을 통하여 모든 사물과 불가분의 관계를 맺게 되며 모든 것을 하나로 묶어주게 된다.

'위대하도다, 건(乾)의 원(元)이여. 만물이 이를 바탕으로 생겨나는구나'라 하니 (이것이) 진실함의 근원이다. 이는 하나의 흐르는 본원(本源)을 총괄해서 일컫는 것이다. 건도(乾道)가 변화하여 각 사물이 그 올바른 본성을 얻는다. 성(誠)이 흘러나옴으로써 사물은 각기 그 놓일 자리를 가지게 된다. 사람이 생겨날 때도 이 성(誠)이 (작용)하였고, 사물이 생겨날 때도 이 성(誠)이 (작용)하였다. 그러므로 말하기를 '성(誠)이 이렇게 하여 확립된다'고 하였으니, 그것은 비유하면 물과 같다. (물은) 단지 하나의 원천(源泉)에서 나오니, 흘러나온 후에 천 갈래 만 갈래로 나뉘어져도 다만 똑같은 물일 뿐이다.[55]

위와 같은 언급들은 주희가 처음에는 기존의 도기(道器)의 관계의 차원에서 태극(太極)과 음양(陰陽)의 관계를 체(體)와 용(用)의 관계로 파악했으나 후에 이것이 태극의 편재(遍在)와 항상성을 충분히 드러내지 못

54 물의 비유를 통해서 부각되는 주희의 태극의 流行에 관한 이야기는 서양의 流出說 (Emanationslehre)과 비슷한 요소도 없지 않다고 생각된다. Donald Munro, *Images of Human Nature*, Princeton University Press, 2014, p.37, 63~64 참조.

55 『朱子語類』 94:119: "'大哉乾元, 萬物資始', 誠之源也. 此統言一箇流行本源. '乾道變化, 各正性命', 誠之流行出來, 各自有箇安頓處. 如爲人也是這箇誠, 爲物也是這箇誠, 故曰 '誠斯立焉'. 譬如水, 其出只一源, 及其流出來千派萬別, 也只是這箇水."

한다고 생각하고 태극(太極)을 현상계와 보다 뚜렷이 구분되는 형이상적 실체로 부각시키는 논리를 펼쳐 나아간 점을 드러낸다.『태극도설해』의 "본연지묘"로서의 태극은 "본체(本體)"와 "유행(流行)"의 양 측면을 가지고 있으며 "소승지기"로서의 음양과는 그 존재의 차원이 대비되는 개념으로 해석되고 있다. 이는 곧 태극이 음양을 떠나 있지 않으면서 결코 음양 그 자체로 환원될 수 있는 성질이 아니라는 사실을 말하고 있다. 이 "본연지묘"인 태극은 주육태극논변(朱陸太極論辯)을 통하여 그 초월성이 부각된 모종의 절대적인 기준으로 보다 확고히 주희의 사상 내에서 자리를 잡게 된다.

6. 맺는 말

체용론은 동양철학의 특수한 역사적 경험과 내용을 담은 동양적 세계관을 보여주는 이론인 동시에 전통시기 동양철학이 다양한 철학적 사유를 전개해 나감에 있어서 공통적으로 운용해왔던 보편적 방법론이기도 하다. 즉 체용론은 중국적 혹은 동양적 세계관을 담지한 동양철학적 방법론이다.

본고에서는 체용론이 함축한 세계관적 혹은 방법론적 특성을 엄밀히 구분하지 않은 채, 전통철학에서 운용되어 온 체용론 자체가 함축한 철학적 전제, 혹은 체용론 운용상에 나타나는 공통의 특질에 관해 논했다.

이에 (1) 체용론이 실체중심적 사유라기보다는 양자 혹은 삼자의 관계를 중시하는 관계중심적 사유라는 점, (2) 체용론은 불교가 중국화하는 과정에서 형성된 것, 즉 체용론은 용(用) 중심의 중국적 사유와 체(體) 중심의 불교적 사유가 결합된 것이다. 이에 정형화된 체용론은 체용의 불상리 불상잡을 동시에 용인하는 것을 그 형식적 관계로 받아들인다는 점, (3) 체용론은 직선운동을 운동의 기본모델로 전제하고 있는 인과론적 사유와는 달리, 원운동적 사유를 전제한 위에서 전개되고 있다는 점, (4) 발생론적 사유가 중국에 본래적인 사유라면, 즉체즉용적 사유는 중국적 사유가 인도적 사유와 접촉함으로써 계발된 것이라고 보는 견해를 따랐다. 체용론은 우주론 내지 발생론적 사유와 본체론 내지 즉체즉용론적 사유를 모두 그 틀 속에 담을 수 있지만 발생론적 본체보다는 즉체즉용적 본체와 더욱 친화적이라는 점을 지적하는 학자들이 있다. 이밖에 (5) 체용론은 기계론적 사유보다는 유기체적 사유와 밀접한 관계가 있음도 지적했다. 나아가 체용론은 체용 '불상잡'의 원칙보다는 '불상리'의 원칙이 더욱 원초적으로 강조된다는 점, 존재론보다는 윤리철학을 그 중심에 두는 사유라는 점 등등을 더 지적할 수도 있다.

아울러 전통시기 동양의 본체(本體) 개념은 체용론을 전제로 형성된 개념, 즉 체용(體用)의 체(體)이기 때문에, 체용(體用)범주가 지닌 각종 특성을 함유하고 있다고 보았다. 본체(本體)는 작용(作用) 혹은 공용(功用)[現象]과의 관계 하에서 설정된 체(體) 가운데, 특정 철학이 가장 본질적이고 근본적인 체로 상정한 개념이라 말할 수 있다. 따라서 내용적으로 이를 어떻게 규정하느냐에 따라 특정 철학의 성격이 드러나게 될 것이다. 그러나 본체의 구체적 내용이 어떻게 제시되더라도 본체는 체용론의 맥락 위에서 이해되어야 할 것이다. 성리학에서 본체(本體)는 존재(자), 가치, 운동의 궁극적이고 통일적인 근거로 제시된다. 따라서 본체는 그 자체가 곧 궁극적 실재, 궁극적 가치, 운동 혹은 행위의 궁극적 중심축 등의 의미를 함축한다.

주희의 경우도 예외가 아니다. 주희 철학의 태극(太極)−음양(陰陽)[動靜]은 리(理)−기(氣), 도(道)−기(器) 등과 함께 본체와 현상을 지칭하는 개념이다. 주지하다시피 체용론은 주희 철학의 곳곳에서 자유자재로 운용되고 있기에 체용론은 주희 철학의 방법론적 틀이라 말할 수 있을 것이다. 그럼에도 불구하고 한편으로 주희는 체용론을 운용함에 있어서 고민하는 모습을 보인다. 즉 그는 초기에 태극−음양(동정)을 각각 체와 용으로 사유한다. 그러나 후(1173년)에 주희는 체와 용이라는 용어 자체를 철회한 채, 태극(太極)−음양(陰陽)[動靜]의 관계를 '태극자본연지묘야, 동정자소승지기야(太極者本然之妙也, 動靜者所乘之機也.)'로 표현한다. 즉 태극−음양(동정)의 관계를 체용관계로 표시하는 데 대해 의구심을 드러낸 것이다. 그 이유가 무엇인가?

체용론은 1173년 당시 주희에서 아직은 안정적으로 활용될 수 있는 방법론으로 정착되고 있지 못함을 보여주고 있다. 방법론으로 완성된 체용론의 경우, 본체와 현상의 관계는 단절성(초월)과 연속성(내재, 유행)이라는 이중적 모순적 구도를 나란히 인정해야 한다. 이 원칙을 자유자재로 운용한다면 태극와 음양(동정)의 관계 역시 체용론으로 충분히 설명 가능하다. 그럼에도 불구하고 주희가 체용론을 가지고 태극−음양(동정)의 관계를 설명하는 데 주저하는 이유는 무엇인가?

이 당시 주희는 체용론을 '불상리'의 원칙이 우선시되는 맥락에서 이해하고 있었던 듯하다. 즉 그는 태극[理]−음양동정[氣]의 관계를 체용관계로 보는 데는 주저하면서, '본체'로서의 태극[태극지체: 含動靜]과 '유행'으로서의 태극[태극지용: 有動靜]으로 나누어 보는 데는 찬성하고 있기 때문이다. 이는 태극 자체와 그 운용을 체용으로 인정하는 구도이므로 태극즉리(太極卽理) 자체의 체용관계는 인정하는 반면, '리체기용(理體氣用)'의 체용론은 인정하지 않는 태도이다. 즉 주희의 생각에 따르면, 체용론은 본체와 현상의 연속성을 보여주는 데는 유용하지만, 본체와 현상의 단절성을 보여주는 데는 무리가 있다고 본 것이다. 『태극도설해』의 태극−음양동정론에서 주희가 특히 강조하는 것은 본체인 '태극즉리(太極卽理)' 다시 말하면 '무극이태극(無極而太極)'이 음양(동정)의 기(氣)세계와는 존재론적 지평을 달리하는 세계임을 특히 강조하고 있기 때문이다.

그렇다고 해서 주희가 방법론으로서의 체용론을 아주 버린 것은 아니다. 그는 중화구설에서 '성체심용(性體心用)'의 양자 구도를 인정했으며, 중화신설에서는 '성즉리(性卽理)'와 '심통성정(心統性情)' 명제를 불변의 진리로 인정하는 바탕 위에서 '성체정용(性體情用)'의 양자구도와 '심지체(心之體)[心之未發; 性]—심지용(心之用)[心之已發; 情]'의 삼자구도를 동시에 인정하고 있기 때문이다.

'성체정용(性體情用)'의 경우를 보자. '성(性)은 곧 리(理)[性卽理]'이고, 정(情)은 '겸이기(兼理氣)'이니, 정(情)의 경우는 리(理)[分殊理=理의 流行]로 볼 수도 있고 기(氣)로 볼 수도 있다. 기(氣)로서의 정(情)을 강조하면, '성체정용(性體情用)'은 '리체기용(理體氣用)'의 구도로도 이해될 수 있는 소지도 없지 않고, 리(理)로서의 정(情)을 강조하면 '성체정용(性體情用)'은 '이체리용(理體理用)'의 구도가 된다. 따라서 '성체정용(性體情用)' 명제는 그 속에 체용의 단절성과 연속성 원칙을 모두 포함하고 있다.

'심지체[心之未發; 性]—심지용[心之已發; 情]'의 경우도 마찬가지다. 퇴계의 경우를 따라 심(心)을 이기(理氣)의 합(合)으로 볼 경우, 이 또한 '성체정용(性體情用)'의 경우와 동일하게 체용의 단절성과 연속성이 동시에 고려되고 있다. '심지미발(心之未發)'에는 리(理)의 체단(體段)이 구비되어 있으므로 본질적으로 '심지리(心之理)'가 작동하는 세계이다. 반면에 '심지이발(心之已發)'은 '심지기(心之氣)'가 활동하는 무대이다. 아울러 심은 한편으로 리이기도 하고 한편으로는 기이기도 하기 때문에 '심지체용'은 '리체리용'과 '기체기용'의 논리와 연관될 수 있다. 그렇다면 '심지체용' 명제 역시 '성체정용(性體情用)' 명제와 마찬가지로 체용의 단절성과 연속성의 원칙 모두를 포함하고 있다.

흔히 거론되는 '체용일원(體用一源)' 명제도 마찬가지다. '체용일원'은 그 자체가 체와 용의 '불상리' 원칙을 강조한 것이지만, 체(體)는 자취가 없는 리(理)와 연결되고, 용(用)은 기(氣)와 연결되고 있다는 점에서 체용 '불상잡'의 원칙을 여전히 따르고 있다.[56]

---

56 『朱子語類』 67:37: "體用一源, 體雖無跡, 中已有用. 顯微無間者, 顯中便具微. 天地未有, 萬物已具, 此是體中有用; 天地旣立, 此理亦存, 此是顯中有微. 節."

그럼에도 불구하고 주희는 '성발위정(性發爲情)' 명제를 도입함으로써 '성체정용(性體情用)' 명제에서 체용의 연속성을 보다 강조하고 있으며, '심지체용(心之體用)' 역시 일심(一心)상에서의 미발-이발을 체용으로 간주하는 구도로 설정되고 있는 만큼 표면상 체용의 연속성을 보다 강조하고 있다고 볼 수 있다. 즉 주희는 체용'불상리'의 원칙을 '불상잡'의 원칙보다 더욱 중시하고 있음을 알 수 있다. 이는 '불상리' '불상잡'의 원칙을 나란히 강조하는 리기 관계의 경우와는 차이가 있다.

주희(朱熹) 철학에 있어 '지각(知覺)'의 의의

연재흠(공군사관학교 항공우주연구소 학술연구담당)

1. 서론

주희(朱熹)의 철학 가운데, 마음에 관한 논의는 주로 도덕(道德)과 지각 (知覺)의 문제와 밀접한 관계가 있다. 특히 지각의 문제에 있어, "마음은 하늘과 땅처럼 광대(廣大)하며, 해와 달처럼 허명(虛明)하다"[1], "이 마음은 허명(虛明)하고 광대(廣大)하여 알지 못하는 바가 없으니 반드시 그 지극함에까지 이르러야 한다"[2]라고 말한 것처럼, 주희는 마음이 '허명하고 광대한' 것이며, 또한 '알지 못하는 바가 없는[無所不知]'한 기능과 작용을 지니고 있다고 생각하였다. 주희 철학에 있어 지각과 관련하여, 마음의 본래상태[心之本體]는 신(神)·명(明)·허(虛)·령(靈)한 특징과 작용을 갖추고 있다. 이 가운데 신(神)은 감응(感應)의 신속함 즉, 활력(活力)이 충만하여 신출귀몰한 특성을 의미한다. 명(明)은 주로 알지 못하는 바가 없는 인식 기능을 가리키며, 령(靈)은 시간과 공간의 제약을 초월하여 이르

---

1 『朱子語類』卷12: "心廣大如天地, 虛明如日月."

2 『朱子語類』卷15: "此心虛明廣大, 無所不知, 要當極其至耳."

지 못하는 바가 없는[無所不至] 특성과 기억하고 추리할 수 있는 능력을 뜻한다. 허(虛)는 마음의 본래 상태가 근본적으로 어떠한 선입견이나 잡념도 없음을 의미한다.

주희 철학에 있어 이처럼 신(神) · 명(明) · 허(虛) · 령(靈)한 특성을 지닌 마음은 만사만물의 리(理)를 파악하며, 인간의 모든 행위를 조정할 수 있는 주재자의 역할을 담당하고 있다. 주희가 "사람은 알지 못함이 없고, 하지 못함이 없다."[3]라고 말할 수 있었던 까닭은 마음이 지니고 있는 주재(主宰) 작용과 그 역량에 대한 신뢰에 기초하고 있기 때문이다.

주희 철학에 있어 지각은 일반적으로 마음이 지니고 있는 고유한 특성으로, 주로 개별 사물에 내재해 있는 리(理)를 인식하는 작용을 가리킨다고 말할 수 있다. 그리고 지각은 주희 철학의 여러 중요 개념들과 밀접한 관계가 있다. 지각의 성립은 리(理) · 기(氣) 개념과 관련되며, 지각은 마음이 지닌 주재 작용과도 깊은 관계가 있고, 수양의 문제와도 연결된다. 이 글에서는 지각과 주재의 관계, 지각의 형성 및 지각의 상이한 의미 등을 중심으로 주희 철학에 있어 지각이 지니고 있는 의의에 대해 살펴보고자 한다.[4]

---

3 『朱子語類』卷4: "人則無不知, 無不能."

4 주희의 知覺에 관한 최근의 연구 성과 가운데, 尹用男은 "心은 그 體에 허령한 능력을 가지고 있기 때문에 지각하는 일을 할 수 있다. 귀가 있으면 들리고, 눈이 있으면 보이듯이, 心이 있으면 저절로 지각하게 된다. 지각은 五感을 통해 들어오는 모든 외부의 자극과 신체 내부로부터 일어나는 자극, 그리고 心 자체의 변화에 대한 반응이다. 그리고 이런 자극과 변화는 기억된 과거의 경험과 비교하여 변별되고 판단된다. 이것이 心이 하는 지각작용이다. 이 작용은 心이 본래 가지고 있는 능력이며, 동시에 心의 고유한 역할이다. 그러므로 心의 德이라고 하는 것이다. 知覺은 단지 心 외부의 자극에 대하여 그 모양이나 크기, 뜨거움과 차가움 등만을 아는 데 그치는 것이 아니라, 그에 대하여 어떻게 반응해야 할 것인지, 왜 그렇게 해야 하는지 등에 대하여도 아는 것이다. 이처럼 외부 상황을 파악하고, 그에 대하여 어떻게 대처해야 할 것인지를 알게 되면 그 지각내용에 입각하여 一身을 운용하게 된다. 즉 心은 知覺에서 그치는 것이 아니라, 그 지각 내용을 반영하여 상황에 대처하도록 肉體에 명령을 내린다."라고 주장하였다.(尹用男, 「朱子 心說의 體用理論的 分析」, 『동양철학연구』제41집, 동양철학연구회, 2005년.) 그리고 김우형은 "주희의 '지각'개념은 〈감각 지각(sense perception)〉과 〈도덕적 직관(moral intuition)〉으로서의 양지를 포함하되, 사물의 원리를 추리하고 생각하여 〈지식

2. 주재와 지각

1) 일신(一身)의 주재

여기에서 논의하려고 하는 것은 마음이 지닌 '주재(主宰)'의 기능과 작용에 관하여, 마음이 어째서 일신(一身)의 주재자(主宰者)가 되는가와 마음이 어떻게 주재 작용을 발휘하는가에 관한 문제이다. 우선 주재의 함의에 대해, 주희는 다음과 같이 말하였다.

마음[心]은 두루 갖추고 관통하며, 주재하고 운용한다.[5]

마음은 통괄하여 관할하고 주재하는 것이니, 이것이 마음이 위대한 까닭이다.[6]

주(主)는 곧 재(宰)이고 재(宰)는 곧 제(制)이다.[7]

천명(天命)이 유행(流行)하니, 이러한 리(理)를 주재하고 관할하는 것은 바로 마음이다. 이 리(理)를 지니고 있는 것은 바로 성(性)이다.[8]

여기에서, 주희가 말한 두루 갖춤[該備] · 관통[通貫] · 주재 · 운용 및 관할(管攝) 등은 모두 마음이 지니고 있는 기능과 작용을 가리킨다. 그

(knowledge)〉을 얻는 능력과 반성적 주재를 통한 〈자각(self-awareness)〉기능을 모두 함축한다."고 주장하였다.(김우형, 『주희철학의 인식론』, 심산출판사, 2005년, 146쪽.)

5 『朱子語類』卷5: "心該備通貫, 主宰運用."

6 『朱子語類』卷5: "心是管攝主宰者, 此心之所以爲大也."

7 『朱子語類』卷17: "主便是宰, 宰便是制."

8 『朱子語類』卷95: "天命流行, 所以主宰管攝是理者, 卽其心也; 而有是理者, 卽其性也."

가운데 이른바 '두루 갖춤'은 '심구중리설(心具衆理說)'과 관계가 있고, '관통함'은 마음의 기능과 작용이 미발이발(未發已發), 동정(動靜)을 꿰뚫음과 관계가 있다고 볼 수 있다. 이곳에서 주희가 말한 주재 · 운용 · 관할은 모두 서로 통하는 의미를 지니고 있으며, 주로 제어 · 장악 · 통솔 등을 가리킨다고 할 수 있다.

마음이란 것은 주재를 말한다. 동정(動靜)을 모두 주재하니, 정(靜)일 때 쓰이는 바가 없다가 동(動)일 때에 이르러 비로소 주재함이 있음이 아니다.[9]

대체로 몸과 마음, 안과 밖은 처음부터 간격이 없다. 이른바 마음이란 본래 내면을 주재하지만, 밖으로 드러나는 시청(視聽), 언동(言動), 출처(出處), 어묵(語黙) 역시 이 마음의 용(用)에서 떨어진 때가 없다.[10]

주희의 설명에 따르면, 마음이 지닌 주재 작용은 동(動)과 정(靜)이라는 마음의 두 상태를 모두 관통하고 있다. 그리고 마음의 주재 작용은 또한 '안[內]'과 '바깥[外]'을 관통하고 있다. 주희의 설명에 따르면, 바깥은 시청언동(視聽言動) · 출처어묵(出處語黙) 등 외부를 향해 드러나는 모든 행위를 가리키며 '안'은 인간이 이러한 행위를 하게 되는 내재적 의식 · 욕망 · 의지 · 사려 등등을 가리킨다. 또한 주희는 '몸[身]'은 마음이 지니고 있는 내용을 반영하며, 바깥 역시 안이 지니고 있는 의미를 반영한다고 생각하였다. 다시 말해, 만약 이러한 마음과 내면의 의향이 없다면, 몸을 통한 외부로의 표현도 없다. 주희의 주장에 의하면, 마음은 본래 안 즉, 의지 · 지각 · 사려 · 욕망 등등을 주재하며, 나아가 마음이 내

---

9 『朱子語類』 卷5: "心者, 主宰之謂也. 動靜皆主宰, 非是靜時無所用, 及動時方有主宰也."

10 『朱熹集』 卷45 「答楊子直」: "大抵身心內外, 初無間隔. 所謂心者, 固主乎內, 而凡視聽言動, 出處語黙之見於外者, 亦卽此心之用而未嘗離也."

면을 주재함으로 말미암아 마음의 주재 작용이 시청언동·출처어묵과 같은 외향적 표현과 연관된다. 이로부터 마음의 주재 작용이 동과 정, 안과 바깥의 모든 영역과 관련된다. 주재자로써의 마음의 의의에 대해 주희는 다음과 같이 말하였다.

마음은 몸의 주재가 되는 것이다.[11]

마음이란 사람의 몸을 주재하는 것이다. 하나이지 둘이 아니며 주인이 되지 손님이 되지 않으며, 사물에 명령을 하지 사물에게서 명령을 받는 것이 아니다.[12]

우선, 주재의 대상으로서의 '몸'에 대해 말하자면, 우리는 먼저 몸이 개체 생명의 의미를 지니고 있다고 말할 수 있으며 또한 자신의 모든 행위와 생각을 가리킨다고 할 수 있다. 다시 말해 선진시대 이래로, 유가는 몸을 자신의 의지와 생각을 표현하는 매개체로 보았으며, 아울러 수양의 대상으로 삼았다고 말할 수 있다.[13]

「관심설(觀心説)」에서, 주희가 말한 내용은 주로 불교에서 말한 마음에 대한 비평과 관계가 있다. 주희는 불교를 비판하면서 "불교의 학설은 마음으로써 마음을 구하고, 마음으로써 마음을 부리니, 마치 입으로 입을 깨무는 것과 같고, 눈으로 눈을 보는 것과 같아 그 기미가 위태롭고

11　『大學章句』: "心者, 身之所主也."
12　『朱熹集』卷67「觀心説」: "心者, 人之所以主於身者也, 一而不二者也, 爲主而不爲客者也, 命物而不命於物者也."
13　『論語·子路篇』: "其身正, 不令而行; 其身不正, 雖令不從.";『論語·子路篇』: "苟正其身矣, 於從政乎何有? 不能正其身, 如正人何?";『論語·學而篇』: "吾日三省吾身.";『孟子·離婁上篇』: "行有不得者, 皆反求諸己, 其身正而天下歸之.";『孟子·離婁上篇』: "言非禮義, 謂之自暴也; 吾身不能居仁由義, 謂之自棄也.";『孟子·盡心上篇』: "反身而誠, 樂莫大焉."

급박하며, 그 길이 험하고 막혀있고, 그 도리가 텅 비고 그 세를 거스른다."[14]고 말하였다. 특히 '하나이지 둘이 아닌 것'이란 말로부터 볼 때, 주희가 유가는 "마음은 곧 하나이지만 그 바름과 바르지 않음으로 인하여 그 이름이 다를 뿐"[15]이란 견해를 견지한다고 생각하였음을 알 수 있다. 이것은 '인심(人心)'과 '도심(道心)' 사이의 구별 및 "반드시 도심(道心)이 항상 일신(一身)의 주재자가 되어, 인심이 매번 도심의 명령을 듣게끔 해야 한다."[16]는 관점을 가리킨다. 마음이 몸[一身]을 주재한다는 의미에 대해, 주희는 다음이 말하였다.

오직 이 마음이 지령(至靈)하기에, 이미 일신(一身)의 주재로 진실로 그 바름을 얻으면 여기에 있지 않음이 없다고 말하였으니, 그렇다면 이목비구(耳目鼻口), 사지백해(四肢百骸)가 마음의 명령을 들어서 그 맡은 바의 일을 하고 있지 않음이 없고, 동정(動靜)과 어묵(語默), 출입(出入)과 기거(起居)가 오로지 내가 부리는 바가 되고 리(理)에 합하여지지 않음이 없다. 만약 그것이 그렇지 않다면 몸은 여기에 있지만 마음은 저쪽으로 치달려 몸을 관할하는 바가 없으니, '얼굴을 쳐들면 탐욕스럽게 새를 보고, 고개를 돌리면 그릇되게 남에게 응함'을 일삼지 않는 자는 드물 것이다.[17]

이 마음의 체용(體用)이 항상 그 바름을 얻음으로써 일신(一身)의 주재가 될 수 있는 것이다. 이로써 본다면, 그 보는 것이 반드시 밝고, 이로써 듣는다면,

---

14 『朱熹集』卷67「觀心說」: "釋氏之學以心求心, 以心使心, 如口齕口, 如目視目, 其機危而迫, 其途險而塞, 其理虛而其勢逆."

15 『朱熹集』卷67「觀心說」: "心則一也, 以正不正而異其名耳."

16 『中庸章句序』: "必使道心常爲一身之主, 而人心每聽命焉."

17 『大學或問』, 『朱子全書(第六冊), 535쪽: "惟是此心之靈, 旣曰一身之主, 苟得其正, 而無不在是, 則耳目鼻口四肢百骸, 莫不有所聽命以供其事, 而其動靜語默, 出入起居, 惟吾所使, 而無不合於理. 如其不然, 則心在於此, 而心馳於彼, 血肉之軀, 無所管攝, 其不爲'仰面貪看鳥, 回頭錯應人'者, 幾希矣."

그 들음에 반드시 밝고, 이로써 먹는다면, 먹음에 반드시 그 맛을 알 것이니, 몸에 닦이지 않은 것이 있겠는가![18]

주희의 설명에 따르면, 미발(未發)일 때나 이발(已發)일 때를 막론하고, 수양을 통하여 마음이 올바른 상태를 유지해야만, 비로소 자기 자신[一身]의 주재자가 될 수 있다. 주희가 위에서 말한 '그 보는 것이 반드시 밝고', '그 들음에 반드시 밝고', '먹음에 반드시 그 맛을 안다'는 것은 모두 이목구비(耳目口鼻) 등 신체의 각 기관이 일으키는 작용이 모두 각각의 리(理)에 부합함을 가리킨다. 올바른 마음이 인간의 내면에 존재할 때, 이목구비, 사지백해 등 일신의 모든 기관이 정상적으로 그들의 역할을 수행하며, 마음의 명령에 따르게 된다. 이 때에 마음이 자신의 일신을 주재하며, 몸으로 표현되는 모든 행위가 리에 부합한다고 볼 수 있다. 그리고 마음이 주재 기능과 작용을 상실한 상태에 대해, 주희는 다음과 같이 말하였다.

만약 마음이 존재하지 않는다면, 몸에는 주재하는 바가 없다.[19]

배우는 사람은 반드시 이 마음을 항상 보존해야만 비로소 사물의 이치를 헤아릴 수 있다. 만약 그렇지 않다면, 곧 가슴 속에 주재함이 없고 또한 다시 가부(可否)를 헤아려 마땅히 행해야 할 바를 행할 수도 없다.[20]

'먼저 큰 것[心]을 세우면, 작은 것이 빼앗을 수 없다'. 이제 처음부터 끝까지

---

18 『朱熹集』卷51 「答黃子耕」: "此心之體用所以常得其正而能爲一身之主也. 以此而視, 其視必明; 以此而聽, 其聽必聰; 以此而食, 食必知味, 身有不修者哉!"

19 『朱子語類』卷12: "心若不存, 一身便無所主宰."

20 『朱熹集』卷59 「答李元翰」: "學者須是此心常存, 方能審度事理. 如其不然, 則方寸之間自無主宰, 亦不復能審度可否而行所當行矣."

잊고 잃어버려 마음이 주재하지 못하고 물(物)에 의해 이끌려가 어지러움에 이르렀기에 사물의 도리를 궁구하지 못하는 것이다.[21]

주희가 여기에서 말한 '만약 마음이 존재하지 않는다면'은 위에서 말한 '마음은 저곳으로 치달리게 되어 몸을 통제하지 못하는' 상태를 가리킨다. 주희의 설명에 의하면, 외부 사물에 이끌려 마음이 정상적으로 주재의 작용을 발휘할 수 없는 지경에 이르게 된다면, 이때의 인간의 행위는 이미 마음의 통제를 벗어나 있다. 마음이 주재 작용을 상실하였을 때, 인간은 합리적인 판단을 할 수 없으며 또한 도덕적 행위를 실천할 수 없다. 나아가 만약 마음의 주재가 없다면 사의(私意)에 의해 자기 자신이 지배되니, 바로 주희가 "오로지 이 마음이 주재함이 없기에 사의(私意)가 이기게 된다."[22]라고 말한 것과 같다. 다시 말해, 마음이 내면에서 정상적인 작용을 유지하여 사물의 도리를 파악할 수 있어야, 주재의 작용을 원만하게 발휘하여 도리에 맞게 판단하고 행동할 수 있다. 이로부터 마음의 주재 작용은 사물의 도리를 지각하는 것과 밀접한 관계가 있음을 볼 수 있다.

2) 만사(萬事)의 주재

주희의 주장에 따르면 마음은 일신(一身)의 주재자일 뿐만 아니라 또한 모든 사물[萬事萬物]의 주재자이다.

인간의 마음은 지령(至靈)하기에 사물의 모든 변화를 주재하지, 사물에 의해

---

21 『朱子語類』卷59: "'先立乎大者, 則小者不能奪.' 今忘前失後, 心不主宰, 被物引將去, 致得膠擾, 所以窮他理不得."

22 『朱子語類』卷120: "惟其此心無主宰, 故爲私意所勝."

주재되는 것이 아니다.[23]

마음이 아직 안정되지 않고도 학문이 진보되는 사람은 없다. 사람의 마음은 모든 일의 주재인데 마음이 이리 갔다 저리 갔다 한다면 어떻게 이해할 수 있겠는가![24]

물었다. "앎이 어떻게 물(物)을 주재합니까?" 말하였다. "지각하는 바가 없으면 족히 만물을 맡아 다스릴 수 없다. 만물을 다스리려면 또한 반드시 지각해야 한다."[25]

주희가 여기서 말한 '주재만변(主宰萬變)'·'만사지주(萬事之主)' 및 '재제만물(宰制萬物)'은 모두 마음이 지니고 있는 외부 사물에 대한 주재 작용을 가리킨다. 마음과 만물의 관계에 대해 살펴보자면, 비록 우주 만물의 변화는 쉽게 예측할 수 없는 것일지라도 인간은 변화의 추세를 파악하여 합리적으로 사물의 변화에 대응할 수 있다. 주희에게 있어 마음은 결코 만물을 생산하는 근원이 아니며, 마음과 만물의 관계 속에서 마음이 주도적·능동적 위치를 점하고 있다. 나아가 만물에 응대하는 과정 속에서 인간은 자신의 의지와 사고에 의거하여 그 사물이 원만한 결과를 얻게끔 할 수 있다. 이것을 마음의 만물에 대한 주재 작용이라고 볼 수 있다. 마음과 만사의 관계에 대해 살펴보자면, 실천의 주체로써의 마음은 모종의 일을 처리하는 행위의 모든 과정을 지배하고 있다. 행위의 실현 여부는 완전히 마음의 주재 작용에서 결정되지 결코 모종의 일 자체

---

23 『朱熹集』 卷46 「答潘叔度」: "人心至靈, 主宰萬變, 而非物所能宰."

24 『朱子語類』 卷12: "未有心不定而能進學者. 人心萬事之主, 走東走西, 如何了得!"

25 『朱子語類』 卷17: "問, '知如何宰物?' 曰, '無所知覺, 則不足以宰制萬物, 要宰制他, 也須是知覺.'"

에 있는 것이 아니다.

주희에게 있어 마음은 실천의 주체이자, 인간의 주체성을 대표한다고 말할 수 있다. 마음과 사물의 관계 속에서, 마음은 주도적 입장을 점하며 사물에 대응할 수 있다. 주희는 외부 사물과의 관계에 있어, 마음은 외부 사물에 명령을 내리지, 외부 사물의 명령을 받지 않는다고 생각하였다. 이것은 마음이 외부 사물을 합리적으로 처리할 수 있는 능력을 지니고 있으며, 결코 외부 사물에 의해 마음이 부려져서는 안 된다는 것을 의미한다.

이것이 옳지 않은 마음임을 깨닫는다면, 이 옳지 않은 마음을 깨닫는 마음이 바로 옳은 마음이다. 이 옳지 않음을 깨닫는 마음으로 저 옳지 않은 마음을 다스려 가야한다. 옳지 않음을 알 수 있는 마음이 주(主)이고, 저 옳지 않은 마음이 객(客)이다. 이것이 주인(主人)이 되어 저 객(客)을 다스려 가야 하며, 이 옳지 않음을 알 수 있는 마음을 항상 지켜 주인으로 삼아 잃어버리지 않게 해야지, 또다시 따로 하나의 마음을 찾아서 옳은 마음이라 부르는 것이겠는가![26]

도덕 실천 방면에 있어, 주희는 '옳은 마음'이 '주인'이고, '옳지 않은 마음'은 '객(客)'이라고 생각하였다. 그리고 공자가 말한 "예(禮)가 아니면 보지 말고, 예가 아니면 듣지도 말고, 예가 아니면 말하지 말고, 예가 아니면 행하지 말라"에 대해, 주희는 "이것은 사람의 마음이 주인이 되어 사욕(私欲)을 이기고 예로 돌아가는 기틀인 것이다."[27]라고 해석하였다.

---

26 『朱子語類』卷17: "只是才知得這是箇不是底心, 只這知得不是底心底心, 便是是底心. 便將這知得不是底心去治那不是底心. 知得不是底心便是主, 那不是底心便是客. 便將這箇做主去治那箇客, 便常守定這箇知得不是底心做主, 莫要放失, 更那別討箇心來喚做是底心!"

27 『論語集注』卷6「顔淵第十二」: "是人心之所以爲主, 而勝私復禮之機也."

주희의 주장에 따르면, 마음은 시청언동(視聽言動) 등 인간의 모든 행위를 주재하기에, 어떤 행위를 할 것인지 말 것인지는 완전히 마음의 결정에 달려 있다. 마음이 하지 말아야 할 것과 반드시 해야 할 것을 정확하게 파악하여 자신의 행위를 제어할 때, 마음은 진정한 주인의 지위를 얻을 수 있다.

3) 지각불매(知覺不昧)와 성(性)·정(情)의 주재

주희의 철학 체계에 있어, 마음은 외부 사물과 접촉하여 합당하게 그 사물을 처리할 수 있는 주재 작용을 구비하고 있다. 그리고 주희의 설명에 의하면, 마음이 지니고 있는 이러한 기능과 작용이 외부 사물에 이끌려 상실되었을 때, 인간은 바로 일신의 주재자와 만물의 영(靈)으로써의 지위를 잃게 된다. 그러므로 마음의 주재 작용을 제고하기 위하여, 주희는 경(敬)과 궁리(窮理)의 수양공부를 강조하였고 특별히 마음이 지니고 있는 지각의 작용을 중시하였다. 마음이 어떻게 주재 작용을 발휘하는가의 문제에 대해 주희는 다음과 같이 말하였다.

대개 어떻게 이것이 선(善)한지 불선(不善)한지 알 수 있는가는 반드시 자신의 마음이 견실하게 주재하여야 비로소 가능하다. 주재함이 있으면 옳은 것을 옳다하고 그른 것을 그르다 하며 선(善)을 좋아하고 악(惡)을 미워함이 마음속에서 분명해져 이것에 합하는 것은 옳고, 이것과 부합하지 않는 것은 옳지 않다.[28]

리(理)는 이 안에 정하여져 있고, 마음은 곧 이러한 리를 운용하는 것이니 반

---

28 『朱子語類』卷79: "蓋如何知得這善不善, 須是自心主宰得定, 始得. 蓋有主宰, 則是是非非, 善善惡惡, 瞭然於心目間, 合乎此者便是, 不合者便不是."

드시 앎이 이르러야 한다. 앎이 만약 이르지 못했다면, 선(善)을 행하려고 해도 또한 기꺼이 네가 선을 행하게끔 하지 않고, 악(惡)을 행하려 하지 않지만 또한 기꺼이 네가 악을 행하지 않게끔 하지 않는다.[29]

주희는 마음의 주재 기능과 작용이 확립되어야만 비로소 선(善)과 불선(不善)을 분별할 수 있다고 생각하였다. 주희의 견해에 의하면, 만약 마음이 인간의 내면에 존재하면서 정상적인 작용을 발휘한다면 자기 스스로 시시비비(是是非非)를 판단하는 기준과 선을 장려하고 악을 징벌하고자 하는 의지를 매우 분명하게 느끼며 알 수 있다. 따라서 만약 이러한 기준에 부합한다면 정당한 것이고 그렇지 않다면 부당한 것이다.

주희에게 있어 마음의 주재 작용은 '지각'과 매우 밀접한 관계가 있다. 주희는 마음의 주재 기능과 작용은 지각을 전제로 삼는다고 생각하였다. 앞에서 '만물을 다스리려면 반드시 지각해야 한다.'라고 말한 것처럼, 주희는 마음이 반드시 사물의 리(理)를 지각하여야 비로소 정확하게 그 사물에 대응하고 처리할 수 있다고 주장하였다. 또한 만약 인간이 리를 지각할 수 없다면, 그가 비록 선한 일을 하고자 할지라도 반드시 선을 행할 수 있는 것은 아니며, 나쁜 일을 하고자 하지 않지만 도리어 악을 행하지 않을 방법이 없다. 이로부터 주희에게 있어 마음의 주재 작용과 인간의 도덕실천은 밀접한 관계가 있으며 동시에, 정상적인 주재 작용을 발휘하기 위해서는 마음은 반드시 '지각'을 선결조건으로 삼는다는 것을 알 수 있다.

마음과 지각의 관계에 대해 주희는 "지각은 곧 마음의 덕(德)이다.",[30]

---

29 『朱子語類』卷17: "理是定在這裏, 心便是運用這理底, 須是知得到. 知若不到, 欲爲善也 未肯便與你爲善; 欲不爲惡, 也未肯便不與你爲惡."
30 『朱子語類』卷20: "知覺便是心之德."

"지각이 있음을 일러 마음이라고 한다."[31]고 말하였다. 이로써 주희가 마음은 본래 지각할 수 있는 기능과 작용을 지니고 있으며, 지각이 마음의 본질적인 기능과 작용을 대표한다고 생각했음을 알 수 있다.

> 앎에 대해 말하자면 곧 마음의 신명(神明)으로 중리(衆理)를 묘(妙)하게 하고 만물을 주재하는 것입니다.[32]

> 마음이란 인간의 지각으로, 일신을 주재하며 사물에 응(應)하는 것이다.[33]

> 마음이라는 것은 인간의 신명(神明)으로 중리(衆理)를 갖추고 사물에 응하는 것이다.[34]

앞에서 말한 바와 같이 주희에게 있어 '신명(神明)'은 마음이 지니고 있는 충만한 활력으로 신출귀몰한 특성과 알지 못하는 바가 없는[無所不知] 지각(知覺) 작용을 가리킨다. 주희가 여기서 말한 마음과 지각의 관계에 의거하여 살펴보자면, 지각은 도리를 파악하고 운용하여 자기 자신과 만사만물을 주재할 수 있는 기초가 된다고 말할 수 있다.

『중화신설(中和新說)』을 건립했을 때, 주희는 '고요함 속의 움직임[靜中之動]'과 '움직임 속의 고요함[動中之靜]' 그리고 '지각은 어둡지 않다[知覺不昧]' 등에 대해 언급하였는데, 이러한 말들은 지각과 성(性)·정(情)의 관계를 설명한다.

---

31 『朱子語類』卷140: "有知覺謂之心."
32 『朱熹集』卷15「經筵講義」: "若夫知, 則心之神明, 妙衆理而宰萬物者也."
33 『朱熹集』卷65「大禹謨」: "心者, 人之知覺, 主於身而應事物者也."
34 『孟子集注』卷13「盡心章句上」: "心者, 人之神明, 所以具衆理而應萬事者也."

생각건대 마음은 일신의 주(主)가 되어 움직임과 고요함, 말함과 침묵함의 간격이 없으니, 이 때문에 군자(君子)는 경(敬)에 대해 또한 움직임과 고요함, 말함과 침묵함에 그 힘을 쓰지 않음이 없습니다. 마음이 아직 발동하기 전에도 경해야 하니 진실로 이미 존양의 실질에 있어 주가 되고, 마음이 이미 발동한 뒤에도 경해야 하니 반성하고 살피는 가운데에서도 경을 행해야 합니다. 존양할 때에는 사려가 싹트지 않았지만 지각은 어둡지 않으니, 이것이 곧 고요함 속의 움직임으로, 〈복(復)〉괘의 '천지(天地)의 마음을 본다.'는 것입니다. 그 반성하여 살펴볼 때에는 사물이 뒤섞여 어지럽지만 절도에서 어긋나지 않으니, 이것이 곧 움직임 속의 고요함으로, 〈간(艮)〉괘의 '그 몸을 얻지 못하고 그 사람을 보지 못한다.'는 것입니다. 고요함 속의 움직임에 주가 될 수 있으니, 이 때문에 고요하지만 감(感)하지 않음이 없고, 움직임 속의 고요함에 성찰할 수 있으니, 이 때문에 감응(感應)하지만 고요하지 않음이 없습니다. 고요하지만 항상 감응하고, 감응하지만 항상 고요하니, 이 마음이 두루 흘러 관통하여 한순간도 불인(不仁)함이 없는 까닭입니다.[35]

존양은 고요할 때의 공부이다. 고요할 때가 중(中)이니, 과불급이 없기에 치우치거나 의지하는 바가 없다. 성찰은 움직일 때의 공부이다. 움직일 때는 화(和)이다. 사위(思爲)함이 있으면 바로 동(動)이다. 발동하여 절도에 부합하여 어그러지는 바가 없음이 곧 화(和)이다. 마음이 고요할 때는 사려가 싹트지 않았지만 지각은 어둡지 않기에 곧 〈복(復)〉괘에서 이른바 '천지의 마음을 본다.'는 고요함 속의 움직임[靜中之動]이다. 마음이 움직일 때 발동하여 절도에 부합하여 그 기준에서 그치니 곧 〈간(艮)〉괘의 '그 몸을 얻지 못하며,

---

35 『朱熹集』卷32「答張欽夫」: "蓋心主乎一身而無動靜語黙之間, 是以君子之於敬, 亦無動靜語黙而不用其力焉. 未發之前是敬也, 固已主乎存養之實; 已發之際是敬也, 又常行於省察之間. 方其存也, 思慮未萌而知覺不昧, 是則靜中之動,「復」之所以'見天地之心'也. 及其察也, 事物紛糾而品節不差, 是則動中之靜,「艮」之所以'不獲其身, 不見其人'也. 有以主乎靜中之動, 是以寂而未嘗不感; 有以察乎動中之靜, 是以感而未嘗不寂. 寂而常感, 感而常寂, 此心之所以周流貫徹而無一息之不仁也."

그 사람을 보지 못한다'는 움직임 속의 고요함[動中之靜]이다. 궁리와 독서는 모두 움직임 속의 공부이다.[36]

주희는『주역(周易)』의 복괘(復卦)와 간괘(艮卦)로 '고요함 속의 움직임, 움직임 속의 고요함', '고요하지만 항상 감응함, 감응하지만 항상 고요함'을 설명하였다. 이것은 마음의 활동이 동정(動靜)의 양단을 두루 관통하며 주재함을 의미한다. 주희의 주장에 따르면, 만약 경(敬)으로 존양한다면, 사려(思慮)는 아직 싹트지 않았어도[思慮未萌] 지각은 어둡지 않다[知覺不昧]. 이것이 바로 '고요함 속의 움직임'이다. 그리고 만약 경(敬)으로 찰식(察識)한다면 비록 사물이 뒤섞여 이르러 어지러울지라도, 절도에 부합하여 잘못됨이 없으니 이것이 바로 '움직임 속의 고요함'이다. 주희는 마음은 '고요함 속의 움직임'을 주재할 수 있으며 '움직임 속의 고요함'을 찰식할 수 있기에, 마음은 고요하면서도 항상 감응하고, 감응하면서도 항상 고요한 진정한 주재자라고 생각하였다.

그리고 주희는 '움직임 속의 고요함[動中之靜]'을 〈간(艮)〉괘의 '그 몸을 얻지 못하고 그 사람을 보지 못한다'에 연관시켰다. 주희가 말한 '움직임 속의 고요함'은 '발동하여 절도에 부합하여 그 기준에서 그침'을 가리키니, 바로 그가 "사람에게는 움직임과 고요함이 있을 뿐이다. 고요함은 움직임을 기르는 뿌리이고, 움직임은 고요함을 행하는 방법이다. 움직임 가운데 고요함이 있으니, 예컨대 '드러나서 모두 절도에 맞는' 곳이 곧 움직임 속의 고요함이다"[37]라고 말한 것과 같다.

---

36 『朱子語類』卷62: "存養是靜工夫. 靜時是中, 以其無過不及, 無所偏倚也. 省察是動工夫. 動時是和. 才有思爲, 便是動. 發而中節無所乖戾, 乃和也. 其靜時, 思慮未萌, 知覺不昧, 乃復所謂'見天地之心', 靜中之動也. 其動時, 發皆中節, 止於其則, 乃艮之'不獲其身, 不見其人', 動中之靜也. 窮理讀書, 皆是動中工夫."

37 『朱子語類』卷12: "人身只有箇動‧靜. 靜者, 養動之根; 動者, 所以行其靜. 動中有靜, 如'發而皆中節'處, 便是動中之靜."

아울러 주희는 '고요함 속의 움직임'을 '고요할 때는 사려(思慮)가 아직 싹트지 않았지만, 지각은 어둡지 않음'으로 간주하였다. 이것은 미발(未發)일 때에도 마음의 작용은 정지하는 것이 아니라, 여전히 지각의 기능과 작용을 유지하고 있음을 말한다.

위가 오음(五陰)이고 아래가 일양(一陽)임은 심하게 미혹되고 가려져 막히게 되었을 때, 홀연히 하루 저녁에 반성하여 깨우침이니 이것이 양(陽)이 동(動) 하는 곳이다.[38]

「계사(繫辭)」에서는 '(본성을) 회복하면 작은 사물의 선악이라도 분변할 수 있다'라고 말하였다. 생각건대 복괘(復卦)는 하나의 양효(陽爻)가 여러 음(陰)아래에서 이제 막 생겨남이 마치 어두움 속의 한 점 광명과 같으니, 곧 '작은 사물의 선악이라도 분별할 수 있음'이다.[39]

주희는 여기에서 '어두움 속의 한 점 광명'으로 '하나의 양효(陽爻)가 여러 음효(陰爻)아래에서 이제 막 생겨남'이란 〈복(復)〉괘의 괘상을 묘사하였다. 이것은 '사려(思慮)가 아직 싹트지 않았지만 지각은 어둡지 않다'와 밀접한 관계가 있다고 말할 수 있다. 주희의 설명에 따르면, 〈복(復)〉괘의 일양(一陽)은 이른바 '한 점의 광명' 즉, 어두움 속에 여전히 작은 빛[光明]이 있음이며, 비록 '한 점의 광명'에 불과할지라도, 그러나 선악(善惡)의 조짐을 충분히 변별할 수 있음을 가리킨다고 말할 수 있다. 지각과 관련하여, 주희는 〈복(復)〉괘의 '일양(一陽)의 동(動)'을 '고요함 속의 움직임', '지각이 어둡지 않음'이라고 생각하였다. 주희의 설명에 따르

---

38 『朱子語類』 卷71: "上五陰下一陽, 是當沉迷蔽錮之時, 忽然一夕省覺, 便是陽動處."

39 『朱子語類』 卷71: "「繫辭」曰, '復小而辨於物.' 蓋復卦是一陽方生於群陰之下, 如幽暗中一點白, 便是'小而辨'也."

자면, '지각이 어둡지 않음'은 '작은 사물의 선악이라도 분별할 수 있음', '홀연히 반성하여 깨우침'의 지각 작용을 가리킨다고 말할 수 있다. 이로부터 주희가 말한 '지각이 어둡지 않음'은 미발(未發)일 때 인간의 마음이 여전히 외부 사물을 인식하고 선악을 판단을 할 수 있는 지각의 기능과 작용을 지니고 있음을 말하는 것임을 알 수 있다.

생각건대 희로애락이 발동하지 않았다면 그것이 중절(中節)하는지의 여부를 알 수 없습니다. 그것이 발동하였지만 중절(中節)하지 않는다면 또 어떻게 화(和)라고 말할 수 있겠습니까? 마음이 성(性)과 정(情)을 주재한다는 것은 도리 상 역시 분명합니다. 지금 따로 증거를 인용할 필요가 없지만, 그러나 내 마음으로써 살펴볼 때, 아직 발동하지 않았지만 지각이 어둡지 않은 것이 어찌 마음이 성(性)을 주재하는 것이 아니겠습니까? 이미 발동하여 절제함에 어긋나지 않는 것이 어찌 마음이 정(情)을 주재하는 것이 아니겠습니까? 마음이란 글자는 어두움과 밝음을 관통하고 위와 아래를 관통하여 있지 않은 곳이 없으니, 정해진 틀로써 논할 수가 없습니다. 이제 '정(情)을 달도(達道)라고 생각한다면 마음을 말할 필요가 없다'고 말하는데, 이와 같다면 오로지 마음을 이미 발동한 것으로 생각함이니 이전의 설명과 같습니다. 그렇다면 아직 발동하지 않았을 때는 마음이 없다고 말해도 옳습니까?[40]

여기서 주희는 '지각이 어둡지 않음'은 '마음이 성(性)을 주재하는 것'을 의미하고, '절제함에 어긋나지 않음'은 '마음이 정(情)을 주재하는 것'을 의미한다고 주장하였다. 주희는 미발(未發)일 때, 비록 마음이 어떠한

---

40 『朱熹集』卷42「答胡廣仲」: "蓋非喜怒哀樂之發, 則無以見其中節與否; 非其發而中節, 則又何以謂之和哉? 心主性情, 理亦曉然. 今不暇別引證據, 但以吾心觀之, 未發而知覺不昧者, 豈非心之主乎性者乎? 已發而品節不差者, 豈非心之主乎情者乎? 心字貫幽明, 通上下, 無所不在, 不可以方體論也. 今曰'以情爲達道, 則不必言心矣', 如此則是專以心爲已發, 如向來之說也. 然則謂未發時無心可乎?"

구체적인 사려·감정 등을 발동하지 않았을지라도 그러나 '미발일 때 마음이 없다'라고는 말할 수 없다고 생각하였다. '지각이 어둡지 않다'는 미발일 때 마음의 존재와 작용을 대표한다. 그리고 이발(已發)일 때 '중절(中節)'함을 얻기 위해서, 미발일 때 반드시 '지각이 어둡지 않은' 상태를 유지해야만 한다. '중절'은 마음이 지니고 있는 본성·천리가 현실 세계 속에서 실현되는 것이라고 말할 수 있다. 주희의 주장에 의하면, 만약 마음이 원만하게 본성·천리를 드러내 보일 수 없다면, '마음이 성(性)을 주재한다'라고 말할 수 없다. 그러므로 미발일 때, 마음이 일정한 수양공부를 통하여 '지각이 어둡지 않은' 상태를 유지해야만 이발일 때 비로소 본성의 실현 즉, 중절에 이를 수 있다. 아울러 이발일 때 정(情)에 대해 마음이 본성에 근거하여 절제해야만 비로소 중절(中節)·화(和)의 상태에 도달할 수 있다.

3. 지각(知覺)의 구성

1) 지각과 기(氣)

주지하듯이, 주희는 리(理)와 기(氣)의 두 개념으로 존재의 궁극적 근원에 관한 문제를 설명하였다. 주희에게 있어 인간을 비롯한 우주 만물은 모두 리와 기의 결합을 통해 존재하게 된다.

사람이 태어나는 까닭은 리와 기가 합해졌기 때문이다.[41]

사람이 태어남은 성(性)과 기(氣)가 합해졌기 때문이다. 그러나 이미 합한 것

---

41 『朱子語類』 卷4: "人之所以生, 理與氣合而已."

에 대해 나누어 말하자면, 성(性)은 리(理)를 위주로 하여 형(形)이 없고, 기(氣)는 형(形)을 위주로 하여 질(質)이 있다.[42]

주희의 설명에 따르면, 인간은 '리(理)와 기(氣)의 합' 혹은 '성(性)과 기(氣)의 합'을 통하여 형성되는 것이다. 주희는 이른바 '성즉리(性卽理)'의 입장을 견지하였기에, 여기서 말한 '리와 기의 합'과 '성과 기의 합' 사이에는 어떠한 본질적 차이도 없다고 말할 수 있다. 간단하게 말하자면, 인간이 품수한 '리'는 인간의 성 즉, 인의예지(仁義禮智)의 본성이 되고, 품수한 '기'는 주로 인간의 신체 각 기관과 그 작용을 구성한다고 할 수 있다.

아울러 기(氣)는 인간의 지각의 발생과 밀접한 관계가 있다. 인간의 형체와 지각의 성립에 대해 주희는 다음과 같이 말하였다.

기(氣)의 맑은 것은 기(氣)가 되고, 탁한 것은 질(質)이 된다. 지각과 운동은 양(陽)이 함이고, 형체(形體)는 음(陰)이 함이다. 기(氣)는 혼(魂)이라고 하고 체(體)는 백(魄)이라고 한다.[43]

무릇 형상(形象)이 없는 것은 리(理)라고 하고, 만약 기(氣)라면 생(生)이라고 한다. 맑은[清] 것은 기(氣)이고, 탁(濁)한 것은 형(形)이다. 기(氣)는 혼(魂)이니 그것을 정(精)이라고 하고, 혈(血)은 백(魄)이니 그것을 질(質)이라고 한다. 이른바 '정(精)과 기(氣)가 물(物)이 된다[精氣爲物]'는 모름지기 이 두 가지가 서로 교감하여 곧 물을 이룸이고, '혼(魂)이 돌아다녀 변(變)이 된다[遊魂爲變]'는 품수 받은 기가 여기에 이르러 이미 다함에 혼(魂)은 하늘로 올라가고

---

42 『朱熹集』 卷44 「答蔡季通」: "人之有生, 性與氣合而已. 然卽其已合而析言之, 則性主於理而無形, 氣主於形而有質."

43 『朱子語類』 卷3: "氣之清者爲氣, 濁者爲質. 知覺運動, 陽之爲也; 形體, 陰之爲也. 氣曰魂, 體曰魄."

백(魄)은 땅으로 내려감이다. 양(陽)은 기(氣)이며 혼(魂)으로 하늘로 올라가고, 음(陰)은 질(質)이며 백(魄)으로 땅으로 돌아감을 죽음이라 한다.[44]

주희가 보기에, 기(氣) 가운데 가볍고 맑은 것[輕·淸]은 만물의 운동, 활동과 관계가 있고, 무겁고 탁한 것[重·濁]은 만물의 질성(質性), 형상과 관계가 있다. 주희는 여기에서 인간의 지각과 운동은 '양(陽)이 함'이고, 형체(形體)는 '음(陰)이 함'이라고 주장하였다. 음양(陰陽)과 지각, 형체에 관해서, 주희의 생각은 주돈이(周敦頤)와 이정(二程)의 사상과 관계가 있다.『태극도설(太極圖說)』속에서 주돈이는 일찍이 "형체(形體)가 이미 생겨났다면 신(神)이 앎의 작용을 발휘한다."고 말하였다.[45] 이정(二程) 역시 "인간의 지각과 사려는 신(神)으로 인하여 발한다."라고 말하였다.[46] 이에 대해 주희는『태극도설해(太極圖說解)』에서 "형(形)은 음(陰)에서 생기고 신(神)은 양(陽)에서 발한다."라고 하였고 또 "'형체(形體)가 이미 생겼다', 형체(形體)는 음(陰)이 함이다. '신(神)이 앎의 작용을 발휘한다', 신(神)의 앎의 작용은 양(陽)이 함이다."[47]라고 생각하였다.

사람이 언어와 동작, 사려와 활동을 할 수 있음은 모두 기(氣) 때문이지만, 리

---

44 『朱子語類』卷83: "凡無形者謂之理, 若氣, 則謂之生也. 淸者是氣, 濁者是形. 氣是魂, 謂之精; 血是魄, 謂之質. 所謂'精氣爲物', 須是此兩箇相交感, 便能成物; '遊魂爲變', 所稟之氣至此已盡, 魂升於天, 魄降於地. 陽者, 氣也, 魂也, 歸於天; 陰者, 質也, 魄也, 降於地, 謂之死也."

45 『太極圖說』: "形旣生矣, 神發知矣." 周敦頤는 인간이 陰陽의 二氣 가운데 가장 빼어난 氣를 얻었기 때문에 萬物의 靈이 될 수 있다고 생각하였다. 周敦頤의 견해에 따르면, '二氣'는 인간의 '形'과 '神'을 구성하며, '神'을 具有함으로 말미암아 '知'의 작용을 발휘할 수 있다. '神'은 精神 즉, 意識·知覺作用등의 本源을 의미하며, 그것은 인간의 모든 행위의 근거가 된다. '神'의 性能을 지니고 있음으로 말미암아 인간은 외부 사물을 知覺하며 그것에 대해 적당한 反應을 취할 수 있다.

46 『二程集』,「河南程氏遺書」卷第六 82쪽: "人之知思, 因神以發."

47 『朱子語類』卷94: "'形旣生矣', 形體, 陰之爲也; '神發知矣', 神知, 陽之爲也."

(理)가 그 안에 존재한다.[48]

사람의 언어와 동작은 기(氣)이고, 신(神)에 속하며, 정혈(精血)은 백(魄)이고, 귀(鬼)에 속한다. 발용(發用)하는 곳은 모두 음(陽)에 속하며 신(神)이다. 기(氣)가 정(定)한 곳은 모두 음(陰)에 속하며 백(魄)이다. 지각하고 인식하는 곳은 신(神)이고 일을 기억하는 곳은 백(魄)이다. 사람이 처음 태어났을 때 기(氣)가 많고 백(魄)이 적지만, 나중에는 백(魄)이 점점 많아지고, 늙음에 이르면 백(魄)이 점점 작아지기에 귀가 어두워지고 눈이 혼미해지며 정력이 강하지 못하고 일을 기억할 수 없는 것이다.[49]

주희의 주장에 따르면, 기타 만물과 마찬가지로, 인간 역시 음양이기(陰陽二氣)가 결합하여 형성된 것이다. 여기서 주희는 인간의 지각과 운동, 언어와 동작은 모두 기(氣)·신(神)·혼(魂) 바로, 양기로 말미암아 형성된 것이며 정혈(精血), 형체(形體), 기억(記憶) 등은 모두 정(精)·귀(鬼)·백(魄) 즉, 음기에 속한다고 생각하였다. 그러므로 인간이 지니고 있는 각종 감각기관 및 사지 그리고 기억은 인간을 구성하는 음기와 관련이 있으며, 신체 각 기관의 작용, 운용 및 지각·사려 등은 인간을 구성하는 양기와 밀접한 관계가 있음을 알 수 있다.

2) 지각과 리(理)

동시에 주희는 언어와 동작, 사려와 활동 등을 포함하는 인간의 모든

---

48 『朱子語類』 卷4: "凡人之能言語動作, 思慮營爲, 皆氣也, 而理存焉."

49 『朱子語類』 卷63: "人之語言動作是氣, 屬神; 精血是魄, 屬鬼. 發用處皆屬陽, 是神; 氣定處皆屬陰, 是魄. 知識處是神, 記事處是魄. 人初生時氣多魄少, 後來魄漸盛; 到老, 魄又少, 所以耳聾目昏, 精力不强, 記事不足."

행위 속에는 '리(理)'가 내재해 있다고 생각하였다. 주희에게 있어 '소당연지칙(所當然之則)'과 '소이연지고(所以然之故)'로 정의되는 '리'는 우주 만물의 궁극적 근원이자 생명 활동의 내재적 원리라고 말할 수 있다. 따라서 지각을 비롯한 인간의 모든 생명 활동은 '리'와 '기'의 결합을 통해 이루어진다고 말할 수 있다. '기'가 실제적인 활동·작용의 역할을 담당하고 있다면, '리'는 그러한 활동·작용이 가능하게끔 하는 내재적 원리라고 볼 수 있다. 그러므로 지각 역시 인간이 품수한 리와 기의 결합을 통해 형성되며, 지각의 주체로써 마음은 이러한 리와 기가 만나는 접점이 된다고 말할 수 있다.

주희가 말한 '분별이 있지만 서로 떨어지지 않는다[有分別而不相離]'는 명제는 리·기 관계에 대한 그의 설명을 대표한다고 말할 수 있다. 또한 리·기 관계에 있어, 주희가 말한 '결시이물(決是二物)'이 리·기의 '분별이 있음[有分別]'의 방면을 강조한다고 말한다면, '리재기중(理在氣中)', '도재기중(道在器中)'의 설명방식은 리·기의 '불상리(不相離)'의 관점을 반영할 뿐만 아니라, 만물의 존재형식을 표시한다. 그리고 이러한 관점은 또한 이른바 '유물유칙(有物有則)'이란 전통적 사유 방식과 직접적이고 밀접한 관계가 있다고 볼 수 있다. 주희는 또한 『상서·태갑편(尙書·太甲篇)』에서 말한 "보기를 멀리하되 밝게 볼 것을 생각하고, 듣기를 덕스러운 말로 하되 귀 밝게 들을 것을 생각하라[視遠惟明, 聽德惟聰]"를 인용하여, 귀, 눈 등 감관으로써의 물(物) 역시 '총(聰)', '명(明)' 등과 같은 기준이 있는 것과 마찬가지로, 만물에는 마땅히 그러해야 하는 '칙(則)'이 있다고 주장하였다.

일단 말을 했으면 말에는 반드시 당연(當然)의 칙(則)이 있으니 그것을 잃어서는 안 된다. 일단 일을 시작했으면 일에는 반드시 당연의 칙이 있으니 그것

을 잃어서는 안 된다.[50]

귀에는 귀의 칙(則)이 있고 눈에는 눈의 칙이 있음과 같다. '보기를 멀리하되 밝게 볼 것을 생각하라'는 눈의 칙이다. '듣기를 덕스러운 말로 하되 귀 밝게 들을 것을 생각하라'는 귀의 칙이다. '순종함은 다스림을 만든다'는 말의 칙이다. '공손함은 엄숙함을 만든다'는 용모의 칙이다. 사지백해, 만사만물에 각기 당연지칙(當然之則)이 있지 않음이 없으니 자세히 미루어 본다면 모두 알 수 있을 것이다.[51]

'하늘이 수많은 백성을 낳으니, 사물이 있으면 그 사물의 법칙이 있다' 대체로 봄에는 마땅히 봄의 법칙이 있고 들음에는 마땅히 들음의 법칙이 있으니 이와 같이 보고, 이와 같이 들으면 곧 옳고, 이와 같지 않게 보고 이와 같지 않게 들으면 옳지 않다. 예컨대 '보기를 멀리하되 밝게 볼 것을 생각하고, 듣기를 덕스러운 말로 하되 귀 밝게 들을 것을 생각하라'고 말함과 같다. 보기를 멀리함을 일러 명(明)이라 하니 보는 것이 멀지 못하면 명이라 할 수 없다. 듣기를 덕스러운 말로 함을 일러 총(聰)이라 하니 들은 바가 덕스러운 말이 아니면 총이라 말할 수 없다. 보고 들음은 물(物)이고 총과 명은 법칙이다. 이것을 입이 맛봄과 코가 냄새를 맡음에 미루어 보면 각기 당연지칙(當然之則)이 있지 않음이 없다. 이른바 궁리(窮理)라는 것은 당연지칙을 궁구할 뿐이다.[52]

---

50 『朱子語類』卷17: "一出言, 則言必有當然之則, 不可失也; 一行事, 則事必有當然之則, 不可失也."

51 『朱子語類』卷18: "如耳有耳之則, 目有目之則: '視遠惟明', 目之則也; '聽德惟聰', 耳之則也. '從作乂', 言之則也; '恭作肅', 貌之則也. 四肢百骸, 萬物萬事, 莫不各有當然之則, 子細推之, 皆可見."

52 『朱子語類』卷59: "天生蒸民, 有物有則.' 蓋視有當視之則, 聽有當聽之則, 如是而視, 如是而聽, 便是; 不如是而視, 不如是而聽, 便不是. 謂如'視遠惟明', 聽德惟聰', 能視遠謂之明, 所視不遠, 不謂之明; 能聽德謂之聰, 所聽非德, 不謂之聰. 視聽是物, 聰明是則. 推至於口之於味, 鼻之於臭, 莫不各有當然之則. 所謂窮理者, 窮此而已."

주희는 눈이 봄[視]에 봄의 법칙이 있고 귀가 들음[聽]에도 역시 들음의 법칙이 있다고 생각하였기에, '보고 들음은 물(物)이고 총(聰)과 명(明)은 칙(則)이다'라고 말하였다. 주희의 설명에 의하면, 시청언동 혹은 만사만물을 막론하고 모두 '각기 당연지칙(當然之則)이 있지 않음이 없다'라고 말할 수 있다. 그리고 주희는 여기서 '유물유칙(有物有則)'의 '칙(則)'을 당연지칙으로 간주하였고, 궁구해야만 하는 대상 역시 당연지칙으로서의 '리'라고 생각하였다. 이로부터 주희는 감관의 작용을 포함하는 인간의 모든 활동 속에는 당연지칙으로써의 리가 있고, 응당 일체의 행위가 당연지칙에 부합되게 모든 힘을 기울여야 한다고 생각했음을 알 수 있다. 그러므로 주희의 주장에 따르면, 지각활동에도 역시 당연지칙이 있으며, 지각 활동이 그러한 당연지칙에 부합되어야만 한다고 말할 수 있다. 이것은 주희에게 있어 지각의 문제가 사물을 인식하는 인식의 과정이나 구조를 탐구하는 영역에 있는 것이 아니라, 궁극적으로 도덕의 문제와 직결된다는 것을 보여 준다.

주희는 장재(張載)가 말한 "허(虛)와 기(氣)가 합하여져 성(性)이란 이름이 있고, 성(性)과 지각(知覺)이 합하여져 마음이란 이름이 있다"는 관점에 반대하였다. 주희는 "횡거(橫渠)의 말에는 대체로 명료하지 못한 곳이 있다. 마음이 있으면 자연히 지각이 있는데, 어찌 성과 지각이 합쳐짐이 있어서이겠는가!"[53]라고 말하였다. 여기서 "마음이 있으면 자연히 지각이 있다"는 말은 주희의 마음과 지각 사이의 관계에 대한 생각을 대표한다. 마음이 어째서 인간의 주재(主宰)가 되는가라는 문제에 대해 주희는 다음과 같이 설명하였다.

성(性)은 마음의 도리(道理)이고, 마음은 몸을 주재하는 것이다.[54]

---

53 『朱子語類』卷60: "橫渠之言大率有未瑩處. 有心則自有知覺, 又何合性與知覺之有!"
54 『朱子語類』卷5: "性是心之道理, 心是主宰於身者."

생각건대 주재하고 운용하는 것은 마음이고 성(性)은 이와 같이 할 수 있게 하는 리(理)이다. 성(性)은 반드시 이 안에 있지만 주재하고 운용함은 오히려 마음에 달려 있다.[55]

마음은 비유하자면 물이고, 성(性)은 물의 리(理)이다.[56]

주희는 마음이 자기 자신을 주재하고 도리를 운용할 수 있는 까닭은 바로 성(性)이 마음속에 존재하고 있기 때문이라고 생각하였다. 이것은 성이 마음속에 있음으로 말미암아 마음이 비로소 모든 작용을 발휘할 수 있음을 말한다. 주희에게 있어 마음이 주재하고 운용하는 작용을 발휘할 수 있는 까닭은, '성은 이와 같이 할 수 있게 하는 리'라는 말처럼, 성 즉 리가 마음속에 내재하고 있기 때문이다.

몸과 마음 및 성·리의 관계에 대해 주희는 또 "내가 이미 이 몸이 있으니 반드시 주재하는 것이 있다",[57] "사람의 몸이 있으면 반드시 마음이 있고, 마음이 있으면 반드시 리가 있다"[58]라고 말하였다. 위에서 말한 바와 같이, 만약 마음이 본연의 주재 작용을 상실하였다면, 사의(私意)와 외부 사물의 유혹이 인간을 지배하게 될 것이고, 인간은 다시는 도덕적 행위를 실천할 수 없다. 아울러 만약 단지 마음만이 있을 뿐이고 성·리가 내면에 없다면 인간은 단지 저급한 인식 작용만을 지니게 되기에 합리적으로 외부 사물에 대응할 수 없다. 이로부터 몸과 마음 그리고 리 사이에는 매우 밀접한 관계가 있음을 알 수 있다. 주희에게 있어 성은 마음이 되는 까닭이다. 바꾸어 말하자면, 혼연한 전체로서의 성이 마음

---

55 『朱子語類』卷5: "蓋主宰運用底便是心, 性便是會恁地做底理. 性則一定在這裏, 到主宰運用卻在心."
56 『朱子語類』卷5: "心譬水也; 性, 水之理也."
57 『朱子語類』卷9: "自家旣有此身, 必有主宰."
58 『朱熹集』卷80「鄂州州學稽古閣記」: "人之有是身也則必有是心, 有是心也則必有是理."

속에 존재하기에 마음이 일신의 주재자가 될 수 있다. 이로부터 마음은 일신의 주재자이고 성(性)은 마음이 주재 작용을 발휘하도록 하는 궁극적 원인이라고 말할 수 있다.

4. 지각의 상이한 의미

1) 지각의 두 차원

주희는 식물·동물 및 인간의 지각을 구분하였다. 주희는 다음과 같이 말하였다.

물었다. "동물에게는 지각이 있는데, 식물에게는 지각이 없습니다. 어째서입니까?" 말씀하셨다. "동물은 혈기가 있기 때문에 지각할 수 있다. 식물은 비록 지각한다고 말할 수는 없지만, 일반적으로 생의(生意)를 엿볼 수 있다. 만약 식물을 꺾어서 해치면 곧 마르고 초췌해져서 다시 싱싱해지지 못하니, 역시 지각이 있는 듯하다. 이전에 꽃나무를 살펴보았는데, 아침 햇살이 비치자 싱싱한 생기가 넘쳐서 낳고 또 낳는 뜻이 생겨났으며, 나무껍질이 감싸도 막을 수가 없을 정도로 저절로 솟아 나왔다. 예컨대 마른 가지와 늙은 잎은 금방 초췌하게 느껴지니, 생각건대 기운이 이미 빠져나간 것이다."[59]

또 물었다. "사람과 조수(鳥獸)는 본래 지각이 있지만, 지각에 통함과 막힘이 있는데, 초목(草木) 역시 지각이 있습니까?" 말하였다. "역시 있다. 만약 한

---

59 『朱子語類』卷4: "問, '動物有知, 植物無知, 何也?' 曰, '動物有血氣, 故能知. 植物雖不可言知, 然一般生意亦可黙見. 若戕賊之, 便枯悴不復悅懌, 池本作澤'. 亦似有知者. 嘗觀一般花樹, 朝日照曜之時, 欣欣向榮, 有這生意, 皮包不住, 自迸出來; 若枯枝老葉, 便覺憔悴, 蓋氣行已過也.'"

화분의 꽃에 물을 조금 주면 곧 꽃이 핀다. 만약 꺾어 눌러 버리면 말라 죽는다. 그것을 지각이 없다고 하면 옳겠는가? 주렴계가 창 앞의 풀을 뽑지 않고 '나의 뜻과 같다'고 말하였으니, 곧 지각이 있음이다. 단지 조수의 지각은 사람만 못하고 초목의 지각은 조수만 못할 뿐이다."[60]

위에서 인용하여 서술한 것과 같이, 지각은 '혈기(血氣)'와 밀접한 관계가 있다. 주희의 설명에 의하면, 동물은 혈기가 있기 때문에 지각할 수가 있다. 그러나 동물이 지니고 있는 지각의 수준은 단지 생리적·심리적인 지각 단계에 머물러 있을 뿐이다. 식물의 지각에 관하여, 주희는 비록 식물이 동물의 수준만은 못할지라도, 식물 역시 외부 환경의 변화에 대한 반응을 통하여 그들의 생의(生意)를 드러내는데, 이것이 바로 식물의 지각 활동이라고 생각하였다. 생의의 실현이란 관점에서 보자면, 비록 인간이 식물과 동물에 비해 훨씬 고도의 지각능력을 지니고 있다고 할지라도, 인간이 지니고 있는 지각작용 역시 기타 만물과 마찬가지로 생의의 실현을 궁극적 목적으로 삼는다. 동·식물 혹은 인간을 막론하고 모든 존재 모두 자신의 생명 활동을 통하여 그들이 지니고 있는 생의를 드러냈다. 인간에 대해 말하자면, 생의의 현현은 자신의 본성을 드러냄, 자신의 도덕적 가치를 표현해내는 것과 다름이 없다. 그리고 이러한 생의를 현현하는 활동은 지각과 밀접한 관계가 있다.

주희는 사상채(謝上蔡)의 '각(覺)'으로 마음을 말한다[以覺言心]'는 설명 방식에 반대하였다. 사상채는 일찍이 "지각(知覺)이 있어 아프고 가려움을 아는 것을 곧 인(仁)이라고 부른다."[61]고 말하였다. 『송원학안(宋元學

---

60 『朱子語類』卷60: "又問, '人與鳥獸固有知覺, 但知覺有通塞, 草木亦有知覺否?' 曰, '亦有. 如一盆花, 得些水澆灌, 便敷榮; 若摧抑他, 便枯悴. 謂之無知覺, 可乎? 周茂叔窗前草不除去, 云'與自家意思一般', 便是有知覺. 只是鳥獸底知覺不如人底, 草木底知覺又不如鳥獸底.'"

61 『上蔡語錄』上卷: "有知覺, 識痛癢, 便喚做仁."

案)』에는 "'마음이 지각이 있음을 인(仁)이라고 한다', 이것은 사상채가 도의 단서를 전한 말로 아마도 병통이 있다고 말할 수는 없을 것이다."라는 말이 기재되어 있다.[62] 이에 대해 주희는 다음과 같이 생각하였다.

사상채는 지각으로써 인을 말하였다. 단지 응사접물(應事接物)하는 것을 지각할 뿐이라면 어떻게 인(仁)이라고 부를 수 있겠는가? 모름지기 그 리(理)를 지각해야 비로소 옳다. 예컨대 어떤 한 가지 일이 마땅히 해야 하는지 하지 말아야 하는지, 이것을 지각해야 비로소 인(仁)이다. 부름에 대답하고 도려냄에 아픔은 이것은 마음이 혈기(血氣)에 흘러 들어가는 것이다. 그 리의 옳고 그름을 깨달을 수 있어야 비로소 마음이 리에 흘러 들어가는 것이다. 부름에 응답하지 않고 도려내도 아프지 않다면 이것은 죽은 사람이니 본래 불인(不仁)함이다. 부름에 응하고, 도려냄에 아픔을 느끼는데 단지 이것이 인(仁)이라면 누가 이와 같지 않을 수 있겠는가?[63]

여기에서 주희는 '지각'을 두 종류의 다른 차원 즉, 마음의 지각이 '혈기(血氣)'에 흘러 들어가는 것'과 '리(理)'에 흘러 들어가는 것'으로 구분하였다. 주희의 설명에 따르면, '혈기에 흘러 들어가는 것'은 바로 '부름에 대답하고 도려냄에 아픔'에 대한 지각을 가리킨다. 이러한 종류의 지각은 생리적, 심리적 차원의 지각이다. 이와는 달리 '리에 흘러 들어가는 것'은 '마땅히 해야 하는 것과 하지 말아야 하는 것', '리의 옳고 그름'에 대한 지각을 가리키며, 이러한 종류의 지각은 도덕적 지각이라고 볼 수 있다. 그러므로 주희에게 있어 지각은 생리적·심리적 지각과 도덕적

---

62 『宋元學案』 卷42 「五峰學案」: "'心有知覺之謂仁', 此上蔡傳道端的之語, 恐不可謂有病."
63 『朱子語類』 卷101: "上蔡以知覺言仁. 只知覺得那應事接物底, 如何便喚做仁? 須是知覺那理, 方是. 且如一件事是合做與不合做, 覺得這箇, 方是仁. 喚著便應, 抉著便痛, 這是心之流注在血氣上底. 覺得那理之是非, 這方是流注在理上底. 喚著不應, 抉著不痛, 這箇是死人, 固是不仁. 喚得應, 抉著痛, 只這便是仁, 則誰箇不會如此?"

지각이란 두 가지의 함의를 포함한다고 말할 수 있다.

　지각과 인(仁)의 관계에 있어, 주희는 인이 인의예지(仁義禮智)의 사덕(四德)을 포함하지만, 지각은 단지 지(智)의 작용에 불과다고 생각하였다. 그래서 주희는 "만약 명칭과 그 함의로써 말한다면, 인(仁)은 본래 애(愛)의 체(體)이며, 각(覺)은 지(知)의 용(用)으로 경계(境界)의 맥락이 본래 상관이 없습니다. 다만 인(仁)은 사덕(四德)을 통괄하므로, 사람이 인하면 곧 각(覺)하지 아니함이 없습니다. 그러나 사상채의 말은, 후사성이 그것을 비판하여 말하기를 '불인한 자는 지각하는 바가 없다고 하면 옳지만, 마음이 지각이 있음을 인이라 하면 옳지 않다'고 말하였는데, 이 말 또한 의미가 있으니 생각해 보시기 바랍니다."[64]라고 말하였다. 아울러 주희는 또한 "인(仁)은 본래 지각이 있지만, 지각을 인(仁)이라고 부른다면 오히려 옳지 않다."[65], "그러므로 인(仁)한 사람은 마음에 지각이 있다고 말하는 것은 옳지만, 마음에 지각이 있은 사람을 일러 인한 사람이라고 말하는 것은 옳지 못합니다."[66]라고 생각하였기에 사상채의 견해에 반대하였다. 나아가 주희는 "사상채 말한 '지각'은 바로 추위와 따뜻함, 배부름과 배고픔 등과 같은 것을 아는 것을 말한다."[67]라고 생각하였으니 즉, 그것을 생리적, 심리적 차원의 지각으로 간주한 것이다.

　주희는 '지(知)'와 '각(覺)'의 의미를 구분하여 다음과 같이 해석하였다.

　지(知)는 그 일의 소당연(所當然)을 앎을 말한다. 각(覺)은 그 리(理)의 소이연

---

64 『朱熹集』 卷45 「答游誠之」: "若以名義言之, 則仁自是愛之體, 覺自是知之用, 界分脉絡, 自不相關. 但仁統四德, 故人仁則無不覺耳. 然謝子之言, 侯子非之曰'謂不仁者無所知覺則可, 便以心有知覺爲仁則不可', 此言亦有味請試思之."

65 『朱子語類』 卷6: "仁固有知覺; 喚知覺做仁, 卻不得."

66 『朱熹集』 卷32 「又論仁說」: "故謂仁者心有知覺則可, 謂心有知覺謂之仁則不可."

67 『朱熹集』 卷32 「又論仁說」: "上蔡所謂知覺, 正謂知寒暖飽饑之類爾."

(所以然)을 깨달음을 말한다.[68]

또 어떤 사람이 귀산(龜山)에게 "'선지(先知)로써 후지(後知)를 깨우친다'고 하는데, 지(知)와 각(覺)은 어떻게 구분합니까?"라고 물었다. 귀산은 "지(知)는 이 일을 앎이며, 각(覺)은 이 리(理)를 각(覺)함이다"라고 말하였다. 예를 들어 군주는 어질어야[仁] 하고, 신하는 공경[敬]해야 하며, 자식은 효도[孝]해야 하고, 어버이는 자애로워야[慈] 한다는 것을 앎이 이 일을 앎이고, 또한 군주가 어질어야 하는 까닭과 신하가 공경해야 하는 까닭과 어버이가 자애로워야 하는 까닭과 자식이 효도해야 하는 까닭을 아는 것이 이 리(理)를 깨우침이다.[69]

지(知)는 사물로 말미암아 모두 알 수 있다. 각(覺)이란 마음속에 각오(覺悟)한 바가 있음이다.[70]

행부가 '각(覺)'에 대해 물었다. 말하였다. "정자(程子)는 '지(知)는 이 일을 앎이고, 각(覺)은 이 리(理)를 깨달음이다'라고 말하였다. 생각건대 지(知)는 이러한 한 가지 일을 앎이고, 각(覺)은 홀연히 스스로 이해할 수 있음이다."[71]

주희는 이른바 '지(知)'는 사물과의 접촉을 통하여 그 사물의 소당연(所當然)을 이해하는 것이며, '각(覺)'은 일종의 깨달음을 통하여 그 소이연

---

68 『孟子集注』卷9 「萬章章句上」: "知, 謂識其事之所當然. 覺, 謂悟其理之所以然."

69 『朱子語類』卷17: "或人問龜山曰, '以先知覺後知', 知 · 覺如何分?' 龜山曰, '知是知此事, 覺是覺此理.' 且如知得君之仁, 臣之敬, 子之孝, 父之慈, 是知此事也; 又知得君之所以仁, 臣之所以敬, 父之所以慈, 子之所以孝, 是覺此理也."

70 『朱子語類』卷58: "知者, 因事因物皆可以知. 覺, 則是自心中有所覺悟."

71 『朱子語類』卷58: "行夫問'覺'. 曰, '程子云: '知是知此事, 覺是覺此理.' 蓋知是知此一事, 覺是忽然自理會得.'"

(所以然)을 파악하는 것이라고 생각하였다. 주희의 설명방식에 의하면, '지'와 '각'의 관계에 있어, '지'는 인간의 경험과 밀접한 관계가 있으며 주로 개별 사물의 소당연을 이해하는 것이다. 이와는 달리 '각'은 '지'의 기초 위에서 마음의 사유 작용을 통하여 전면적으로 그것의 '그러한 까닭으로서의 이유[所以然之故]'를 깨닫는 것으로, 주희는 또 "각은 홀연히 마음속에서 스스로 깨달은 바가 있어 도리가 이와 같음을 이해함이다."[72]이라고 말하였다. 이렇게 볼 때, '각'은 '지'에 비해 보다 고차원적인 정신활동이라고 말할 수 있다.

2) 지각과 인심 · 도심(人心 · 道心)

주지하다시피, 이른바 '인심도심설(人心道心說)'은 『고문상서 · 대우모 (古文尚書 · 大禹謨)』에서 "인심(人心)은 오직 위태롭고, 도심(道心)은 오직 은미하니 정밀하게 살피고 전일하게 지켜서 그 중(中)을 잡아야 한다.[心惟危, 道心惟微, 惟精惟一, 允執厥中]"라고 말한 것에 근거한다. 주희의 선배 학자 가운데, 정이(程頤)는 인심 · 도심의 문제를 중시하였다.[73] 인심도심설에 있어 주희는 정이의 사상을 계승하였을 뿐만 아니라, 정이가 말한 '인심(人心)은 사욕(私欲)이다'라는 주장을 비판적으로 이해하였다.

먼저 주희에게 있어 인심(人心)과 도심(道心)에 대한 정의는 '지각'이 발생하는 기점과 함유하고 있는 내용과 밀접한 관계가 있다.

---

72 『朱子語類』卷17: "覺, 則是忽然心中自有所覺悟, 曉得道理是如此."

73 『二程集』「河南程氏遺書」卷第十九, 256쪽: "'人心', 私欲也. '道心', 正心也. '危'言不安, '微'言精微. 惟其如此, 所以要精一. '惟精惟一'者, 專要精一之也. 精之一之, 始能'允執厥中'. 中是極至處."; 『二程集』「河南程氏遺書」卷第二十一下, 276쪽: "'人心惟危, 道心惟微.'心, 道之所在; 微, 道之體也. 心與道, 渾然一也. 對放其良心者言之, 則謂之道心; 放其良心則危矣. '惟精惟一', 所以行道也."; 『二程集』「河南程氏遺書」卷第二十四, 312쪽: "人心私欲, 故危殆. 道心天理, 故精微. 滅私欲則天理明矣."

마음이 형기(形氣)의 사사로움에서 생기는 것을 가리켜 말하자면 곧 인심(人心)이라 이르고, 마음이 의리(義理)의 공(公)에서 발생(發生)하는 것을 가리켜 말하자면 곧 도심(道心)이라 한다.[74]

주희는 지각이 발생하는 서로 다른 기점에 따라서 마음을 '인심'과 '도심'으로 구분하였다. 주희의 주장에 따르면, '형기(形氣)의 사사로움에서 생기는 것'은 인심(人心)이고, '의리(義理)의 공(公)에서 생기는 것'은 바로 도심(道心)이다.

몸에서 일어나는 견식은 인심이고, 의리에서 일어나는 견식은 도심이다.[75]

도심은 의리에서 발하여 나오는 것이고, 인심은 몸에서 발하여 나오는 것이다.[76]

물었다. "인심과 도심에서 만약 음식남녀(飮食男女)의 욕망이 그 바름에서 나왔다면 곧 도심입니다. 어떻게 인심과 도심을 분별합니까?" 말씀하셨다. "이것(人心)은 결국 혈기(血氣)에서 생긴다."[77]

이른바 인심이란 것은 기혈(氣血)이 화합하여 이루어진 것(선생께서 손가락으로 몸을 가리키셨다)으로 기욕(嗜欲)의 무리이니 모두 여기에서 나오기에 위

---

74 『朱熹集』卷65: "大禹謨解 指其生於形氣之私者而言, 則謂之人心. 指其發於義理之公者而言, 則謂之道心."

75 『朱子語類』卷78: "形骸上起底見識, 便是人心; 義理上起底見識, 便是道心."

76 『朱子語類』卷78: "道心是義理上發出來底, 人心是人身上發出來底."

77 『朱子語類』卷78: "問, '人心道心, 如飮食男女之欲, 出於其正, 卽道心矣. 又如何分別?' 曰, '這簡畢竟是生於血氣.'"

태롭다. 도심은 본래 인의예지(仁義禮智)를 품수 받은 마음이다.[78]

주희는 인심은 '몸에서 일어나는 견식', '몸에서 발하여 나오는 것'이며, 또한 '혈기(血氣)에서 생긴 것', '기혈(氣血)이 화합하여 이루어진 것'이라고 생각하였다. 이로부터 '인심'은 몸을 구성하는 혈기로부터 발하여 나오는 것임을 알 수 있다.

배고픔, 배부름, 추움, 따뜻함과 같은 종류는 모두 내 몸의 혈기·형체에서 생기며, 다른 사람과는 상관이 없기에 사사로움[私]이라고 말한다. 역시 좋지 않다고는 할 수 없지만 계속해서 그것을 좇아서는 안 된다.[79]

인간은 본래 인심과 도심을 가지고 있는데, 하나는 혈기(血氣)에서 생기며, 하나는 의리(義理)에서 생긴다. 배고픔·추위·아픔·가려움, 이것은 인심이고 측은·수오·시비·사양, 이것은 도심(道心)이다.[80]

한 사물에는 본래 각기 음양(陰陽)이 있으니, 사람의 남녀와 같음이 음양(陰陽)이다. 사람의 몸을 따르면 또 각기 이 혈(血)과 기(氣)가 있으니, 혈(血)은 음(陰)이고 기(氣)는 양(陽)이다.[81]

여기서 주희가 말한 '혈은 음이고 기는 양이다'에 의하면, 위에서 말

---

78 『朱子語類』卷78: "所謂人心者, 是氣血和合做成, (先生以手指身.) 嗜欲之類, 皆從此出, 故危. 道心是本來稟受得仁禮智之心."

79 『朱子語類』卷62: "如飢飽寒煖之類, 皆生於吾身血氣形體, 而他人無與, 所謂私也. 亦未能便是不好, 但不可一向徇之耳."

80 『朱子語類』卷62: "人自有人心, 道心, 一箇生於血氣, 一箇生於義理. 饑寒痛癢, 此人心也; 惻隱, 羞惡, 是非, 辭遜, 此道心也."

81 『朱子語類』卷65: "一物上又自各有陰陽, 如人之男女, 陰陽也. 逐人身上, 又各有這血氣, 血陰而氣陽也."

한 '혈기(血氣)'는 몸[一身]을 구성하는 음양(陰陽)의 기(氣)를 가리킨다. 그러므로 '혈기'로부터 발하여 나오는 인심은 인간이 품수 받은 '기'와 관계가 있으며, '의리(義理)'로부터 발하여 나오는 도심은 품수 받은 '리'와 관계가 있다고 말할 수 있다. 바로 이와 같기 때문에, 주희는 또 "인심이란 것은 기질지심(氣質之心)이니, 선(善)할 수도 있고 불선(不善)할 수도 있다. 도심이란 것은 내면에 리를 겸하고 있다"[82]라고 말하였다. 주희에게 있어, 인간이 품수 받은 기는 모두 서로 다르기에, 혈기로부터 발하여 나오는 인심의 구체적인 기호와 욕구 역시 모두 다르다. 그리고 주희는 인심 자체가 비록 나쁜 것은 아닐지라도 인심의 욕구만을 추구해서는 안 된다고 주장하였다.

> 단지 하나의 마음일 뿐이지만, 귀나 눈의 욕구로부터 지각해가면, 곧 인심(人心)이고, 의리로부터 지각해가면 도심(道心)이다.[83]

> 도심(道心)은 도리를 지각하는 것이고, 인심(人心)은 소리와 색깔, 냄새와 맛을 지각하는 것이다.[84]

> 사람의 마음 또한 하나일 뿐이다. 배고프면 먹고 목마르면 마심으로부터 지각하는 것은 곧 인심(人心)이고, 군주와 신하, 어버이와 자식이라는 부분에서 지각하는 것은 도심(道心)이다.[85]

---

82 『朱子語類』卷78: "人心者, 氣質之心也, 可爲善, 可爲不善. 道心者, 兼得理在裏面."
83 『朱子語類』卷78: "只是這一箇心, 知覺從耳目之欲上去, 便是人心; 知覺從義理上去, 便是道心."
84 『朱子語類』卷78: "道心是知覺得道理底, 人心是知覺得聲色臭味底."
85 『朱子語類』卷78: "人心亦只是一箇. 知覺從饑食渴飮, 便是人心; 知覺從君臣父子處, 便是道心."

주희는 이른바 '인심'은 '소리와 색깔, 냄새와 맛'을 지각하는 것으로, 곧 배고프면 먹고 목마르면 마시는 것과 마찬가지로, 이목구비의 생리적 기본욕구를 지각한다. 이와는 달리 '도심'은 '도리(道理)'를 지각하는 것으로, 곧 군신과 부자의 관계로부터 그 안에 내재해 있는 '의리'를 지각하는 것이다. 이렇게 볼 때, 인심과 도심은 비록 모두 이발(已發)일 때의 마음에 속한다고 할지라도, 지각하는 대상이 다름에 따라 각기 함축하고 있는 내용 역시 다르다. 주희의 주장에 의하면, 인심과 도심의 내원은 다른 것이며 또한 인심이 주로 '기식갈음(饑食渴飲)'·'기포한난(饑飽寒煖)'·'기한통양(飢寒痛癢)'과 같은 생리적, 감성적 욕구와 욕망을 감지한다면, 도심은 측은·수오·시비·사양의 사단지심(四端之心)·도덕의식(道德意識)을 지각한다.

일찍이 밝힌 바와 같이 마음의 허령(虛靈)함과 지각함은 하나일 뿐이다. 인심과 도심이 서로 다르다고 생각하는 것은 어떤 것은 형기(形氣)의 사사로움에서 생기고, 어떤 것은 성명(性命)의 올바름을 근원으로 삼은 것이어서 지각한 것이 서로 다르기 때문이다. 그러므로 어떤 것은 위태롭고 불안하며, 어떤 것은 은미하고 오묘하여 쉽게 볼 수 없다. 그러나 사람에게는 이 형체가 없을 수 없기 때문에 비록 지자(智者)라도 인심(人心)이 없을 수 없다. 또한 사람에게는 이 성(性)이 없을 수 없기 때문에 비록 우매한 사람일지라도 도심(道心)이 없을 수 없다. 이 두 가지를 마음에 있어 어떻게 다스려야 할지 모른다면 위태로운 것은 더욱 위태로워지고 은미한 것은 더욱 은미하게 되어 천리(天理)의 공정함은 끝내 인욕의 사사로움을 이기지 못하게 될 것이다.[86]

---

86 『朱熹集』卷76「中庸章句序」: "蓋嘗論之, 心之虛靈知覺一而已矣. 而以爲有人心, 道心之異者, 則以其或生於形氣之私, 或原於性命之正, 而所以爲知覺者不同, 是以或危殆而不安, 或微妙而難見耳. 然人莫不有是形, 故雖上智不能無人心; 亦莫不有是性, 故雖下愚不能無道心. 二者雜於方寸之間, 而不知所以治之, 則危者愈危, 微者愈微, 而天理之公卒無以勝夫人欲之私矣."

만약 도심(道心)은 천리(天理)이고 인심(人心)은 인욕(人欲)이라고 말한다면 오히려 두 개의 마음이 있음이다! 사람은 단지 하나의 마음만이 있을 뿐인데, 다만 도리를 지각하는 것은 도심이고 소리와 색깔, 냄새와 맛을 지각하는 것은 인심으로 다름이 많지 않다. '인심은 인욕이다', 이 말에는 문제가 있다. 비록 상지(上智)라고 할지라도 인심이 없을 수 없는데, 어찌 모두 옳지 않다고 말할 수 있는가? 육상산 역시 이로써 사람을 말하였다. 두 개의 마음이 있는 것이 아니다. 도심(道心)과 인심(人心)은 본래 단지 하나의 것이지만, 지각하는 바가 다를 뿐이다.[87]

주희는 인간은 모두 리와 기의 결합으로 말미암아 존재하는 것이라고 생각하였다. 이미 몸[人身]이 있는 이상, 기로 말미암아 생기는 생리적 욕구가 없을 수 없다. 그러므로 설사 성인(聖人) 혹은 상지(上智)라고 하더라도 역시 인심이 없을 수 없다. 동시에 만물은 모두 리를 품수하여 자신의 본성으로 삼기에, 따라서 비록 하우(下愚) 혹은 불초자(不肖者)라고 하더라도 역시 도심이 없을 수 없다. 이것은 주희가 "비록 성인(聖人)이라고 할지라도 인심(人心)이 없을 수 없으니 배고프면 먹고 목마르면 마시는 것과 같은 것이다. 비록 소인(小人)이라고 할지라도 도심(道心)이 없을 수 없으니 측은지심(惻隱之心)과 같은 것이 이것이다."[88]라고 말한 것과 같다. 주희의 이러한 주장은 정이(程頤)의 '인심(人心)은 인욕(人欲)이다', '사욕(私欲)을 없앤다면 천리(天理)가 밝아진다'라는 생각과는 다른 점이 있다. 주희는 인간이 인심과 도심이라는 완전히 다른 두 종류의 마

---

87 『朱子語類』卷78: "若說道心天理, 人心人欲, 却是有兩箇心! 人只有一箇心, 但知覺得道理底是道心, 知覺得聲色臭味底是人心, 不爭得多. '人心, 人欲也', 此語有病. 雖上智不能無此, 豈可謂全不是? 陸子靜亦以此語人. 非有兩箇心. 道心 · 人心, 本只是一箇物事, 但所知覺不同."

88 『朱子語類』卷78: "雖聖人不能無人心, 如饑食渴飮之類; 雖小人不能無道心, 如惻隱之心是."

음을 지닌 것이 아니라고 생각하였다. 주희는 마음이 지닌 지각의 기능과 작용이 품수 받은 혈기(血氣)에서 발하는지 아니면 의리(義理)에서 발하는지에 따라서 각기 생리적·감성적 욕구와 도덕의식을 반영해 내기에 곧 하나의 마음을 '지각한 바가 다른' 인심(人心)과 도심(道心)으로 구분하였다.

3) 지각과 수양의 문제

지각과 함양의 문제에 있어, 주희는 경(敬)의 수양을 통해 '허명(虛明)한 마음의 본체'를 보존하여 상실되지 않게 해야 한다고 주장하였다. 주희는 경(敬)을 통해 허령(虛靈)한 마음의 본체를 견지해야 광명(光明)한 마음의 작용을 발휘하여 도리를 인식하며 모든 행위와 의식을 주재할 수 있다고 생각하였다.

'잡으면 보존되고 놓으면 잃어서, 나가고 들어옴이 정해진 때가 없으며, 그 방향을 알 수 없음은 오직 마음을 이름이다', '인(仁)을 실천함은 나에게서 말미암지 다른 사람에게서 말미암는 것이겠는가!' 이것은 나에게 달려 있을 뿐이지, 다른 사람이 줄 수 있는 바가 아니다. 예(禮)가 아니면 보지도 듣지도 말하지도 행하지도 말아야 하니 '물(勿)'과 '불물(不勿)'은 나에게 달려 있을 따름이다. 이제 어떤 한 무례하고 불선(不善)한 행동을 일삼던 사람이 갑자기 깨우침이 있어 '내가 무례하고 불선한 짓을 하였구나'라고 말하였다면 곧 이 마음이 보존된 곳이다.[89]

---

89 『朱子語類』卷59: "'操則存, 舍則亡, 出入無時, 莫知其鄕, 惟心之謂與!', '爲仁由己, 而由人乎哉!' 這箇只在我, 非他人所能與也. 非禮勿視聽言動, 勿與不勿, 在我而已. 今一箇無狀底人, 忽然有覺, 曰, '我做得無狀了!' 便是此心存處."

'잡으면 보존되고 놓아 버리면 잃는다', 정자(程子)는 그것을 잡는 방도가 오로지 '경(敬)하여 안을 곧게 함'에 있을 뿐이라고 생각했다. 오늘날 공부를 함에 이 한 가지 일이 가장 중요하다.[90]

주희가 보기에 인(仁)을 실천하거나 시청언동(視聽言動)을 규제하거나를 막론하고 모든 행위는 자신의 마음의 주재 여부에 달려 있다. 이것은 마음을 조존(操存)하였을 때, 인간은 자신의 모든 행위를 장악하여 도덕 원리를 실천할 수 있음을 말한다. 이로부터 조존(操存)은 마음의 주재 즉 인간의 도덕적 주체성과 뗄 수 없는 관계가 있음을 알 수 있다. '잡으면 보존되고, 놓으면 잃어버린다'에 대해 주희는 또 "이것은 다름이 아니라, 마음이 사물을 쫓아가서 되돌아옴을 잊음이다"[91]라고 말하였다. 이른바 '되돌아옴을 잊음'은 불선(不善)함을 깨우침으로서의 '각(覺)'과 완전히 상반된 것이다. 주희는 마음이 '각'의 상태를 유지함이 바로 '마음이 보존된 곳'이라고 생각하였다. 마음이 '각'의 상태를 확보하고 유지하기 위하여, 주희는 반드시 '경(敬)하여 내면을 바로 하는[敬以直內]' 수양공부를 해야 한다고 주장하였다.

맹자는 '잡으면 보존되고 놓으면 잃는다'라고 말하였다. 사람이 일단 잡자마자 마음이 곧 이 안에 있게 된다. 맹자는 '잃어버린 마음을 구한다'라고 말하였는데, 엄밀하지 못하게 말하였다. 마음은 구할 필요가 없으며 경성(警省)하는 곳에서 나타난다.[92]

---

90 『朱子語類』卷59: "'操則存, 舍則亡', 程子以爲操之之道, 惟在'敬以直內'而已. 如今做工夫, 卻只是這一事最緊要."

91 『朱子語類』卷59: "操則存, 舍則亡, 非無也, 逐於物而忘返耳."

92 『朱子語類』卷9: "孟子云, '操則存, 舍則亡.' 人才一把捉, 心便在這裏. 孟子云'求放心', 已是說得緩了. 心不待求, 只警省處便見."

구(求)하는 것은 곧 현심(賢心)이다. 구해야 함을 알면 마음이 있음이다. 이제 이미 존재하는 마음으로 다시 마음을 구함은 두 마음이 있음이다. 비록 닭과 개에 비유하여 말하였지만, 닭과 개는 찾으면 곧 얻는다. 이 마음은 여러 곳을 돌아다니며 찾을 필요가 없으니, 그 상실됨을 깨달으면 깨달은 곳이 곧 마음이니 어찌 더 찾겠는가? 이로부터 더욱 구하려고 하면 자연히 갈수록 잃게 된다. 이것은 힘씀이 그다지 많지 않지만, 반드시 항상 깨어 있어야 함을 알아야 한다. 깨어 있으면 자연히 밝으니 잡아서 지킬 필요가 없다.[93]

인심(人心)은 각(覺)하자마자 곧 있다. 맹자는 '잃어버린 마음을 구하라[求放心]'고 말하였는데, '구(求)' 자는 이미 완만하다.[94]

주희가 보기에, '잃어버린 마음을 구함'은 결코 마음으로써 마음을 구함 즉, '이미 존재하는 마음으로 다시 마음을 구함'을 가리키는 것이 아니다. 주희의 주장에 의하면, '방심(放心)'은 위에서 말한 '되돌아옴을 잊음'과 같은 마음의 상태라고 말할 수 있다. 이것은 마음이 그 자신의 주재 작용을 상실함을 가리킨다고 말할 수 있다. 주희는 또한 "만약 마음이라면 잃어버림을 알자마자 바로 이 마음이 이 안에 있다."[95] "마음이 잃어버렸음을 알면 이 마음이 곧 여기에 있으니 더 이상 어떻게 구하겠는가?"[96]라고 강조하였다. 그러므로 '잃어버린 마음을 찾음'의 관건은 마음이 스스로 방심(放心)된 상태에 있음을 깨닫고 아는 것을 의미한다. 위의 내용에 따르면, 여기에서 '지(知)', '각(覺)'은 이른바 '미혹된 마음을 깨

---

93 『朱子語類』卷59: "知求, 則心在矣. 今以已在之心復求心, 卽是有兩心矣. 雖曰譬之雞犬, 雞犬卻須尋求乃得; 此心不待宛轉尋求, 卽覺其失, 覺處卽心, 何更求爲? 自此更求, 自然愈失. 此用力甚不多, 但只要常知提醒爾. 醒則自然光明, 不假把捉."

94 『朱子語類』卷59: "人心纔覺時便在. 孟子說'求放心', '求'字早是遲了."

95 『朱子語類』卷59: "如心, 則才知是放, 則此心便在這裏."

96 『朱子語類』卷59: "知得心放, 此心便在這裏, 更何用求?"

우침[警省]', '잊었던 것을 깨우침[提醒]'의 의미이다. '각'은 마음이 '자연스럽게 밝게 빛나는 작용'을 회복하여 드러남[顯現]을 가리킨다. 여기에서 이른바 '자연스럽게 밝게 빛남[自然光明]'은 앞에서 말한 '허명(虛明)한 본체(本體)'와 서로 같은 것이다. 그러므로 여기에서 '지(知)', '각(覺)'이란 마음이 '허명한 본래 상태'를 회복하여 '자연스럽게 밝게 빛나는' 상태를 드러냄이라고 말할 수 있다. 다시 말해 주희에게 있어 마음이 허명한 본체를 유지하고 지각 작용을 원만하게 발휘하기 위해서는 경성(警省), 제성(提醒) 즉, 마음을 각성(覺醒)하는 경(敬)의 공부가 필요하다고 할 수 있다.

5. 결론

지금까지 살펴본 바에 의하면, 주희 철학에 있어 마음이 지닌 주재 작용은 지각(知覺)에 기초하고 있음을 알 수 있다. 인간은 지각의 기능과 작용을 지니고 있기에 리(理)를 파악하고 운용함으로써 자신의 모든 행위와 사고, 감정 등을 주재하며 일상생활 속에서 접하는 모든 사물에 합리적으로 대응하여 처리할 수 있다. 이것은 자기 자신과 만사만물에 대한 주재 작용이 원만하게 발휘되기 위해서는 반드시 리에 대한 지각이 우선되어야 함을 의미한다. 주희는 자신의 행위의 방향을 결정하는 리가 확립되지 않으면, 자신의 행위 역시 리에 맞게 주재할 수가 없으며 결국 자신의 주관적 판단이나 의지에 따라 행동하게 된다고 생각하였다.

주희는 '고요함 속의 움직임'과 '움직임 속의 고요함'을 통하여 마음이 동(動)·정(靜), 미발(未發)·이발(已發)을 두루 관통하며 주재한다고 주장하였다. 특히 주희는 미발일 때도 지각 작용 자체는 정지한 것이 아니라고 강조하였다. 이것은 『중화구설(中和舊說)』에서 말했던 성체심용(性體心

用), 성(性)은 미발(未發)이고 마음은 이발(已發)이라는 관점에 대한 수정이며 동시에, 미발(未發)일 때도 리를 파악하고 운용하여 선악(善惡)과 시비(是非)를 판단할 수 있는 지각 작용이 유지되고 있음을 의미한다.

주희가 말한 지각(知覺)은 생리적·심리적 지각으로부터 도덕적 지각에 이르기까지 다양한 함의를 지니고 있으며, 이것은 인간의 모든 생명 활동과 불가분의 관계에 있다. 그리고 이처럼 광범한 지각의 작용은 각기 단절된 영역 속에 한정되는 것이 아니라 생의(生意)를 실현하는 모든 생명 활동 속에서 유기적(有機的)인 형태로 나타나게 된다.

주희 철학에 있어 지각(知覺)의 궁극적 목적은 생의(生意)의 실현 즉 본성(本性)의 실현 또는 도덕적 실천에 집중되어 있다. 도덕과 지각의 문제에 있어, 주희는 리(理)에 대한 지각을 강조하였다. 이것은 도덕적 시비를 판단하고 자신의 행위를 제어할 수 있는 기준의 보편성과 객관성을 중시한 것이다.

도덕적 지각(道德的 知覺)과 관련하여, 주희 철학에 있어 맹자가 말한 본심(本心)·양심(良心)의 의미가 전혀 없다고 말할 수는 없지만, 그러나 전체적으로 큰 비중을 지니고 있지는 못하다. 그러므로 리(理)에 대한 지각을 우선시하고 중시하는 주희의 이론 체계는 맹자가 주장한 본심·양심의 도덕적 자율성과 주체성을 약화시키는 결과를 초래하였다는 비판을 받는다.

그런데 주희는 기질(氣質)과 사욕(私欲)이 마음의 활동에 심각한 영향을 미친다고 생각하였고 이 문제를 매우 중시하였다. 이 가운데 특히 기질 즉 기(氣)는 리(理)와 더불어 인간이 존재하기 위해 필수불가결한 요소이다. 주희 철학에 있어 마음의 활동이나 작용은 기에 의해 담보되지만 동시에 마음의 실제적인 작용은 각기 품수 받은 기의 영향을 받기 때문에 인간의 모든 정신 작용과 그 내용은 사람마다 차이가 없을 수 없다. 그러므로 주희는 사물에 내재해 있는 리를 지각의 주요 대상으로 삼았으며, 경(敬)의 수양을 통해 기질과 사욕의 부정적인 영향을 방비하여 지각의 작용이 원만하게 이루어지도록 해야 한다고 주장하였다. 주희의 이러한 철학 체계는 단지 이상적 차원에서 인간을 이해하기보다는, 현실적, 실제적인 방면에서 인간의 존재와 도덕의 문제를 합일시켜 설명하고자 했던 사유의 결과라고 말할 수 있다. 그리고 지각과 관련된 주희의 설명들은 이러한 문제를 해결함에 있어 핵심적인 역할을 담당하고 있다고 볼 수 있다.

의외설(義外說) 비판을 통해서 본
주자(朱子) 도덕 인식론의 특징
- 육상산(陸象山)과 비교를 중심으로 -

홍성민(한국외국어대학교 철학과 부교수)

1. 서론

황종희(黃宗羲)는 도문학(道問學)과 존덕성(尊德性)이라는 두 개념 축으로 주자(朱子, 이름은 熹, 1130~1200)와 육상산(陸象山, 이름은 九淵, 1139~1193)의 학술 경향을 요약한 바 있는데,[1] 이러한 견해는 정견(定見)으로 인정되어 중국철학사의 연구에서 널리 수용되고 있다. 주륙(朱陸)의 차이를 공부의 내(內)/외(外)의 차이로 명료하게 구분했다는 점에서 황종희의 설명 방식은 타당해 보인다. '성즉리(性卽理)'와 '심즉리(心卽理)'로 주륙의 상이점을 설명할 경우 성(性)과 심(心)이라는 추상적이고 난해한 개념을 우선 이해해야 한다는 어려움이 따르지만, 도문학과 존덕성으로 양자의 차이를 설명하는 방식은 더 쉽고 유용해 보인다. 더욱이 주자가 육상산 제자들의 지수(持守)와 실천 공부를 칭찬하면서 자기 학생들은 그 점이 부족하다고 평가한 적이 있고,[2] 또 육상산에게 '서로의 단

---

1 黃宗羲, 『宋元學案』: "先生(陸象山)之學, 以尊德性爲宗. …… 紫陽之學, 以道問學爲主."

2 『朱子語類』 卷124: "學者須是培養. 今不做培養工夫, 如何窮得理? 程子言, '動容貌, 整思慮, 則自生敬. 敬只是主一也. 存此, 則自然天理明.' 又曰, '整齊嚴肅, 則心便一; 一, 則自是無非僻之干. 此意但涵養久之, 則天理自然明.' 今不曾做得此工夫, 胸中膠擾駁雜, 如何

점을 버리고 장점을 취합하자[去短集長]'고 제안한 적도 있었다는 점[3]에서, 도문학과 존덕성에 의한 주륙의 구별은 사실적(史實的)인 면도 있다.

하지만 구분이 간단할수록 단순화의 위험은 커질 수 있고 두 사상가의 본의가 왜곡될 수도 있다. 과연 주자는 외적(外的) 공부(도문학)에만 치우쳤고 육상산은 내적(內的) 공부(존덕성)만 강조했는가? 주자에게는 존덕성의 공부가 없었고 육상산에게는 도문학의 공부가 없었는가? 도문학과 존덕성은 유가철학에서 간과될 수 없는 공부의 두 축으로, 둘 중 어느 하나를 소홀히 할 수 없다는 점은 자명하다. 실제로 주자와 육상산은 그러했고, 단지 두 개념에 대해 상이한 의미를 부여하고 서로 다른 방식으로 체계화했을 뿐이다. 이러한 점에서 볼 때 황종희의 구분법은 간명하고 유용하기는 하지만 재고의 여지가 있다. 중요한 문제는, 주자가 어떻게 존덕성을 정의하고 도문학과 연관시켰는지, 반대로 육상산은 또 어떻게 도문학을 규정하고 존덕성과 연결했는지를 정확히 이해하는 것이다. 단순히 내(內)/외(外)의 문제로 두 사상가를 구분할 것이 아니라 주자와 육상산 각자의 사상 체계 안에서 도문학과 존덕성의 의미와 구조를 파악하고, 이를 바탕으로 양자의 이동(異同)을 대비하는 것이 온전한 접근 방법이 될 것이다.

이점은 고자(告子)의 의외설(義外說)에 대한 두 사람의 서로 다른 이해 방식에서 확인할 수 있다. 주자와 육상산이 고자를 이해하는 내용은 매우 달랐고, 서로를 고자와 같은 이단이라고 공격하였다. 언뜻 보기에 도문학을 강조하는 주자가 고자의 의외설(義外說)에 더 가까울 것처럼 보이

窮得? 如它人不讀書, 是不肯去窮理. 今要窮理, 又無持敬工夫. 從陸子靜學, 如楊敬仲輩, 持守得亦好, 若肯去窮理, 須窮得分明."

3 『朱文公文集』 卷54, 「答項平父」2: "大抵子思以來, 敎人之法, 惟以尊德性道問學兩事爲用力之要. 今子靜所說, 專是尊德性事, 而熹平日所論, 却是問學上多了. 所以爲彼學者多持守可觀, 而看得義理全不子細, 又別說一種杜撰, 道理遮蓋, 不肯放下, 而熹自覺雖於義理上, 不敢亂說, 却於緊要爲已爲人上多不得力, 今當反身用力, 去短集長, 庶幾不墮一邊耳."

지만, 이에 대해 주자는 결코 동의하지 않는다. 오히려 주자는 육상산의 본심설(本心說)이야말로 의외설(義外說)이라고 규정하였다. 반면 육상산은 주자의 학설이 의외설(義外說)이라고 비판하였고, 반대로 주자는 육상산이 그러하다고 비난하였다. '도덕[義]이 외부에 있다'는 말을 두고 두 사람의 이해는 조금도 같지 않았던 것이다. 이러한 상호 비판은 두 사람의 공부론과 인식론에 근본적인 차이가 있었다는 점을 시사한다.

이 글에서는 고자의 의외설에 대한 주자와 육상산의 비판을 중심으로 양자의 사상적 차이를 대비해보고, 이를 바탕으로 육상산과 차별화된 주자의 도덕인식론과 공부론의 특징을 조명하고자 한다. 주자가 육상산을 의외설(義外說)이라고 비판한 이유는 무엇인지, 그에게 있어 의내(義內)는 무슨 의미이며 육상산의 본심설과 어떻게 다른지의 문제를 탐구해보고자 한다.

이를 위해 이 연구에서는 먼저 육상산이 주자의 사상을 의외설(義外說)이라고 비판했던 대목을 분석하고 그 의의를 해명함으로써 주자와 대비할 비교지점을 마련할 것이다. 그 다음 주자의 의(義) 개념을 고찰하여 그가 왜 고자와 육상산의 생각에 반대할 수밖에 없었는지 이유를 밝혀볼 것이다. 고찰에 따르면, 주자는 외재적 사태에서 의(義)를 탐구하는 공부를 버려서는 안 된다고 주장하면서도 자신은 의외설(義外說)이 아니며 고자와 육상산이 의외설이라는 아이러니한 주장을 한다. 그의 사상체계 안에서 어떻게 이러한 주장이 성립 가능한지 살피고 그 주장의 철학적 의의가 무엇인지 밝혀볼 것이다. 나아가 주자가 주장하는 의내설(義內說)은 무슨 의미인지 고찰하면서 육상산과 차별화되는 그의 도덕인식론의 특징을 조명해볼 것이다.

2. 육상산의 주자 비판: 고자(告子) 의외설(義外說)과 관련하여

『맹자』「고자상」 제4구절에서는 인(仁)과 의(義)의 소재가 어디인가에 대한 논쟁이 등장한다. 여기에서 고자는 사랑의 감정[仁]은 주체 내부로부터 나오는 것이지만 사회 도덕규범[義]은 주체 외부에 존재하는 것이라는 주장을 펼쳤는데, 맹자는 이에 대해 반대하면서 사회의 도덕규범 역시 그 내원은 주체 내부의 심성이라고 역설한다.[4] 같은 장 제5구절에서는 맹계자(孟季子)와 공도자(公都子)가 같은 맥락의 논쟁을 이어가고 있다.[5] 고자(또는 맹계자)가 의(義)를 주체 외부에 있는 것이라고 주장한 것이, 순자(荀子)처럼 사회 도덕규범은 주체 외재적이며 주체는 반드시 외부의 규범을 따라야 한다는 점을 주장한 것인지, 아니면 양주(楊朱)처럼 사회도덕규범이란 자연적이거나 자발적인 것이 아니라 오히려 인위적이고 강제적인 것이라고 주장한 것인지는 확실하지 않다.[6] 전자라면 고자는 사회 도덕규범을 부정한 사람은 아니며 후자라면 사회 도덕규

---

4 『孟子』11-4: "告子曰, '食色, 性也. 仁, 內也, 非外也; 義, 外也, 非內也.' 孟子曰, '何以謂仁內義外也?' 曰, '彼長而我長之, 非有長於我也; 猶彼白而我白之, 從其白於外也, 故謂之外也.' 曰, '異於白馬之白也, 無以異於白人之白也; 不識長馬之長也, 無以異於長人之長與? 且謂長者義乎? 長之者義乎?' '吾弟則愛之, 秦人之弟則不愛也, 是以我爲悅者也, 故謂之內. 長楚人之長, 亦長吾之長, 是以長爲悅者也, 故謂之外也.' 曰, '耆秦人之炙, 無以異於耆吾炙. 夫物則亦有然者也, 然則耆炙亦有外與?'"

5 『孟子』11-5: "孟季子問公都子曰, '何以謂義內也?' 曰, '行吾敬, 故謂之內也.' '鄕人長於伯兄一歲, 則誰敬?' 曰, '敬兄.' '酌則誰先?' 曰, '先酌鄕人.' '所敬在此, 所長在彼, 果在外, 非由內也.' 公都子不能答, 以告孟子. 孟子曰, '敬叔父乎? 敬弟乎? 彼將曰 '敬叔父.' 曰, '弟爲尸, 則誰敬?' 彼將曰 '敬弟.' 子曰, '惡在其敬叔父也?' 彼將曰, '在位故也.' 子亦曰, '在位故也. 庸敬在兄, 斯須之敬在鄕人.' 季子聞之曰, '敬叔父則敬, 敬弟則敬, 果在外, 非由內也.' 公都子曰, '冬日則飮湯, 夏日則飮水, 然則飮食亦在外也?'"

6 장원태는 告子에 대한 기록이 매우 부족하다는 점에서 고자라는 인물의 사상적 성향을 단정할 수는 없다고 전제하면서, 몇 가지 문헌들로부터 추측해볼 때 고자는 순자와 같은 계열의 사상을 가진 사람으로 볼 수 있다고 판단한다.(장원태, 「告子의 性無善無惡說을 중심으로 본 仁內義外 논변」, 『규장각』제25집, 서울대 규장각 한국학연구원, 2002, 228~230쪽.)

범을 거부한 사람이라 할 수 있다. 그러나 전자라고 해도 도덕규범이 주체의 자율성과 자발성에 기초한 것임을 인정하지 않았다는 점에서 고자의 생각은 성리학의 일반적 기조와는 이질적인 것이라고 할 수 있다.

육상산은 고자가 전자의 생각을 주장하였다고 규정한다. 육상산은 고자의 의외설이 그의 부동심(不動心)에 대한 주장[不得於言, 勿求於心]과 같은 맥락에 있는 것이라고 보고, 고자는 외부의 이치[言]를 천착하는 데만 매달려 자기의 내면세계를 성찰하지 않았다고 간주한다. 다시 말해 육상산에 따르면, 고자는 도덕이란 외재적인 것이지 내재적인 것이 아니라고 믿었고, 그렇기 때문에 그는 외부의 이치만 천착하여 강제적이고 인위적인 부동심을 유지했을 뿐 증자(曾子)와 같은 자율적이고 도덕적인 부동심을 얻지 못했다는 것이다. 의외설은 이러한 생각의 연장선상에 있는 것이라고 육상산은 생각하였다. 고자에 대한 육상산의 이해 방식은 주자의 말을 통해서도 확인된다. 주자는 "육자정(陸子靜)은 '요즘 사람들은 맹자를 이해하지 못할 뿐 아니라 또한 고자가 언어에서 탐구하였으나 찾아내지 못했다는 점을 알지 못한다'라고 했다. 육자정은 고자가 외면의 언어에만 기대었을 뿐 내면에는 관여하지 않았다고 말한 것이다."[7]라고 말했는데, 이 말에 비추어보아도 육상산의 고자에 대한 이해가 어떠했는지 짐작할 수 있다. 그런데 고자가 외부의 언어세계에 천착한 것이 왜 문제인가? 이 점에 대해 육상산은 다음과 같이 설명한다.

맹자는 당시 고자와 논변하였는데, 고자의 주장은 '말에서 이해되지 못하면, 마음에서도 구하지 말라'는 것이었다. 이것은 외면에서 억지로 마음을 붙들고 있는 것이다. …… 맹자는 "행위가 마음에 만족스럽지 못한 점이 있다면, (그 기(氣)는) 주리게 된다.[行有不慊於心則餒矣]"고 하였다. 만일 행위가 마

---

7 『朱子語類』 卷52:27: "陸子靜說, '告子亦有好處, 今人非但不識孟子, 亦不識告子, 只去言語上討不著.' 陸子靜卻說告子只靠外面語言, 更不去管內面."

음에 합당치 못하다면, 어떻게 호연지기(浩然之氣)를 얻을 수 있겠는가? 이러한 말들은 모두 고자를 물리치기 위한 것이었다. …… 맹자의 말은 모두 당시 사람들이 자기 자신을 너무 낮게 처우하고 성인을 너무 높게 보는 병폐에서 기인한 것이다. 당시 사람들은 자신을 너무 낮게 처우할 뿐 아니라 다른 사람도 그렇게 처우한다. 예를 들어 "어떻게 임금과 더불어 인의(仁義)를 이야기할 수 있겠는가?[是何足與言仁義也]"라는 말에서 그 점을 알 수 있다. 그것은 하늘이 우리에게 부여한 것이 애당초 같지 않음이 없다는 것을 모르기 때문이다. 또 예를 들어 "일찍이 그런 (도덕적) 자질은 없었다.[未嘗有才焉]"와 같은 말들은 사람들이 모두 '도덕적 자질이란 성인만 가지는 것이고 나는 가지지 못한 것이어서 감당할 수 없다'고 여긴다는 뜻이다. 그래서 맹자는 이것(도덕적 자질)은 사람들이 모두 가지고 있는 것인데도 스스로 도끼질하여 해쳐서 금수와 같이 전락해버리는 것이라고 말한 것이다. 만일 이 마음을 함양할 수 있다면 바로 성현(聖賢)이 될 수 있다. 『맹자』를 읽을 때는 맹자가 입언(立言)한 의도를 이해해야 한다. 맥락을 정확히 이해하지 못한 채 장구(章句)만 침닉(沈溺)한 들 무슨 소용이겠는가?[8]

육상산에 따르면 고자의 부동심은 외부의 이치(말)에 천착할 뿐 내면은 도외시해서 간신히 유지되는 상태에 불과하다. 육상산이 보기에 진정한 부동심은 외부가 아니라 내면으로부터 얻어지는 것이다. 자기 내부에 도덕적 근원, 즉 본심(本心)이 있다는 것을 확신하고 이것을 근거로 행위할 때 진정한 부동심이 얻어진다는 것이다. 그는 맹자의 "행위가 마

8 『陸九淵集』卷35, 「語類下」: "孟子當時與告子說. 告子之意, 不得於言, 勿求於心, 是外面硬把捉的. …… 行有不慊於心則餒矣, 若行事不當於心, 如何得浩然? 此言皆所以闢告子. …… 孟子之言, 大抵皆因當時之人處己太卑, 而視聖人太高, 不惟處己太卑, 而亦以此處人, 如是何足與言仁義也之語可見. 不知天之予我者, 其初未嘗不同. 如未嘗有才焉之類, 皆以謂才乃聖賢所有, 我之所無, 不敢承當着. 故[孟子]說此乃人人都有, 自爲斧斤所害, 所以淪胥爲禽獸. 若能涵養此心, 便是聖賢. 讀『孟子』須當理會他所以立言之意, 血脉不明, 沉溺章句何益?"

음에 만족스럽지 못한 점이 있다면, (그 기(氣)는) 주리게 된다."라는 말도 이러한 맥락에서 설명하고 있다. '마음에 만족스럽다[慊於心]'는 것은 행위가 본심의 도덕성에 부합한다는 것으로, 이때 호연지기가 길러질 수 있다고 말한다. 육상산은 모든 행위의 도덕적 기준이 본심, 즉 내면의 선험적 도덕성에 있다고 주장한 것이다.

따라서 육상산에게 있어 수양은 사람들 스스로 자기 본심의 존재를 확신하는 것에서 시작된다. 육상산은 맹자가 입언한 요지도 여기에 있다고 주장한다. 육상산에 따르면, 사람들은 자기 내면에 본심이 있다는 것을 알지 못하기 때문에 스스로를 폄하하고 도덕적으로 타락한다[自棄]는 것이다. 고자 역시 마찬가지이다. 자기 본심의 존재를 망각했기 때문에 외부에서 도덕을 찾아 헤매고 있는 것이다. 그러나 본심은 누구나 가지고 있는 것이기 때문에 그것의 존재를 확신하고 잘 함양하기만 한다면 누구든지 성인이 될 수 있다는 게 육상산의 생각이었다. 성인은 우리와 이질적인 존재가 아니라 바로 우리 자신이라는 것이다.

본심은 그 자체 도덕적으로 완전하다. 그렇기 때문에 그것을 잘 보존하고 그대로 발양하는 것만으로 도덕 실천이 자연스럽게 이루어질 수 있다고 육상산은 생각하였다. 넓고 깊은 원천에서 샘물이 끊임없이 솟아나오듯, 자기 본심을 확신하고 스스로 잘 함양해간다면, 그것으로부터 수많은 덕성이 자연스럽게 솟아나온다는 것이다.[9] 육상산은 본심을 보존하는 외에 어떠한 행위도 따로 할 필요가 없는 것처럼 말한다. 본심의 능력은 도덕을 실천해가는 데 어떤 흠결도 없기 때문에 본심을 스스로 세우는 것으로 충분하기 때문에, 다른 것에서 도덕을 구하려 해서는 안 된다고 그는 주장한다.

---

9 『陸九淵集』卷34,「語類上」: "近來論學者言, 擴而充之, 須於四端上逐一充, 焉有此理? [孟子]當來, 只是發出人有是四端, 以明人性之善, 不可自暴自棄. 苟此心之存, 則此理自明, 當惻隱處自惻隱, 當羞惡, 當辭遜, 是非在前, 自能辨之. 又云, 當寬裕溫柔, 自寬裕溫柔; 當發強剛毅, 自發強剛毅. 所謂溥博淵泉, 而時出之."

선생께서 산에 거처하실 때 학생들에게 자주 말씀하셨다. "너의 귀가 스스로 밝고 너의 눈이 스스로 밝으니 부모를 섬김에 스스로 효도할 수 있고 형을 섬김에 스스로 공손할 수 있다. (본심의 능력은) 본래 아무런 흠결이 없으니, 다른 데서 구할 필요 없이 오직 스스로 본심을 세우기만[自立] 하면 된다." 학생들은 이 말에 많이 흥기하였다. 의론(議論)을 세우는 자가 있었는데, 선생이 말씀하셨다. "그것은 허튼 소리일 뿐이고 시문(時文)에나 쓰는 소견일 뿐이다." 선생께서 항상 말씀하셨다. "오늘날 천하의 학생들에게는 두 갈래의 길이 있다. 박실(朴實)과 의론(議論) 뿐이다."[10]

육상산이 이론적 논의[議論]에 대해 거부감을 표한 것은 고자의 의외설(義外說)을 비판했던 것과 맥락을 같이 한다. 그에 따르면 본심의 자립과 함양은 주체 내면에서 실행하는 자기만의 수양인 반면 의론은 외부에서 이치를 탐색하는 것이다. 의론이 높아지고 넓어진다고 해서 내면의 본심 함양에는 아무런 도움이 되지 않는다고 육상산은 생각하였다. 본심의 자립과 함양은 자신의 내면에서 단독적으로 실행하는 확신과 결행(決行)이지 토론과 논쟁을 통해 얻어질 수 있는 것이 아니기 때문이다. 언어세계에 집착한 고자의 의외설(義外說)은 바로 의론을 중시하는 태도와 다르지 않다. 이미 충분히 짐작할 수 있는 바와 같이, 육상산이 비판하고 있는 앞세우는 자, 그래서 고자의 의외설을 답습하는 자는 바로 주자를 가리킨다. 육상산이 보기에 주자의 격물치지(格物致知) 공부는 의론을 중시하는 것이고, 그래서 고자의 의외설과 같은 것이다.

육상산은 외부의 리를 탐구하는 태도를 배척했다. 그는 왜 그랬던 것인가? 외부의 이치를 탐구한다는 것이 왜 문제인가? 내부의 본심도 세

---

10 『陸九淵集』卷36, 「年譜」: "傅季魯云, '先生居山, 多告學者云, 汝耳自聰, 且自明, 事父自能孝, 事兄自能弟, 本無少缺, 不必他求, 在乎自立而已.' 者於此多有興起. 有立議論者, 先生云, '此自是虛說, 此是時文之見.' 常曰, '今天下學者有兩途, 惟朴實與議論耳.'"

우는 동시에 외부의 이치도 탐구하는 과정을 병행한다면 수양의 과정이 더 풍부해지지 않을까? 왜 육상산은 외부의 탐구에 대해 극렬하게 반대했던 것일까? 이점은 그의 도덕 인식론과 관련이 있다. 육상산은 다음과 같이 주장한다.

이 마음의 도덕성[良]은 사람들이 모두 가지고 있는 것이다. 이목(耳目)의 기관은 생각하는 기능이 없어서 외물에 가려져버린 뒤로 (외물들 사이를) 떠다니고 전전하면서 (본심을) 해치고 함닉시키는 경우가 이루 셀 수 없이 많으니, 이것이 가장 일을 해치는 것이다. 이것을 강학(講學)한다고 이름 붙이는데, 사실 이것은 물욕 중 가장 큰 것으로, 바로 맹자께서 '사설(邪說)이 혹세무민하고 인의(仁義)를 틀어막는다.'라고 말씀하셨던 것이다.[11]

육상산은 양지(良知)와 이목(耳目)의 지각을 엄밀하게 구분한다. 이목의 지각은 생각하는 기능이 없기 때문에 외물에 쉽게 가려지고 외물에 휩싸여 유랑하면서 본심을 해치는 것이다. 그렇기 때문에 이목의 지각은 본심에서 나오는 양지양능(良知良能)과는 본질적으로 다르다. 육상산이 양지와 이목의 지각을 완전히 다른 것으로 구분한 것은 장횡거(張橫渠)가 덕성지(德性知)와 견문지(見聞知)를 구분하고 덕성지는 견문지에서 생겨나지 않는다고 주장했던 것[12]과 일치한다. 육상산은 경험적 지식과는 다른 선험적 도덕 지식이 따로 존재한다고 보았고, 그 선험적 도덕 지식에 의존하는 것만이 확고한 도덕 실천의 방도가 된다고 생각했던 것이다. 이러한 점에서 육상산은 견문지에 근거하여 외부의 이치를 탐

---

11 『陸九淵集』卷5,「與徐子宜」: "此心之良, 人所均有, 自耳目之官不思而蔽於物, 流浪展轉, 戕賊陷溺之端不可勝窮. 最大害事, 名爲講學, 其實乃物欲之大者, 所謂邪說誣民, 充塞仁義."

12 張載,『正蒙』「大心篇」: "有外之心不足以合天心. 見聞之知, 乃物交而知, 非德性所知; 德性所知, 不萌於見聞."

구하고 의론하는 강학이 문제가 있다고 비판한 것이다. 이목(耳目)은 외물에 가려지고 외물의 유혹에 빠지기 쉽기 때문에, 이목의 견문지에 근거한 강학 역시 본질적으로 외물에 대한 욕심에 불과하다는 것이다. 여기에서 육상산이 왜 고자와 주자를 비판했는지 다시 한 번 확인할 수 있다. 이목의 기관을 믿을 수 없기 때문에 외재적 리를 탐구하는 것도 믿을 수 없다는 것이다. 반면 덕성지나 양지는 외물과 상관없이 본심 자체에서 나오는 선험적 도덕의식이기 때문에 가장 순수하고 온전하다고 본 것이다.

어찌 보면 육상산의 도덕인식론은 단순하고 과격해 보인다. 주체 내면의 선험적 도덕 본질을 확신하고 도덕 자율성을 강조했다는 점에서 호의적으로 이해할 수 있겠지만, 양지와 이목의 지각, 덕성지와 견문지의 상호 소통의 가능성을 근본적으로 차단하고 극단적 이분법을 주장한 것은 지나친 것처럼 보인다. 이런 점에서 육상산이 주자와 소통할 수 있는 여지는 거의 없어 보인다. 주자가 서로의 장점을 취하고 단점을 보완하자고 제안한 것에 대해 육상산이 단호하게 거부했던 것[13]도 이런 이유일 것이다. 그가 보기에 주자는 존덕성을 버리고 도문학만 취한 것이어서 자기의 생각과 조금도 맞닿는 점이 없기 때문이다. 육상산에게 있어 도덕의 실현은 오직 본심의 자각과 자립에 달려 있을 뿐 견문지에 의존하거나 외부의 이치를 탐구함으로써 이루어질 수 있는 게 아니었다.[14] 육상산이 보기에 고자와 주자는 공히 내면의 양지를 버리고 외면의 이치에만 천착하였기 때문에 애당초 도덕을 실현할 방도를 갖지 못하였다. 도

---

13 『陸九淵集』卷36,「年譜」: "淳熙八年辛丑, 先生聞之曰: '朱元晦欲去兩短, 合兩長, 然吾以爲不可. 既不知尊德性, 焉有所謂道問學.'"

14 육상산이 格物 공부를 전면 부정한 것은 아니었다. 그 역시 독서 강학의 유용성을 인정했다. 하지만 그는 자기 본심에 대한 자각이 근본적이라고 생각하였다. 그래서 그의 격물은 정주학의 격물과 다른 것이다.(이동욱,「육구연 철학 연구: 本心과 辨志를 중심으로」, 서울대학교 박사학위논문, 2010, 206쪽).

덕의 실현을 위해서는 외면을 버리고 내면을 보존해야 한다는 것이 육상산의 주장이었다.

그렇다면 주자는 이에 대해 어떻게 반박하는가? 간단히 예고하자면, 주자는 외재적 이치를 탐구하는 일을 포기해서는 안 된다고 주장하면서 동시에 자신은 내면의 도덕성을 망각하지 않았다고 역설한다. 주자의 주장은 아이러니하게 느껴진다. 어떻게 외면을 추구하면서도 내면을 지킬 수 있다는 것인가?

3. 주자의 고자 비판: 의(義)의 도외시 비판

주자가 고자를 어떻게 비판하고 나아가 육상산의 견해에 어떻게 반대했는지를 살펴보기 위해 먼저 주자의 의(義) 개념을 이해할 필요가 있다. 주자는 의(義)가 외재적이면서 동시에 내재적이라고 주장한다. 의(義)는 내외(內外)를 일관하고 있는 것이기 때문에 그것을 내외 중 어느 한 영역으로 국한시킬 수 없다고 말한다. 주자에게 있어 의(義)는 기본적으로 외재적 상황의 의당함[宜]을 뜻한다.[15] 외재적 상황이 이치에 적절히 부합하여 흐트러짐 없는 것이 의(義)이다. 이런 점에서 일단은 의(義)가 외재적인 것이라고 규정할 수 있다. 주자는 리일분수(理一分殊)의 맥락에서 의(義)의 의미를 다음과 같이 설명한다.

> (理一이) 유출되어 나오는 것이 바로 인(仁)이고 그로부터 각자 하나의 사물로 성립하는 것이 바로 의(義)이다. 인(仁)이란 단지 유행처(流行處)이고 의(義)는 합당하게 된 것이다. 인(仁)이란 단지 (理一이) 발출되는 것인데, 발출된 것이 질서정연하여 어지럽지 않은 상황에 이르게 되면 그것이 바로 의(義)

---

15 『朱子語類』卷6:75: "義者, 事之宜也; 利物, 則合乎事之宜矣."

이다. 예를 들어 부모를 사랑하고 형제를 사랑하고 친척을 사랑하고 마을 사람들을 사랑하고 종족을 사랑하면서 자기 사랑을 점차 확대해가서 천하국가 만민을 사랑하는 데까지 이르게 되는데, 이것은 단지 하나의 사랑이 유출되어 나온 것이다. 하지만 사랑하는 과정에서는 수많은 층차가 존재한다. 공경함[敬]도 단지 하나의 공경함일 뿐이지만 마땅히 공경해야 할 수많은 대상이 각각 존재한다. 예를 들어 어른을 공경하는 것과 현자를 공경하는 것 등 수많은 분별이 있는 것이다. …… 사물의 의당함을 일러 의(義)라고 하고 의(義)에 절문(節文)이 있는 것을 일러 예(禮)라고 하는 것이다.[16]

위 인용문에 따르면 인(仁)은 리일(理一)로서 모든 존재를 두루 사랑하는 마음에 해당한다. 인(仁)은 근원적이고 포괄적인 사랑의 감정을 의미한다. 반면 의는 인(仁)의 사랑을 일용간(日用間)에서 실현하는 과정을 의미한다. 모든 존재를 두루 사랑한다는 마음을 가지고 있어도 구체적 현실에서 모든 존재를 동등하게 사랑할 수는 없다. 친친(親親), 인민(仁民), 애물(愛物)은 모두 사랑의 실천이지만 그 대상에 따라 당연히 차등이 있다. 그 차등은 대상의 특성에 따라 결정된다. 가족, 타인, 동물들에는 저마다 다르게 대우하여야 할 의당함[宜]이 각기 존재한다. 의(義)는 대상과 사태마다 다른 의당함을 뜻한다. 어른을 공경하는 것과 현자를 공경하는 것이 다른 까닭도 어른과 현자에게 각기 다른 의당함이 있기 때문이다. 대상마다 각각의 의당함이 따로 있는 것이다. 주자는 대상과 사태에 내재하는 의당함을 의(義)라고 간주했고, 이점에서 의(義)란 외재적인 것이라 할 수 있다.

---

16 『朱子語類』卷98:104: "仁, 只是流出來底便是仁; 各自成一箇物事底便是義. 仁只是那流行處, 義是合當做處. 仁只是發出來底; 及至發出來有截然不可亂處, 便是義. 且如愛其親, 愛兄弟, 愛親戚, 愛鄕里, 愛宗族, 推而大之, 以至於天下國家, 只是這一箇愛流出來; 而愛之中便有許多等差. 且如敬, 只是這一箇敬; 便有許多合當敬底, 如敬長·敬賢, 便有許多分別. …… 以其事物之宜之謂義, 義之有節文之謂禮."

그런데 주자는 의가 주체 내재적이고 자발적인 것이라고 말하기도 한다. 주자에 따르면, 의는 사태의 의당함이기도 하지만, 주체가 그 사태의 정황을 판단하고 적절히 처리하는 것도 의(義)라는 것이다.[處物爲義] 의는 외부 사태의 특성이지만 그것을 파악하고 사태의 의당함을 실현시키는 것은 주체의 판단과 실천이기 때문이다. 그래서 의는 주체의 판단과 실천 측면에서도 해명되어야 한다. 주체의 판단과 실천을 통해 외부의 사태가 의당함을 얻게 된다는 점에서 의(義)는 주체 내부의 덕성이기도 한 것이다. 이러한 점에서 의(義)는 외면의 사태와 내면의 마음 양쪽에 걸쳐있고 양쪽을 일관하고 있는 것이라 할 수 있다.[17] 따라서 만일 의(義)를 단지 외재적 사태의 의당함이라고만 간주한다면 이는 의외설(義外說)에 빠지게 되는 것이다.[18]

'사태의 의당함'은 비록 밖에 있는 것 같지만 그 의를 제재하는 것은 마음에 있다. 정자(程子)께서 '사물을 의당하게 처리하는 것이 의(義)이다.[處物爲義]'라고 하셨는데, 이 한 마디 말이 아니었다면 후인(後人)들은 아마 의외(義外)의 소견을 면치 못했을 것이다. 예를 들어 '의(義)란 사태의 의당함이다'라거나 '사태가 의당함을 얻게 되는 것을 일러 의(義)라고 한다'와 같은 말들은 모두 분명치 못한 설명들이다. 사물의 의당함은 비록 외부에 있는 것이지만, 그 사물이 의당함을 얻을 수 있도록 처리하는 것은 내면에 있는 것이다.[19]

위의 인용문에서는 현상학적 뉘앙스가 엿보인다. 주자의 생각에 따르

---

17 『孟子集註』1-1: "義者, 心之制·事之宜也."

18 『朱子語類』卷51:6: "程子所謂'處物爲義'是也. 揚雄言'義以宜之', 韓愈言'行而宜之之謂義'. 若只以義爲宜, 則義有在外意, 須如程子言'處物爲義', 則是處物者在心, 而非外也."

19 『朱子語類』卷51:7: "或問: '心之德, 愛之理', 以體言; '心之制, 事之宜', 以用言?' 曰: '也不是如此. 義亦只得如此說. '事之宜'雖若在外, 然所以制其義, 則在心也. 程子曰: '處物爲義.' 非此一句, 則後人恐未免有義外之見. 如'義者事之宜', '事得其宜之謂義', 皆說得未分曉. 蓋物之宜雖在外, 而所以處之使得其宜者, 則在內也.'"

면, 의당함은 사태 안에 잠재되어 있는 속성인데, 주체가 그것을 발견하고 그것에 맞게 처리할 때 비로소 사태의 의당함이 현실태로 실현될 수 있다는 것이다. 주자는 사태의 의당함이 외재적이라는 점을 긍정하면서도 그것의 현실적 실현은 주체의 발견과 실행에 달려 있다고 생각한 것이다. 만일 주체가 참여하지 않는다면 사태의 의당함은 실현될 수 없을 것이고, 그 사태 안에 잠재된 의당함은 공허한 개념에 그칠 뿐 현실적인 의의를 갖지 못할 것이다. 주자가 의를 내재적인 것이라고 말한 이유가 이것이다.

이러한 점에서 볼 때 주자의 의 개념은 외재적인 것이면서 동시에 내재적인 것이다. 외재적이라는 점에서 의는 객관적이고 보편타당한 도덕 원칙이며, 내재적이라는 점에서 의는 주체적이고 자율적인 덕성이라 할 수 있다. 이러한 의의 양면성과 일관성은 주자가 육상산의 비판을 극복하고 역으로 육상산의 생각을 고자의 의외설(義外說)로 규정하는 데 중요한 논리적 근거가 된다.

앞서 살펴본 바와 같이, 육상산은 고자와 주자가 내면의 본심을 포기하고 외면의 이치 탐구에만 천착했다고 비판하면서, 도덕을 실현하기 위해서는 반드시 외면을 버리고 내면을 보존해야 한다고 주장하였다. 이에 대해 주자는 외면의 이치 탐구를 포기할 수 없을 뿐 아니라 자신의 공부 방법이 내면을 망각하는 것도 아니라고 반박한다. 먼저 주자가 외면의 이치 탐구를 포기할 수 없다고 주장한 이유를 살펴보자. 외면의 이치 탐구를 해나가겠다는 것은 의외설(義外說)이 아닌가? 주자는 어떻게 의외설(義外說)에 빠지지 않으면서 외면의 이치 탐구를 해나갈 수 있다고 주장하는 것인가? 먼저 주자가 고자의 생각을 어떻게 이해했는지 살펴볼 필요가 있다.

'말에서 이해할 수 없으면 마음에서 구하려고 하지 말라'는 것은 마음과 말이 서로 관련이 없다는 주장이다. 또 '마음에서 이해되지 못하면 기(氣)에서 구하지 말라'고 한 것은 마음과 기가 서로 연관되지 않는다는 주장이다. 이것이 고자의 학설이다. 고자는 단지 마음을 안정되게 유지하려고 했을 뿐 외면의 사태에 대해서는 전혀 관여하지 않았다. 외면의 사태는 옳아도 그만이고 옳지 않아도 그만이라고 생각하였다. 그런데 맹자의 뜻은 마음에서 망실된 것이 있으면 말에서 드러나게 마련인데, 이는 간(肝)에 병이 있으면 눈으로 드러나는 것과 비슷한 이치이다. …… 육자정은 고자가 외면의 언어에만 기대었을 뿐 내면에는 관여하지 않았다고 말했다. 그러나 내가 보기에 고자는 단지 내면만 고수하였을 뿐 외면에 대해서는 전혀 관여하지 않았다.[20]

주자가 이해한 고자의 모습은 이러하다. 고자는 말과 마음 사이의 연결선을 끊고 부동심을 유지하기 위해 오로지 내면에만 천착한 사람이라는 것이다. 주자가 고자를 이해하는 방식은 육상산과 정반대이다. 육상산은 고자가 내면을 포기하고 외면의 언어세계에만 천착했다고 보았던 반면, 주자는 고자가 외면의 이치 탐구를 외면하고 내면에만 집착하였다고 보고 있는 것이다. 주자에 따르면, 고자는 언어가 마음의 표현이라는 점을 간과하고 언어에 대한 탐구를 도외시했기 때문에 언어에 담겨 있는 의(義)도 도외시했던 것이라고 할 수 있다.[21] 고자에 대한 주자의 비판은 육상산을 겨냥하고 있다. 주자가 이해한 고자의 문제점은 육상산의 생각과 완전히 겹친다. 앞서 살펴본 바와 같이, 육상산은 외재적 이치 탐구를 불신하고 의론을 달가워하지 않았다. 오로지 내면의 본심을 세우고 함양하는 데만 매달렸다. 육상산의 이러한 공부 방법은 주자

---

20 『朱子語類』卷2:27: "'不得於言, 勿求於心', 是心與言不相干. '不得於心, 勿求於氣', 是心與氣不相貫. 此告子說也. 告子只去守箇心得定, 都不管外面事. 外面是亦得, 不是亦得. 孟子之意, 是心有所失, 則見於言, 如肝病見於目相似. …… 陸子靜卻說告子只靠外面語言, 更不去管內面. 以某看, 告子只是守著內面, 更不管外面."

21 『朱子語類』卷2:58: "告子聞他人之言, 不得其理, 又如讀古人之書, 有不得其言之義, 皆以爲無害事, 但心不動足矣. 不知言, 便不知義, 所以外義也."

가 보기에 고자의 방식과 다르지 않은 것이었다. 주자는 고자와 육상산
을 한편으로 몰아세워서 함께 비판한다.

대저 성현의 학문을 하기로 했으면 반드시 성현의 책을 읽어야 하고, 성현의
책을 읽기로 했으면 반드시 그들이 말한 문장의 위아래 뜻과 글자들을 완전
히 이해하여 막힘이 없어야 한다. 그래야 비로소 성현의 입언 취지를 이해할
수 있다. 오늘날 위학공부(爲學工夫)는 결단코 허공에 매달리고 헛되이 찬술
하여 얻을 수 있는 게 아니라는 점을 명심해야 한다. …… 맹자는 "행위가 마
음에 만족스럽지 못한 점이 있다면, [그 기(氣)는] 주리게 된다.[行有不慊於
心則餒矣]"고 하였는데, 여기에서 '마음에 만족스럽지 못한 점이 있다'는 것
은 바로 의(義)에 합치되지 않아 이 기(氣)가 생겨나지 못한다는 것을 말한 것
이다. 이것이 어찌 엄습하여 취할 수 있는 것이겠는가? 고자는 이 점을 알지
못해서 의를 외부의 것으로 간주한 것이니, 그의 부동심은 단지 강제로 마음
을 억제하여 완연(頑然)하게 움직이지 않게 한 것일 뿐 이 기(氣)를 소유하고
서 자연스럽게 움직이지 않은 것이 아니다. 그러므로 또 "나는 고자가 의(義)
에 대해 알았던 적이 없었기에 의를 도외시하였다[外之]."라고 말한 것이다.
그러므로 고자의 병폐는 마음이 만족스러운 곳이 바로 의에 편안한 곳이고,
마음이 만족스럽지 못한 곳이 바로 의에 부합하지 못한 곳임을 알지 못했다
는 것이다. 그래서 그는 다만 의(義)를 외부의 것으로 간주하고 구하지 않았
던 것이다. 요즘 사람들은 맹자의 말에 의거하여 이 뜻에 대해 소견을 가지고
의(義)가 내부에 있는 것임을 알고 있다. 하지만 그들은 마음의 만족과 불만
족의 기로(岐路)가 반드시 강학과 성찰을 거친 다음 의(義)의 정미한 부분을
살필 수 있는가에 놓여있다는 사실은 알지 못한다. 그래서 그들은 학취(學聚)
와 문변(問辯)의 소득에 대해 모두 외부의 것이라고 지목하고 의(義)의 소재
가 아니라고 간주하고는 모든 것을 버리고 아무것도 하지 않는다. 이것은 고
자의 말과 약간 다른 것 같지만 사실은 오십보 백보의 차이일 뿐이다. 그런데
도 서로 비웃고 비판하는 것은 함께 목욕하면서도 서로의 벗은 몸을 기롱하

는 것과 같다. 그들의 소견이 이렇게 편중되어 있기 때문에 의리의 정미한 부분과 기질의 편폐(偏蔽)에 대해서는 전혀 살피지 않은 채 사납고 미치광이 같은 행동을 자행하면서 하지 못하는 게 없다. 그들이 호탕하게 자임하면서 의(義)의 소재라고 여기는 것은 아마 인욕의 사사로움에서 나오지 않은 것이 없을 것이다.²²

앞서 육상산은 맹자의 "행위가 마음에 만족스럽지 못한 점이 있다면, [그 기(氣)는] 주리게 된다."라는 말의 의미를 행위가 본심의 도덕성에 부합하지 못한다면 호연지기가 주리게 된다는 의미로 이해하였다. 즉 육상산에게 있어 도덕의 기준과 근거는 본심(本心)일 뿐이어서 본심에 흡족하게 부합하는 행위여야 그 도덕성이 인정될 수 있다고 규정하였다. 그런데 이 구절에 대한 주자의 독법은 다르다. 주자는 마음이 외재적 의(義)에 흡족하게 부합하지 않는다면 호연지기를 길러낼 수 없다는 의미로 읽고 있다. 여기에서 의(義)란 사태의 의당함으로 객관적이고 보편타당한 도덕 준칙을 뜻한다. 이러한 도덕 준칙에 마음이 만족스러울 때 그 행위가 도덕적으로 옳다는 것이다. 육상산이 내면의 본심을 행위의 도덕 기준으로 제시했다면 주자는 사태의 의당함을 그 기준으로 거론하고 있는 것이다.

　이러한 점에 입각해서 주자는 고자의 부동심이 도덕 준칙을 외면하

---

22 『朱文公文集』 卷54, 「答項平父」6: "大抵旣爲聖賢之學, 須讀聖賢之書; 旣讀聖賢之書, 須看得他所說本文上下意義字字融釋, 無窒礙處, 方是會得得聖賢立言指趣, 識得如今爲學功夫, 固非可以懸空白撰而得之也. …… 其曰 '行有不慊於心則餒矣'者, 言心有不慊, 卽是不合於義而此氣不生也. 是豈可得而掩取哉? 告子乃不知此, 而以義爲外, 則其不動心也, 直彊制之而頑然不動耳, 非有此氣而自然不動也. 故又曰: '我故曰告子未嘗知義, 以其外之也.' 然告子之病, 蓋不知心之慊處卽是義之所安, 其不慊處卽是不合於義, 故直以義爲外而不求. 今人因孟子之言, 却有見得此意而識義之在內者, 然又不知心之慊與不慊亦有必待講學省察而後能察其精微者. 故於學聚問辨之所得, 皆指爲外而以爲非義之所在, 遂一切棄置而不爲. 此與告子之言雖若小異, 然其實則百步五十步之間耳. 以此相笑, 是同浴而譏裸裎也. 由其所見之偏如此, 故於義理之精微氣質之偏蔽皆所不察, 而其發之暴悍狂率, 無所不至. 其所慨然自任, 以爲義之所在者, 或未必不出於人欲之私也."

고 자기 내면만 억지로 통제하여 얻어진 것에 불과하다고 비판한다. 주자에 따르면 올바른 부동심은 도덕 준칙에 합치됨으로써 획득될 수 있는 것인데, 고자는 언어세계에 대한 탐구를 외면하고 의(義)를 자기 외부의 것으로 간주하여 도외시하였기 때문에 온전한 부동심을 얻을 수 없었던 것이다. 더 심각한 것은 고자의 의외설이 단순히 의(義)를 외부에 존재하는 도덕규범 정도로 간주한 게 아니라는 점이다. 주자의 생각에 의하면 고자의 의외(義外)는 의(義)를 도외시하고 외면하였다는 의미이다. 달리 말해 고자는 순자적 의미의 도덕 외재주의와 타율적 도덕을 주장한 것이 아니라 아예 도덕 자체를 부정하였던 것이라 할 수 있다. 주자에게 있어 의(義)는 사태의 의당함을 뜻하기 때문에 당연히 외재적인 것인데, 고자는 외부의 사태와 언어세계에 대한 탐구를 포기하였으므로 의(義)에 대해서도 외면한 게 되는 것이다. 간단히 말해, 고자의 의외설에서 외(外)라는 글자는 '외부에 존재한다'는 뜻이 아니라 '도외시한다, 외면한다'의 의미라고 주자는 파악했던 것이다.

나아가 주자는 고자 의외설의 문제점이 요즘 사람들에게서도 똑같이 나타난다고 지적한다. 여기에서 '요즘 사람들'이 육상산 일파를 가리킨다는 것은 자명하다. 육상산은 의(義)가 내부에 있다는 것은 알고 있었지만 그 의(義)의 획득[心之慊]이 강학(講學)의 과정을 통해 이루어진다는 점은 모르고 있다고 주자는 비판한다. 육상산은 학문활동을 외적인 것이라고 간주하여 부정하는데, 이러한 태도는 오히려 의(義)를 포기하고 도덕을 방임하는 결과를 야기할 뿐이라고 주자는 우려하고 있다. 육상산처럼 자기 내면에서 나오는 것만 의(義)라고 믿고 외부에 있는 것은 다 의(義)가 아니라고 단정할 경우[23] 그런 사람에게는 사납고 미치광이 같은 행동만 남겨질 뿐이다. 주자는 외부의 리에 대한 탐구를 거부하는 육상산

---

23 『朱子語類』卷124:37: "今陸氏只是要自渠心裏見得底, 方謂之內; 若別人說底, 一句也不是. 才自別人說出, 便指爲義外. 如此, 乃是告子之說."

의 태도 역시 고자와 마찬가지로 도덕을 도외시하고 외면하는 것일 뿐이라고 규정한다. 이러한 점에서 주자는 외부의 리에 대한 탐구가 필수적인 것임을 강조한다. 성현의 경전을 면밀히 탐구하여 그 뜻을 자기에게 완전히 융석(融釋)시키는 것만이 성인이 되는 길이라는 것이다.

4. 의(義)의 내외일관(內外一貫)

주자는 외재적 사태에서 의(義)를 탐구해야 한다고 강조한다. 주자에 따르면 의(義)란 외부 대상과 사태의 의당함[宜]을 뜻하므로 외재 사태에 대해 탐구하는 것은 당연한 일이다. 오히려 외부에 대한 탐구를 부정하는 고자와 육상산이야말로 의(義)를 도외시하는 사람들이다. 하지만 육상산의 입장에서 보자면 주자가 외부의 도덕준칙에 천착했던 것은 고자가 언어세계에 매달렸던 것과 같이 의외설이다. 의의 소재가 내면의 본심이 아니라 외부에 있다고 규정하였으면 의외(義外)인 것이다. 『맹자』에 따르면 의(義)란 노인을 공경하는 주체의 태도이고 '물을 마시고 탕(湯)을 마시는' 주체의 행위이지 외재적 사태의 의당함을 지칭하는 것은 아니었다. 육상산이 볼 때 주자가 의를 외재적 사태의 의당함으로 규정하고 강학을 강조한 것은 『맹자』의 본의에서 어긋난 것이다. 이러한 점에서 육상산의 비판은 타당한 것 같다. 육상산의 비판을 면할 수 있으려면 주자는 의가 내재적인 것임을 주장해야 한다. 달리 말해 주자는 자신이 내면의 도덕성을 도외시하지 않았음을 논증해야 한다. 이점을 고찰하기 위해 앞서 살펴보았던 주자 의(義) 개념의 두 번째 의미, 즉 의의 내재적 자발적 측면을 상기할 필요가 있다.

주자에 따르면, 의는 주체가 사태와 대상의 의당함에 무엇인지 정확히 판단하고 그것에 맞게 적절히 처리하는 행위를 뜻하기도 한다[處物爲義]. 외재 사물의 의당함을 실현하는 주체의 판단과 실천이라는 점에서의(義)는 주체의 마음에서 발현되는 덕성이라 할 수 있다. 공경하는 주체의 태도가 있어야 동생이 시동 역할을 하는 의미가 실현될 수 있고 조상에 대한 제사가 성공적으로 완수될 수 있는 것과 같이, 주체 내부의 덕성이 사태를 의당하게 만드는 것이다. 만일 공경의 마음이 없다면 시동을 세운 의미는 퇴색되고 제사는 실패하고 만다. 사태의 의당함[宜]은 주체의 마음과 실천[義]에 의해 실현되는 것이라 할 수 있다. 이러한 점에서 주자는 의가 내적인 것[義內]이라고 규정한다.

> 공경을 받는 사람은 비록 밖에 있지만, 그가 공경 받아야 할 사람이라는 것을 알고 내 마음의 공경함으로 실행하여 그 사람을 공경하는 것이니, 의는 밖에 있는 것이 아니다.[24]

공경을 받아야 할 사람을 공경할 때 의(義)가 실현된다. 의를 실현하기 위해서는 주체 내부로부터 발현되는 공경의 마음과 행위가 필수적이다. 이러한 점에서 주자 역시 의가 주체의 내면에서 발현된다는 보았다고 할 수 있다. 그렇다면 주자와 육상산은 같은 생각을 했던 것인가? 의를 내부의 덕성으로 간주했다는 점에서 주자와 육상산은 서로 합의할 수 있는 여지가 있는 것인가? 의내(義內)와 관련하여 주자와 육상산에게는 어떤 차이점이 있는가? 이점을 해명하기 위해 주자의 도덕인식론을 고찰해볼 필요가 있다.

먼저 따져봐야 할 것은 주자에게 있어 노인과 시동을 공경하는 마음씨는 어디에서 생기는 것인가? 그것은 외재적 학습을 통해 내부에 각인된 것인가, 아니면 주체 내면에 선험적으로 존재하는 것인가? 이것은 인식활동의 근거인 마음의 본질을 어떻게 규정했느냐와 관련된다. 이에 대해 많은 논의가 진행되어왔다. 머우종산(牟宗三)은 주자가 마음을 단

---

24 『孟子集註』11-5: "所敬之人雖在外, 然知其當敬而行吾心之敬以敬之, 則不在外也."

순한 인식 기관으로 규정했을 뿐 도덕적 본질을 갖춘 본심(本心) 개념으로 정의하지는 않았다고 주장한다. 그래서 주자의 지(知) 개념은 단순히 지각운동의 지(知)일 뿐 도덕적 양지는 아니었다고 말한다.[25] 그래서 그는 주자가 외재적 사태의 도덕 이법을 탐구하고 인식하는 격물 공부를 강조할 수밖에 없었으며, 바로 이러한 점에 주자의 도덕철학은 외재적이고 타율적일 수밖에 없었다고 강조한다.[26] 그의 생각대로라면 주자의 철학은 의외설(義外說)인 것이다. 한편 천라이(陳來)는 주자가 마음에 중리(衆理)가 갖추어져 있다고 한 언급을 간과하지 않지만, 그 중리(衆理)는 라이프니츠의 선천적 원칙과 같은 것에 불과하다고 규정하였다.[27] 위잉스(余英時)도 이와 비슷하게 마음의 중리(衆理)를 칸트의 천라이와 위잉스의 견해는 머우종산 개념과 유사한 것으로 간주한다.[28] 천라이와 위잉스의 견해는 머우종산보다 우호적이기는 해도 여전히 주자 철학에서 마음의 중리(衆理)를 무력한 형식으로 이해하고 있다는 한계를 보인다. 이러한 견해는 주자철학을 경험주의적이고 주지주의적이라 규정하는 데 동원된 설명들로, 주자의 의내설(義內說)을 형식적이고 상투적인 것으로 간주하고 있는 것이라 사료된다.

그러나 주자철학에서 마음의 중리 개념은 그들의 생각보다 적극적이고 능동적인 의미를 가진다고 판단된다. 주자는 마음 속 중리가 단지 인식의 범주나 형식으로만 작동하는 것이 아니라 현실에서 능동적 도덕지식으로 발현된다고 여겼다.

---

25 牟宗三, 『心體與性體』卷2, 正中書局, 民國57年, 411쪽.

26 牟宗三, 『心體與性體』卷3, 正中書局, 民國57年, 402쪽.

27 陳來, 『朱子哲學研究』, 華東師範大學出版社, 2000, 327쪽.

28 Ying-shih Yu, "Morality and Knowledge in Chu Hsi's Philosophical System", edited by Wing-tsit Chan, *Chu Hsi and Neo-Confucianism*, Honolulu: Univ. of Hawaii Press, 1986, pp.243~244.

명덕(明德)은 본래 이 밝은 덕을 가지고 있는 것을 말한다. 어린 아이라도 그 부모를 사랑할 줄 모르는 경우가 없고 성장해서는 그 형을 공경할 줄 모르는 경우가 없다. 양지(良知)와 양능(良能)은 본래 스스로 가지고 있는 것인데, 다만 사욕에 가려져서 어둡고 밝지 못한 것이다.[29]

주자에 따르면, 마음에는 명덕이 있고 그 명덕에서 양지와 양능이 발현된다. 양지는 선험적이면서 능동적인 도덕지식으로 경험적이고 타율적인 인식활동과는 본질적으로 다른 것이다. 양지로부터 도덕 실천이 자연스럽게 이루어진다. 공경해야 할 대상을 보고 공경하는 마음씨가 일어나는 것은 바로 이 양지의 역할 때문이라 할 수 있다. 이러한 의미에서 주자는 의내설을 주장했던 것이며, 이점에서는 주자의 생각이 육상산의 본심개념과 크게 달라 보이지 않는다.

하지만 그렇다고 해서 주자와 육상산의 생각에 차이가 없는 것은 아니다. 주자의 양지는 육상산의 그것과 큰 차이가 있다.

고자의 이 설[義外說]은 정말 잘못되었다. 그런데 근래에 고자의 설을 깨뜨리려는 이들은 더 잘못되었다. 그들은 의(義)가 오로지 내면에 있는 것이라고 생각하고 단지 나의 선험적 인식[先見]으로부터 나오는 것만 옳다고 여긴다. 예를 들어 '여름에 물을 마시고 겨울에 탕을 마신다'는 것이 이것이라고 한다. 그리고는 외면에서 탐구하면 의(義)가 아니라 의습(義襲)이라고 단정한다. 그들의 말이 이러하다. 하지만 물을 마시고 탕을 마시는 행위는 정말 내적인 것이겠지만, 향인(鄕人)에게 먼저 술을 따르고 시동의 자리에 있는 동생을 공경하는 것과 같은 일들의 경우 다른 사람에게 묻지 않는다면 어떻게 알 수 있겠는가? …… 만일 강문(講問)하고 탐구하지 않으면 어떻게 내면에서 (공경하는

29 『朱子語類』 卷14:92: "明德, 謂本有此明德也. '孩提之童, 無不知愛其親; 及其長也, 無不知敬其兄.' 其良知·良能, 本自有之, 只爲私欲所蔽, 故暗而不明."

마음이) 발출될 수 있겠는가? 그러니 그들의 주장은 불교에서 "의론해서도 안 되고 생각해서도 안 된다. 지금 이 순간일 뿐이다."라고 말하는 것과 비슷하니, 이것이 가장 큰 문제이다.[30]

주자도 의가 주체의 내적 판단과 자발적 행위라는 점을 부정하지 않는다. 다만 의가 내면에서 발현되기 위해서는 당면한 사태에 대한 명확한 인식이 전제되어야 한다. 사태를 명확히 인식해야 그것에 부합하는 도덕의식이 발현될 수 있는 것이다. 그리고 사태를 명확하게 인지하기 위해서는 외부 상황에 대한 탐구가 요청된다. 외재적 사태에서 무엇이 의당한 것인지를 정확히 인지해야 양지, 즉 내부의 의(義)가 드러날 수 있기 때문이다. 육상산에게 있어 본심이 그 자체로 완전하고 자족적인 것인 데 반해 주자의 양지는 외부에 대한 인식에 의존적이라고 할 수 있다. 양지 자체는 선험적인 것이지만 그것의 실현 과정에서는 경험적 인식이 수반되어야 한다는 것이 주자의 생각이다.

그런데 양지와 같은 선험적 도덕의식이 경험적 인식과 혼합될 수 있는가? 육상산은 이목(耳目)의 지각과 양지를 엄밀히 구분하였던 데 반해, 주자는 양자가 상호 연결된다고 주장한다. 좀 더 정확하게 말해, 주자는 선험적 도덕의식[德性知]과 경험적 인식[見聞知] 사이에 아무런 차별이 없으며 단지 하나의 지(知)만이 있을 뿐이라고 주장한다.

학생이 장횡거의 이목지(耳目知)와 덕성지(德性知)에 대해 물었다.
주자가 답했다: "잘못된 견해이다. 비록 견문에 있는 것일지라도 그 이치는

---

30 『朱子語類』 卷59:22: "告子此說固不是. 然近年有欲破其說者, 又更不是. 謂義專在內, 只發於我之先見者便是. 如'夏日飲水, 冬日飲湯'之類是已. 若在外面商量, 如此便不是義, 乃是'義襲'. 其說如此. 然不知飲水飲湯固是內也. 如先酌鄕人與敬弟之類, 若不問人, 怎生得知? …… 若不因講問商量, 何緣會自從裏面發出? 其說乃與佛氏'不得擬議, 不得思量, 直下便是'之說相似, 此大害理."

같다."[31]

> 지(知)는 단지 하나일 뿐이고 그저 깊으냐 얕으냐의 차이만 있을 뿐이다. …… 만일 그것 외에 말로 표현할 수 없는 지(知)가 따로 있다고 말한다면, 이것은 불교에서 말하는 깨달음(처럼 허무맹랑한 것)이다.[32]

주자에 따르면 견문지와 덕성지는 따로 구분될 수 없다. 만일 이 양자를 구분한다면, 덕성지는 고차원적인 것으로 신비화하고 견문지는 저급한 것으로 치부하게 될 것이다. 만일 그렇게 되면 일상 세계에 내재하는 도덕 이법을 도외시하는 결과를 야기할 수 있고 현실에서 이탈하여 초월적 관념만 추구하는 병폐를 만들 수 있다. 그렇다고 해서 주자가 덕성지를 폐기하고 모든 인식을 견문지로 단일화했다고 단정해서도 안 된다. 그는 분명 경험 이전에 이미 갖추어져 있는 선험적 도덕 지식을 인정하였기 때문이다. 주자는 단지 견문지와 덕성지의 차이가 없다는 것을 천명하고 있을 뿐이다. 다만 주자가 생각했던 선험적 도덕 지식은 육상산의 생각과 달리 그렇게 완전하고 자족적인 것이 아니다. 그것은 단순하고 미약한 상태에 불과하다. 그렇기 때문에 그것을 확장시키는 공부가 요구된다. 치지(致知)의 공부란 바로 선험적 지식을 경험세계에서 확장하고 제고하는 것이다.

> 사람들은 모두 양지를 가지고 있지만 이전에 알지 못했던 것은 양지를 미루어 확장해가지 않았기 때문이다. 부모를 사랑하고 형에게 순종하는 것, 누군들 이런 마음이 없겠는가? 이것으로부터 미루어 확장해가면 온청정성(溫淸

---

31 『朱子語類』卷99:28: "問橫渠 '耳目知, 德性知'. 曰: '便是差了. 雖在聞見, 亦同此理.'"
32 『朱子語類』卷28:28: "知, 只是一箇知, 只是有深淺. …… 若說道別有箇不可說之知, 便是釋氏之所謂悟也."

定省)의 일도 사랑에 불과할 뿐이다. 알고 있는 것으로부터 미루어 확장하여 알지 못하는 것이 없는 데까지 이르러야 할 것이니, 모든 것이 사람이 미루어 확장해가는 것일 뿐이다.[33]

궁리(窮理)라는 것은 이미 알고 있는 것에 의거해 아직 알지 못하는 데 이르는 것이고 이미 이해한 것에 입각해 아직 이해하지 못한 데 이르는 것이다. 사람의 양지는 본래 고유한 것이지만 궁리하지 못하면 단지 이미 알고 이해한 수준에 만족할 뿐 아직 모르고 이해하지 못한 것을 궁구할 수 없다.[34] 궁리(窮理)란 외부의 이치를 수용하고 지식을 축적해가는 과정이 아니다. 궁리는 외재 사태들의 이치를 탐구하여 양지를 확장해가는 과정이다. 궁리의 과정을 통해 미약한 양지를 확장시킬 수 있다. 궁리는 양지가 견문지와 융합하여 확장되어가는 과정이다. 이때 두 지식 사이에는 아무런 차별이 없다고 주자는 주장한다. 양지는 내면적이고 본래적인 것[內]인 반면 견문지는 외부적이고 경험적인 것[外]이라고 구분짓고 차별화할 필요가 없다. 주자에게 있어 궁리는 외재적 이치를 탐구하고 수용하는 외적(外的) 과정이 아니라 오히려 선험적이고 본래적인 양지를 확장해가는 내적(內的) 과정이라 할 수도 있다. 주자에게 지식은 내(內)/외(外)의 구분이 없기 때문에 외재의 도덕성을 탐구하는 것도 의외(義外)라고 할 수 없다. 이점은 역방향에서도 성립될 수 있다. 즉 지식에 내외의 구분이 없기 때문에 외부의 이치를 탐구하여 그것을 마음에 체득한다면, 이것도 내적(內的) 과정이라 할 수 있다는 것이다.

---

33 『朱子語類』115:12: "人皆有是良知, 而前此未嘗知者, 只爲不曾推去爾. 愛親從兄, 誰無是心? 於此推去, 則溫淸定省之事, 亦不過是愛. 自其所知, 推而至於無所不知, 皆由人推耳."

34 『朱子語類』18:12: "窮理者, 因其所已知而及其所未知, 因其所已達而及其所未達. 人之良知, 本所固有. 然不能窮理者, 只是足於已知已達, 而不能窮其未知未達."

사람의 마음이 이 의리(義理)를 알고 실천하여 의당함을 얻게 되었다면 이것도 안에서부터 발현된 것이라고 해야 한다. 사람의 성질은 저마다 달라서 혹 노둔한 사람의 경우 한 번에 다 알지 못한다. 만일 다른 사람이 말해주어서 그것을 마음속에서 반추하여 그 말이 옳다는 것을 알고 실천한다면 이것도 내(內)이다. 사람 마음의 인식능력은 저마다 달라서 성인이라야 모든 것을 다 알 수 있는 것이다. 그런데 지금 육상산은 오로지 자기 마음으로부터 알게 된 것만 내(內)라고 말한다. 만일 다른 사람이 말해준 것이라면 한 구절도 옳지 않다고 하고 다른 사람이 말한 것은 의외(義外)라고 규정한다. 이러하다면 고자의 설이다. 예를 들어 '날 때부터 모든 것을 다 아는 사람'과 '배워서 아는 사람', 그리고 '고생해서 알게 된 사람'의 층차가 있고, '편안하게 실천하는 사람'과 '이롭다고 여겨서 실천하는 사람', 그리고 '노력해서 실천하는 사람'의 층차가 있다. 하지만 알게 되고 실천하게 된 경우에는 모두 한가지이다. 어떻게 하나하나가 내 마음에서 나오기를 기다리고서야 내(內)라고 한단 말인가?[35]

주자는 내(內)/외(外)의 구분을 완전히 없앤다. 의내(義內)란 자기 내면에서 비롯되는 도덕 의식만 가리키는 것이 아니다. 외부에서 획득한 것이어도 그것을 자기 내면으로 소환하여 체득한다면 그것도 내(內)라고 할 수 있다는 것이다. 내(內)/외(外)의 구분은 선험적 도덕의식과 경험적 인식으로 나뉘는 게 아니라, 굳이 구분하자면, 도덕지식을 얼마나 주체의 내면으로 체득하고 또 실천했느냐에 따라 달라질 뿐이라는 것이다. 주자에 따르면 사람의 인식 능력 수준은 저마다 다르다. 따라서 날 때부

---

35 『朱子語類』124:37: "謂如人心知此義理, 行之得宜, 固自內發. 人性質有不同, 或有魯鈍, 一時見未到得; 別人說出來, 反之於心, 見得爲是而行之, 是亦內也. 人心所見不同, 聖人方見得盡. 今陸氏只是要自渠心裏見得底, 方謂之內; 若別人說底, 一句也不是. 才自別人說出, 便指爲義外. 如此, 乃是告子之說. 如'生而知之', 與'學而知之, 困而知之'; '安而行之', 與'利而行之, 勉強而行之'; 及其知之行之, 則一也. 豈可一一須待自我心而出, 方謂之內? 所以指文義而求之者, 皆不爲內?"

터 모든 것을 다 알고 편안하게 실천하는[生知安行] 성인을 제외하면, 일반 사람들의 선천적 도덕지식은 작고 미약한 수준이다. 그럼에도 불구하고 육상산처럼 오직 선천적 양지만 믿고 도덕지식으로 그것으로 제한한다면, 현실적으로 의를 발현하고 실천할 수 있는 사람은 거의 없다고 해야 할 것이다. 날 때부터 모든 것을 다 아는 경우부터 고생해서 알게 된 경우까지 결과적으로 도덕법칙을 알게 되었다면, 그들의 도덕지식은 모두 동일한 것이고, 편안하게 실천하는 사람부터 억지로 노력하는 사람까지 도덕법칙을 실천하게 되었다면, 그들의 도덕행위는 모두 동일한 것이다. 아느냐 모르느냐 실천하느냐 못하느냐의 차이만 있을 뿐이지 무엇으로부터 알게 되었는가를 따져 묻는 것은 무의미하다는 것이 주자의 주장이다. 그것이 주체가 선천적으로 내면에 내장한 것인지 아니면 주체가 경험적 노력으로 외면에서 얻어서 내면으로 체화(體化)한 것인지는 상관없다고 주자는 생각하였다. 이렇게 볼 때 주자에게 있어 의(義)는 내외(內外)의 구분을 초월하는 것이고 다른 한편으로는 내외(內外)를 일관하는 것이라 할 수 있다.

이러한 결론은, 앞서 살펴본 바와 같이, 주자가 덕성지와 견문지의 구분을 허물고 하나의 지식만 인정했던 것에 기반하는 것이다. 덕성지와 견문지의 구별이 없기 때문에 선험적 도덕 지식은 경험 세계와 소통할 수 있고 경험적 인식은 내재적 도덕 지식이 될 수 있는 것이다. 달리 말해 선험적 양지는 경험적 인식을 통해 외향적으로 확장되어갈 뿐만 아니라, 또 역으로 외재 사태에 대한 경험적 인식이 체득의 과정을 통해 내향적으로 심화되어 간다는 것이다.

위의 논의에 근거할 때 주자와 육상산의 차이는 다음과 같이 재규정될 수 있을 것이다. 육상산이 내(內)/외(外)를 엄격하게 구분하고 지식과 도덕의 영역에 일괄적으로 적용하면서 내적(內的)이고 선험적인 측면을 강조했던 데 반해, 주자는 내(內)/외(外)의 구분을 철폐하고 포괄적이고 단일한 도덕철학의 구조를 세우고 지식과 도덕의 선험성과 경험성,

내면성과 외면성을 하나로 연결했던 것이라고 말할 수 있다. 육상산은 주자가 선험적이고 초월적인 내면을 인정하지 않았다는 점에서 존덕성을 망각하였다고 비판하였지만, 주자는 오히려 선험과 경험, 내(內)와 외(外)를 포괄하고 일관하는 공부론의 구조 위에서 보다 넓게 존덕성을 추구했던 것이라고 판단된다. 주자와 육상산의 차이를 도문학과 존덕성의 대립, 또는 외(外)와 내(內)의 길항이라고 규정하는 것은 주자의 사상을 온전히 이해하는 데 방해가 될 것처럼 보인다.

5. 결론

주자와 육상산의 사상적 차이를 논할 때 자주 거론되는 것은 내/외, 또는 존덕성/도문학으로 두 사람의 사상을 요약하는 것이다. 이러한 구분법은 두 사람의 다른 점을 간단명료하게 정리해준다는 점에서 유용한 것이지만, 간단한 만큼 지나친 단순화의 위험도 있다. 특히 고자의 의외설(義外說)에 대한 이들의 해석을 살펴보면 상황은 다르다. 도문학과 존덕성의 구분에 따라 고자의 의외설(義外說)을 단순 적용한다면, 주자는 의외(義外)로 육상산은 의내(義內)로 거칠게 분류될 것이다. 주자는 자기를 고자와 한 통속으로 분류하는 것에 결코 동의하지 않을 것이다. 주자 스스로 동의하지 않을 구분틀을 그에게 씌워 그를 재단하고 규정하는 것은 온당치 못한 것 같다.

이 연구에서는 고자에 관한 주자와 육상산의 비판을 중심으로 두 사람의 사상적 차별점을 다시 점검해보았다. 우선 주자 사상을 분석하고 그 의미를 새롭게 조명하는 것에 집중하고자 하였다. 주자와 육상산은 서로를 고자의 의외설(義外說)이라고 비판하였는데, 의내(義內)/의외(義外)의 의미도 두 사람은 다르게 이해하였고, 각자 이해한 의미에 따라 서로를 고자에 가깝다고 비판하였다. 육상산은 본심(本心)에서 비롯되는 선험적 도덕의식만을 믿으면서 그것 이외의 외재적 지식들을 불신하였다. 주자의 격물치지를 부정한 것은 당연한 일이었다. 이러한 견해는 육상산이 덕성지와 견문지를 철저히 구분하고 덕성지만 견지하고 견문지는 배제하는 인식론적 태도에서 기인하는 것이었다. 그래서 육상산은 견문지의 도덕적 가능성을 긍정적으로 평가하는 주자를 의외설이라고 비판하였던 것이다. 반면 주자는 의(義)란 기본적으로 사태의 의당함이라는 의미를 갖고 있다는 점에서 필연적으로 외재적 사태에 대해 탐구해야 한다고 주장하였다. 주자 스스로 의의 소재가 외부라고 인정했다는 점에서 의외설처럼 보일 수 있지만, 주자의 생각은 전혀 달랐다. 주자는 외재적 사태를 탐구하지 않는 것은 의(義)를 도외시하고 탐구하지 않겠다는 태도라고 판단했고, 이러한 맥락에서 내면에만 천착하는 고자와 육상산이야말로 도덕을 도외시하는 의외설이라고 주장하였다.

더 나아가 주자는 자신의 입장을 의내설(義內說)이라고 설명하는데, 이것은 그가 선험적 도덕 지식[良知]을 도덕 판단의 근거로 삼았다는 점에서 그러한 것이었다. 그러나 주자가 양지(良知)를 인정했어도 육상산의 생각과 합의될 수 있는 것은 아니었다. 주자는 선험적 도덕 지식이 있기는 하지만 그것은 미약한 상태이기 때문에 반드시 경험적 인식을 통해 확장시키고 고양시켜야 한다고 주장했다. 이점은 덕성지를 견문지로써 확장할 수 있다는 그의 생각에 근거한 것이었다. 또한 주자는 경험적 지식도 주체 내면에 체화하면 의내(義內)가 될 수 있다고 말했는데, 이는 덕성지가 견문지로써 확장될 수 있다는 주장과 일맥상통하는 것이었다. 주자의 이러한 주장은 덕성지와 견문지를 구분하지 않고 단일한 지식체계만을 내세웠던 것에 토대를 두고 있다. 주자는 내/외, 선험과 경험, 내재주의와 외재주의의 이분법을 없애고 하나의 포괄적이고 통합적인 도덕인식론을 구축했기 때문에 이러한 주장을 펼칠 수 있었던 것이다. 주자에게 있어 의(義)는 내외(內外)를 일관하는 개념이었다고 할 수 있다.

주희의 인(仁)과 지(知) 관계에 대한 해법
─ "멍청한 인자(仁者)"의 문제를 중심으로 ─

신정근(성균관대학교 유학동양한국철학과 교수)

1. 문제제기

'사단(四端)'은 좁게는 중국 유학사, 넓게는 중국 철학사에서 가장 주목을 받기도 했고 가장 논란을 일으킨 개념이다. 다양한 논의를 낳을 수 있는 풍부한 의미 맥락을 지니고 있기 때문이다. 예컨대 사단은 맹자가 제기했지만 신유학의 도덕론을 뒷받침하는 핵심 근거가 되었다. 그리고 조선 성리학에서 사단, 칠정(七情)의 동이 문제가 지속적인 논쟁의 대상이 되었다.[1] 즉 사단은 도덕 감정의 근원, 도덕 감정의 소종래(所從來)라는 맥락에서 주로 논의되었다.

앞으로 논의에서 밝혀지겠지만 주희가 주목하고 있듯이 사단은 측은(惻隱), 수오(羞惡), 공경(恭敬)과 시비(是非)의 두 종류로 구분할 수 있다. 전자는 특정한 성향의 도덕 감정이면서 사람이 그에 상응한 행위를 하도록 유도한다. 반면 후자는 무엇이 시(是)이고 비(非)인지 분별할 뿐이다.[2]

---

1 이와 관련해서 민족과사상연구회 편, 『사단칠정론』, 서광사, 1992 참조. 이 글은 사단 칠정의 관계를 밝히는 것이 논지가 아니므로 이에 대해 자세히 논의하지 않는다.
2 물론 왕양명은 사단의 是非도 행위로 나아갈 수 있다고 보므로 주희의 관점에 동의하지 않는다.

주희의 용어로 말하면 측은, 수오, 공경은 '할 만한 일'이 있지만[有可爲之事] 시비는 '할 일'이 없다[無事可爲].³ 이러한 구분법에 따르면 사단을 규제하는 사덕(四德)[仁義禮智]도 인의예(仁義禮)와 지(智)로 구분할 수 있다. 주희의 분류에 따르면 도덕적 상황에서 측은, 수오, 공경과 시비가 다른 방식으로 작용하고, 인의예(仁義禮)와 지(智)가 다른 특성을 갖는다고 할 수 있다.⁴

주희는 도덕 정감으로서 사단과 도덕 근원으로서 사덕이 상황에 대해 순차적으로 자연스럽게 대응하는 것으로 해명하고 있다. 주희의 언어로 말하면 물래순응(物來順應)과 리지자연(理之自然)이라고 할 수 있다.⁵ 현대사회는 맹자나 주희가 살았던 시대와 달리 다원주의(多元主義)의 특성을 보이고 있다. 다원주의 사회에서 특정한 가치가 다른 가치에 대해 특별히 우월적 지위에 있지 않다. 가치가 경쟁하기도 하고 충돌하기도 하는 상황에서 가치의 정당화가 요구되기도 하고 가치의 우선순위가 조정되기도 한다.

예컨대 공자가 인(仁)을 애인(愛人)으로 규정하는 것에 따르면, 약자에 대한 사회적 지원은 무조건으로 이루어져야 한다.⁶ 한국의 복지 논쟁에서 보이듯 사회적 약자에 대해 보편적 복지와 선별적 복지가 팽팽하게 대립되고 있다. 이러한 상황에서 애인(愛人)의 인(仁)만으로는 정치적 대립과 도덕적 갈등을 해결할 수 없다. 따라서 인의예(仁義禮)와 지(智) 또는 측은, 수오, 공경과 시비가 하나씩 순차적으로 대응하는 것뿐만 아니

---

3 『朱熹集』卷58「答陳器之 問玉山講義」: "惻隱羞惡恭敬, 是三者皆有可爲之事, 而智則無事可爲, 但分別其爲是爲非爾, 是以謂之藏也."

4 이 주장은 국내의 현대 연구자들 사이에 별다른 주목을 받지 못했지만 해외 학자 중 이에 주목한 경우가 있다. 이와 관련해서 吳啓超, 「理性與傳統: 朱子的'主智工夫論'之證成與釐淸」, 香港中文大學 哲學博士論文, 2009 참조.

5 『近思錄』「爲學」: "君子之學, 擴然而大公, 物來而順應." 『朱熹集』과 『朱子語類』에 나오는 '理之自然' 등도 함께 고려할 만하다.

6 『論語』「顏淵」: "樊遲問仁. 子曰: 愛人."

라 동시에 서로 뒤엉켜서 비교 종합할 필요가 있다. 이런 측면에서 우리는 인(仁)과 지(智) 또는 측은과 시비의 상호 관련성을 설정하여 논의해 볼 만하다.

『논어』「옹야」24의 "정유인언(井有仁焉)"에 나오는 '우물 사건 비유'를 보면, 흡사 오늘날 다원주의사회에서 일어날 수 있는 도덕적 갈등 상황이 나오고 있다.[7] 『논어』의 "정유인언"은 『맹자』의 "유자입정(孺子入井)"[8]에 나오는 이야기만큼 풍부한 논의를 낳을 수 있다.[9] 『논어』의 "정유인언" 구절은 "인자(仁者)가 우물에 사람이 빠졌다는 말을 어떻게 할까?"라는 물음을 다루고 있다. 인자는 "사람이 우물에 빠졌다"라는 말을 듣고서 앞뒤 가리지 않고 무턱대고 우물로 달려가서 그 속에 뛰어들 수도 있고, 그 말을 듣고서 우물로 가더라도 상황을 살핀 뒤에 차분하게 후속 조치를 취할 수도 있다. 나는 이 글에서 유가의 최고 덕목으로 여겨지는 인(仁)을 가진 인자가 '어리석은 인자' 또는 '멍청한 인자'[10]가 되지 않으려면 어떻게 해야 하는지를 살펴보고자 한다. 주희도 「옹야」24에서 재아(宰我)가 말한 인자를 '애인(獃人)'으로 부르고 있다. 이 '애인(獃人)'은 '멍청한 인자'와 같은 뜻이다.[11]

아울러 사덕과 사단은 인간의 이성(理性)과 감성(感性)능력 중 어느 하

---

7 『論語』「雍也」: "宰我問曰: 仁者, 雖告之曰: '井有仁焉.' 其從之也? 子曰: 何爲其然也? 君子可逝也, 不可陷也, 可欺也, 不可罔也."

8 원문에 없지만 유자입정의 이름으로 널리 알려진 이 내용은 『맹자』「公孫丑」上6에 나온다.

9 孟子가 "어떻게 '孺子入井'의 아이디어를 생각했을까?"라는 물음이 제기된 적이 없다. 우리는 '孺子入井'을 『論語』의 "井有仁焉" 구절과 聯關해서 살펴보면 井에 대한 유사한 통찰을 발견할 수 있다. 오늘날 鄒城의 孟廟에 가면 天震井이 있는데, 맹자와 우물 사이의 특별한 인연을 느낄 수 있다. 맹자 유적지와 관련해서 신정근, 『맹자여행기 절망의 시대, 사람의 길을 묻다』, 서울: H2, 2016 참조.

10 나는 '멍청한 仁者'의 문제를 일찍이 다음의 글에서 처음으로 제기했다. 신정근, 「中國古代 哲學에서 知識의 多面性-仁知(智) 統一의 問題를 中心으로」, 『儒敎思想研究』 第35輯, 2009. 주희는 「雍也」24를 "仁者雖切於救人, 而不私其身, 然不應如此之愚也."라고 註釋을 달았다. 주희도 "仁者之愚"의 문제를 인식하고 있었다고 할 수 있다.

11 『朱子語類』卷33 『論語』15: "不惟不曉義, 也不曉那是智了. 若似他說, 却只是箇獃人."

나에만 해당되지 않는 복합적 특성을 지니고 있다. 나는 이 글에서 사덕과 사단의 감성적 특성이 명제적 판단과 추론에 의존해서 발생한다는 인지후속적(postcognitive) 사건에 해당되는지 아니면 인지적 평가와 독립적으로 나타난다는 인지선행적(precognitive) 사건에 해당되는지 분석하고자 한다.[12]

2. 영웅(위인)의 기만 가능성

공자가 활동하던 시대의 사람들은 영웅이 어려운 난제를 풀 수 있는 능력을 가진 만큼 다른 사람이 감추고 있는 의도를 간파할 수 있으리라고 기대했다. 이런 맥락에서 현대 연구자들이 주목하지 못하지만 제자백가의 시대에 사람들이 아주 궁금해 하던 질문이 하나 있었다. "학문적으로나 정치적으로 뛰어난 사람들, 일종의 영웅들은 속을까 속지 않을까?" 이 물음에 주목하고 제자백가의 책을 찾아오면 '영웅의 기만'과 관련된 이야기가 많다. 여기서 절대로 속일 수 없는 유형으로서 순(舜)과 속일 수 있는 유형으로 자산(子産)과 공자를 살펴보기로 하자.

1) 속일 수 없는 순(舜)

순(舜)은 성왕(聖王)의 계보에 들 정도로 탁월한 인물이다. 하지만 그와 그의 가족을 둘러싼 인생은 선뜻 이해되지 않은 문제들로 가득 차 있다. 순이 요에 의해 발탁되기 이전을 논외로 하더라도 발탁 이후의 인생은 모순 그 자체이다.

---

12 공유진, 「감정에 대한 인지지주의 수정과 확장」, 『철학연구』 제48집, 2013, 198~219쪽; 황희숙, 「感情과 知識」, 『철학연구』 제100집, 2013, 29~62쪽.

『맹자』「만장」상2에 보면 순은 관습대로 부모에게 알리고 아내를 맞이해야 하지만 '불고이취(不告而娶)'를 했다. 이에 대해 맹자는 순이 부모에게 결혼[男女同室] 계획을 알렸더라면 아내를 맞이할 수 없기 때문이라고 해명했다. 즉 순은 부모에게 알리면 인지대륜(人之大倫)을 지키지 못하고 알리지 않았기 때문에 인지대륜을 지킬 수 있었다. 맹자에 따르면 이러한 모순의 상황에서 순은 인지대륜과 고부모(告父母) 중에 전자를 따랐던 것이다. 불고부모(不告父母)는 신랑 순에게만 해당되지 않고 장인 요에게도 해당되었다.[13] 요도 결국 순과 같은 이유로 사돈인 순의 부모에게 알릴 수 없었다. 이는 맹자의 "제역지고언, 즉부득처야.(帝亦知告焉, 則不得妻也.)"라는 대답에서도 알 수 있다.

결혼 문제 이외에도 순은 가족과 많은 갈등을 겪었다. 순의 생모가 죽자 부친이 재혼을 했다. 그 뒤 부친 고수(瞽瞍)와 이복동생 상(象)은 의도적으로 순을 죽이기 위한 모의와 실행을 반복했다. 부친은 순으로 하여금 창고를 수리하게 한 뒤에 고의로 화재를 냈고, 우물을 파게 한 뒤에 고의로 우물을 메웠다. 순은 번번이 살해의 위기를 벗어났다. 만장은 "부친과 동생이 순을 살해하려고 했다"라는 전설을 듣고서 맹자에게 다음의 질문을 던지지 않을 수 없었다. "순부지상지장살기여?(舜不知象之將殺己與?)" 이에 대해 맹자는 "해이부지야. 상우역우, 상희역희.(奚而不知也. 象憂亦憂, 象喜亦喜.)"라고 대답했다.

만장(萬章)은 맹자의 대답을 듣고서 의문이 풀리지 않았다. "도대체 자신을 죽이려고 한 상을 보고 함께 웃으며 기뻐할 수 있을까? 순이 기뻐했다고 하면 그 기쁨은 살해의 위험을 모면하기 위해 가짜로 기뻐하는 것이 아닐까?" 만장은 "위희(僞喜)"의 가능성을 제시했다. 맹자는 상이 한때 형을 죽이려고 했지만 애형지도(愛兄之道)를 드러내므로 순도 "위희(僞喜)"를 한 것이 아니라 "성신이희지(誠信而喜之)"한 것이라고 해명했다.

---

13 『孟子』「萬章」上2: "萬章曰: 舜之不告而娶, 則吾旣得聞命矣. 帝之妻舜而不告, 何也?"

이제 우리는 순이 모순으로 보이는 상황에서도 정도(正道)를 지켜나가는 과정을 되짚어보자. 오늘날의 관점에서 순의 행위와 맹자의 해명은 쉽게 납득이 되지 않는다. 자신을 죽이려고 한 가족은 지켜야 할 가족이 아니라 해체는 당연하고 책임까지 물어야 할 가족이기 때문이다. 그럼에도 불구하고 순은 가족을 떠나지도 책임을 묻지 않고 묵묵히 자신의 도리(道理)를 다하며 가족이 개과천선하기를 바라고 있다. 어찌 보면 순은 사실과 그에 따른 반응을 제대로 하지 못하는 지적 장애 상태에 있거나 고통을 고통으로 여기기보다는 오히려 즐겁게 여기는 가학증 증세를 보이고 있다고 할 수 있다. 하지만 맹자는 순이 지적 장애나 심리적 가학증에 있다고 보지 않았다.[14]

맹자가 "해이부지야?(奚而不知也?)"라고 해명하듯이 순은 부친과 동생이 자신에게 "왜 무엇을 하려고 하는지 다 알고 있다." 고수(瞽瞍)와 상의 입장에서는 의도적으로 순을 죽이려고 한 것이지만 순의 입장에서는 실패가 예견된 부질없는 짓을 하고 있는 셈이다. 또 고수와 상은 순을 죽이려고 했지만 그들도 순을 사랑하는 도의(道義)를 지킬 수 있다. 따라서 순이 고수와 상에게 적대적인 대우를 하지 않으며 두 사람의 변화 가능성을 믿고 기다리면 그들도 언젠가 개과천선할 것이다. 결과적으로 고수와 상은 개과천선을 했다는 이야기이다. 그렇기 때문에 순은 "위희(僞喜)"를 한 것이 아니게 된다.

도대체 순은 어떻게 행복한 가족을 꾸릴 수 있었을까? 여기서 우리는 지(知)가 커다란 역할을 한다는 것을 알 수 있다. "해이부지야?(奚而不知也?)"에서 보이듯 순은 보통 사람이 가지기 어려운 초월적 지(知)를 소유하고 있다. 만약 순이 이러한 초월적 지(知)를 가지고 있지 않았다면, 그는 고수와 상이 자신을 상대로 한 살해계획을 알아차리지 못했을 것이고

---

14 맹자가 보기에 이러한 입장은 舜과 象 또는 瞽瞍를 지적으로 동일한 수준에 놓고 있다. 이 입장은 맹자와 전제를 아예 달리 하고 있는 셈이다.

살해의 기도로부터 벗어난 뒤 두 사람에게 책임을 물었을 것이다. 순은 초월적 지(知)를 가진 성왕(聖王), 즉 도덕적 영웅이기 때문에 고수와 상의 살해 위험으로부터 벗어나 두 사람을 개과천선시킬 수 있었다.

이 과정에는 "해이부지야?(奚而不知也?)"의 초월적 지(知)만이 아니라 "제역지고언, 즉부득처야.(帝亦知告焉, 則不得妻也.)"에는 추론적 지(知)가 포함되어있다. 요는 순의 부모가 어떤 사람인지 이미 알고 있었고 이를 바탕으로 고부모(告父母)가 어떤 결과를 가져올지 추론할 수 있었다. 즉 순의 부모에게 자신의 딸과 순의 결혼 계획을 알리면 순이 결혼을 하지 못하고, 그 계획을 알리지 않으면 결혼을 할 수 있다는 것이다. 순도 고부모(告父母)와 남녀동실(男女同室)을 한꺼번에 충족시킬 수 없다는 상황을 인지하고서 둘 중 어느 쪽이 더 큰 가치를 갖는가를 고려했다. 그 결과 순은 남녀동실이 인지대륜(人之大倫)이기 때문에 마침내 그것을 따르기로 결정했던 것이다.

순은 보통 사람이 가질 수 없는 초월적 지(知)를 소유했을 뿐만 아니라 갈등 상황을 비교 판단하거나 이미 알고 있던 사실로부터 최선의 결론을 추론하는 지(知)를 가지고 있다. 그 결과 순은 그를 속여서 죽이려는 고수와 상의 기도를 무력화시킬 수 있었다. 즉 순은 어떠한 방법을 쓰더라도 결코 속아 넘어가지 않았다. 이러한 지(知)가 사단(四端)의 일종인 시비(是非)에 해당된다면, 이 지(知)의 감성적 특성은 명제적 형식에 의존하는 인지후속적(認知後續的) 사건이라고 할 수 있다.

2) 속일 수 있는 자산(子産)과 공자(孔子)

맹자는 제자 만장과 도덕적 갈등 상황에 놓인 '순(舜)'을 이야기하면서 그가 고수와 상의 거듭된 기도에도 불구하고 속지 않았던 이유를 밝혔다. 아울러 그는 순이 생명의 위협을 당하면서도 고수와 상을 냉대하지 않고 환대한 것이 진실이라고 밝혔다. 이를 해명하기 위해 맹자는 정(鄭)나라의 위대한 정치가 자산(子産)의 실례를 들었다.

어떤 사람이 자산에게 생어(生魚)를 선물했다. 자산은 연못을 관리하는 교인(校人)에게 생어를 잘 기르도록 했다. 교인은 생어를 삶아먹고서 자산에게 거짓으로 다음처럼 보고했다. 생어가 연못에 놓아주자 처음에 활동량이 적다가 시간이 지나자 활력을 찾아서 연못 속으로 유유히 사라졌다.[15] 자산은 이 말을 듣고서 안타깝다는 반응을 보이지 않고 되풀이해서 "득기소재(得其所哉)!"라며 안도감을 나타냈다.

교인은 자산의 반응을 듣고서 "자산이 지혜롭다"라는 말을 믿지 못했다. 자신이 생어를 삶아먹고 거짓말을 했는데도 그것을 전혀 알아차리지 못하고 "제 살 곳을 찾았구나!"라고 말했기 때문이다.[16] 우리는 자산의 사례를 순과 비교해보면 커다란 차이를 알아차릴 수 있다. 순은 고수와 상이 교묘하게 진행한 거듭된 살해 기도를 사전에 알아차리고 그들의 기도를 번번이 무산시켰다. 반면 자산은 자신에게 거짓말을 하는 교인의 말을 전혀 알아차리지 못하고 엉뚱한 소리를 하고 있다. 일단 자산은 순에 비해 초월적 지(知)를 가지고 있지 못하다는 것을 알 수 있다.

교인에게 속아 넘어간 자산에게 주의해야 할 점이 있다. 자산처럼 한 나라를 이끌어가는 정치인이 사람의 거짓말을 꿰뚫어보지 못하고 속아 넘어간다면 어떻게 될까? 특히 지혜롭다고 알려진 자산이라면 개인적인 위신이 깎일 뿐만 아니라 국가적으로 중대한 실책이 생길 수 있다. 따라서 자산이 속은 것은 개인적으로나 국가적으로 피해야 할 사태이다. 피해야 할 것을 피하지 못한 자산을 우리는 어떻게 이해해야 할까?

맹자는 속은 자산을 다음처럼 해명했다. "군자가기이기방, 난망이비기도.(君子可欺以其方, 難罔以非其道.)" 즉 "군자(君子)는 이치에 맞는 말로

---

15 『孟子』「萬章」上2: "始舍之, 圉圉焉, 少則洋洋焉, 攸攸然而逝."
16 『孟子』「萬章」上2: "校人出曰: 孰謂子産智, 予旣烹而食之. 曰: 得其所哉, 得其所哉!"

속을 수 있지만 이치에 맞지 않는 말로 속이기가 어렵다." 자산에 대해 맹자의 해명을 주의할 만하다. 거짓말일지라도 이치에 닿는다면 사람은 속을 수가 있지만 얼토당토않은 거짓말에는 사람이 속지 않는다는 말이다. 이 해명에는 물론 이치에 닿는 참말은 누구라도 믿을 것이라는 말이 전제되어 있을 것이다. 이 해명을 자산에게 적용하면 다음과 같다. 자산은 교인의 말이 이치에 맞았기 때문에 속아 넘어갔다는 말이다. 생어를 끈으로 묶어둘 수 없다면 연못에 들어간 생어가 사람의 눈에 보이는 곳에만 있을 수 없다. 따라서 "생어가 사라졌다"고 말해도 그 말을 믿을 만하다는 것이다.

이렇게 되면 같은 거짓말이라고 해도 '이치에 맞는 거짓말'과 '이치에 맞지 않은 거짓말'의 차이가 엄청나게 크다. 이치에 맞는 거짓말은 이치에 맞는 참말과 같은 언어적 효과를 지니지만 이치에 맞지 않은 거짓말은 그냥 거짓말일 뿐이다. 이치에 맞으면, 사실이 밝혀지지 전까지 잠정적으로 거짓말과 참말의 구별이 없어지게 된다. 자산은 당시 지혜롭다고 알려져 있지만 실제로 거짓을 판별하지 못했다. 즉 자산은 "속는 지자(智者)"가 되어버린다. 자산도 "속는 지자"의 문제를 피하지 못했듯이 순과 같은 영웅이 아니라면 누구도 "속는 지자"의 문제로부터 자유로울 수 없다는 점이다. 아울러 자산의 경우 지(知)는 이치에 맞는지 여부를 판별할 수 있는 형식과 그 형식에 따라 추론하는 과정을 포함하고 있다. 이렇게 보면 이 지(知)는 감정과 무관한 특성을 가질 수 있다. 하지만 자산이 평소에 교인을 충실히 신뢰하고 있었다면, 이 지(知)는 명제적 진술과 별도로 정서적 유대와 밀접하게 관련될 수 있다.

주목할 점이 한 가지 더 있다. 대상과 덕목이 『맹자(孟子)』와 다르지만 『논어』「옹야」24를 보면 비슷한 이야기가 나온다.

재아가 공자에 물었다. 인자는 누군가가 '우물에 사람이 빠졌습니다'라고 말하면, 우물에 따라 들어갈까요? 공자가 대답했다. 무엇 때문에 꼭 그렇게 할까? 군자는 가보게 할 수 있지만 따라 뛰어들게 할 수는 없다. 또 이치에 닿게 속일 수는 있지만 이치에 어긋나게 속일 수는 없다.[17]

『맹자』에서는 자산과 그의 지(知)가 초점이라면 『논어』에서는 공자와 인(仁)이 초점이 되고 있다.

이 구절과 관련해서 여러 가지 주석이 있다. 종래에 이 구절은 재아가 사람이 우물에 빠졌을 경우 인자가 어떤 반응을 보일지 공자에게 물은 것으로 보았다. 최근 이 구절을 인자를 시험하는 문맥으로 읽을 수 없고 정(井)을 『주역(周易)』 수풍(水風) 정괘(井卦)의 의미 맥락에서 살펴봐야 한다는 주장이 제기되었다.[18] "정유인언(井有仁焉)"의 정(井)은 물을 길어먹는 우물이 아니라 "사는 고을을 바꾸어도 먹는 우물은 바꿀 수 없으니, 줄어들지도 늘어나지도 않으며, 오고 가는 사람들이 우물을 쓴다"거나 "사물을 길러주지만 끝이 없다"라는 우물의 이미지를 대변한다고 보았다.[19] 이에 따르면 이 구절은 사람이 우물에 빠졌다는 상황을 말하는 것이 아니라 인자가 어려운 사람을 끊임없이 도와주려는 품성을 나타내게 된다.

종래대로 해석하면 "인자[君子]가 우물에 빠진 사람을 어떻게 할까?"가 초점이 되고, 정괘(井卦)와 연관지어 해석하면 "인자가 사람을 도우려는 품성을 어떻게 발휘해야 할까?"가 초점이 된다. 두 해석의 초점은 다르다. 하지만 둘은 "인자가 ―정(井)이 실제 우물을 가리키든 덕성(德性)을 가리키든― 자신의 덕목을 어떻게 실현할까?"라는 점에서 차이가 없다.

---

17 『論語』「雍也」: "宰我問曰: 仁者, 雖告之曰: 井有仁(人)焉, 其從之也. 子曰: 何爲其然也? 君子可逝也, 不可陷也. 可欺也, 不可罔也."

18 何江新·周開瑋·楊棟, 「辨"井有仁焉"—兼論论语与周易的关系」, 『哲學分析』第3卷 第3期, 2012.6, 64~77쪽.

19 『周易』井卦: "改邑不改井, 无喪无得, 往來井井. …… 象曰: 井, 養而不窮也."

이 글에서 종래의 풀이에 따라 논의를 진행하고자 한다. 재아는 인자가 우물에 사람이 빠졌다는 소리를 듣고서 사람을 구하려고 우물에 뛰어들겠느냐고 물었다. 공자는 인자가 무턱대고 우물에 뛰어들지 않을 것이라고 보았다. 왜냐하면 군자는 우물까지 갈 수는 있지만 우물 속에 빠지게 할 수 없다고 대답했다. 이어서 공자는『맹자』에 나왔던 구절의 생략된 꼴을 말하고 있다. "군자는 우물에 오도록 속일 수는 있지만 우물에 들어가도록 속일 수는 없다."[20]

공자는 인(仁)을 애인(愛人)으로 해석한 적이 있다. 이에 따르면 인자는 우물에 빠진 사람을 구하려고 할 것이다. 문제는 인자가 사람을 구하려고 하면, 아직 우물속의 사람이 있는지 사실이 확인되지도 않았고 또 우물에 들어가려면 상당한 위험을 감수해야 하는 상황이라는 것이다. 인자가 아무리 애인을 한다고 하더라도 확실하지도 않은 상황에서 무턱대고 우물에 뛰어든다면 그것이 바로 "멍청한 인자" 또는 "어리석은 인자"가 되는 것이다.

공자는 인자[君子]의 문제 상황을 "가서야(可逝也)"와 "불가함야(不可陷也)" 그리고 "가기야(可欺也)"와 "불가망야(不可罔也)"로 구분하고서 무턱대고 전자에서 후자로 진행되는 과정에 제동 장치를 마련했다. 공자는 "하위기연야?(何爲其然也?)"라는 말로 전자에서 후자로 이행할 때 타당성과 적절성을 따져보라고 요구하고 있다. '연(然)'을 연불연(然不然)의 꼴로 본다면 시비(是非)와 같은 뜻이다. 시비로서 연(然)은 인자가 특정한 상황에서 애인(愛人)의 감성(感性)과 당위성을 앞세우는 것이 아니라 사실이 무엇인지 확인하고 어떻게 하는 것이 최선인지 검증하고 판단하는 것이다. 이렇게 보면 공자는 인(仁)이 독립적으로 발휘되는 것이 아니라

---

20 우리는『논어』의 "可欺也, 不可罔也."와『孟子』의 "可欺以其方, 難罔以非其道."를 비교해보면, 맹자가『논어』의 텍스트 해석에 얼마나 골몰했는지 알 수 있고, 또 그가 공자의 사상을 확장시키기 위해 얼마나 노력하고 있는지 알 수가 있다.

지(知)와 결합해야 한다는 점을 말하고 있다. 즉 인자는 "멍청한 인자"가 되지 않으려면 지(知)에 의한 판단을 돌아보지 않을 수가 없다.[21]

3. 맹자와 순자의 인(仁)과 지(知) 관계 해법

공자는 인(仁)과 지(知)를 결합시켜서 "멍청한 인자"의 문제를 해결하고자 했다. 이러한 해결책은 공자의 사상을 계승한 맹자와 순자에 의해서 공증되었다. 맹자는 「공손추(公孫丑)」상2에서 자공(子貢)의 입을 빌어 공자의 인(仁)과 지(知)의 결합을 전하고 있다. 자공이 공자에게 성인(聖人)이냐고 물었다. 공자는 자신이 결코 성인(聖人)과 어울리지 않는다며 세간의 '성인(聖人)' 대우를 거절했다. 대신 공자는 자신을 "배우기를 싫어하지 않고 가르치기를 게을리 하지 않는다."라고 말했다. 이에 자공은 "학불염(學不厭)이 지(智)에 해당되고, 교불권(敎不倦)이 인(仁)에 해당된다"고 보았다.[22] 이로써 공자는 맹자가 전하는 자공의 입을 통해 인(仁)과 지(智)를 겸비한 인물로 간주되었다.

순자는 「해폐(解蔽)」에서 사람이 부분적 인식에 갇혀서 전체적 인식에 이르지 못하는 원인을 규명하고 있다. 그는 부분적 인식에 사로잡히는 원인으로 시(始)와 종(終), 원(遠)과 근(近) 등을 구체적으로 제시하기도 했다.[23] 순자가 생각하기에 공자는 부분적 인식에 갇혀 있지 않다. 왜냐하면 공자는 "인(仁)하고 지(知)할 뿐만 아니라 부분적 인식에 갇혀 있지

---

21 공자의 仁과 知의 結合에 대해 신정근, 「中國古代哲學에서 知識의 多面性―仁知(智) 統一의 問題를 中心으로」, 『儒敎思想硏究』 第35輯, 2009 참조.

22 『孟子』 「公孫丑」 上2: "子貢問於孔子曰: 夫子聖矣乎? 孔子曰: 聖則吾不能. 我學不厭而敎不倦也. 子貢曰: 學不厭, 智也. 敎不倦, 仁也. 仁且智, 夫子旣聖矣."

23 『荀子』 「解蔽」: "故爲蔽: 欲爲蔽, 惡爲蔽, 始爲蔽, 終爲蔽, 遠爲蔽, 近爲蔽, 博爲蔽, 淺爲蔽, 古爲蔽, 今爲蔽. 凡萬物異, 則莫不相爲蔽, 此心術之公患也."

않다. 아울러 통치술을 배워서 고대 이상적인 군주의 정치를 실현할 수 있기 때문이다."[24]

이렇게 보면 맹자와 순자는 공자가 인(仁)과 지(知)[智]를 겸비하고 있기 때문에 성인(聖人)에 견줄 만하다거나 전면적 인식과 공정한 판단을 내릴 수 있다고 보았다. 두 사람은 공자를 같은 시각으로 규정하고 있지만 인(仁)과 지(知)의 관계에 대해 상이한 관점을 보여주고 있다. 여기서 성선과 성악보다는 인성과 지식의 관계가 맹자와 순자의 결정적 차이라는 점을 밝히고자 한다.

1) 성선(性善)과 성악(性惡)은 부분적인 대립 도식이다

맹자는 책에서 성선(性善)을 몇 차례 말하지 않았지만 그의 대표적인 이론으로 간주된다. 맹자는 「공손추」상6, 「등문공(滕文公)」상1, 「고자(告子)」상6, 7 등 네 곳에서 성선과 관련되는 주장을 하고 있다.

> 사람은 모두 차마 하지 못하는 마음을 경험한다. …… 지금 가령 사람이 어린아이가 우물에 빠지려는 장면을 문득 본다면, 하나같이 모두 깜짝 놀라서 안타까워하는 마음을 겪는다. 이것은 어린아이의 부모를 사귀려는 것도 아니고, 마을 사람이나 친구들에게서 칭찬을 들으려는 것도 아니고, 구하지 않았다는 소리를 듣기 싫어해서 그런 것도 아니다. 이렇게 본다면 안타까워하는 마음이 없으면 사람이 아니다. …… 안타까워하는 마음은 인의 실마리이고, 부끄러워하는 마음은 의의 실마리이고, 사양하는 마음은 예의 실마리이고, 시비를 따지는 마음은 지의 실마리이다. 사람은 이러한 사단을 가지고 있는 것은 몸에 사체를 가지고 있는 것과 비슷하다.[25]

---

24 「荀子」「解蔽」: "孔子仁知且不蔽, 故學亂術足以爲先王者也."

25 「公孫丑」上6: "人皆有不忍人之心. …… 今人乍見孺子將入於井, 皆有怵惕惻隱之心. 非

맹자는 「공손추」상6에서 직접적으로 성선(性善)을 말하지 않았다. 문맥으로 보면 그는 사람이 이해(利害)를 초월해서 무조건적으로 타자를 위기에서 구출하는 행위를 할 수 있다. 맹자는 이러한 마음이 없다면 사람이 아니라는 배제를 주장함으로써 위의 상황에서 사람은 타자를 구출해야 한다고 주장하고 있다. 심(心)은 사람이 타자를 구출할 수 있고 또 구출해야 하도록 이끄는 기관이다. 여기에만 주목하면 맹자의 주장은 심선(心善)이라고 할 수 있다. 그는 분명히 출척측은(怵惕惻隱)의 심(心)이 바로 인(仁)이 아니라 인(仁)의 단(端)이라 말하고 있기 때문이다. 이에 따르면 출척측은의 심(心)이 인(仁)의 단(端)에 대응한다면 또 다른 무엇이 인(仁)에 대응한다는 것을 상정하고 있는 것이다. '또 다른 무엇'이 성(性)이라고 한다면, 위 구절은 성선을 말한다고 볼 수 있다. 여기서 출척측은은 사유를 거친 판단이나 추론을 통해 도달한 결론이라기보다 예상치 못한 상황을 목격하고서 깜짝 놀라는 심신(心身)의 지각(知覺)과 그에 따라 반응이라고 할 수 있다. 출척측은은 사람이 감정적 반응이 도덕 상황에서 바람직하게 대응하도록 이끌고 있는 것이다.

맹자는 「공손추」상6에서 성선을 밝히면서 그것의 대립 구도를 명확하게 설정하지 않았다. 그의 주장을 반대로 읽는다면, 사람들은 아이의 부모와 교분을 맺으려고 하는 등 이해(利害)에 따라 행동한다고 할 수 있다. 이는 상앙과 한비가 줄기차게 주장하는 호리피해(好利避害)의 인간관이라고 할 수 있다.[26] 만약 사람이 이해에 따라 행동을 했다면, 그 과정은 출척측은(怵惕惻隱)과 달리 어떻게 하는 것이 나은지 복수의 대안을 놓고 판단하는 지성의 과정이 들어있다고 할 수 있다.

우리는 '순자'하면 성악(性惡)을 떠올릴 정도로 둘 사이의 등식 관계를

所以內交於孺子之父母也. 非所以要譽於鄉黨朋友也. 非惡其聲而然也. 由是觀之, 無惻隱之心, 非人也. …… 惻隱之心, 仁之端也, 羞惡之心, 義之端也. 辭讓之心, 禮之端也, 是非之心, 知之端也. 人之有是四端也, 猶其有四體也."

26 신정근, 「商鞅 法思想의 內在的 特性」, 「동양철학」 제28집, 2007 참조.

강하게 인지하고 있다. 그의 「성악(性惡)」에서 맹자의 성선과 다른 인간
관을 분명하게 펼치고 있다.

사람의 성향은 악하고 선함은 인위적인 결과이다. 지금 사람의 성향은 나면
서부터 이익을 밝힌다. 이대로 내버려두면 싸움이 생기고 사양의 마음이 사
라진다. 또 나면서부터 아프게 하고 미워한다. 이대로 내버려두면 살상이 생
기고 충실의 마음이 사라진다. 또 나면서부터 귀와 눈의 욕망을 가진다. 이대
로 내버려두면 음란한 짓이 생기고 예의와 문명이 사라진다. 그렇다면 사람
의 성향을 따르고 사람의 성정을 내버려두면 반드시 투쟁이 생겨나서 규범의
붕괴로 이어져서 혼란으로 귀결된다. 따라서 사법의 교화와 예의의 인도를
받은 다음에라야 사양하는 기풍이 생기고 문명으로 이어져서 안정으로 귀결
된다.[27]

순자는 분명히 사람의 본성(本性)이 악(惡)하며 선(善)한 것은 인위적인
노력[修養]의 결과라고 단정하고 있다. 그 근거를 제시하는 방식은 맹자
와 사뭇 다르다. 맹자는 사람을 어떤 상황에 놓아두고서 어떤 반응을 보
일까 실험을 하고 있다. 일종의 사유실험(thought experiment)이라고 할
수 있다. 즉 그는 변수를 아주 축소해서 사람으로 하여금 예스(Yes) 아니
면 노(No)만을 대답하게 하고서, 특정 상황에서 사람이 보일 수 있는 반
응을 끌어내서 성선을 입증하고자 했다.

반면 순자는 장기간의 관찰을 통해서 지배적인 사회 현상을 뽑아내서
그것을 근거로 내놓고 있다. 즉 오랫동안 관찰을 해보니 사람들은 쟁탈
(爭奪)・잔적(殘賊)・음란(淫亂)의 행위를 반복하고 있다는 것이다. 그 원

---

27 『荀子』「性惡」: "人之性惡, 其善者僞也. 今人之性, 生而有好利焉, 順是, 故爭奪生, 而辭
讓亡焉. 生而有疾惡焉, 順是, 故殘賊生, 而忠信亡焉. 生而有耳目之欲, 有好聲色焉, 順
是, 故淫亂生, 而禮義文理亡焉. 然則從人之性, 順人之情, 必出於爭奪, 合於犯分亂理,
而歸於暴. 故必將有師法之化, 禮義之道, 然後出於辭讓, 合於文理, 而歸於治."

인을 찾아보니 사람은 결국 호리(好利)·질악(疾惡)·이목지욕(耳目之欲)이라는 성정(性情)에 의해서 추동되기 때문에 피할 수 없이 그러한 행위를 하는 것이었다. 여기서 순자는 행위를 지배하는 인간의 정신적 심리적 기관으로 성정을 지목하고 있다. 맹자가 심(心) 너머의 심층적인 성(性)으로 탐구의 가능성을 열어둔 반면 순자는 성(性)과 정(情)을 주로 동일한 차원에서 논의하므로 사람의 심리를 지시와 피지시의 관계처럼 중층적으로 규정하지 않고 있다.[28]

얼핏 보면 성선과 성악은 화해할 수 없는 모순적인 주장으로 보인다. 설사 양자가 모순으로 보인다고 하더라도 그 차이는 그렇게 크지 않다. 첫째, 맹자와 순자가 각각 성선과 성악을 주장했다고 하더라도, 둘은 도덕적 사회를 건설하는 목적을 공유하고 있다. 둘째, 순자는 「성악」이 아니라 상례(喪禮)와 제례(祭禮)를 설명할 때 성선(性善) 또는 심선(心善) 맥락의 이야기를 펼치고 있다. 셋째, 맹자와 순자는 둘 다 본성이 고정된 것이 아니라 바뀔 수 있는 가변성으로 보고 있다.[29] 따라서 성선과 성악은 두 사람의 이론에서 부분적인 대립일 뿐이니 결코 전면적인 대립이라고 할 수 없다.

2) 본성[仁]과 지식[知]이 내적 관계인가 외적 관계인가?

『맹자』에서 고자(告子)는 맹자의 논적으로 등장한다. 나는 맹자와 고자

---

28 순자는 性과 情을 두 가지 방식으로 사용한다. 예컨대 「正名」에서 "性者, 天之就也. 情者, 性之質也. 欲者, 情之應也."라고 할 때, 性과 情과 欲은 심층화의 區分이 있다. 순자는 많은 경우 性情 또는 情性을 연칭하면서 둘 사이를 구별하지 않고 쓰기도 한다. 이글은 후자의 측면에서 주목하고 있다. 순자의 人性·性情과 관련해서 이장희, 「순자 心性論에 關한 小考: 心의 自律性을 中心으로」, 『孔子學』 제8집, 2001; 정재상, 「自然的 情과 當爲的 情: 순자의 性情論에 對한 小考」, 『동양철학』 제35집, 2011 참조.

29 신정근, 「孟子와 荀子 思想의 決定的 差異」, 『東洋哲學硏究』 제67집, 2011, 126~130쪽 참조.

의 인내의내(仁內義內)와 인내의외(仁內義外)라는 대립 구도를 빌린다면, 맹자와 순자의 결정적인 차이를 인내지내(仁內知內)와 인내지외(仁內知外) 또는 인외지외(仁外知外)[30]로 볼 수 있다는 점을 밝히고자 한다. 즉 맹자는 지식[知性]을 본성의 안에 끌어안지만 순자는 지식[知性]을 본성 밖에 두면서 본성을 규제하도록 하고 있다. 이것이야말로 지금까지 제대로 주목을 받지 못했지만 두 사람을 전면적으로 대립하게 만드는 결정적 차이라고 할 수 있다.

먼저 맹자의 주장을 살펴보자.

사단이 나에게 있으니 하나같이 넓혀서 가득 채울 줄 알아야 한다. 이것은 불이 처음에 타오르고 물이 처음에 솟아나는 것과 닮았다. 처음에서 진실로 넓혀서 가득 채울 수 있다면 사해를 지킬 수 있지만 가득 채울 수 없다면 자신의 부모마저 섬길 수 없다.[31]

맹자는 인(仁)과 지(知)에 초점을 맞추지 않고 인의예지(仁義禮知)를 한꺼번에 다루고 있다. 그의 설명에 따르면 사람은 선천적으로 인의예지의 사덕을 갖추고 있고 사덕은 제각각 어울리는 상황을 맞이해서 후천적으로 사단의 형태로 드러난다. 사단을 보면 측은(惻隱)·수오(羞惡)·사양(辭讓)과 시비(是非)는 그 성격이 다르다. 감정과 지성으로 구분한다면 세 가지는 지성보다는 감정의 계기가 강한 반면 시비는 감정보다 지성의 계기가 강하다고 할 수 있다. 구체적인 상황에서 사단이 개별적으로 작용하

---

30 순자의 경우 仁은 「性惡」에 주목하면 '仁外'이지만 「禮論」에 주목하면 '仁內'라고 할 수 있다.

31 『孟子』「公孫丑」上6: "(由是觀之, 無惻隱之心, 非人也. 無羞惡之心, 非人也. 無辭讓之心, 非人也. 無是非之心, 非人也. 惻隱之心, 仁之端也. 羞惡之心, 義之端也. 辭讓之心, 禮之端也, 是非之心, 知之端也. 人之有是四端也, 猶其有四體也.) …… 凡有四端於我者, 知皆擴而充之矣. 若火之始然, 泉之始達. 苟能充之, 足以保四海. 苟不充之, 不足以事父母."

지 않고 복합적으로 작용할 수도 있다. 이러한 상황은 현대 사회의 특성인 다원주의 맥락의 독해를 위해 훌륭한 자료를 제공한다고 할 수 있다.

예컨대 「양혜왕(梁惠王)」상7에 나오는 제(齊) 선왕(宣王)의 이야기를 살펴보자. 그가 우연히 구슬피 울면서 어딘가로 끌려가는 소를 보게 되었다. 그가 신하에게 소를 어디로 데려가는지 묻자, 신하는 흔종(釁鐘) 의식을 치르기 위해서 소를 데리고 간다는 대답했다. 그는 소 울음에 마음이 걸려서 이양역우(以羊易牛)의 지시를 내렸다.

선왕(宣王)이 소 울음을 듣고서 구해야겠다는 마음이 든 것은 측은지심의 발로라고 할 수 있다. 이것은 소 울음을 듣고서 마음이 불편해지고 감정의 동요가 일어난 것이다. 그러한 동요는 종을 주조할 때 꼭 거쳐야 하는 흔종 절차(의식)를 그만두게 할 정도로 강력하다. 반면 슬프게 우는 소의 울음소리가 귀에 거슬리고 마음에 짠하지만 흔종을 하지 않을 수 없다는 것은 시비지심(是非之心)의 발로라고 할 수 있다.

물론 양(梁) 혜왕(惠枉)은 —맹자가 보기에— 두 가지를 이양역우로 절충하면서도 곳간에 곡식이 썩어나지만 백성들이 굶주림으로 고통스러워하는 것을 알지도 못한 채 그 문제를 해결하려는 자세를 털끝만큼도 보이지 않았다. 여기서 측은지심과 시비지심이 제대로 결합한다면 소에게서 느꼈던 측은지심을, 고통에 찬 세월을 보내는 사람(백성)에게로 옮겨갈 수 있어야 하는 것이다. 하지만 양 혜왕은 두 가지 결합시키지 못하고 따로따로 알아차리므로 실패할 수밖에 없는 것이다.

우리는 선왕(宣王)이 도덕 실패를 했다고 하더라도 측은과 시비 또는 인(仁)과 지(知)가 본성의 내부에 있으면서 때로는 개별적으로 때로 복합적으로 작용한다고 것을 알 수 있다. 특히 후자의 경우 그 결합이 도덕적으로 성공하거나 실패하는 차이를 나타낼 수도 있다. 측은과 시비 또는 인(仁)과 지(知)가 실패의 결합으로 이어지는 가능성을 배제할 수 없다고 하더라도 둘은 공통의 목적으로 나아가면서 협력하는 관계에 있는 것이다.

이제 순자의 경우를 살펴보자.

사람이 사람인 까닭은 무엇인가? 변별할 줄 아는 데에 있다. 배고프면 먹으려고 하고, 추우면 따뜻하게 하려고 하고, 힘들며 쉬려고 하고, 이익을 좋아하고 피해를 싫어한다. 이것은 사람이 태어나면서부터 할 줄 아는 것이지 무엇을 기다려서야 그런 것은 아니다. 이것은 뛰어난 우임금이든 못난 걸임금이나 공통되는 것이다.[32]

맹자가 늘 인의예지의 사덕을 묶어서 이야기를 끌어가는 반면에 순자는 늘 본성과 지능(知能)을 대비시키면서 논의를 이끌어간다. 여기서도 순자는 식(食)·난(煖)·식(息)·호리(好利)라는 사람의 네 가지 본성을 언급하면서, 그것이 후천적 학습의 결과가 아니며 사람에게 공통적으로 나타나는 현상이라고 밝히고 있다. 그는 이를 두 발로 직립하고 털이 없어 옷을 입어야 하는 사람의 동물적 특성을 상징적으로 표현하고 있다. 이어서 그는 본성으로 흡수되지 않는 분별력을 사람다운 특징으로 제시하고 있다. 이 부분은 순자가 「왕제(王制)」에서 수(水)·화(火)·초목(草木)·금수(禽獸)와 인간의 차이를 해명하면서 사람은 동물 단계의 기(氣)·생명(生命)·지각(知覺)을 가지고 있으면서도 그 위에 군집생활과 분업 활동을 가능하게 하는 의(義)를 발휘할 수 있다고 보는 주장과 일맥상통한다.[33]

이처럼 순자는 사람의 본성과 대비되면서 지성을 발휘해서 해낼 수

---

32 『荀子』「非相」: "人之所以爲人者, 何已也? 曰: 以其有辨也. 飢而欲食, 寒而欲煖, 勞而欲息, 好利而惡害, 是人之所生而有也, 是無待而然者也, 是禹桀之所同也. (然則人之所以爲人者, 非特以二足而無毛也, 以其有辨也.)" 여기에 「公孫丑」上6의 性善과 反對되는 好利惡害가 보인다.

33 『荀子』「王制」: "水火有氣而無生, 草木有生而無知, 禽獸有知而無義. 人有氣有生有知, 亦且有義, 故最爲天下貴也. 力不若牛, 走不若馬, 而牛馬爲用何也? 曰: 人能羣. 彼不能羣也. 人何以能羣? 曰分. 分何以能行? 曰義."

있는 능력과 결과를 강조하고 있다. 즉 그는 「비상(非相)」의 변(辨), 「왕제」의 군(羣)과 분(分)을 함축한 의(義), 「예론(禮論)」의 도량(度量)과 분계(分界)를 정하는 예(禮)[또는 예의(禮義)],[34] 「성악(性惡)」의 예의(禮義)와 사법(師法)을 통해서 사람이 본성대로만 움직이지 않도록 견제하고자 했다. 비유를 들자면 본성[性情]이 휘발유를 태워서 앞으로 나갈 수 있는 엔진이라면 지성[知識]은 핸들이면서 브레이크와 같다.

정리를 하면 맹자는 사람의 다양한 도덕적 능력을 네 가지로 본성으로 수렴해서 그들 상호의 협력 관계를 구축하고자 했다. 성인(聖人)이 아니라면 도덕 실패를 완전히 배제할 수는 없다. 사람이 굳이 경전(經傳)[文字]과 스승[記憶]에 의존하지 않더라도 사단에 연원을 둔 사덕이 도덕 성공을 위해 서로 협업할 수 있다. 반면 순자는 본성과 지성 또는 정성과 지려(知慮)[知識]에서 사람이 전자에만 의존하면 도덕 실패를 하지만 후자가 전자를 적절하게 견인하게 되면 도덕 성공을 하게 된다. 이때 양자는 엄밀하게 서로 다른 질적 존재로 상대를 포함할 수는 없다. 바로 이러한 측면이 맹자와 순자의 질적인 차이라고 할 수 있다.

맹자와 순자는 공자와 마찬가지로 인(仁)과 지(知)의 결합을 요구하고 있다. 그것이 "멍청한 인자"의 문제를 피할 수 있다고 보았기 때문이다. 하지만 두 사람은 인(仁)과 지(知)가 어떻게 결합되어야 하는가를 두고 길을 달리한다. 맹자는 인(仁)과 지(知)를 모두 본성 안에 두고서 상황에 따라 독립적인 대응과 복합적인 대응을 말하고 있다. 복합적인 대응일 때 사람은 인(仁)과 지(知) 또는 사덕/사단 중 어느 것에 우선 가치를 두어야 하는지 진지하게 고려하지 않았다. 하지만 맹자는 상세(上世)에 아버지를 계곡에 풍장(風葬)을 한 아들의 당혹스러운 모습을 전하고 있다. 아들은 관습에 따라 아버지를 장례 지냈으니 시비지심에 부합하게 행위

---

34 『荀子』「禮論」: "禮起於何也? 曰人生而有欲, 欲而不得, 則不能無求, 構而無度量分界, 則不能不爭. 爭則亂, 亂則窮. 先王惡其亂也, 故制禮義以分之."

한 것이다. 훗날 그곳을 지나다가 동물이 아버지의 시신을 손상시키고 구더기가 들끓는 장면을 보고 이마에 땀이 나는 등 그냥 지나칠 수가 없었다. 아들은 가던 길을 멈추고 집으로 돌아가 삽을 가지고 와서 아버지의 시신을 흙으로 덮었다.[35] 이것은 처음에 잘못을 부끄러워하는 수오지심(羞惡之心), 차마 그 상황을 내버려두고 가지 못하겠다는 측은지심이 작용한 것이다. 이처럼 맹자는 복합적 상황을 제시할 뿐 그에 대한 가치의 우선순위에 대해 자세한 논의를 하지 않았다.[36] 그는 사단이 상황에 따라 적절하게 연합하면 "멍청한 인자"의 문제가 생기지 않으리라고 생각했던 것이다.

순자는 본성을 방치하게 되면 개인적으로 욕망의 충족을 보장할 수 없고, 사회적으로 갈등의 상황을 피할 수 없다. 이 때문에 그는 본성을 제어하기 위해 본성 바깥에 비교, 추론, 판단, 사유의 지성을 두지 않을 수가 없다. 순자는 결국 지성이 본성을 압도하는 과정을 주도하는 것으로 보는 것이다. 지성이 본성을 지배한다면 "멍청한 인자"의 문제가 발생하지 않게 되는 것이다. 하지만 순자도 지성이 본성을 순치할 수 있는 힘을 전제하고 있다. 아울러 개인과 사회가 공통지성(共通知性)을 발휘할 수 있는지에 대해 많은 주의를 기울이지 않았다. 따라서 맹자와 순자는 인(仁)과 지(知)의 결합에 동의하지만 둘의 결합 방식을 달리 생각했기 때문에 각각 존심양성(存心養性)과 화성양지(化性養知)의 수양과 교육의 목표로 설정하게 되었던 것이다.[37]

---

35 『孟子』「滕文公」上5: "蓋上世嘗有不葬其親者, 其親死則擧而委之於壑. 他日過之, 狐狸食之, 蠅蚋姑嘬之, 其顙有泚, 睨而不視. 夫泚也, 非爲人泚, 中心達於面目."

36 신정근, 『孟子』에서 새로운 倫理의 導出 可能性」, 『東洋哲學』 제13집, 2000 참조.

37 신정근, 「孟子와 荀子 思想의 決定的 差異」, 『東洋哲學硏究』 제67집, 2011, 165~169쪽 참조.

4. 주희의 인(仁)과 지(知) 관계의 해법

주희는 자신 이전에 전개되어온 인(仁)과 지(知) 관계의 해법을 숙지하고 있었다. 그는 "리지자연(理之自然)"과 "확연이대공, 물래이순응(廓然而大公, 物來而順應)"의 감응을 통해 인과 지의 관계를 새롭게 풀어내고자 했다.

1) 지(智)의 냉대와 환대

맹자의 사단은 서양 윤리학에서 말하는 도덕 감정(moral feeling)과 비슷하다. 맹자가 사람의 도덕적 근원을 감정에 둔다고 하더라도, 도덕적 행위에서 지성의 작용을 완전히 배제할 수는 없다. 상황의 특수성을 판단하거나 낯선 환경에서 적합한 행위를 실천할 때, 사유 활동이 필요하기 때문이다. 그런데 맹자는 순자와 달리 지성을 본성 안에 포함시켰을까? 우리는 그 이유를 맹자가 우(禹)의 성공적인 치수를 설명하는 말에 찾을 수 있다.

세상 사람들이 본성을 이야기하는 것은 드러난 자취를 본받는다. 이미 드러난 자취는 순조로움(자연스러움)을 바탕으로 삼는다. 지자를 싫어하는 까닭은 그들이 뚫기 때문이다. 하지만 예컨대 지자라도 우임금이 물길을 내듯이 하면 지를 싫어할 까닭이 없다. 우임금이 물길을 낸 것은 의도적으로 일삼은 바가 없는 식으로 일했다. 만약 지자가 의도적으로 일삼은 바가 없듯이 일하면 그 지 또한 위대하다.[38]

---

38 『孟子』「離婁」下26: "天下之言性也, 則故而已矣, 故者以利爲本. 所惡於智者, 爲其鑿也. 如智者, 若禹之行水也, 則無惡於智矣. 禹之行水也, 行其所無事也. 如智者, 亦行其所無事也, 則智亦大矣."

우(禹)는 물길을 내는 치수 사업을 추진하면서 철저하게 지형을 따랐지 어떠한 다른 외부적 목적을 고려하지 않았다. 훗날 주희는 우(禹)의 치수를 물이 높은 곳에서 낮은 곳으로 흐른다는 자연지세(自然之勢)에 따른 작업으로 설명했다. 맹자는 지형을 따르지 않는 작업을 '사(事)'로 보았고, 주희는 자연지세를 따르지 않는 작업을 '교유조작(矯揉造作)'으로 보았다.[39] 무엇이 자연지세를 따르지 않는 사(事)를 벌이게 되는 것일까? 맹자는 그 원인을 지(智)에서 찾았다. 왜 지(智)는 교유조작(矯揉造作)의 사(事)를 벌이는 것일까? 지(智)가 착(鑿)의 특성을 가지고 있기 때문이다. 착(鑿)은 안쪽을 파내서 비게 하거나 바깥쪽을 깎아내서 가늘게 한다는 뜻이다.[40] 결국 착(鑿)은 외적인 목적에 따라 사물이 원래 가지고 있던 모양을 바꾸는 가공을 하게 된다. 이렇게 보면 지(智)는 원래 있던 모양과 성질을 바꾸는 변형(變形), 변성(變性)의 특성을 가지고 있는 것이다.

이렇게 되면 맹자는 지(智)를 완전히 부정하는 것일까? 그렇지 않다. 우(禹)의 치수처럼 변형과 변성의 특성을 드러내지 않고 원래 있던 것을 바꾸지 않으면 맹자는 지(智)를 허용할 수 있다. 간단히 말하면 즉고(則故)의 지(智)이다. 이렇게 허용된 것이 바로 사단의 시비지심인 것이다. 이로써 우리는 맹자가 순자와 달리 지(智)를 본성의 외부가 아니라 내부에 두었는지 이해할 수 있게 되었다. 즉 지(智)는 본성에 종속된 것이다. 주희는 맹자가 본성과 연결시킨 지(智) 또는 시비지심을 자연지세와 자연지고(自然之故)의 자연(自然)으로 연결시켰다.

맹자만이 아니라 장자(莊子)도 사적 특성 때문에 지(智)의 가치를 높이치지 않았다. 그러한 관점은 한 제국 초기의 『회남자(淮南子)』에도 그대로 이어졌다.

---

39 『孟子集註』: "其所爲故者, 又必本其自然之勢, 如人之善, 水之下, 非有所矯揉造作而然者也. 若人之爲惡, 水之在山, 則非自然之故也."

40 焦循, 『孟子正義』: "鑿有二義, 其一爲空, …… 其一爲細, 鑿其內則空, 鑿其外則細."

저울이 좌우의 물건을 잴 때 경중을 주관적으로 하지 않으니 공평할 수 있다. 먹줄이 안팎을 그을 때 곡직을 주관적으로 하지 않으니 공정할 수 있다. 군자가 법을 운용할 때 호의와 증오를 주관적으로 하지 않으니 명령을 내릴 수 있다. …… 이것이야말로 술법에 맡기고 사람의 마음을 끼어들지 않는 길이다. 이 때문에 세상을 다스리는 데에는 지식이 끼어들지 않는다. 배가 물에 뜨고 수레가 땅에 굴러가는 것은 자연적인 세이다. …… 도리의 이치에 따르지 않고 자신의 재능만을 믿으면 궁지에 막혀 나아가지 못한다. 따라서 지식은 세상을 다스리기에 부족하다.[41]

곡식을 팔아 자식을 교육시키는 농부가 있다고 하자. 농부는 곡물을 수확한 뒤 잘 손질해서 팔기 위해 시장에 갔다. 곡물을 저울에 올려보니 무게가 자신이 생각하는 것보다 적게 나왔다. 다른 저울에 달아도 무게가 마찬가지였다. 반대로 상인은 농부의 곡물이 생각보다 더 많이 나온다고 생각할 수 있다. 이처럼 사람은 사물을 있는 그대로 취급하지 않고 자신의 기대, 욕망을 개입시킨다. 이러한 기대와 욕망은 개인의 지(智)에서 촉발된 것이다. 이때 지(智)는 공적(公的)이지 않고 전적으로 사적(私的)으로 발휘되고 있다. '나'의 욕망을 충족시키기 위해 객관적인 공(公)마저 수용하지 않는 것이다.

이 때문에 개인의 지(智)는 객관적인 무게를 그대로 수용하지 않고 "측정되지 않고 남은 무게"가 있으므로 '그것'을 찾아내려고 한다. 즉 그는 "불인도리지수, 이전기지능(不因道理之數, 而專己之能)"하는 것이다. 이것은 물에 떠다는 배나 땅위를 굴러가는 수레의 "세지자연(勢之自然)"이 아니라 그 자연을 변화시키려고 하는 움직임을 낳는 것이다. 따라서 『회남

---

41 『淮南子』「主術訓」: "衡之於左右, 無私輕重, 故可以爲平. 繩之於內外, 無私曲直, 故可以爲正. 人主之於用法, 無私好憎 故可以爲命. …… 是任術而釋人心者也, 故爲治者不與焉. 夫舟浮於水, 車轉於陸, 此勢之自然也. …… 不因道理之數, 而專己之能, 則其窮不達矣. 故智不足以治天下也."

자』에서는 개인의 욕망을 실현하기 위해 사적 남용으로 흐를 수 있기 때문에 지(智)를 경계한다고 할 수 있다. 여기서 주목해야 할 것은 『회남자』의 '세지자연'이 주희의 자연과 다르다는 것이다. 주희는 맹자의 사상을 충실히 계승하여 자연을 본성화시키고 있는 반면 『회남자』는 장자를 잇고 있으므로 자연을 객관화시키고 있다.

그러나 지(智)가 착(鑿)과 사(私)의 위험성을 가지고 있다고 하더라도 도덕적 삶에서 그 가치를 완전히 부정할 수는 없다. 공자는 일찍이 『논어』에서 인(仁)과 지(知)의 결합을 시도한 적이 있다. 둘의 결합 양상은 "지급인수(知及仁守)"이다.[42] 원문에 목적어가 없어서 그 의미가 분명하지 않다. 주희는 지(知)가 해야 할 도리를 아는 것이고 인(仁)은 사욕(私欲)이 끼어들어 도리에 집중하지 못하는 것을 막는다는 식으로 풀이하고 있다.[43] 선후(先後)로 보면 지(知)가 먼저이고 인(仁)이 나중인 지선인후(知先仁後)가 된다. 지(知)가 먼저 "무엇이 해야 하는지" 또는 "무엇이 옳은지"를 깨닫고 인(仁)은 알게 된 도리를 첫 번째 자리에 두고 두 번째나 세 번째로 밀려나지 않게 한다. 이로써 우리는 공자가 인(仁)과 지(知)의 관계를 지급인수와 지선인후로 결합시킨다는 것을 알 수 있다.

공자가 지급인수로 인(仁)과 지(知)를 결합시켰지만 그 관계가 명백하지 않았다. 한 제국 초기를 대표하는 유안(劉安) 그룹과 동중서는 인(仁)과 지(知)의 관계를 좀 더 명시적으로 규정하려고 시도했다. 동중서는 『춘추번로(春秋繁露)』에서 편명을 '필인차지(必仁且智)'로 할 정도로 인(仁)과 지(智) 결합의 필연성을 역설했다.

인보다 가까운 것이 없고 지보다 급한 것이 없다. 인하지 않고 용력과 재능

---

42 『論語』「衛靈公」33: "子曰: 知及之, 仁不能守之, 雖得之, 必失之. 知及之, 仁能守之. 不莊以涖之, 則民不敬. 知及之, 仁能守之, 莊以涖之, 動之不以禮, 未善也."

43 『論語集註』: "知足以知此理, 而私欲間之, 則無以有之於身矣."

이 있으면 미친 채로 날카로운 무기를 잡은 것과 같다. 지혜롭지 않고 아는 게 많고 말재주가 뛰어나면 길을 모른 채 좋은 말을 탄 것과 같다. 따라서 인 하지 않고 지혜롭지 않으면 재능이 가지고 있으면 비뚤어지고 사나운 마음을 돕고 치우치고 어긋난 행동을 거들어서 잘못을 크게 하고 악을 심하게 할 수 있다. …… 인하지만 지혜롭지 않으면 사랑하지만 변별하지 못한다. 지혜롭 지만 인하지 않으면 알지만 하지 않는다. 그러므로 인자는 인류를 사랑하고 지자는 손해를 제거하는 바탕이다.[44]

동중서는 먼저 인(仁)과 지(智)를 각각 애인류(愛人類)와 제기해(除其 害)로 정의했다. 이어서 인(仁)이 없는 용기가 칼을 든 광인(狂人)을, 지 (智)가 없는 달변이 말을 탄 우인(愚人)을 낳는 위험성을 말하고, 인(仁) 과 지(智)가 모두 없다면 사람이 악으로 가는 길을 통제할 수 없을 뿐만 아니라 대비(大非)와 심악(甚惡)의 재앙을 가져온다고 경고하고 있다. 마 지막으로 인(仁)이 없는 지(智)는 분별없는 사랑으로 이어지고, 지(智)가 없는 인(仁)은 실천하지 않는 앎으로 이어지게 된다. 결국 인(仁)과 지 (智)는 독립적으로 불완전하므로 결합되지 않을 수 없다는 결론을 내리 고 있다.
　유안 그룹의『회남자』도 내용적으로『춘추번로』와 겹치면서 인과 지의 관계를 좀 더 명시적으로 설명하고 있다.

인자는 동류(인류)를 사랑하고 지자는 헷갈리지 않는다. 인자는 사람을 처벌 할 때에도 차마 하지 못하는 낯빛을 볼 수 있고, 지자는 번거롭고 복잡한 일 을 만나도 당황하지 않는 모습을 볼 수 있다. 속마음으로 동정하고 정으로 나

44　『春秋繁露』「必仁且智」: "莫近於仁, 莫急於智. 不仁而有勇力材能, 則狂而操利兵也. 不 智而辯慧獪給, 則迷而乘良馬也. 故不仁不智而有材能, 將以其材能, 以輔其邪狂之心, 而贊其僻違之行, 適足以大其非, 而甚其惡耳. …… 仁而不智, 則愛而不別也. 智而不仁, 則知而不爲也. 故仁者所愛人類也, 智者所以除其害也."

타내고 제 마음이 내키지 않으면 다른 사람에게 시키지 않으며, 가까운 곳에서 먼 곳을 헤아리고 나로부터 다른 사람을 헤아렸으니, 이것은 인과 지가 결합하여 움직인 것이다. …… 사람의 성정은 인보다 귀한 것이 없고 지보다 급한 것이 없는데, 인으로 바탕으로 삼고 지를 실행한다. 이 둘을 기준으로 하여 거기에다 용력, 슬기, 민첩, 노력, 기교, 예리, 총명, 관찰을 더하면 모든 이익을 다 얻을 수 있다.[45]

유안 그룹은 먼저 인(仁)과 지(智)를 각각 애기류(愛其類)와 불가혹(不可惑)으로 정의하고 있다. 유안 그룹과 동중서를 비교해보면, 애기류(愛其類)의 인(仁)은 애인류(愛人類)의 인(仁)과 서로 비슷하지만 불가혹(不可惑)의 지(智)는 제기해(除其害)의 지(智)와 다르다. 둘은 모두 인(仁)을, 사람을 사랑하는 맥락으로 풀이하고 있다. 반면 지(智)에 대해 동중서는 해악(害惡)을 제거하는 이해의 관점을 나타낸다면, 유안 그룹은 정확한 인식의 관점을 나타내고 있다. 즉 동중서가 사회 정치적 특성을 보이는 반면 유안 그룹은 철학 사상적 특성을 보이고 있다.

유안 그룹은 인(仁)과 지(智)의 관계에 대해 동중서에 비해 두 가지를 분명하게 나타내고 있다. 첫째, 인(仁)과 지(智)가 어떤 맥락에서 결합되고 있는 명시적으로 설명하고 있다. 인(仁)은 "내가 바라지 않는 것을 타인에게 시키지 않는다"라는 사랑을 실천하게 하고, 지(智)는 근(近)을 바탕으로 원(遠)을 알고, 자신을 바탕을 타인을 아는 것이다. 이 지점은 인(仁)과 지(智)의 관련 양상을 명시적으로 설명한 최초의 사례라고 할 수 있다. 둘째, 인(仁)과 지(智)의 관계를 인질지행(仁質智行)으로 규정하고 있다. 인(仁)이 바탕으로서 먼저 확립되고 지(智)는 그 바탕을 실행하는 것이다. 선

---

45 『淮南子』「主術訓」: "仁者愛其類也, 智者不可惑也. 仁者雖在斷割之中, 其所不忍之色可見也, 智者雖遇煩難之事, 其不闇之效可見也. 內恕反情, 心之所欲, 其不加諸人, 由近知遠, 由己知人, 此仁智之所合而行也. …… 凡人之性, 莫貴於仁, 莫急於智, 仁以爲質, 智以行之. 兩者爲本, 而加之以勇力辯慧, 捷疾劬錄, 巧敏犀利, 聰明審察, 盡衆益也."

후로 보면 인선지후(仁先智後)가 된다. 이것은 『논어』의 지급인수(知及仁守), 즉 지선인후(知先仁後)의 관계를 재조정하는 시도라고 할 수 있다.

2) 주희의 종합과 '감응(感應)'[生成]

주희 이전까지 지(智)는 착(鑿)과 사(私)의 특성으로 인해 홀대를 받기도 했지만 인(仁)과 불가분의 관계에 있는 것으로 밝혀지면서 환대를 받게 되었다. 주희가 인(仁)과 지(智)의 관계를 어떻게 정립(定立)했는지를 논의하기 이전에 먼저 리(理)를 살펴보지 않을 수가 없다. 왜냐하면 주희는 이전의 철학자들과 달리 인(仁)과 지(智)를 포함한 사덕(四德)을 리(理)로 규정하고 있기 때문이다.

주희에 따르면 리(理)와 기(氣)는 서로 구분되지만 완전히 독립적으로 존재하는 두 실체가 아니다. 세계의 모든 존재는 리와 기의 결합으로 생성된다. 리는 근원적으로 기에 앞서지만 기가 없다면 현실에서 존재할 터가 없기 때문이다.[46] 하지만 리가 기에 괘탑(掛搭)해있다고 하더라도 경험을 초월해있다. 기가 응결과 조작의 특성을 가지고 있으므로 감각과 사유의 대상이 되지만, 리는 정의(情意), 계탁(計度), 조작(造作)을 허용하지 않는 선험적 특성을 가지고 있다.[47]

그렇다면 기에 의해 생장 변화하는 현실을 규제하는 리의 왕국은 도대체 어떤 방식으로 존재하는 것일까? 주희는 앞서 리와 기의 관계를 설명하면서 리(理)는 어떠한 형태를 지니고 있지 않으므로 결코 조작할 수

---

46 『朱子語類』卷1: "此本無先後之可言. 然必欲推其所從來, 則須說先有是理. 然理又非別爲一物, 卽存乎是氣之中. 無是氣, 則是理亦無掛搭處."

47 『朱子語類』卷1: "及此氣之聚, 則理亦在焉. 蓋氣則能凝結造作, 理卻無情意, 無計度, 無造作. 只此氣凝聚處, 理便在其中. 且如天地間人物草木禽獸, 其生也, 莫不有種, 定不會無種子白地生出一箇物事, 這箇都是氣. 若理, 則只是箇淨潔空闊底世界, 無形跡, 他卻不會造作. 氣則能醞釀凝聚生物也. 但有此氣, 則理便在其中."

없는 "정결공활저세계(淨潔空闊底世界)"의 특성을 갖는다고 말했다. '정결(淨潔)'은 어떠한 인위적인 목적이나 개인적인 욕망이 개입하지 않은 순수성을 나타내고, '공활(空闊)'은 시공간적으로 한정되지 않는 무한성을 나타낸다. 즉 "정결공활저세계"는 리가 공허하다거나 무존재의 상태에 있다는 것을 가리키지 않는다. 오히려 그 세계는 고요하여 어떠한 경험적 사건이 일어나지 않지만 그 자체 질서가 잡힌 조리도 있고 전체의 연관성이 짜여진 간가(間架)가 있다.[48] 즉 리는 선험적 구조를 가지고 있는 것이다.

이제 선험적 구조를 가진 리는 세계와 어떻게 관계를 맺을까? 또 사람은 도덕적 상황에 놓일 때 어떻게 리에 따라 살아갈 수 있을까? 이 두 질문은 동전의 양면처럼 연관되어있다. 리와 세계(인간)의 관계를, 하나는 리의 입장에서 바라보는 것이고, 다른 하나는 세계(인간)의 입장에서 바라보는 것이다.

주희는 리와 세계(인간)의 관계를 설명할 때 "확연이대공, 물래이순응(廓然而大公, 物來而順應)"과 "리지자연(理之自然)"의 표현을 자주 사용한다.[49]

먼저 "확연이대공, 물래이순응(廓然而大公, 物來而順應)을 살펴보자. 주희는 "사친필어효, 사장필어제(事親必於孝, 事長必於弟)"의 요구에 대해 이의를 제기했다. 자식이 어버이에게 효도하고, 동생이 형을 공경하는 것이 옳다. 하지만 그는 '필(必)'자를 문제 삼았다. '필(必)' 자는 "자식이 부모에 효도하는 것"과 "자식이 부모에게 효도해야 하는 것" 사이의 간격이 있다는 것을 나타낸다. 즉 자식이 다른 일로 인해 효도를 할 수 없

---

48 『朱熹集』卷58「答陳器之問玉山講義」: "蓋四端之未發也, 雖寂然不動, 而其中自有條理, 自有間架, 不是儱侗都無一物."

49 李定桓은 이 문제를 미발함양의 실천의지의 최초 발생으로 설정하고서 그 전환의 계기를 외적 계기와 본유적인 능력 양자를 꼽는다. 이정환, 「朱熹 修養論에서 實踐主體와 實踐意志—두 마음의 二律背反을 中心으로」, 『철학사상』 제37호, 2010.

거나 어떤 조건 때문에 효도를 할 수 없음에도 불구하고 "효도를 해야 하기 때문에 효도를 하는 상황"이 생길 수가 있다.

이렇게 되면 "부모에 효도한다"라는 규범은 사람에게 고통을 낳게 되고 오랫동안 지속할 수 없게 된다.[50] 즉 사람은 '효도'를 늘 사유하고 기억해서 상황을 놓치지 않도록 전전긍긍해야 하므로, 오히려 "효도를 해야 한다"는 강박관념이 효도(孝道)를 못하게 할 수도 있다. 또 사람은 제대로 하기 어려운 '효도(孝道)'를 피하거나 대충 하려고 하는 기피증을 낳을 수 있다. 정호(程顥)는 일찍이 「정성서(定性書)」에서 군자의 학문은 "확연이대공, 물래이순응(廓然而大公, 物來而順應)"하지만 '자사(自私)'와 '용지(用智)'로 인해 기피증과 강박관념을 낳을 수 있다고 보았다.[51] 주희는 정호의 주장을 연결시켜서 "'활연이대공', 변시불자사. '물래이순응', 변시불용지('豁然而大公', 便是不自私. '物來而順應', 便是不用智.)"(『주자어류(朱子語類)』卷64)로 정리하고 있다.

정호와 주희에 따르면 "활연이대공(豁然而大公)"에서 사람은 사적(私的) 존재에서 완전히 공적(公的)인 존재로 바뀌고, "물래이순응(物來而順應)"에서 사람은 지(智)를 발휘하는 존재에서 지(智)에 기대지 않는 존재로 바뀌게 된다. 둘을 종합하면 사람은 완전히 공적이며 지(智)에 의존하지 않아 리와 일체를 이룬 존재가 된다. 이렇게 대공(大公)의 존재와 리 사이에는 개념적 사유, 개인적 감성, 소유적 욕망이 끼어들 여지가 없다.

주희는 이러한 상태를 "자연지리(自然之理)" 또는 "리지자연(理之自然)"으로 표현하고 있다. 이 "리지자연"은 현실에서 차등적으로 실현된다.

---

50 『朱子語類』卷8: "如事親必於孝, 事長必於弟, 孝弟自是道理合當如此. 何須安一箇'必'字 在心頭, 念念要恁地做. 如此, 便是辛苦, 如何得會長久? …… 若物格・知至, 則意自誠. 意誠, 則道理合做底事自然行將去, 自無下面許多病痛也. '擴然而大公, 物來而順應.'"

51 「定性書」: "君子之學, 莫若擴然而大公, 物來而順應. …… 大率患在於自私而用智. 自私 則不能以有爲爲應跡, 用智則不能以明覺爲自然."

조수(鳥獸)와 초목(草木)은 각각 서로 다른 형기(形氣)의 제약을 받으므로 리가 개별화된 성(性)에서 차이를 보일 수밖에 없다. 이것은 종(種)의 차이만이 아니라 동종(同種)의 개별적 차이를 포함한다. 예컨대 조수와 초목이 다르고, 초목 중의 한 나무도 잘 자라기도 하고 일찍 죽기도 한다. 주희는 이를 개별적 본성을 따르는 순기성(循其性)이며 자연지리의 작용으로 말한다. 이러한 자연지리의 작용은 원래부터 인위(人爲)에 의존하지도 않고 인위가 개입될 이유조차 없다.[52] 이로써 리는 무제약적으로 인간을 포함한 이 세계를 완전하게 규율하게 되는 것이다. 세계가 리의 왕국으로 거듭나게 되었다.

지금까지 우리는 리가 어떻게 인간(세계)을 규제하는지를 살펴보았다. 이제 인간의 입장에서 리를 실현할 수 있을까 살펴보자. 이와 관련해서 감응(感應)과 심(心)의 지각(知覺)에 주목할 만하다. 감응은 사람이 리를 실현하는 과정을 설명해줄 수 있다. 예컨대 사람이 아이가 우물에 빠지려는 사태를 감지하면 곧 인(仁)의 리가 호응하게 되므로 측은지심(惻隱之心)이 모습을 드러내게 된다. 사람이 사당이나 조정을 지나가는 상황에 놓이면 곧 예(禮)의 리가 호응하게 되므로 공경지심(恭敬之心)이 모습을 드러내게 된다. 사람은 또 다른 사태를 만날 때마다 그 사태에 맞는 리가 호응하고 또 그 리에 맞는 마음이 모습을 드러낸다.[53] 그러면 사람은 모습을 드러낸 마음대로 행위를 하게 되는 것이다. 행위화를 주희의 감응 과정을 도식화시키면 아래와 같다.

---

52 『中庸或問』: "雖鳥獸草木之性, 僅得形氣之偏, 而不能有以通貫乎全體. 然其知覺運動, 榮悴開落, 亦皆循其性, 而各有自然之理. …… 是豈有待於人爲, 而亦豈人之所得爲哉?"

53 『朱熹集』卷58「答陳器之問玉山講義」: "所以外邊纔感, 中間便應. 如赤子入井之事感, 則仁之理便應, 而惻隱之心於是乎形. 如過廟過朝之事感, 則禮之理便應, 而恭敬之心於是乎形. 蓋由其中間衆理渾具, 各各分明, 故外邊所遇隨感而應, 所以四端之發, 各有面貌之不同."

① [外邊: 感] → ②[理: 應] → ③[心: 形] → ④[身: 視聽言動]

감응이 일어나는 과정과 귀결은 결국 "리지자연" 그리고 "확연이대공, 물래이순응"과 같아진다. 하지만 차이가 있다. 감응의 과정이 끊어지지 않고 지속적으로 진행되려면 사람은 어떻게 해야 할까? '내'가 어떤 상황이 놓여있는지, '내'가 끊임없이 어떤 다른 상황을 만나고 있는지 '감(感)' 해야 한다. 따라서 ①'내'가 지금 우물에 빠지는 아이를 보고 있는지, 사당 앞을 지나고 있는지 상황을 정확하게 파악해야 한다. 아울러 ②'감(感)'(자극)하면 곧바로 그 상황에 맞는 리(理)가 자연히 '감(應)'(반응)할 수 있게 된다. ③외변(外邊)과 리 사이의 감응이 자연스럽게 작용하면 그 리를 구체화시키려는 심(心)이 모습을 드러낸다. ④마지막으로 현상화된 심을 적절하게 행위로 드러나게 된다.

①은 '내'가 어디에 있는지를 감각적으로 경험할 수 있는 사태이다. 이 사태를 경험하면서 '내'가 어디에 있다는 것을 알아차리는 것 자체가 어렵지 않다. 물론 우리는 간혹 상황 파악을 잘못해서 우스꽝스러운 장면을 연출하기도 하지만 상황을 파악하면 부자연스러운 언행을 바로잡기 때문이다.

②는 "확연이대공, 물래이순응(廓然而大公, 物來而順應)"과 "리지자연(理之自然)"에 이른 사람, 즉 대공(大公)의 '나'에게 자연스러운 호응이 일어날 수 있다. 하지만 사람이 대공과 순응에 이르지 못하고 자사(自私)와 용지(用智)에 머물러있다면, 상황에 맞는 리의 응(應)이 일어나지 않는다. 결국 사람은 어떠한 상황에서도 리지자연이 일어나도록 방애 요인 또는 결격 사유를 줄이려는 노력을 하지 않을 수가 없다. 그러한 노력은 즉물궁리(卽物窮理)와 미발함양(未發涵養)으로 이어지게 된다. 리지자연에서 사유와 감정이 모두 개입할 가능성이 없다. 리 자체가 사유와 감정을 넘어서 있기 때문이다. 하지만 사람이 궁리(窮理)와 함양(涵養)을 통해 리지자연의 작용을 순조롭게 하기 위해 정서적 공감이나 개념적 사유에 의존

하지 않을 수 없다.

③은 ②가 실재한다는 것을 확인할 수 있는 사건이다. 사실 ②는 ①과 ③을 인도하고 규제하는 근원이지만 사람은 결코 ②의 존재에 접근할 수 없다. 접근할 수 있다면 ②는 곧바로 조작의 대상이 되어버린다. 그 결과 리와 기의 차이가 없어지게 된다. 바로 이 점 때문에 주희는 온갖 논란에도 불구하고 정의(情意), 계탁(計度), 조작(造作)을 초월한 곳에 리를 정초시켰던 것이다. 그렇다고 주희는 리의 불가지론(不可知論)에 빠지지 않았다. 왜냐하면 사람이 상황에 맞는 ③의 심(心)을 보편적으로 경험할 수 있기 때문이다. 사람은 유자입정(孺子入井)의 상황에 놓이면 모두 예외 없이 측은지심을 경험하게 되는데, 이것은 그러한 상황에서 측은지심을 현상시키는 존재가 실재한다고 믿을 수밖에 없는 것이다. 따라서 사람이 리지자연을 방애하지만 않는다면, ②에서 ③으로 이어지는 과정은 자연스럽게 진행된다. 이때 사람은 마음에 드러나는 현상[已發]을 지각하면 된다. 예컨대 측은지심의 경우 놀라고 안타까운 심리 상태로 나타나고 어려운 사람을 내버려둘 수 없고 뭔가를 해야 한다는 자각을 낳는다.

④는 인용문에서 주희가 말하지 않았지만 생략된 내용이라고 할 수 있다. 리[性]와 심(心)을 닮은 행위는 사실 본성과 일치하지 않는다. 사자(死者)를 애도할 때 울음을 터뜨리는 것은 자연스러운 행위라고 할 수 있지만, 친구 집을 방문할 때 어떤 예물(禮物)을 가지고 가는 것은 문화적인 행위라고 할 수 있다. 여기에는 후천적 학습이 필요하다고 할 수 있다.

이제 감응을 인(仁)과 지(智)의 관계와 짝지어 논의를 해보자. 감응은 (1)리지자연이 제대로 작용하지 않는 단계와 (2)완벽하게 작동하는 단계로 나눠보아야 한다. (1)의 경우 사람은 즉물궁리를 통해 세계의 총체적 연관성과 의미망을 구조화시키는 리를 파악하지 못하고 미발함양을 통해 마음의 전일성에 이르지 못했다. 이 경우 사람은 여전히 사욕에 이끌

리기도 하고 어리석은 생각에 빠지기도 하여 잘못을 저지를 수 있다. 또 어려운 사람을 도와야겠다는 의욕이 없어서 '내'가 어떠한 상황에 놓여 있는지 제대로 파악하지 못할 수 있다. 「옹야」24의 경우 사람이 우물 밖에 있어야 우물 안에 있는 사람을 구할 수 있다. 반면 상황 파악을 하지도 않고 우물에 들어간다면 사람을 제대로 구할 수 없게 된다. 이러한 리가 참으로 분명하여 사람이 알아차리기가 쉽다. 이 리를 알아차리지 못하면 인자(仁者)는 사람을 구하는 데에 정신이 팔려서 제 몸을 돌보지 않아 재아(宰我)의 말처럼 어리석은 행동을 할 수 있다.[54] 즉 "명청한 인자"가 되는 것이다.

(2)의 경우 사람은 형기(形氣)와 인심(人心)의 제약을 받는 한계를 가진 존재이지만 그 한계를 넘어선 공인(公人)이고, 사람이 해낼 수 있는 최대의 가치를 실현한 성인(聖人)이고, 더 이상 외부의 타자가 없는 인자[仁人]이다. 이 공인은 형기를 리지자연에 완전히 순응하게 만든 초인(超人)이기도 하다. 이 공인은 신(身)을 가지고 있지만 신(身)의 욕망이 독자적인 권리를 주장하지 않는다. 이로써 공인은 형기로 제약된 심신(心身)을 넘어서 세계와 교류하는 심신을 가지게 된다. 사람은 독립된 개체(個體)로 머무르지 않고 개체와 개체의 연대로 통체(通體)[一體, 全體]를 이루게 된다.[55]

통체로서 사람은 『예기』의 다음 구절에서 그 특징이 잘 드러난다.

"致中和, 天地位焉, 萬物育焉."(「中庸」)

"天子者, 與天地參, 故德配天地, 兼利萬物, 與日月並明, 明照四海而不遺微小."(「經解」)

---

54 『論語集註』: "蓋身在井上, 乃可以救井中之人, 若從之於井, 則不復能救之矣. 此理甚明, 人所易曉. 仁者雖切於救人, 而不私其身, 然不應如此之愚."

55 『朱子語類』卷6: "無私, 是仁之前事; 與天地萬物爲一體, 是仁之後事. 惟無私, 然後仁, 惟仁, 然後與天地萬物爲一體."

사람은 형기의 제약에 놓여있지만 그 제약을 초월하게 되면서 사람이면서 천지(天地)와 덕(德)을 함께 하는 경지에 오르게 된다. 즉 사람은 세계를 운용하는 천지인(天地人)의 삼재(三才)가 되는 것이다. 형기의 존재에서 삼재의 존재로의 비상이 이루어지는 것이다. 이제 사람은 바로 "확연이대공, 물래이순응(廓然而大公, 物來而順應)"과 "리지자연(理之自然)"의 감응이 한 순간도 쉬지 않고 지속되는 시스템이다. 이로써 감응은 도덕의 영역만이 아니라 세계의 전 영역을 포괄하는 운동이 된다. 즉 감응은 생성이자 창조이다. 세계가 지속된다는 것은 생성이 일어난다는 것이다. 생성이 일어난다는 것은 감응이 작동하고 있다는 것이다. 주희는 생성론(生成論)의 감응을 통해 철학사에 골칫거리로 남아있던 "멍청한 인자"의 문제를 해결하고자 했던 것이다.

5. 맺음말

오늘날 '철학'은 서양의 Philosophy의 번역어이다. 동양과 서양이 만나는 과정에서 Philosophy는 '철학(哲學)'으로 옮겨졌다. Philosophy의 지혜는 안다고 해서 행동으로 곧장 이어지지 않고 실용적인 결과를 산출하지 않으며 세계의 본질에 다가가는 순수지의 특성을 갖는다. 동양철학 중 특히 유가는 지에 대한 독특한 태도를 보였다. 유가는 도덕에서 지식, 지성의 역할을 결코 부정하지 않았다. 다만 유가는 지성이 어떠한 제약을 받지 않고 무소불위의 권력을 행사를 있느냐를 두고 깊은 고민에 빠졌다. 그 결과 맹자는 지성이 근거를 뚫어버리는 착(鑿)의 위험성을 통찰했다. 하지만 그는 사단에서 지(知)야말로 지금까지 없었던 새로운 도덕적 상황을 해결할 수 있는 근원으로 보았다.

주희는 이러한 지적 전통을 수용하면서 "멍청한 인자"의 문제를 해결하고자 했다. 지성이 압도하면 한계를 돌파하여 도덕의 세계를 뛰어넘을 수 있다. 도덕 감성을 강조하면 제어되지 않는 감정의 홍수에 빠질 수가 있다. 주희는 인식에 의해 세계를 구성하는 것이 아니라 감응에 의해 인과 지가 생성론에서 통합될 수 있는 길을 찾아냈던 것이다. 이로써 지(知)는 자연의 틀을 벗어나지 않으면서 자연에서 생기는 문제를 해결하는 정원사(농부)의 역할을 해내게 되었다.

주자(朱子)의 『대학(大學)』 해석에 있어서의 실천의 문제
– 왜 지어지선(止於至善)은 독립된 강령인가?

김도일(성균관대학교 유학동양한국철학과 부교수)

1. 도입

주자(朱子)의 학문은 『대학(大學)』에서부터 시작한다. 주자는 이 책을 다른 어떤 경전보다도 먼저 이해하여야 한다고 보았다. 『대학』의 골자는 학문함의 시종(始終)으로, 이는 삼강령(三綱領)으로 간단히 제시된다. 그 세 가지 강령은 명명덕(明明德), 신민(新民), 그리고 지어지선(止於至善)이다. 학문은 자기 내면의 덕(德)을 길러주는 데에서 시작하여[明明德], 이를 바탕으로 주변 사람들을 감화시켜 새롭게 변화시키며[新民] 그럼으로써 궁극적으로는 이상적인 공동체를 이룩하고 유지하는 데까지 미쳐야 한다[止於至善]는 뜻이다. 이처럼 학문의 핵심이 간단히 제시되는 것이다. 뿐만 아니라 『대학』은 그 설명 방식까지 일목요연하다. 이는 다양한 주제를 때로는 번잡한 대화 형식으로써 전개하는 『논어(論語)』나 『맹자(孟子)』와 대조된다.[1] 그러니 주자가 『대학』을 학문의 첫손가락으로 꼽은 것

---

[1] 『讀大學法』 1쪽. 『四書大全』 참조. 쪽수는 대만 상무인서관의 『(文淵閣)四庫全書』를 저본으로 한 『(文淵閣)四庫全書 電子版』, 香港: 迪志文化出版, 2002를 참조한다. 이후 본 논문에서는 『사고전서』로 표기한다.

이다.

    그런데, 다음과 같은 의문이 제기될 수 있다. 왜 강령이 셋이냐이다. 유가사상의 중핵은 수기치인(修己治人)에 있다고 종종 말하여진다.[2] 이 수기와 치인은 명명덕과 신민으로 각기 대치될 수 있다. 반면 지어지선은 명명덕과 신민의 지향점에 지나지 않아 보인다. 때문에 지어지선이 왜 명명덕과 신민에 병립되어 세 번째 강령으로서 제시되는지 명확하지 않다. 이러한 의문에서 주자는 왜 지어지선을 하나의 독립된 강령으로 보았는지 톺아볼 필요가 있다. 이것이 본고의 논제이다.

    같은 질문을 조선(朝鮮)의 박세당(朴世堂)이 제기한 적 있다.[3] 그는 대학의 도[大學之道]는 명명덕, 신민 두 강령으로 충분하다고 보고, 지어지선은 그 둘의 지향점에 지나지 않으니 독립된 강령으로서는 부족하다고 주장하였다. 이른바 이강령설(二綱領說)이다. 그 논거 중 하나는 강령의 세부적 조목들인 팔조목(八條目)이 명명덕과 신민에 모두 배속된다는 것이다. 박세당의 이강령설은 주자의 삼강령 체제를 부정한 것이긴 하지만, 그가 이것만으로는 주자의 『대학』 해석에 전반적 반론을 제기하는 데 성공하였다고 보기는 어렵다.[4] 왜냐하면 여덟 조목을 명명덕과 신

---

2 예를 들어, 『論語 · 憲問』에 다음과 같은 표현이 있다. "修己以安百姓."

3 『大學思辨錄』: "在止於至善 言明德新民皆必求止於至善然後乃已 學之道在是. …… 注以明德新民至善三者爲一書之綱領, …… 今明德新民旣各自爲一事矣. 至善又可得以自爲一事乎? 註言明德新民皆當止於至善 然則捨明德新民而更無所謂一段至善者可見. 且有綱必有目 未有無其目而獨有其綱. …… 而及求其爲止至善之目者則終不可以得. 以此知此書之爲綱者二而已." 이는 『國際儒藏(韓國編 四書部)』, 北京: 華夏出版社/中國人民大學出版社, 2010의 2권 518쪽 참조. 이후 『국제유장』으로 표기한다.

4 강지은은 박세당의 二綱領說은 지어지선이 수양의 지속성과 연관된다는 점을 제대로 파악하지 못한 소치라고 본다. 또한 『대학사변록』에서의 『대학』 해석을 탈- 혹은 반-주자학적이라고 판단하기에는 무리가 있다고 주장한다. 박세당은 다만 『대학』의 가르침이 너무 어려운 수준의 수양으로 오해될 것을 우려하여 몇 가지 다른 해석을 제시하였을 뿐이지, 전체적인 그의 해석은 주자의 것에 의존한다고 파악한다. 강지은, 「西溪 朴世堂의 『大學思辨錄』에 대한 재검토-『大學章句大全』의 朱子 註에 대한 비판적 고찰의 의미를 중심으로-」, 『한국실학연구』 13호, 2007, 320~321쪽. 박세당의 해석이 탈- 혹은 반-주자학적인지에 대한 문제는 그가 사문난적으로 낙인찍혔던 조선 성리학계 내에서뿐만 아니라 현대의 조선성리학사 연구자들 사이에

민에 모두 배속시킨 것 자체가 주자의 이해이기 때문이다.[5] 일단 이강령설이 얼마나 타당한지의 문제는 차치하더라도, 한 가지는 분명하다.[6] 그 주장이 제기되었다는 사실은 적어도 지어지선이 왜 독립된 강령인지 주자가 충분히 설명하지 못하였음을 보여준다.[7]

2. 지어지선(止於至善)

지선(至善)의 선(善)은 좋다[好]는 뜻이다.[8] 우리는 여러 가치 있는 것들과 관련하여 좋다고 한다. 마찬가지로 주자의 용법상 선은 다양한 것들과 연관된다. 지어지선과 관련하여 중요한 것은 선이 인간의 내적인 것과 외적인 것 모두와 연관된다는 점이다. 이를테면, 선은 인간 내면적인 덕의 단서를 형용하는 데 쓰이기도 하고,[9] 외면으로 드러나는 것들, 특히 행위와 관련되어 쓰이기도 한다.[10]

게도 논란이 된다. 이에 대하여 다음 논문을 참조하라. 김태년, 「박세당의 『사변록』 저술동기와 「대학」 본문 재배열 문제에 대한 검토」, 『한국사상과 문화』 51호, 2010.

5 『大學章句大全』 12쪽: "脩身以上, 明明德之事也. 齊家以下, 新民之事也." 쪽수는 『四庫全書』를 참조한다.

6 박세당이 제시한 근거가 타당한지 6절에서 논하겠다.

7 최근 최정묵은 주자의 해석 안에서는 지어지선이 독립된 강령으로 제대로 성립되지 못하는 문제가 있다고 보고, 팔조목 중 平天下를 지어지선에만 배속시킴으로써 그 문제를 해결하고자 한다. 최정묵, 『『대학』의 삼강령 팔조목을 통해 본 유학의 체계」, 『동서철학연구』 62호, 2011.

8 黎靖德 編, 『朱子語類』(北京: 中華書局, 1986) 267쪽: "凡曰善者, 固是好. 然方是好事, 未是極好處. 必到極處, 便是道理十分盡頭, 無一毫不盡, 故曰至善."

9 『주자어류』 261쪽: "或以明明德譬之磨鏡. 曰鏡猶磨而後明. 若人之明德, 則未嘗不明. 雖其昏蔽之極, 而其善端之發, 終不可絕." 여기서 선단은 명덕을 지칭한다. 즉 인간 내면에 있는 밝은 덕의 단서와 연결된다.

10 『대학장구대전』 37쪽: "蓋善之實於中而形於外者如此." 여기서 선은 인간 내면의 것과 외면으로 드러난 것들을 모두 지칭한다. 그 외면은 얼굴 표정 등까지 포괄하는 것이겠으나 대체적으로 행위를 지칭한다. 왜냐하면 이 구절과 연결되는 『대학』의 구절에서 선은 대체적으로 행위를 지칭하기 때문이다. 『대학장구대전』 35쪽: "小人閒居爲不善, 無所不至, 見君子而后

지선은 최상의 좋음[極好]을 뜻한다.[11] 최상이라 함은 그 범위와 정도상의 극한이다. 우선 범위상 포괄성이 최대치일 때 지선이 구현된다.[12] 정도와 관련될 때는 양적인 문제일 수 있다.[13] 가령 열 번이 최대치라면 아홉 번씩이나 발생하거나 행해졌어도, 이는 선일 수는 있되 지선은 아니다.[14] 달리 말하자면, 지선은 그저 좋은 정도가 아니라 극한으로 좋은 것이다.[15] 또한, 정도와 관련하여 지선은 질적인 문제이기도 하다. 이를테면 어버이를 모심에 있어 지선은 그저 잘 봉양하는 수준이 아닌 극한의 수준으로 모셔야만 실현된다. 예를 들어, 자식은 어버이가 말하기에 앞서 그 뜻을 짐작하여 마치 그 말을 듣는 듯이 하고, 그 모습을 직접 보지 않아도 마치 앞에 있는 듯이 항상 생각하는 정도는 되어야 한다. 이 정도로 최대한 잘 모셔야 지선이고, 그럴 때만이 진정한 효라고 한다.[16]

위와 같은 선과 지선의 용법을 염두에 두고 지선의 의미를 다음과 같이 규정할 수 있다. 첫째, 지선은 인간 내면의 최상의 질적 상태, 즉 최

厭然, 揜其不善, 而著其善." 또한 다음의 구절에서 선이 일삼음과 연결됨을 알 수 있다. 『대학장구대전』 2쪽: "見善事而歎慕, 皆明德之發見也."

11 『주자어류』 267쪽: "至善, 猶今人言極好." 또한 각주 8) 참조하라.

12 『주자어류』 260쪽: "止於至善, 便是規模之大."

13 『주자어류』 267쪽: "至善, 只是十分是處."

14 『주자어류』 268쪽: "至善是个最好處. 若十件事做得九件是, 一件不盡, 亦不是至善."

15 黎靖德 編, 『朱子語類』 (北京: 中華書局, 1986) 267쪽: "凡曰善者, 固是好. 然方是好事, 未是極好處. 必到極處, 便是道理十分盡頭, 無一毫不盡, 故曰至善."

16 『주자어류』 267~268쪽: "至善是極好處, 且如孝, 冬溫夏凊, 昏定晨省, 雖然是孝底事, 然須是能聽於無聲視於無形, 方始是盡得所謂孝." 여기서 "聽於無聲, 視於無形"은 원래 『禮記 · 曲禮』에 나오는 구절로, 그 내용은 祭祀라는 특정 상황과 관련된다. 『禮記註疏』 215쪽 참조(『사고전서』 본). 그러나 주자는 이 구절을 『中庸』의 戒愼과 연결하여, 잠시라도 道에서 떨어지지 않기 위하여 경계하고 삼감으로 이해한다. 때문에 상기 구절을 반드시 제사라는 특정 상황에만 국한시켜 이해할 필요는 없다. 『四書大全』의 『中庸章句大全』 8쪽. 쪽수는 『사고전서』를 참조한다. 또한 『주자어류』의 다음 구절을 참조하라. 『주자어류』 1502쪽: "戒愼一節, 當分為兩事, 戒愼不睹恐懼不聞, 如言聽於無聲視於無形, 是防之於未然, 以全其體, 慎獨, 是察之於將然, 以審其幾."

상의 정신적 경지를 형용한다.[17] 둘째, 지선은 행위 상의 관련 범위와 양적 정도가 최대일 때를 말한다.

주자는 지선을 리(理) 개념을 통하여 설명하기도 한다. 그는 『대학장구(大學章句)』에서 지선을 사리(事理)의 당연한 극한[當然之極]으로 이해한다.[18] 이는 자신의 형이상학적 전제에 기초한 것이다. 그에 따르면, 만물을 아우르는 단 하나의 이치[一理]이자 궁극적인 이치인 태극(太極)이 사사물물 각각에 법칙[則]으로서 온전하게 내재한다.[19] 그 각각에 내재된 리는 하늘로부터 받았다는 점에서 천리(天理)라고도 하고, 매 사태와 사물에 내재되어 발현된다는 점에서 바로 사리(事理)라고도 한다. 이러한 전제 위에서 주자는 지어지선을 천리가 인간의 개별적 육체에 기인한 사욕(私欲)에 오염되지 않고 발현되는 것과 연관지어 설명한다.[20]

주자는 지선에 그친다는 뜻의 지어지선을 다른 두 강령, 명명덕과 신민의 지향점으로 설정한다.[21] 지선이 극한[極]의 함의를 가지므로 지어지선은 극한에 그친다는 의미를 지닌다. 따라서 지어지선이 목표가 된다는 것은 명명덕과 신민을 극한에 그치도록 한다는 뜻이 된다. 여기서의 극한[極]은 지구의 남극과 같은 지점의 형상(形象)을 통해 비유적으로 이

---

17 『주자어류』 272쪽: "在止於至善. 至者天理人心之極致. 蓋其本於天理, 驗於人心, 即事即物而無所不在." 여기서 지선은 人心과 연관된다.

18 "止者, 必至於是而不遷之意. 至善, 則事理當然之極也. 言明明德, 新民, 皆當至於至善之地而不遷."

19 『대학장구대전』 4쪽: "新安吳氏曰 止至善, 為明明德新民之標的. 極盡天理, 絕無人欲. 為止至善之律令. 然既言事理當然之極, 又言天理之極者, 蓋自散在事物者而言, 則曰事理, 是理之萬殊處, 一物各具一太極也. 自人心得於天者而言, 則曰天理, 是理之一本處, 萬物統體一太極也. 然一實萬分, 故曰事理. 衆理會萬為一, 則曰天理. 一理而已." 이는 『대학장구대전』 5쪽에 실린 細註이다. 『주자어류』 268쪽: "問至善. 先生云: '事理當然之極也. 恐與伊川說艮其止止其所也之義一同. 謂有物必有則, 如父止於慈, 子止於孝, 君止於仁, 臣止於敬, 萬物庶事莫不各有其所.'"

20 『대학장구대전』 4쪽: "蓋必其有以盡夫天理之極, 而無一毫人欲之私也."

21 『대학장구대전』 4쪽: "明明德新民, 皆當止於至善之地而不遷." 지어지선은 명명덕과 신민의 "표적"으로 표현되기도 한다. 각주 19) 참조.

해할 수 있다.[22] 남극에 도달하기 위해 우선 그 지점까지 가야한다. 이러한 극한에 도달하고자 하는 형상은 일상생활에서 드러나는 명덕 중 하나인 측은지심을 최대로 넓히고 확장하는 것을 비유할 수 있다.[23] 즉 죄 없는 갓난아기가 우물가에 빠져 죽을 상황에서 이를 측은히 여겨 도와주는 동기를 점차 넓은 범위의 상황과 사람들에게 확장하여 적용하고 그에 따라 행위하는 횟수를 최대치로 늘리는 것이 바로 명명덕을 극한에 미치도록 하는 것이다. 또한, 남극과 같은 극한점은 조금이라도 지나치거나 미치지 못하면 머무를 수 없는 지점이다. 그러므로 그 지점에서 균형을 잃지 않고 지속적으로 버티는 형국을 연상시킨다. 이러한 형국에서 그친다는 지(止)의 여타 함의들을 추출할 수 있다. 지선이라는 극한에 그친다는 것은 그 지점을 표준삼아 과불급(過不及)이 없다는 것이다.[24] 또한, 그에 머물러 옮기지 않음[不遷]을 뜻한다.[25] 그러한 머무름은 지속성[久]을 요구하고,[26] 또한 버텨냄 혹은 지켜냄[守]을 역시 필요로 한다.[27]

그렇다면, 지어지선의 의미는 다음과 같이 정리된다. 우선 최상의 정

---

22 極에 대한 陳淳의 해석이 참조할 만하다. "극은 지극함에 이른다는 뜻이다. 왜냐하면 그것은 가운데에 있는 축이라는 뜻을 지니기 때문이다. 황극, 북극등도 모두 가운데에 있다는 뜻을 지닌다. 그렇지만 극을 바로 中이라고 풀이할 수는 없다. 대체로 극의 성질은 항상 사물의 가운데에 위치한다. 사면으로부터 여기에 이르면 모두 극한에 이른 것이 되어 더 이상 나아갈 수 없다. …… 예를 들어 탑의 뾰족한 곳도 바로 극이다. 북극의 경우 사방의 별들이 모두 돌지만 이곳만은 움직이지 않아 하늘의 축이 된다." 진순, 김영민 역, 『북계자의』, 서울: 예문서원, 1993, 188쪽.

23 『주자어류』 262쪽: "明德未嘗息, 時時發見於日用之間. 如見非義而羞惡, 見孺子入井而惻隱, 見尊賢而恭敬, 見善事而歎慕, 皆明德之發見也. 如此推之, 極多. 但當因其所發而推廣之."

24 『대학장구대전』 4쪽: "朱子曰, 明德新民, 非人力私意所爲. 本有一箇當然之則, 過之不可, 不及亦不可. 如孝是明德, 然自有當然之則, 不及固不是. 若過其則, 必有刲股之事, 須是到當然之則處而不遷, 方是止於至善." 『대학장구대전』의 세주이다.

25 『대학장구대전』: "明明德新民, 皆當止於至善之地而不遷."

26 『주자어류』 271쪽: "明德新民, 皆當止於至善. 不及於止, 則是未當止而止. 當止而不止, 則是過其所止, 能止而不久, 則是失其所止."

27 『주자어류』 270쪽: "明明德是知, 止於至善是守."

신적 경지에 도달하여 이를 지속적으로 유지하는 것을 말한다. 또한, 행위의 관련 범위를 최대로 확장하고 지속적으로 실행하여 나아가는 것을 의미한다.[28]

지선이 이른바 리(理) 개념군(槪念群), 즉 태극, 천리, 사리, 성 등의 형이상학적 개념들과 정확히 어떻게 연결되는지 좀 더 살펴볼 필요가 있다. 기본적으로 최상의 좋음을 뜻하는 지선은 이들 모두를 형용할 수 있다. 이런 용법상 지선이 최상으로 좋은 도리[極好道理]로 이해되기도 한다.[29] 게다가, 비록 주자 자신의 말은 아니지만, 『대학혹문(大學或問)』에는 지선을 태극(太極)의 다른 이름으로 보는 대목이 있다.[30] 또 한편, 지선은 성선(性善)과 연결되기도 한다.[31] 즉 인간에 내재한 리(理)인 성(性)이 순수하게 선함을 형용하는 데 사용되는 것이다.

그런데, 한 가지 주의할 것은 지선이 지닌 극한의 의미를 단순히 형이상학적 개념인 태극으로써만 환치하여 이해해서는 안 된다는 점이다. 물론 주자의 이론 체계 안에서 인간의 당위성은 태극을 온전히 구현하는 것과 연관된다. 이런 맥락에서 지선에 그친다는 것은 인간 내면에도 갖춰진 태극인 성을 온전하고 지속적으로 드러내는 것으로 물론 이해될 수

---

28 陳來는 지어지선을 명명덕과 신민의 목표이자 경지로 파악한다. 여기서 경지는 중국어의 "境界"이다. 진래,「論朱熹大學章句的解釋特占」,『文史哲』299期, 2007, 106쪽. 여기서 진래가 지어지선을 정신적인 최상의 경지로 파악한 것인지는 명확하지 않다. 다만 그가 여타 저작에서 경계를 세계를 바라보는 견지에 따라 구축되는 정신세계로 정의하여 활용하였음을 참조한다. 진래, 전병욱 역,『양명철학』, 서울: 예문서원, 2003, 9장 참조.

29 『주자어류』: "至善, 如言極好道理." 이는 세주에 해당한다.

30 『大學或問』13쪽: "玉溪盧氏曰 至善乃太極之異名, 而明德之本體, 得之於天, 而有本然一定之則者. 至善之體乃吾心統體之太極, 見於日用之間, 而各有本然一定之則者. 至善之用乃事事物物各具之太極也." 이는 세주이다. 쪽수는『사고전서』의『사서대전』을 참조한다.

31 『대학장구대전』268쪽: "善, 須是至善始得. 如通書純粹至善, 亦是." 또한 다음의 구절을 참조하라. 『대학장구대전』66쪽: "性只是理. 然無那天氣地質, 則此理沒安頓處. 但得氣之清明則不蔽錮, 此理順發出來. 蔽錮少者, 發出來天理勝, 蔽錮多者, 則私欲勝, 便見得本原之性無有不善. 孟子所謂性善, 周子所謂純粹至善, 程子所謂性之本, 與夫反本窮源之性, 是也."

있다. 게다가 지선은 최상으로 좋은 도리라는 의미로 태극 등의 리 개념 군을 모두 형용할 수 있음을 앞서 지적하였다. 그럼에도 불구하고, 지선은 단순히 태극으로 환치될 수 없는 개념이다.[32] 지어지선이 태극에 그치는 것으로만 단순히 이해되면, 그것이 지닌 공부상의 풍부한 함의가 완전히 사장된다. 공부의 차원에서 말하자면, 지어지선은 인간에게 내재된 태극이 사욕에 의하여 방해받지 않고 발현될 수 있는 최상의 정신적 경지에 도달하고 그 상태를 지켜내는 것이자, 그 경지에 걸맞는 행위를 고집스럽게 수행해 나아가는 것이기도 하다. 이러한 맥락에서 지어지선은 결국 인(仁), 효(孝), 신(信) 등의 인간관계 상의 덕목들을 최상치로 수행하는 것으로 이해되는 것이다.[33] 물론, 아들이 어버이에 효를 다하는 것은 세계의 본체로서의 태극이 부모와 자식 간에 온전히 발현된 것으로 볼 수도 있다. 그러나 『대학』의 주안점은 이와 같은 인간의 도덕에 대한 형이상학적 설명에 있지 않다. 그 주안점은 공부의 차원에 있다.

3. 명명덕(明明德)

고요한 때[靜] 본심(本心)이 발현된 것이 명덕이냐는 질문에, 주자는 움직일 때[動] 발현된 것이기도 하다는 답변을 한다.[34] 이 대목에서 명덕은 심(心)이 동정(動靜) 중에 그 본래 상태를 드러낸 것으로 설명된다. 여

---

32 한국중국학회 주최 2014년도 제 34차 중국학 국제학술대회에서 이 논문의 초고를 논평한 임명희 박사가 이와 관련된 질문을 하였다.

33 『대학장구대전』 22쪽: "爲人君, 止於仁. 爲人臣, 止於敬. 爲人子, 止於孝. 爲人父, 止於慈. 與國人交, 止於信."

34 『주자어류』 263~264 쪽: "或問, 明明德是於靜中本心發見, 學者因其發見處從而窮究之否? 曰不特是靜, 動中亦發見."

기서 명덕이 심 개념을 통하여 이해된다. 하지만 다른 대화 속에서 주자는 명덕을 인의예지(仁義禮智)라는 성(性)으로 규정하기도 한다.[35] 그런데 또 한편, 명덕이 단순히 성으로 규정되는 것에 반대하기도 한다.[36] 언뜻 일관성이 없어 보인다. 이로 인하여 그 제자들 사이에서 명덕이 심(心)인지 아니면 성(性)인지가 의문시되었다.[37]

이러한 논란의 원인은 주자의 설명이 명확하지 않았다는 데에 있다. 예를 들어, 인의예지는 성이지만 명덕은 심을 위주로 말한 것이 아니냐는 질문에, 주자는 도리(道理)가 마음[心]에서 밝게 빛나 두루 비추고 있는 것이라 대답한다.[38] 이 답변에서 명덕이 심으로 규정되는지 아니면 성이나 리로 규정되는지 명확하지 않다.

한편, 다른 대목에서 주자는 명덕을 심이나 성과는 독립적으로 규정하는 듯이 보이기도 한다. 하늘이 사람과 만물에 부여한 것을 명(命)이라 하고, 사람과 만물이 받은 것을 성(性)이라 하며, 사람을 주재하는 것은

---

35 『주자어류』 260쪽: "或問, 明德便是仁義禮智之性否? 曰便是."

36 『주자어류』 323쪽: "劉圻父說, 人心之靈, 莫不有知, 而天下之物, 莫不有理. 恐明明德便是性. 曰 不是如此. 心與性自有分別. 靈底是心, 實底是性."

37 『대학장구대전』 4쪽: "問明德是心是性? 曰心與性自有分別. 靈底是心, 實底是性. …… 張子曰心統性情. 此說最精密." 진래는 주자가 명덕을 기본적으로 심으로 규정한다고 본다. 그런데 이 심은 虛靈不昧하고, 온갖 理를 갖추고 있으며, 외부 사물에 응대한다는 세 특징을 지닌다고 본다. 그리고 이를 본심으로 이해한다. 진래, op. cit. 반면, 고재석은 주자가 명덕을 근본적으로는 성으로 규정한다고 보고, 다만 이 성이 개념적으로는 심과 구분되지만 현실적으로 합쳐져 있기 때문에, 명덕을 심으로 규정하기도 한 것으로 이해한다. 고재석의 이해를 진래의 것과 대비시켜 파악한 것은 논란의 여지가 있으니, 다음의 논문을 직접 참조하라. 고재석, 「『대학장구』에 드러난 주희의 사유체계와 육구연 철학사상 비교 연구」, 『동양철학연구』 63집, 2010. 14~17쪽. 王船山도 명덕을 성 혹은 심으로 파악할지 고민하였음을 보여주는 최근 논문으로는 다음이 있다. 진성수, 「왕선산과 정다산의 『대학』 이해 비교─명덕 이해를 중심으로」, 『유교사상문화연구』 34집, 2008, 291쪽. 한편, 만일 명덕 규정 문제가 주자학의 핵심적 개념짝 중 하나인 理氣와의 연관하에서 전개되면, 그 논의는 더욱 복잡하여진다. 심을 理와 氣 중 무엇을 위주로 이해하느냐에 따라서 명덕의 규정도 달라지기 때문이다. 이러한 논의가 실제로 조선유학자들에 의해 정치하게 전개되었다. 그 대략적인 내용에 대해 다음 논문을 참고하라. 박홍식, 「明德理氣論辯」, 『동양철학연구』 20집, 1999.

38 『주자어류』 260쪽: "或問 所謂仁義禮智是性, 明德是主於心而言? 曰這个道理在心裏光明照徹, 無一毫不明.";『주자어류』 263쪽: "明德是自家心中具許多道理在這裏."

심(心)이라 하고, 하늘에서 얻어 밝게 빛나고 정대(正大)한 것을 명덕이라 한다고 말하는데, 여기서는 명덕은 마치 명, 성, 심 등의 개념들과는 별개로 정의되는 인상을 준다.[39] 그러나, 여기서 명, 성, 심, 명덕이 낱낱으로 규정된다고 보지 말아야 한다. 오히려 각 규정이 꼬리를 물듯 맞물려서 최종적으로는 명덕이 정의되는 것으로 새겨야 한다. 즉, 하늘에서 품부한 점을 부각하면 명이지만, 그것이 인간에 품수된 점을 강조하면 성이고, 그 성이 마음에서 밝게 빛나며 정대한 것이 명덕인데, 이러한 마음이 인간을 주재한다는 것이다. 다시 말해, 명덕은 명이기도 하고 성이기도 하지만 심 안에서 밝게 빛나며 정대한 것이라는 말이다. 이렇게 새길 수 있는 이유는 무엇인가? 바로 명덕은 심, 성 혹은 리 중 어느 하나로만 규정될 수 없기 때문이다. 이는 다음 구절에서 더 명확하게 드러난다. "명덕은 내가 하늘로부터 얻어서, 사방 한 치의 가슴에서 밝게 빛나는 것이다. 총체적으로 말하면 인의예지이고, 그 발현되는 것으로써 말하면 측은지심이나 수오지심과 같은 것이며, 일상에서 실제로 드러난 것으로 말자면 어버이를 섬기고 연장자를 따르는 것 등이다."[40] 여기서 명덕이 성이나 심 등의 어느 한 개념으로만 규정되기보다는 오히려 그 두 개념의 혼합을 통하여 설명되는 것은 명백하다.

위와 같은 관점에서, 『대학장구』에서의 명덕의 규정을 제대로 간취할 수 있다. 여기서 명덕은 하늘에서 얻은 것이고, 비어있는 듯이 신령하면서 어둡지 않으며[虛靈不昧], 모든 리(理)를 구비하여 만물과 대면하는 매 사태에 감응하는 것으로 정의된다.[41] 하늘에서 얻었다는 것은 명(命)이나 덕(德)의 함의이고, 허령불매한 것은 심의 특징이다. 리는 곧 성이다.

---

39 『주자어류』260쪽: "天之賦於人物者謂之命, 人與物受之者謂之性, 主於一身者謂之心, 有得於天而光明正大者謂之明德."

40 『주자어류』271쪽: "明德, 是我得之於天, 而方寸中光明底物事. 統而言之, 仁義禮智. 以其發見而言之, 如惻隱羞惡之類, 以其見於實用言之, 如事親從兄是也."

41 『대학장구대전』1~2쪽: "明德者, 人之所得乎天, 而虛靈不昧, 以具衆理而應萬事者也."

그리고 이 성은 만사에 응하면서 정(情)으로 드러난다. 즉 『대학장구』에서 명덕은 심, 성, 정 개념 모두를 통하여 규정되는 것이다.[42] 다시 말해, 명덕은 허령불매한 심이 성을 내재적으로 갖고 있으면서 만사에 정으로 감응하는 것을 말한다. 이는 심을 위주로 말하는 것이기는 하다. 그러나 성과 정을 모두 포괄한 본심의 특징을 설명할 때 쓰는 개념이 바로 명덕인 것이다.[43] 바로 이 때문에 주자는 명덕을 최종적으로 심통성정(心統性情), 즉 심이 성과 정을 통섭하는 상태로써 설명하는 것이다.[44]

재정리하자면, 명덕은 심 혹은 성, 어느 하나로 규정되지 않는다. 심, 성, 정 개념들의 혼합을 통해서만 제대로 설명될 수 있다. 좀 더 구체적으로 말하자면, 명덕은 허령불매한 심이 그 안에 온갖 리를 갖추고 있으면서, 그 리에 따라 매 사태에 감응하는 상태 혹은 능력을 일컫는다. 이를 염두에 두면, 주자의 명덕 규정들이 왜 비일관적으로 보였는지를 가늠할 수 있다. 명덕은 관점에 따라 성으로도 혹은 심으로도 설명되기는 하지만, 결국 어느 한 개념으로만 규정되지 않는 것이다.

그렇다면, 명덕을 밝히는 명명덕은 어떠한 과정인가? 이와 연관하여 심통성정을 살펴보아야 한다. 앞서 언급하였듯이, 주자는 명덕을 심, 성, 정의 개념 혼합으로 이해하며, 그 세 개념 사이의 관계를 심통성정으로 설정한다. 통(統)은 겸(兼)으로 새길 수 있는데, 그렇다면 심통성정

---

42 이와 더불어 事親 또는 從兄 등의 행위로까지 이어진다는 것은 바로 윗 문단에서 언급한 구절을 통해 알 수 있다. 각주 40) 참조.

43 다음 세주에서 명덕은 기본적으로 심으로써 말하는 것이지만 그 안에 성정을 포괄하고 있음을 말한 것이라고 설명한다. 『대학장구대전』 3쪽: "雲峯胡氏曰, 章句釋明德以心言, 而包性情在其中. 虛靈不昧是心. 具衆理是性. 應萬事是情. 有時而昏又是說心. 本體之明又是說性. 所發又說情, 當因其所發而遂明之."

44 『대학장구대전』 323쪽: "劉圻父說: 人心之靈, 莫不有知, 而天下之物, 莫不有理, 恐明明德便是性. 曰: 不是如此. 心與性自有分別. 靈底是心, 實底是性. 靈便是那知覺底. 如向父母則有那孝出來, 向君則有那忠出來, 這便是性. 如知道事親要孝, 事君要忠, 這便是心. 張子曰心統性情者也. 此說得最精密." 각주 32)의 인용문도 참조하라.

은 심이 성과 정을 모두 포괄한다는 의미이다.[45] 이러한 포괄성은 주자가 소위 미발(未發)의 영역을 심에도 배속시킴으로써 가능해진 것이다. 원래 심은 생각이나 감정 등과 같이 이미 현상적으로 드러난 정(情)의 영역인 이발(已發)의 영역에 속한다고 이해될 수 있다. 이와 더불어, 정은 하늘로부터 부여받은 이치이자 아직 현상으로 드러나지 않은 본체로서의 성에 기초하여 발현된다는 점에서, 심은 성이 속한 소위 미발(未發)의 영역, 즉 아직 현상으로 드러나지 않은 영역에는 귀속되지 않는다고 이해될 수도 있다. 이러한 이해 방식에서 미발과 이발의 개념짝은 기본적으로는 성과 정 사이의 관계와 연관된다. 즉 아직 드러나지 않은 본체로서의 이치인 성과 그에 기초하여 구체화된 생각이나 감정으로서의 정 사이의 관계 설정에 사용되는 것이다. 그런데 이러한 심, 성, 정의 관계 설정에 따르면, 인간이 심을 통하여 본체이자 이치인 성에 도달하는 것은 불가능해진다. 마음이 본체에 대해 생각하는 순간 이미 이발의 영역에 있게 되고, 그럼으로써 미발의 영역과는 멀어질 수밖에 없다고 본 것이다. 이것이 주자가 설정한 문제 상황이다. 이러한 문제의식에서 주자는 심에 미발의 영역을 설정한다.[46] 이 영역을 아직 사려나 감정이 드러나지는 않았지만 모든 이치가 온전하게 다 구비되어 있는 상태라고 본다.[47] 주자는 본래 성과 정의 관계 설정에 사용되던 미발과 이발의 개념짝을 심의 두 다른 영역을 설명하는 데 전용한 것이다.[48] 바로 이런 입장에서 심이 정 외에도 성까지 포괄한다고 말한 것이다.

---

45 『주자어류』2513쪽: "心統性情, 統猶兼也."

46 주자의 중화신설에서 중화구설로의 사상적 전환에 대해서는 다음을 참조하라. 손영식, 『이성과 현실: 송대 신유학에서 철학적 쟁점의 연구』, 울산대학교 출판부, 1999, 8장.

47 『주자어류』94쪽: "心之全體湛然虛明, 萬理具足, 無一毫私欲之間. 其流行該徧, 貫乎動靜, 而妙用又無不在焉. 故以其未發而全體者言之, 則性也. 以其已發而妙用者言之, 則情也. 然心統性情, 只就渾淪一物之中, 指其已發未發而為言爾, 非是性是一箇地頭, 心是一箇地頭, 情又是一箇地頭, 如此懸隔也."

48 전병욱, 「朱子의 未發說과 居敬格物의 수양론」, 『철학연구』38집, 2009.

비록 심의 미발 영역은 인지 과정을 통하여 직접 접근될 수 없지만, 주자는 이 영역은 평소에 엄숙하고 경건한 태도[敬]을 유지함으로써 가장 이상적인 상태로 보존되고 강화될 수 있다고 본다.[49] 그렇다면 성은 심을 통하여 길러지는 대상이 되는데, 바로 이런 관점에서 심통성정의 통은 관섭(管攝)의 뜻으로도 읽힐 수 있는 것이다.[50] 그렇다면 명덕을 밝히는 과정은 성이 온전하게 갖추어진 미발의 영역을 보존하고 강화하는 데 특정한 방식으로 심이 관섭하는 것에 해당된다.

또한 심통성정의 다른 측면은 심이 정을 겸하고 관섭하는 것이다. 그렇다면 명명덕의 또 다른 의미는 바로 이미 드러난 정을 이치에 맞게 통제하는 것이다. 앞에서 언급하였듯이 명덕은 심의 미발의 영역에 구비된 인의예지라는 성이기도 하지만, 그것들에 기반하여 현상으로 드러난 측은지심과 같은 도덕 감정이기도 하다. 이러한 측은지심을 밝힌다는 것은 그 도덕 감정이 사욕에 의해 꺾이지 않고 사친(事親)과 종형(從兄) 등의 구체적 행위로 결실을 맺음을 의미한다. 또한 칠정(七情)으로 대변되는 일반 감정들이 드러날 때 이치에 어긋나지 않게 통제하는 것도 역시 심이 정에 관섭하는 것이다.[51]

---

49 이상돈, 「주희의 수양론에서 涵養과 體認」, 『동방학지』 143집, 2008, 383~387쪽.

50 『주자어류』 94쪽: "性以理言, 情乃發用處, 心即管攝性情者也." 관섭의 의미에 대해서는 다음을 참조하였다. 안영상, 「사단칠정론 이해를 위한 주희 심통성정론의 검토」, 『정신문화연구』 32집, 2009, 294~295쪽.

51 다음 구절에서 성에 관련된 미발시 공부와 정에 관련된 이발시 공부가 설명된다. 『御纂朱子全書』 권2 1쪽: "然人之一身, 知覺運用, 莫非心之所為, 則心者固所以主於身, 而無動静語黙之間者也. 然方其静也, 事物未至, 思慮未萌, 而一性渾然, 道義全具, 其所謂中, 是乃心之所以為體, 而寂然不動者也. 及其動也事物交至, 思慮萌焉, 則七情迭用, 各有攸主, 其所謂和, 是乃心之所以為用, 感而遂通者也. 然性之静也, 而不能不動, 情之動也, 而必有節焉." 쪽수는 『사고전서』를 참조한다.

4. 명명덕(明明德)과 신민(新民)의 관계

두 번째 강령은 본래 『예기(禮記)』에서는 백성을 친히 대한다는 신민(親民)이다. 주자는 이를 백성을 새롭게 한다는 신민(新民)으로 고쳐 읽는다. 여기에는 두 가지 이유가 있다.

주자는 『대학』이 경문(經文)과 전문(傳文)의 체제로 이뤄져 있다고 본다. 경문은 공자(孔子)의 말을 증자(曾子)가 기술한 것이고, 열 장의 전문은 증자의 생각을 그 문인들이 기록한 것으로 받아들인다. 전문은 경문에 대한 부가적인 설명을 제공하는데, 주자는 두 번째 강령에 대한 전문 2장이 내용상 신민에 더 적합하다고 본다.[52] 전문 2장의 내용은 다음과 같다. ① 스스로 새로워짐, ② 스스로 새로워지는 백성들을 진작시킴, ③ 나라 전체가 천명을 받아 새로워짐으로써 그 극(極)을 다함.[53] 주자는 ①은 명명덕, ②는 두 번째 강령, ③은 지어지선에 해당된다고 파악하고, 바로 ②가 의미상 친민보다는 신민에 가깝다고 본다. 이것이 두 번째 강령이 신민임을 방증한다고 주장한다.

②에서 백성이 스스로 새로워진다는 것을 주자는 백성들이 각자의 명덕을 밝힌다는 것으로 이해한다. 이는 모든 사람들이 동등하게 명덕을 갖추고 있음을 전제하는 것이다.[54] 이러한 전제에서 주자는 백성들을 단순히 피동적인 정치의 대상으로 삼지 않고, 오히려 스스로 각자의 명덕을 밝히는 주동적 존재로 파악하는 것이다. 이러한 사상은 친민보다는 신민으로 더 잘 부각될 수 있다. 때문에 주자는 두 번째 강령을 신민으

---

52 즉 전문의 내용을 근거로 경문을 고친다. 『대학혹문』 15쪽: "今親民云者, 以文義推之, 則無理. 新民云者, 以傳文考之, 則有據." 쪽수는 『사고전서』의 『사서대전』을 참조한다.

53 전문은 다음과 같다. 『대학장구대전』 18~20쪽: ① "湯之盤銘曰, 苟日新, 日日新, 又日新." ② "康誥曰, 作新民." ③ "詩曰, 周雖舊邦, 其命維新. 是故, 君子無所不用其極." 특히 ②의 "作新民"을 주자는 "振起其自新之民"으로 새긴다.

54 『대학장구대전』 3쪽: "朱子曰, 此理人所均有, 非我所得私. 既自明其德, 須當推以及人. 見人, 為氣與欲所昏, 豈不惻然欲有以新之." 이 구절은 세주이다.

로 고쳐 읽은 것이다.

여기서 톺아봐야 할 것은 ①에서 ②로 넘어가는 과정이다. 이는 명명덕에서 신민으로 넘어가는 과정이다. 즉 자신의 명덕을 우선 밝히고, 이를 바탕으로 타인들이 각자의 명덕을 밝힐 수 있도록 도와준다는 것이다. 기실 이는 명명덕과 신민의 특정한 관계를 상정하는 것이다. 주자는 이 관계를 본말(本末)의 관계로 이해한다.[55] 즉 본말을 일종의 유비논증으로 활용한다.

유비논증은 비교되는 두 대상 혹은 영역의 유사성을 바탕으로 한 영역의 일부 특징이 다른 영역에도 공유된다고 추론함으로써, 새로운 정보를 산출하고 더 나아가 비교된 영역 내에서의 새로운 문제를 해결하는 것이다.[56] 식물의 뿌리와 그 가지의 관계를 의미하는 본말은 하나의 유기체를 상정한 개념으로 볼 수 있다. 또한 뿌리가 생명의 시작점이고 그로부터 생장한 가지는 결과 혹은 종결점으로 이해될 수 있다는 점에서 종시(終始)의 개념과도 연계된다. 더불어 뿌리와 가지가 서로에게 의존할 때만이 그 해당 유기체의 생명이 보전된다는 점에서 상호의존성을 함의할 수 있다.[57] 다시 말해, 본말 개념은 유기체적 관계, 종시, 상호의존

---

55 『대학장구대전』 7쪽: "明德為本, 新民為末."

56 이 논증은 논리 자체의 형식에 의존하여 전제의 진리치로부터 결론의 진리치를 뽑아내는 연역과는 다르다. 형식이 아닌 그 내용과 연관될 수밖에 없어서 매우 맥락의존적이다. 때문에 현대의 논리학 연구에서도 그 논증의 형태나 타당성 획득 조건에 대한 탐구가 제한적으로만 이뤄져왔고, 오히려 은유의 수사학에 비교됨으로써 미적 판단에 의해서만 그 타당성이 가늠될 수 있다는 입장들이 있어왔다. 이러한 배경에서 유비논증을 화용론적 맥락에서 이해하는 기존 연구를 검토해볼 필요가 있다. 이에 따르면 유비논증은 유비를 통해서만 포착할 수 있는 대상이나 상황을 직접적 묘사가 아닌 독특한 방식으로 재구성함으로써 상대방을 설득하는 사회문화적 활동이다. 김주현, 「유비 논증과 맥락의 화용론」, 『수사학』 19집, 2013 참조. 이러한 관점에서 보면, 주자의 본말 비유는 논증을 목적으로 한다기보다는 주자 자신의 사상을 비유를 통해 더욱 설득력 있게 전달하기 위한 것으로 볼 수 있다.

57 강진석은 張大年을 참조하여, 本의 의미를 시원, 상호 의존, 모든 것을 통섭하는 근원이라고 정리하고, 또한 본말이 애초에는 형이상학적이라기 보다는 생물학적이고 유기체적인 비유였다는 점을 지적한다. 강진석, 「주자 체용 범주의 제반 의미」, 『인문학연구』 6집, 2001, 121~122쪽.

성의 함의를 갖는다. 바로 이러한 함의들이 유비추론를 통하여 비교되는 새로운 영역에 전이되어 새로운 정보를 산출하는 것이다.

본말 개념은 선진 문헌의 다양한 맥락에서 비유적으로 활용된다. 이를테면, 왕과 백성의 관계, 화근과 화의 관계, 조상과 그 혈족 자손의 관계, 통치자의 자질과 그 결과로서의 평화 사이의 관계, 그리고 다양한 맥락에서의 원인과 결과의 관계 등에서 사용된다.[58] 그런데 본말이 유기체를 상정한다는 점과 관련하여 주목할 용례들이 있다. 이 용례들에서 하나의 유기체가 온전히 생존하기 위해서는 뿌리뿐만 아니라 가지도 융성해야 한다는 비유를 통해 근본이 아닌 말엽의 중요성이 강조되기도 한다.[59]

그런데, 주자가 명명덕과 신민의 관계를 본말의 관계로 비유하여 설명할 때는 특정한 가치 평가를 개입시킨다. 우선 명명덕은 신민의 전제조건으로 제시된다. 일단 자신의 명덕을 제대로 밝혀야만 타인을 도와줄 수 있는 여건과 근거가 갖춰진다는 것이다. 이는 시간적인 선후 관계를 설정하는 것이기도 한다. 일단 나의 명덕을 밝힌 후에 신민으로 나아간다는 것이다. 주자는 또한 근본을 두텁게 하고 말엽을 그보다는 엷게 한다는 경문의 구절 역시 근본인 명명덕을 더욱 중요시하여야 한다는 의미로 이해한다.[60] 더 나아가 주자는 본이 제대로 갖추어지면 말은 자연스럽게 이루어진다고 보기도 한다. 일단 자신의 명덕이 밝혀지면 자연스럽게 백성들이 영향을 받게 된다는 것이다.[61] 여기서 주자는 본말의

---

58 다음 논문은 선진 문헌들, 특히 『상서』, 『춘추좌전』, 『국어』에서의 본말의 용례들을 잘 모아두었다. 이재권, 「중국 고대의 본말론」, 『동서철학연구』 59호, 2011.

59 『春秋左傳注疏』 18쪽: "公族, 公室之枝葉也. 若去之, 則本根無所庇廢矣." 쪽수는 『사고전서』 참조. 상기 이재권의 논문 덕에 이 구절에 주목할 수 있었다. 『春秋左傳注疏』 168쪽. 유사한 용례에 대해서는 상기 논문의 181쪽을 참조하라.

60 『대학장구대전』 14쪽: "其本亂而末治者否矣, 其所厚者薄, 而其所薄者厚未之有也."

61 『대학장구대전』 27쪽: "盖我之明德既明, 自然有以畏服民之心志." 다음 구절은 비록 제가와 치국의 관계에서 언급된 말이긴 하지만, 아랫사람이 윗사람에 영향을 받는다는 의미는 결

비유를 통하여 최종적으로는 근본중심주의적 태도를 드러내고 있음을 알 수 있다. 다시 말해, 본말의 비유는 기본적으로는 특정 대상의 근본과 말엽의 유기적 관계 혹은 상호의존적 관계를 드러내거나 유비적으로 논증해내는 데 활용될 수 있음에도 불구하고, 주자는 오히려 이 비유의 확연한 무게 중심을 근본에 두는 쪽으로 활용하는 것이다.

이러한 근본중심주의적 본말의 비유는 사실상 주자학이 지니고 있는 이른바 내성주의(內省主義)적 경향을 드러내는 것이다.[62] 인간의 내면을 상대적으로 더 중시하고 그에 대한 자기 수양을 강조하는 태도가 반드시 실천을 등한시하는 입장으로 빠지는 것은 물론 아니다. 그럼에도 불구하고, 주자의『대학』해석, 특히 명명덕과 신민의 관계를 근본중심적으로 이해하는 방식은 불가피하게도 정신적 개발에 조금이라도 미진한 점이 있을 때에는 타인과의 관계 속에서의 실질적인 실천을 뒤로 미루게 하는 경향을 배태할 수밖에 없다. 게다가 수기(修己)가 제대로 이뤄졌을 때만이 치인(治人)이 가능할 뿐만 아니라 전자가 완성되면 후자는 자연스럽게 된다는 식의 내적 성찰에 대한 강조는 얼마든지 실천을 등한시하는 경향으로 이어질 수 있다.

국 수신과 치국의 큰 틀에 역시 적용될 수 있다.『대학장구대전』53쪽: "上行下效捷於影響, 所謂家齊而國治也."

62 "내성주의"는 임부연의 표현을 따랐다. 임부연, 「정약용의 수양론 체계: 성리학, 서학, 고학과의 비교를 중심으로」,『유교문화연구』, 13, 2009, 129쪽. 동일한 경향을 전병욱은 主靜적인 성격이라고 표현하였다. 전병욱,「朱子의 未發說과 居敬格物의 수양론」,『철학연구』38집, 2009, 118쪽. 이러한 주자학에 대한 주정주의적 이해는 오해라고 전병욱은 주장한다. 그는 주자에 있어 미발시 敬공부는 여타 학자들이 이해하듯이 정태적인 방식을 통해 본체를 체득하는 것이 아니라, 일상의 행위 속에서 경건한 자세를 취하는 것에 해당된다고 보고, 이는 실천과 유리된 공부가 아니라는 점을 그 논거로 든다. 주자학의 反주정주의적 성격과 관련하여 格物致知가 지닌 실천적 함의에 대한 논의로 다음 논문을 참고할 만하다. 홍성민,「궁극적 이치와 실천적 앎—주자치지론(朱子致知論)의 실천지향성」,『동양철학연구』58집, 2009.

5. 실천에 대한 강조로서의 지어지선(止於至善)

　그런데, 주자가 명명덕과 신민을 본말의 관계로 파악하였을 뿐 지어지선은 이 관계 설정에 포함시키지 않았다는 것에 주목하여야 한다. 지어지선이 본말 구조에서 제외됨으로써, 사실상 명명덕과 신민 사이의 본말 관계 성립으로 인하여 발생할 수 있는 내성주의적 경향에 대한 방지턱 역할을 바로 지어지선이 맡게 된다.

　주자는 지어지선에 관련된『대학』의 전문 3장의 핵심어인 절차탁마(切磋琢磨)를 내면적 경지가 외면으로 자연스레 발현될 수 있도록 갈고 닦는 것으로 이해한다. 여기서 외면으로 발현됨은 주로 위엄이나 풍모를 뜻한다.[63] 주자는 그러한 풍모와 위엄으로 인해 백성들이 영향을 받게 된다고 본다. 물론 위엄이나 풍모로 타인에게 영향을 미치는 것이 행위로의 발현까지는 미치지 않으나, 여전히 내성으로만 매몰되는 것이 지어지선의 구현이 아님은 분명히 말해준다고 하겠다.

　앞서 언급하였듯이 기실 지어지선은 최상의 정신적 경지의 실현과 유지 외에도 더 넓은 공동체에서의 지속적인 실천을 의미한다. 더 넓은 범위의 공동체에서 실천한다는 것은 바로 팔조목의 수신(修身)에 머물지 않고 점차 제가(齊家), 치국(治國), 그리고 평천하(平天下)를 실천해 나아감을 의미한다. 사실 주자는 최상의 정신적 경지의 실현과 유지보다는 바로 실천에 방점을 두고 지어지선을 이해한다. 이를테면, 주자는 지선은 극한까지 행동해 나아가는 것이라고 한다.[64] 또 지선은 극한까지 이해하는 것뿐만 아니라 반드시 극한까지 실천해내는 것이라고 말하기도

63　『주자어류』321쪽: "大率切而不磋, 亦未到至善處. 琢而不磨, 亦未到至善處. 瑟兮僴兮, 則誠敬存於中矣. 未至於赫兮喧兮, 威儀輝光著見於外, 亦未為至善." 밖으로 드러난 것에 대해서는 각주 10)도 참조하라.

64　『주자어류』269쪽: "明德是下手做, 至善是行到極處."

한다.⁶⁵

또한 주자는 비록 수신이 제대로 되면 치인이 자연스레 이뤄진다고 하지만, 이것이 그렇다고 하여 자기 수양에만 매몰되어 실질적인 통치행위를 포기하는 것은 분명히 아니라고 강조하기도 한다. 또한 신민의 지어지선은 실질적으로 백성들을 위로하여 모여 들게 하고, 바로잡아 펴주며, 보조해주고 도와주는 통치행위를 통해 가능하다고 본다. 그러한 실질적인 실천을 통해서만이 백성들도 스스로 명덕을 밝힐 수 있는 기반을 마련할 수 있다고 본 것이다.⁶⁶

따라서 지어지선의 실현은 반드시 실천을 통해서만 완성될 수 있다고 하겠다. 명명덕의 지어지선은 분명 내면의 함양과 성찰을 요구한다. 그리고 명명덕과 신민의 관계가 근본중심적 본말 관계로 이해됨으로써, 주자의 『대학』 해석은 인간을 내적 성찰에 매몰되게 할 경향을 충분히 지녔다. 그러나 진정한 지어지선 구현은 바로 도덕 수양을 명명덕에서 신민으로 확장하여 좀 더 넓은 공동체에서 지속적인 실천을 할 때만이 가능한 것이다. 지어지선의 강령됨은 바로 실질적 행위를 통해서만 지극히 좋음이 실현될 수 있다는 것을 강조하는 데에 있다. 지어지선이 독립된 강령으로 제시됨으로써 주자의 『대학』 해석은 그 내성주의적 경향성을 나름대로 극복할 수 있는 내적 토대를 마련하게 되는 것이다.

---

65 『주자어류』 270쪽: "至善, 只是以其極言. 不特是理會到極處, 亦要做到極處."
66 『주자어류』 271~272쪽: "或問, 明明德是自己事, 可以做得到極好處. 若新民則在人, 如何得他到極好處. 曰 且敎自家先明得盡, 然後漸民以仁, 摩民以義. 如孟子所謂勞之, 來之, 匡之, 直之, 輔之, 翼之, 又從而振德之. 如此變化他, 自然解到極好處."

6. 결어: 『대학(大學)』 체계 내에서의 지어지선(止於至善) 의 위치

박세당의 이강령설에 따르면, 지어지선은 그저 다른 두 강령의 목표 점을 설정하는 역할을 하기 때문에 독립된 강령으로 보기 어렵다. 그러 나 지어지선이 강령으로서 지니는 위치는 다른 두 강령의 것과는 달리 이해될 수 있다. 앞서 논의하였듯이, 지어지선의 역할은 명명덕과 신민, 즉 수기와 치인에 지향점을 제시하면서도 그 둘이 종국에는 실천을 통하 여 완성됨을 강조하는 데에 있다. 이 역할의 중요도에 따라서 그 강령으 로서의 독립성의 정도가 결정된다. 주자는 그 중요성을 인정한 것이다.

마지막으로 박세당이 제시한 이강령설의 근거를 좀 더 살펴봄으로써 본고의 논의를 마무리짓도록 하겠다. 이강령설의 근거 중 하나는 팔조 목이 지어지선에는 배당되지 않는다는 점이다. 이강령설에 의하여 암묵 적으로 제기된 근본적 문제는 강령으로서의 지어지선과 팔조목의 관계 가 모호하다는 것이기도 하다. 앞서 언급하였듯이, 주자는 팔조목 중 격 물(格物)에서부터 수신(修身)까지를 명명덕의 일로 보고, 평천하(平天下) 까지의 나머지는 신민의 일로 본다.[67] 이 배속에서 지어지선은 팔조목과 무관하다. 바로 이 점에 박세당은 자신의 주장을 정초시킨 것이다.

그러나 지어지선이 팔조목에 연결되지 않는 것이 아니다. 기실 전혀 다른 방식으로 연결된다. 이를 간취하기 위하여 『대학』 경문의 두 번째 구절에 우선 주목하여야 한다. 이 구절은 지지(知止)와 능득(能得)에 관한 것이다. 주자에 따르면, 지지는 마땅히 머물러야 할 곳인 지선이 있는 곳을 앎이고, 능득은 그칠 바를 얻음이다. 해당 구절의 전체 내용은, 지 선을 알면[知止], 마음의 뜻에 일정한 방향이 있게 되고[定], 그럼으로써

---

67 『대학장구대전』 12쪽: "修身以上, 明明德之事也. 齊家以下, 新民之事也." 쪽수는 『四庫全 書』를 참조한다.

마음이 망령되이 움직이지 않을 수 있으며[靜], 따라서 어떠한 상황에서도 안정되어[安], 일을 처리함에 있어 사려함이 정밀하고 자세하게 됨으로써[慮], 결국 지선에 능히 머무를 수 있다는 것이다[能得].[68] 이는 지어지선에 대한 상술이다. 그런데, 중요한 것은 주자가 바로 이 구절을 팔조목과 연결시킨다는 점이다. 격물을 통하여 앎이 지극해지는 것[格物知至]이 지지(知止)이고, 나머지 여섯 조목들은 능득의 순서[得所止之序]라고 본다.[69] 결과적으로 지어지선은 앎과 능히 실천해 냄의 두 단계로 나뉘고, 이 두 단계는 팔조목에 각각 연결된다.

재정리하자면, 팔조목은 강령과 두 다른 방식으로 연결된다. 격물(格物), 치지(致知), 성의(誠意), 정심(正心), 수신(修身)은 명명덕의 일이고, 제가(齊家), 치국(治國), 평천하(平天下)는 신민의 일이다. 반면, 격물과 지지(知至)는 지지(知止)와 연결되고, 나머지 의성(意誠), 심정(心正), 신수(身修), 가제(家齊), 국치(國治), 천하평(天下平)은 능득에 연결되어 그 순서로서 이해된다. 그리고 지지와 능득은 지어지선의 과정을 세분화한 것이기 때문에 두 번째 연결 방식은 팔조목과 지어지선에 관련된 것이다.

위 두 가지 방식에서 간파하여야 할 것이 있다. 바로 명명덕과 신민에 연결되는 팔조목과 지어지선에 연결되는 팔조목의 성격이 전혀 다르다는 점이다. 전자의 경우, 공부(工夫)의 문제이고, 후자는 그 공효(功效)의 문제이다.[70] 명명덕과 신민의 일로서의 팔조목은, 이를테면, 자신을 수

---

68 『대학장구대전』 5쪽: "知止而后有定, 定而后能静, 静而后能安, 安而后能慮, 慮而后能得."

69 『대학장구대전』 12쪽: "物格知至, 則知所止矣. 意誠以下, 則皆得所止之序也."

70 『대학장구대전』 13쪽: "雙峯饒氏曰, 上一節, 就八目逆推工夫. 後一節, 就八目順推功效." 이는 세주에 해당된다. 여기서 윗절과 아랫절은 순서대로 『대학』의 다음 구절들이다. 『대학장구대전』 8쪽: "古之欲明明德於天下者, 先治其國. 欲治其國者, 先齊其家. 欲齊其家者, 先脩其身. 欲脩其身者, 先正其心. 欲正其心者, 先誠其意. 欲誠其意者, 先致其知. 致知在格物." 『대학장구대전』 11쪽: "物格而后知至, 知至而后意誠, 意誠而后心正, 心正而后身脩, 身脩而后家齊, 家齊而后國治, 國治而后天下平."

양한다든지 나라를 다스리는 것 등이다. 반면, 지어지선의 팔조목은 결과적으로 자기 수양이 완성된다거나 나라가 다스려지는 상태 등인 것이다. 『대학』 경문에서 팔조목이 거듭 언급되는 이유가 바로 공부로서의 팔조목과 그 공효로서의 팔조목으로 나누어져서 제시되기 때문이다. 이러한 두 가지 다른 성격의 팔조목 사이에 지어지선이 위치하게 된다. 이를테면, 수신(修身)의 공부에서 지어지선을 추구하면 결과적으로 신수(身修), 즉 자기 수양이 완성된다는 구조이다. 지어지선은 공부로서의 팔조목에 연결되는 것이 아니고 그 공효로서의 팔조목에 연결되는 것이다. 그도 그럴 것이 지어지선은 공부로서의 팔조목의 지향점이기 때문이다. 그렇다면 박세당이 제시한 이강령설의 근거는 타당성이 떨어진다고 하겠다.[71]

---

71 삼강령과 팔조목의 관계를 조선초 유학자 權近이 도표로써 매우 분석적이고 간략하게 파악하였다. 참조할 만하다. 권근, 『大學指掌之圖』 참조. 이는 『국제유장』 1권 3쪽에 실림. 이 도표는 이후 李滉의 大學圖에서 거의 그대로 재현된다. 『국제유장』 1권 324쪽.

주자(朱子)의 『춘추(春秋)』 해석방법론

김동민(성균관대학교 유학동양한국철학과 조교수)

중국 경학 연구, 그 중에서도 특히 사서오경(四書五經)의 경전 해석 분야에서 주자(朱子, 1130~1200)의 주석이나 이론은 빼놓을 수 없는 연구 대상 중의 하나이다. 경전에 대한 그의 체계적이고 정밀한 접근이 경전의 해독과 이해를 위한 주요한 해석 방법론으로 인식되고 있기 때문이다. 그런데 흥미로운 점은 그에게 수많은 저술과 논문 형식의 글들이 있지만, 유가의 경전 중에서도 가장 난해한 책으로 손꼽히는 『춘추』 관련 논저가 없다는 점이다. 주자는 왜 『춘추』와 관련된 책을 남기지 않았을까? 『춘추』가 연구의 대상으로 삼을 만한 가치가 없다고 판단한 것인가? 그렇지 않으면 『춘추』를 연구하는 과정에서 모종의 어려움이나 문제점으로 인해 스스로 저술을 포기한 것인가? 이 글은 이러한 근본적인 의문에서 출발한다.

"나는 평생 감히 『춘추』에 대해 말하지 않았다. 간혹 말을 하는 경우는 단지 문정공(文定公) 호안국(胡安國, 1074~1138)의 학설을 가지고 말했을 뿐이다. 결국 성인과 천백 년이나 떨어져 있는데, 어떻게 성인의 마음을 알 수 있겠는가?"[1] 주자의 이 한 마디 말 속에는 함축적인 의미가 담겨 있다. 첫째, 『춘추』 연구는 삼전(三傳)의 해석을 토대로 삼는 것이 일반적인데, 주자는 호안국의『춘추호씨전(春秋胡氏傳)』을 거론한 점. 둘째,『춘추』를 공자의 마음을 담은 경전으로 이해하면서도 그 독해의 어려움을 토로한 점이다. 일반적으로『춘추』를 읽을 때, "후세에 나를 알아주는 것도『춘추』때문일 것이다! 나를 죄 주는 것도『춘추』때문일 것이다!"[2]라는 공자의 말에 주목하여,『춘추』속에 공자의 특별한 사상이 담겨 있다고 여기고, 그것을『춘추』의 대의(大義)라고 규정한다. 호안국이 "『춘추』는 노나라의 역사일 뿐인데, 공자가 거기에 필삭(筆削)을 가하니, 이에 역사기록 밖의 마음을 전하는 핵심 경전이 되었다"[3]고 말한 것도『춘추』를 공자의 마음을 집약한 대의를 전한 경전으로 인식한 것이다.

주자도 또한 공자의 마음이『춘추』속에 대의의 형태로 담겨 있다는 인식을 공유하고 있다. "대체로 [『춘추』는] 본래 왕도(王道)를 위해 그 기강(紀綱)을 바로잡은 것이다. …… 이 의리를 몰라서는 안 된다"[4]라거나, "『춘추』는 당시의 실제 일로, 공자가 책에 기록한 것이다. …… 오직 정이천(程伊川)이 '경세(經世)의 대법(大法)'이라고 여긴 것이 그 요지를 이해하였다"[5]는 말에서 알 수 있듯이,『춘추』의 대의를 파악하는 것이 곧『춘추』독법의 핵심임을 강조하였다. 따라서 "공자가『춘추』를 지어 난신적자를 필주하였다. 이는 다스림을 이루는 법이 만세에 드리워진 것이다"[6]라고 하여,『춘추』의 대의가 지닌 가치를 분명하게 천명하였다. 그런데『춘추』는『논어』처럼 공자의 직접적인 언행을 담고 있는 기록이 아니기

---

1 『朱子語類』권83「春秋」: "某平生不敢說『春秋』, 若說時, 只是將胡文定說扶持說去. 畢竟去聖人千百年後, 如何知得聖人之心?" 이 글에서 인용한 원문은 黎靖德 編,『朱子語類』(北京: 中華書局, 1986)를 사용했다.

2 『孟子』「滕文公 下」: 孔子曰, "知我者其惟『春秋』乎! 罪我者其惟『春秋』乎!"

3 『春秋胡氏傳』「序」: "春秋魯史爾, 仲尼就加筆削, 乃史外傳心之要典也."

4 『朱子語類』卷83「春秋」: "大率本爲王道正其紀綱. …… 此義不可不知."

5 『朱子語類』卷83「春秋」: "春秋是當時實事, 孔子書在冊子上. …… 唯伊川以爲'經世之大法', 得其旨矣."

6 『孟子集註』「滕文公 下」: "孔子作『春秋』, 以討亂賊, 則致治之法, 垂於萬世."

때문에 그 경문(經文)만으로 대의를 파악하는 것은 결코 쉽지 않다. 따라서 삼전(三傳)을 비롯한 대표적인 해석서에 의존할 수밖에 없는데, 문제는 각 해석서마다『춘추』의 대의나 공자의 생각을 서로 다르게 해석하고 있다는 점이다. 더 심각한 것은『춘추』가 해석자의 관점에 따라 다양한 해석이 가능하다는 특성 때문에 수많은 학자들이 각자가 파악한 대의를 제시했지만, 그 해석 중에는『춘추』의 본의에서 벗어난 천착과 왜곡이 많다는 점이다.

주자는 기존 해석서의 이러한 문제점을 인식하고, 자신만의 독자적인 독해 방법을 통해『춘추』대의의 진면모를 찾으려고 시도한 것으로 보인다. 그 과정에서 가끔씩『춘추』독해의 어려움을 토로하기는 했지만, "사람들은『춘추』가 이해하기 어렵다고 말하는데, 내가 알기로는 이해하기 어려운 곳이 없다. 단지 거기에 있는 일에 근거할 뿐이요, 거기에 그렇게 기록된 것에 근거할 뿐이다"[7]고 하여,『춘추』에 기록된 역사적 사실을 있는 그대로만 보면 결코 이해하기 어려운 책이 아니라고 확신하였다. 이처럼 주자는『춘추』기록에 대한 객관적 접근과 분석을 시도했지만, 당시까지 전해져 오던『춘추』독법의 고정된 구도를 깨기는 결코 쉽지가 않았던 것으로 보인다. 그 중에서도 특히 포폄(褒貶)의 필법은『춘추』대의 해석의 대표적인 방법인데, 주자는 이 필법이『춘추』로의 객관적 접근을 가로막는 가장 큰 방해 요소라고 생각했다. 주자의『춘추』관련 언설 중에서 포폄 필법에 대한 비판이 많은 부분을 차지한다는 점이 그것을 방증한다. 예를 들어 "만약 한 글자를 더하거나 한 글자를 뺀 것이 곧 포폄이라고 말한다면 나는 도저히 믿을 수가 없다"[8]거나, "지금 오히려 글자 하나하나에서 포폄을 알아 성인의 뜻을 구하려고 하니, 그대가 어

---

7 『朱子語類』卷83「春秋」: "人道『春秋』難曉, 據某理會來, 無難曉處. 只是據他有這箇事在, 據他載得恁地."
8 『朱子語類』卷83「春秋」: "若謂添一箇字, 減一箇字, 便是褒貶, 某不敢信."

떻게 성인의 마음속 일을 알 수 있겠는가!"[9]라고 하여, 매우 강한 불신을 드러내었다.

그런데 포폄의 필법이 『춘추』 삼전(三傳)은 물론이고, 호안국과 정이천 등 송대의 대표적인 『춘추』 학자들도 긍정하는 『춘추』 독해 대표적인 방법이라는 점이 주자가 『춘추』를 이해하는 과정에서 직면한 가장 큰 난제였다. 주자의 입장에서 보면, 『춘추』에 대한 정확한 이해를 위해서는 『춘추』 대의를 벗어난 천착의 주요 원인인 포폄의 필법을 제거하는 것이 가장 급선무라고 할 수 있기 때문이다. 결국 포폄의 필법에 대한 강한 불신은 자연스럽게 춘추학 전반에 대한 부정적인 시각을 형성했고, 그것이 『춘추』 연구 자체에 대한 거부감과 전문 저술의 부재라는 결과로 이어졌을 것이라는 예측이 가능하다.

이와 같이 주자는 기본적으로는 춘추학에 대한 부정적 시각을 견지했지만, 『주자어류(朱子語類)』 속에는 『춘추』 이론이나 해석과 관련된 내용이 비교적 많이 실려 있다. 삼전(三傳)과 호안국·정이천 등 주요 해석 전반에 대한 평가, 포폄의 필법과 같은 대의 해석 방법에 대한 분석과 비판, 나아가 춘추학 분야의 쟁점이나 『춘추』의 주요 경문(經文)에 대한 주자 자신의 해석 등 매우 폭넓은 범위의 주제를 담고 있다.[10] 비록 『춘추』 경전 자체를 체계적으로 해석한 것은 아니지만, 춘추학의 주요 이론과 쟁점을 논의의 대상으로 삼고 있기 때문에 주자 개인뿐만 아니라 송대 춘추학의 특징을 엿볼 수 있는 의미 있는 자료라고 판단된다. 이와

---

9 『朱子語類』 卷83 「春秋」: "今卻要去一字半字上理會褒貶, 卻要去求聖人之意, 你如何知得他肚裏事!"

10 淸代의 程川이 『朱子語類』에 기록된 五經 관련 내용들을 모아서 편집한 『朱子五經語類』(臺北: 商務印書館, 1983)라는 책이 있다. 이 책은 주자의 『춘추』 관련 기록을 주제별로 분류하여 3권의 책으로 정리한 것으로, 주자의 춘추학을 체계적으로 살펴볼 수 있어서 참조할 만하다. 제1권은 「統論春秋」·「統論四傳」·「統論三傳」·「統論左傳」·「統論公羊穀梁傳」, 제2권은 「統論程傳」·「統論胡傳」·「統論諸說」, 제3권은 「隱公」부터 「哀公」까지 문인들과 문답한 내용으로 구성되어 있다.

같이 주자의 춘추학은 그 이론의 학문적 의미뿐만 아니라 학술사적 측면에서도 반드시 살펴보아야 할 연구 대상임에도 불구하고, 현재까지 국내의 연구 성과는 매우 드문 편이고,[11] 중국 학계에도 주자의 춘추학 전반을 간략하게 소개하는 수준의 논문이 몇 편 있을 뿐이다.[12] 이 글에서는『춘추』의 대의와 포폄의 필법을 중심 주제로 삼아서, 기존의『춘추』해석 방법과 차별화되는 주자 해석방법론의 특징을 밝히는 것을 주요 목적으로 한다. 논의의 과정에서『춘추』삼전, 호안국·정이천의 이론과 상호 비교함으로써 주자만의 독자적인『춘추』접근법과 이해의 방식을 탐색해보고자 한다.

2.『춘추』대의(大義)의 객관적 독법

주자는 기본적으로『춘추』라는 책 자체를 다른 경전과 같이 절대적인 존중의 대상으로 여기지는 않은 것 같다. 오히려 기존『춘추』해석서에

---

11 필자가 이 글 이외에 주자의 춘추학을 주제로 쓴 논문이 2편이 더 있다. 「朱子의『春秋』註解書에 대한 비판과 변론」(한국양명학회,『陽明學』46, 2017.4)과 「朱子의『春秋』해석과 그 특징」(한국유교학회,『유교사상문화연구』68, 2017.6)이다. 이 외에 주자의 춘추학 관련 전문 연구는 보이지 않는다. 한편 필자의 연구 성과 중에 정이천과 호안국의 춘추학을 다룬 논문이 있는데, 주자의 춘추학과 비교해서 살펴보면 송대 춘추학을 이해하는 데 도움이 될 것이다. 「程伊川의 理學的『春秋』이해에 관한 연구」(한국유교학회,『유교사상문화연구』60, 2015.6); 「胡安國의『春秋』해석을 통해 본 宋代 春秋學의 특징」(한국동양철학회,『동양철학』43, 2015.7)

12 근래의『춘추』학자인 趙伯雄의 「朱熹『春秋』學考述」(中國孔子基金會,『孔子研究』2003年 第一期)이라는 논문에서 '一字褒貶'과 관련된 주자의 글들을 간략하게 소개하였다. 이 글은 趙伯雄의『春秋學史』(濟南: 山東教育出版社, 2004)에 「朱熹的『春秋』觀」이라는 제목으로 담겨 있다. 이외에도 顧宏義, 「朱熹論『春秋』書法」(中國社科院歷史研究所,『朱子學刊』1998年第一輯)이라는 논문에서도 '字字褒貶'에 대한 주자의 비판을 간단하게 소개하고 있다. 최근에 曾赤 等,『春秋公羊學史』(華東師範大學出版社, 2017)가 출판되었는데, 여기에서도 「朱熹論『春秋』」라는 제목으로 전반적인 내용만을 다루고 있다.

대한 부정적 시각으로 인해 『춘추』 경전의 독해에 회의적인 태도를 보이는 경우가 많았다. 그것이 종종 "『춘추』에는 정말로 이해하기 어려운 곳이 있다"거나, "『춘추』는 내가 정말로 이해하기 어려운 곳이 있다. 성인이 진짜 이러한 말을 했는지 어떤지를 모르겠다"[13]라는 하소연으로 표출되기도 하였다. 그럼에도 불구하고, 『춘추』가 공자와 직접적인 관련이 있는 기록이며, 진리를 담고 있는 경전이라는 점은 인정한다.

> 『춘추』는 당시의 실제 일로, 공자가 책에 기록한 것이다. 후세 학자들의 학문이 지극하지 못한데도 각자가 자기 마음대로 추측하여 전(傳)을 지으니, 바로 장횡거(張橫渠)가 "이치가 밝고 의리가 정밀하지 않는데도 그 책을 연구했기 때문에 그 이론에 천착이 많다"고 말한 것이 그것이다. 오직 정이천(程伊川)이 '경세(經世)의 대법(大法)'이라고 여긴 것이 그 요지를 이해하였다.[14]

일반적으로 『춘추』는 노나라의 옛날 역사 기록을 공자가 손질하여 지은 책이라고 전해진다. 주자도 『춘추』가 공자의 독창적인 저작은 아니지만, 공자의 손을 거친 책이라는 기존의 견해를 그대로 수용하고 있다. 공자와 『춘추』의 관계에 대해서는 다양한 이견이 존재한다. 일부의 시각에서는 『춘추』를 포함한 육경(六經)을 단지 역사서로만 규정하고, 『춘추』와 공자의 관계를 완전히 부정하기도 한다. 왕수인(王守仁, 1472~1529)이 『춘추』를 포함한 오경(五經)이 모두 역사서라는 주장을 펼친 이래로,[15] 장학성(章學誠, 1738~1801)에 이르러서는 '육경(六經)이 모두 역사'라는

---

13 『朱子語類』卷83「春秋」: "『春秋』煞有不可曉處.; 『春秋』, 某煞有不可曉處. 不知是聖人眞箇說底話否."

14 『朱子語類』卷83「春秋」: "『春秋』是當時實事, 孔子書在冊子上. 後世諸儒學未至, 而各以己意猜傳, 正橫渠所謂非理明義精而治之, 故其說多鑿, 是也. 唯伊川以爲經世之大法, 得其旨矣."

15 『傳習錄』上: "先生曰, 以事言謂之史, 以道言謂之經, 事卽道, 道卽事, 『春秋』亦經, 五經亦史. …… 又曰, 五經亦只是史."

정형화된 주장이 출현하기도 하였다.[16] 그렇지만 『춘추』를 공자가 직접 지었는지, 아니면 노나라의 옛날 역사서에 필삭(筆削)을 가했는지에 대한 견해의 차이는 있지만, 『춘추』와 공자의 관련성을 인정하는 것이 학계의 정설이다.[17] 주자의 시대에는 공자가 노나라의 옛날 역사서를 필삭하여 『춘추』를 지었다는 것이 공통의 인식이었다. 『논어』의 '술이부작(述而不作)'[18]에 대해, 주자가 "공자는 『시』와 『서』를 바로잡고 예악을 정리했으며, 『주역』을 부연하고 『춘추』를 손질하여 모두 선왕의 옛것을 전수하여 기술하였고, 일찍이 창작한 것이 없었다. …… 당시에 창작된 작품들은 대략 갖추어져 있었기 때문에 공자는 여러 성인의 작품을 집대성하여 절충하였다"[19]라고 해설한 것도 그러한 공통의 인식에 기반한 것이다. 비록 노나라의 옛 역사서와 『춘추』 경문(經文)의 차이를 확인할 수는 없지만, 『춘추』가 공자의 필삭을 거친 공자의 작품이라는 것은 분명한 사실로 받아들였다.[20]

　『춘추』가 공자의 필삭을 거친 경전이라는 인식은 곧 이 책 속에 공자의 특별한 생각이나 사상이 담겨 있다는 확신으로 이어졌다. 정이천이 "후세에는 역사에 의거하여 『춘추』를 이해하여, 선을 칭찬하고 악을 비난한 것일 뿐이라고 말하고, 경세의 대법에 대해서는 알지 못한다"[21]라

---

16 『文史通義』「內篇」1「易敎 上」: "六經皆史也. 古人不著書, 古人未嘗離事而言理, 六經皆 先王之政典也."

17 공자와 『춘추』의 관계에 관한 학계의 이견에 대해서는 김동민, 『춘추논쟁』(글항아리, 2014), 29~33쪽 및 김동민, 「六經과 孔子의 관련성에 대한 고찰」(동양철학연구회, 『동양철학연구』 75, 2013), 264~269쪽 참조.

18 『論語』「述而」: "子曰, 述而不作, 信而好古, 竊比於我老彭."

19 『論語集註』「述而」: "孔子刪『詩』·『書』, 定禮樂, 贊『周易』, 脩『春秋』, 皆傳先王之舊, 而未 嘗有所作也. …… 然當是時, 作者略備, 夫子蓋集群聖之大成而折衷之."

20 『朱子語類』卷34「論語十六 述而篇」'述而不作章': "又問如何作『春秋』? 恐是作否? 曰, 其 事則齊桓·晉文, 其文則史, 其義則丘竊取之矣. 看來是寫出魯史, 中間微有更改爾. 某 嘗謂『春秋』難看, 平生所以不敢說著. 如何知得上面那個是魯史舊文, 那個是夫子改底 字?"

21 『河南程氏經說』卷第4『春秋傳』「序」: "後世以史視『春秋』, 謂褒善貶惡而已, 至於經世之

고 하여, 『춘추』가 세상을 다스리는 큰 법칙을 담고 있다고 그 성격을 규정한 것도 같은 맥락에서 이해할 수 있다. 주자도 이 말이 『춘추』의 성격을 가장 잘 이해한 것이라고 말함으로써 경전으로서 『춘추』의 권위를 인정하였다. 또한 호안국의 『춘추호씨전』「서문」에서도 자신의 책이 "성인이 세상을 경영하려고 한 뜻에 조금은 보탬이 될 것"[22]이라고 말한 것도 동일한 인식을 공유하고 있는 것이다. 이와 같은 경세의 대법은 일반적으로 『춘추』의 의리 또는 대의라고 일컬어지며, 『춘추』 전체를 관통하는 큰 도리이자 법칙을 의미한다. 그렇지만 후세의 학자들은 이 대의의 존재조차 모르기 때문에 『춘추』의 정확한 독해는 사실상 불가능한 수준이라고 할 수 있다.

물었다. "선생께서 『춘추』 경전을 논할 때, 본래 도를 밝히고 의리를 바로잡으며, 만세의 법도를 헤아리는 책이라고 했습니다. 예를 들어 조회와 빙문, 회합과 맹약, 침략과 정벌 등의 일은 모두 인심(人心)의 공경함이나 방자함에 따라 상세하거나 간략하게 기록합니다. 혹은 자(字)를 기록하고 혹은 이름을 기록한 것은 모두 그 일에 입각하여 그 의리를 기록한 것입니다. 이것은 조금의 어긋남도 없이 가장 잘 판단한 것입니다. 후세에 『춘추』를 배울 때, 대부분 제(齊)나라와 노(魯)나라의 우열을 비교했습니다. 그 이후로는 예를 들어 송(宋)나라 양공(襄公)이나 진(晉)나라 도공(悼公) 등의 일과 같이 모두 패자들의 일을 논했습니다. 당시에 『춘추』가 왕도를 위해 지은 것인지, 아니면 패자를 위해 지은 것인지 모르겠습니다. 만약 패자를 위해 지은 것이라면 이 책이 어찌 의리를 담은 책이 될 수 있겠습니까?" 대답했다. "대체로 [『춘추』는] 본래 왕도를 위해 그 기강을 바로잡은 것이다. 이전에 『춘추』와 관련된 글들을 보면, 비록 엉성하지만 여전히 성인에게 도를 밝히고 의리를 바로잡은 도

大法, 則不知也."

22 『春秋胡氏傳』「序」: "庶幾聖王經世之志小有補云."

리가 있다는 것을 알고 있었기 때문에 그래도 볼 만한 내용이 있었다. 그런데 최근에는 단지 패자의 권모술수의 뜻만을 말할 뿐, 결코 제대로 깨닫지 못하고 있다. 이러한 의리를 몰라서는 안 된다."[23]

『춘추』와 왕도의 관계는 사마천도 이미 언급한 적이 있다. 그는 『춘추』가 다양한 사건의 표준을 제시하고 인간관계의 질서를 확립함으로써 세상의 법도와 기강을 세우는 왕도의 핵심이라고 말했다.[24] "공자가 『춘추』를 지으니, 수많은 왕들의 바뀌지 않는 큰 법도가 되었다"[25]는 정이천의 말과 "수많은 왕들의 법도와 만세의 표준이 모두 이 책 속에 있다"[26]는 호안국의 말도 모두 같은 의미로 이해할 수 있다. 그런데 겉으로 드러난 『춘추』 경문만 놓고 살펴보면, 그 내용은 대부분 노나라와 그 주변국의 주요한 사건 관련 기록이다. 특히 당시 천자의 권위가 무너지고, 천하의 질서가 제나라와 진나라와 같은 패자를 중심으로 재편되었기 때문에 이들 패자의 활동이 당시 사건 기록의 대부분을 차지하고 있다. 따라서 이 기록만으로 왕도의 실체를 이해하는 것은 사실상 불가능하기 때문에 후세의 『춘추』 연구자들은 단지 패자 중심의 역사를 언급할 뿐, 그 역사 속에 담긴 대의를 해석하지 못한 것이다.

『춘추』는 본래 도를 밝히고 의리를 바로잡는 책인데, 지금은 단지 제나라와

---

23 『朱子語類』 卷83 「春秋」: "問先生論 『春秋』一經, 本是明道正誼 · 權衡萬世典刑之書. 如朝聘 · 會盟 · 侵伐等事, 皆是因人心之敬肆爲之詳略. 或書字, 或書名, 皆就其事而爲之義理. 最是斟酌毫忽不差. 後之學 『春秋』, 多是較量齊魯長短. 自此以後, 如宋襄 · 晉悼等事, 皆是論伯事業. 不知當時爲王道計耶, 爲伯者作耶. 若是爲伯者作, 則此書豈足爲義理之書?' 曰 '大率本爲王道正其紀綱. 看已前 『春秋』文字雖殕, 尙知有聖人明道正誼道理, 尙可看. 近來止說得伯業權譎底意思, 更開眼不得. 此義不可不知.'"

24 『史記』 「太史公自序」: "夫 『春秋』, 上明三王之道, 下辨人事之紀, 別嫌疑, 明是非, 定猶豫, 善善惡惡, 賢賢賤不肖, 存亡國, 繼絶世, 補敝起廢, 王道之大者也."

25 『河南程氏經說』 卷第4 「春秋傳」 「序」: "夫子作 『春秋』, 爲百王不易之大法."

26 『胡氏春秋傳』 「序」: "百王之法度, 萬世之繩準, 皆在此書."

진나라의 패업의 우열만을 비교하고, 성공을 생각하고 이익을 도모하니, 대의가 모두 사라져 버렸다.[27]

『춘추』는 본래 제하(諸夏)를 높이고 이적(夷狄)을 밖으로 여긴다. 그런데 성인이 당초에 경전을 지을 때, 어찌 천하의 제후들을 이끌어서 제나라와 진나라를 높이려고 했겠는가! 진회(秦檜)가 오랑캐와 화친을 맺은 이후로 선비들이 내외(內外)의 구분에 대해 말하기를 꺼리니, 『춘추』의 대의가 사라져 버렸다.[28]

주자는 패자 중심의 『춘추』 이해로 인해 『춘추』 대의의 실체가 사라진 것을 강력하게 비판하였다. 특히 흥미로운 점은 『춘추』 대의가 사라진 원인 중의 하나로 진회(秦檜, 1090~1155)가 금나라와 강화를 체결한 사건을 거론했다는 점이다. 중국과 이적을 구분하는 내외(內外) 차별의 화이(華夷)관념은 『춘추』의 대표적인 대의인데, 주자는 당대의 사건을 통해 그 대의의 의미를 자기 시대에 맞게 재해석한 것이다. 사실 이런 해석은 송대의 독특한 『춘추』 독해 방법이 반영된 것이며, 그것은 송대의 대표적인 『춘추』 해석서인 호안국의 『춘추호씨전』에 대한 평가를 통해 확인할 수 있다. "이 책은 송나라가 남쪽으로 천도한 이후에 지어졌기 때문에 당시의 시사적인 일에 격분하여 종종 『춘추』를 빌어 자기의 뜻을 담았다. 하나하나가 다 경전의 뜻에 반드시 부합하지는 않는다"[29]라거나, "송나라 호안국은 왕안석(王安石, 1021~1086)이 『춘추』를 국자감에 세우

---

27 『朱子語類』 卷83 「春秋」: "『春秋』本是明道正誼之書, 今人只較齊晉伯業優劣, 反成謀利, 大義都晦了."

28 『朱子語類』 卷83 「春秋」: "『春秋』固是尊諸夏, 外夷狄. 然聖人當初作經, 豈是要率天下諸侯而尊齊晉! 自秦檜和戎之後, 士人諱言內外, 而『春秋』大義晦矣."

29 『四庫全書總目提要』 『春秋胡氏傳』: "其書作於南渡之後, 故感激時事, 往往借『春秋』以寓意. 不必一一悉合於經旨."

지 않은 것에 발분하여, 임금의 명을 받아『춘추전』을 지었다"[30]는 평가이다. 호안국 자신도「서문」에서 왕안석이 과거 시험이나 학교, 경연 등에서『춘추』를 없앰으로써 국론을 단절시켜 버렸다고 강하게 비판함으로써[31] 자신의『춘추』해석이 시대적 요청이 반영된 결과임을 분명하게 드러내었다. 주자도 이러한 해석 방법을 어느 정도 긍정했기 때문에 "호안국의『춘추전』에는 견강부회한 부분이 많지만, 그 의론에는 포용 정신이 있으니, 또한 영원히 변치 않는 정평(定評)이다"[32]고 평가하였고, 자신도 당대의 인물을 직접 논의의 대상으로 삼은 것으로 보인다.

이상에서 알 수 있듯이, 주자는『춘추』에 담긴 대의의 존재를 강하게 믿었고, 현실의 정치에서 그 대의의 실현을 갈망했던 것으로 보인다. 주자가 파악한『춘추』의 최종 목적은 "왕도를 위해 기강을 바로잡는 것"이며,『춘추』대의는 바로 이 목적의 실현을 위한 필수 조건이다. 그리고 주자는 대의의 핵심 요지를 다음과 같이 요약하였다. "『춘추』의 큰 요지 중에 볼 수 있는 것은 난신(亂臣)을 주살하고 적자(賊子)를 토벌하며, 중국(中國)을 안으로 여기고 이적(夷狄)을 밖으로 여기며, 왕자(王者)를 귀하게 여기고 패자(霸者)를 천하게 여기는 것뿐이다."[33] 그렇다면『춘추』속에 담겨 있는 이러한 대의는 어떻게 찾아서 밝힐 수 있는가?『춘추』를 읽는 특별한 독법이 존재하는가?

---

30 『春秋胡傳考誤』「自序」: "宋胡安國憤王氏之不立『春秋』, 承君命而作『傳』." 왕안석과『춘추』의 관계에 대해서는 이원석,「송대 사대부의『春秋』관에 대한 연구─王安石의『춘추』비판 배경 분석을 중심으로」(서울대 규장각 한국학연구원,『규장각』30, 2007) 참조.

31 『春秋胡氏傳』「序」: "近世推隆王氏新說, 按爲國是, 獨於『春秋』, 貢擧不以取士, 庠序不以 設官, 經筵不以進讀, 斷國論者無所折衷, 天下不知所適. 人欲日長, 天理日消, 其效使夷 狄亂華, 莫之遏也. 噫! 至此極矣!"

32 『朱子語類』卷83「春秋」: "胡氏『春秋傳』有牽强處, 然議論有開合精神, 亦千古之定評也."

33 『朱子語類』卷83「春秋」: "『春秋』大旨, 其可見者, 誅亂臣, 討賊子, 內中國, 外夷狄, 貴王 賤伯而已."

물었다. "『춘추』는 어떻게 보아야 합니까?" 대답했다. "단지 역사를 보듯이 보아야 한다." 물었다. "정자(程子)가 '전(傳)을 가지고 경(經)의 사적을 고찰하고, 경을 가지고 전의 진위(眞僞)를 구별한다'고 말한 것은 어떻습니까?" 대답했다. "그렇게 하더라도 또한 고찰할 수 없는 곳이 있다." 물었다. "그 사이에 잘은 모르겠지만 성인이 포폄한 곳이 확실히 있지 않을까요?" 대답했다. "그 또한 알 수 없다." "예를 들어 허(許)나라 세자(世子) 지(止)가 약을 맛본 사례는 어떻습니까?" 대답했다. "성인도 또한 단지 국사(國史)가 기록한 것을 근거로 논지를 세웠을 뿐이다. 성인은 광명정대하니, 한두 글자를 가지고 다른 사람에게 포폄을 가했을 리가 없다. 만약 이와 같이 자질구레하게 그 뜻을 구한다면, 아마도 성인의 본의가 아닐 것이다."[34]

『춘추』를 역사로 보아야 한다는 주자의 말은 삼전(三傳)의 『춘추』 해석에서 벗어나, 『춘추』를 역사적 사실 그대로 객관적으로 보아야 한다는 의미이다. 그러나 송대의 손복(孫復)과 유창(劉敞) 등의 학자들도 명분상으로는 전(傳)을 버리고 경(經)을 따라야 한다고 주장했지만, 그들도 역시 삼전의 해석에서 자유로울 수는 없었다.[35] 정이천과 호안국도 리학(理學)이라는 학문적 시각으로 『춘추』에 대한 새로운 이해를 시도했지만, 그 밑바탕에서는 여전히 삼전의 해석이 기본으로 깔려 있었다. 그런데 주자의 독법은 이와 같은 『춘추』 독법과는 전혀 다르며, 마치 앞에서 언급했던 『춘추』를 포함한 오경을 모두 역사서로 보는 시각과 매우 비슷한 것으로 보인다. 그렇지만 앞의 시각이 『춘추』와 공자의 관계 자체를 부

---

34 『朱子語類』 卷83 「春秋」: "問『春秋』當如何看? 曰只如看史樣看. 曰程子所謂以傳考經之事跡, 以經別傳之眞僞, 如何? 曰便是亦有不可考處. 曰其間不知是聖人果有褒貶否? 曰也見不得. 如許世子止嘗藥之類如何? 曰聖人亦只因國史所載而立之耳. 聖人光明正大, 不應以一二字加褒貶於人. 若如此屑屑求之, 恐非聖人之本意."

35 『四庫全書總目提要』 「春秋類」: "孫復・劉敞之流, 名爲棄傳從經, 所棄者特『左氏』事迹・『公羊』・『穀梁』月日例耳."

정하는 것과는 달리, 주자는 『춘추』를 성인의 대의를 담고 있는 경전으로 보고 있기 때문에 앞의 시각과는 논의의 출발점부터가 전혀 다르다고 할 수 있다.

정자는 『춘추』의 올바른 독법은 경(經)과 전(傳)을 상호 보완적으로 활용할 것이라고 강조했다.[36] 그가 이와 관련된 보다 구체적인 진술을 하지 않았지만, 대체적인 의미는 다음과 같이 이해할 수 있다. 즉 경(經)이 편년체 형식의 짧은 사건 기록이기 때문에 그 사건들의 전후 맥락을 파악하기 위해서는 『좌씨전』과 같은 전(傳)에 의존할 수밖에 없다. 또 『공양전』과 『곡량전』 등에 『춘추』 필법이나 의리와 관련된 진술들이 많이 담고 있는데, 그것의 진위는 경의 기록을 기준으로 판단해야 한다는 것이다.

그런데 주자는 정자의 독법만으로는 『춘추』를 이해하는 데 한계가 있다고 지적한다. 특히 주자가 문제로 삼은 것은 정자를 포함한 『춘추』 해석자들이 포폄의 필법을 『춘추』 해석의 주요한 방법으로 사용한다는 점이다. 질문자가 예로 든 허나라 세자 지(止)의 사건이 대표적인 사례이다. 허나라 세자 지가 군주인 부친의 병간호를 극진히 하면서 평소에 약을 올릴 때마다 자신이 직접 맛을 보고 확인하였다. 그런데 그날 마침 약을 살피지 않고 올렸다가 군주가 그 약을 마시고 죽는 사건이 발생하였다. 이 사건을 『춘추』에서는 '허나라 세자 지가 군주인 매(買)를 시해했다'[37]고 기록했다. 『공양전』에서는 세자 지가 아들로서의 도리를 다하지 못했기 때문에 『춘추』에서 그가 군주를 시해했다는 오명을 씌웠지만, 사실상 그가 군주를 죽이려는 의도가 없었기 때문에 『춘추』에서 '세자(世子)'라는 직위 호칭을 그대로 기록함으로써 그가 시해의 의도가 없었음을 보여주었다고 해석했다.

---

36 『二程遺書』권20 『周伯忱本』: "問「左傳」可信否? 曰不可全信, 信其可信者耳. 某年二十時, 看『春秋』. 黃聲隅問某如何看? 答之曰, 有兩句法云, 以傳考經之事迹, 以經別傳之眞僞."

37 『春秋』「昭公」19년: "五月, 許世子止弑其君買."

또한 『춘추』에는 시해를 당한 임금의 장례를 기록하는 원칙이 있다. "『춘추』에서는 임금이 시해되었는데 도적이 토벌되지 않으면 장례를 기록하지 않는다. 신자(臣子)가 없다고 여기기 때문이다."[38] 그런데 이 사건의 경우 시해한 도적이 토벌되지 않았음에도 불구하고, 허나라 군주의 장례를 정식으로 기록하였다.[39] 『공양전』에서는 그것을 세자의 죄를 용서하는 필법이라고 해석하였다.[40] 즉 사건 당사자의 마음이나 동기 등을 따져서 그 죄를 정한다는 '논심정죄(論心定罪)'[41]의 필법에 의한 판단이다. 사건을 판단할 때, 객관적으로 드러난 사실이나 결과를 따지는 것이 아니라, 사건 당사자의 마음이나 동기를 헤아려서 죄의 유무나 죄의 경중을 확정하는 것으로, 대표적인 포폄 필법의 하나이다.[42]

주자는 이와 같은 포폄의 필법을 매우 강하게 부정한다. 공자가 옛 역사서를 토대로 『춘추』를 지으면서 큰 뜻을 세우고 대의를 담아 두었는데, 기록한 사건마다 모두 자질구레하게 그 전모를 따지고, 일일이 포폄을 가했을 리가 없다는 것이 주자의 판단이다. 주자가 포폄 필법을 이처럼 특별히 경계한 것은 그것이 대부분 해석자의 관점이 강하게 개입된 주관적인 판단이기 때문이다. 즉 『춘추』 경문 자체에는 포폄이 드러나지 않기 때문에 포폄의 필법은 해석자의 해석일 뿐이며, 해석의 과정에서 『춘추』의 원의(原義)를 제멋대로 천착하거나 왜곡할 가능성이 매우 클 수

---

38 『公羊傳』「隱公」11년: "春秋君弑賊不討, 不書葬, 以爲無臣子也."

39 『春秋』「昭公」19년: "冬, 葬許悼公."

40 『公羊傳』「昭公」19년: "賊未討, 何以書葬. 不成于弑也. 曷爲不成于弑. 止進藥而藥殺也. 止進藥而藥殺, 則曷爲加弑焉爾. 譏子道之不盡也. 其譏子道之不盡奈何. 曰, 樂正子春之視疾也. 復加一飯, 則脫然愈, 復損一飯, 則脫然愈, 復加一衣, 則脫然愈, 復損一衣, 則脫然愈. 止進藥而藥殺, 是以君子加弑焉爾. 曰許世子止弑其君買, 是君子之聽止也. 葬許悼公, 是君子之赦止也. 赦止者, 免止之罪辭也."

41 『鹽鐵論』「刑德」: "『春秋』之治獄, 論心定罪."

42 『춘추』의 動機主義的 가치관 또는 論心定罪의 필법에 대한 자세한 내용은 다음의 두 책을 참조 바람. 히하라 도시쿠니 지음, 김동민 옮김, 『국가와 백성 사이의 漢』, 글항아리, 2013, 192~207쪽; 김동민, 『춘추논쟁』, 글항아리, 2015, 107~118쪽.

밖에 없다. 결국 포폄 필법을 적용한 해석은『춘추』의 원의와 그 속에 담긴 대의를 더욱 가리는 결과를 초래할 뿐이다. 따라서 주자는 세상에 통용되고 있는『춘추』해석은 대부분이 믿을 수 없는 엉터리라고 일갈해 버린다.

세상 사람들이 경(經)을 해석한 것은 대부분 제멋대로 해석한 것이다. 예를 들어『춘추』는 단지 다른 나라에서 보고한 것에 근거하여 기록했고, 공자는 단지 옛 역사서에 따라서『춘추』를 지었으니, 복잡하게 얽힌 사연이 많지 않다. 또한 예를 들어 정(鄭)나라 홀(忽)과 돌(突)의 사건 기록과 같은 경우, '홀(忽)'이라고 기록되어 있기도 하고 '정홀(鄭忽)'이라고 기록되어 있기도 하며, '정백홀(鄭伯突)'이라고 기록되어 있기도 하다. 그런데 호안국은 돌이 군주의 덕이 있다고 말하고자 하여, '정백(鄭伯)' 두 글자를 통해서 그가 덕이 있다는 근거를 찾으려고 했는데, 이것도 모두 제멋대로 해석한 것 같다. 대체로 성공(成公)과 양공(襄公) 이전은 옛 역사서가 온전하지 않고, 잘못되거나 빠진 내용이 있기 때문에『춘추』에서 기록한 내용도 각각 같지 않은 것이 있다. 소공(昭公)과 애공(哀公) 이후는 모두 성인이 직접 그 일을 보았기 때문에 사실 그대로 기록할 수 있어서 빠뜨린 내용이 있는 데까지는 이르지 않았다. 어찌하여 성인이 작위를 주거나 작위를 삭제하고, 공적에 상을 주거나 죄에 벌을 주었다고 말하는가? 이것이 말이 되는가![43]

물었다. "맹자가『춘추』는 천자의 일이다'고 말한 것은 어떻게 된 것입니까?" 대답했다. "단지 공자에 의해 여기 이 책에 기록되었는데, 사람들 중에 이 책

---

43 『朱子語類』卷83「春秋」: "世間人解經, 多是杜撰. 且如『春秋』只據赴告而書之, 孔子只因舊史而作『春秋』, 非有許多曲折. 且如書鄭忽與突事, 才書'忽', 又書'鄭忽', 又書'鄭伯突', 胡文定便要說突有君國之德, 須要因'鄭伯'兩字上求他是處, 似此皆是杜撰. 大概自成·襄已前, 舊史不全, 有舛逸, 故所記各有不同. 若昭·哀已後, 皆聖人親見其事, 故記得其實, 不至於有遺處. 如何卻說聖人予其爵, 削其爵, 賞其功, 罰其罪? 是甚說話!"

을 본 자들이 스스로 두려워함이 있었을 뿐이다. 만약 공자가 그를 포폄하고, 작위를 제거하거나 작위를 주고, 공적에 상을 주거나 죄에 벌을 주었다고 말한다면, 어찌 잘못된 것이 아니겠는가! 작위가 있고 없음과 사람에게 공적이 있고 죄가 있는 것에 대해, 공자라고 하더라도 그에게 주거나 뺏을 수가 없다."[44]

정나라 홀과 돌의 사건은 「환공」 11년에 발생하였다. 그 해 7월에 정나라 장공(莊公)이 죽고 세자였던 홀이 뒤를 이어 임금이 되었다. 그런데 송나라가 정나라의 재상인 채중(祭仲)을 사로잡고서, 홀을 쫓아내고 서자인 돌을 정나라 임금으로 세우지 않으면 홀을 죽이고 정나라를 멸망시키겠다고 협박했다. 결국 채중은 송나라의 협박에 따라 돌을 임금으로 세웠고, 홀은 위(衛)나라로 망명하였다.[45] 그 후 4년이 지나서 돌은 정나라에서 쫓겨나서 채나라로 망명하였고, 홀이 다시 정나라로 복귀하였다. 그러나 4개월만에 돌이 다시 정나라로 돌아와서 여공(厲公)이 되었고, 그로부터 24년 후인 「장공」 21년에 죽었다.[46] 『춘추』에서 두 사람과 관련된 일련의 사건을 기록하는 과정에서, '홀'과 '돌'이라는 이름 이외에도 '정홀'·'정세자홀'·정백'·'정백돌' 등 여러 가지 호칭을 사용했는데, 『춘추』를 해석하는 자들은 바로 이 호칭의 차이에 주목하여, 그 속에 담긴 필법을 찾으려고 했다.

---

44 『朱子語類』卷83「春秋」: "問孟子說『春秋』, 天子之事', 如何? 曰只是被孔子寫取在此, 人見者自有所畏懼耳. 若要說孔子去褒貶他, 去其爵, 與其爵, 賞其功, 罰其罪, 豈不是謬也! 其爵之有無與人之有功有罪, 孔子也予奪他不得."

45 『春秋』「桓公」11년: "秋, 七月, 葬鄭莊公. 九月, 宋人執鄭祭仲. 突歸于鄭. 鄭忽出奔衛."; 『公羊傳』「桓公」11년: "莊公死已葬, 祭仲將往省于留, 塗出于宋, 宋人執之. 謂之曰, 爲我出忽而立突. 祭仲不從其言, 則君必死, 國必亡. 從其言, 則君可以生易死, 國可以存易亡, 少遼緩之. 則突可故出, 而忽可故反, 是不可得則病. 然後有鄭國."

46 『春秋』「桓公」15년: "五月, 鄭伯突出奔蔡. 鄭世子忽復歸于鄭. 秋, 九月, 鄭伯突入于櫟."; 「莊公」21년: "夏, 五月, 辛酉, 鄭伯突卒."

호안국은 돌이 「환공」 11년에 송나라에 의해 정나라로 들어올 시점에는 '돌(突)'이라는 호칭으로 기록되어 있지만, 그 이후 채나라로 망명했다가 다시 정나라로 돌아온 시점에는 이름 앞에 '정백(鄭伯)'이라는 글자를 붙인 것이 포폄의 필법이라고 해석하였다. 즉 돌이 비록 세자였던 홀의 자리를 빼앗고서 임금이 되었지만, 일단 임금이 된 이후에 망명했다가 다시 복귀했기 때문에 '정백'이라는 정식 작위 명칭을 붙이는 것이 당연하다. 이에 비해 홀은 비록 세자였지만, 그가 복귀한 시점에 '정백'이라는 호칭을 붙이지 않은 것은 임금으로서의 역할을 제대로 하지 못한 현실을 그대로 반영했기 때문이다. 결국 이 사건 기록은 임금 노릇을 제대로 한 돌을 칭찬하기 위해 '정백'이라는 호칭을 붙였고, 반대로 그렇지 못한 홀을 비판하기 위해 '정백'이라는 호칭을 삭제한 포폄의 필법이라는 것이 호안국의 해석이다.[47]

그러나 주자는 호안국의 해석이 전혀 근거가 없는 것이라고 일갈해 버렸다. '정백'이라는 제후의 작위는 공자가 마음대로 부여하거나 삭제할 수 있는 것이 아니기 때문이다. 환공의 시대는 공자가 살았던 시대와는 시간적으로 거리가 먼 과거였기 때문에 전해오던 기록에 오류가 많을 수밖에 없다. 공자는 이처럼 온전하지 못한 기록을 근거로 『춘추』를 작성했기 때문에 호칭의 혼란이 있을 뿐, 결코 특별한 포폄을 가한 것이 아니다. 이와 마찬가지로 난신적자들이 『춘추』를 두려워한 것도 『춘추』에 자신들의 악행이 사실 그대로 기록되어 있었기 때문이지 포폄의 필법과는 아무런 관계가 없다.

이상에서 알 수 있듯이, 주자는 『춘추』를 읽을 때는 마치 역사서를 읽듯이 객관적인 자세로 접근할 것을 요구한다. 그렇다고 해서 경전으로

---

47 『春秋胡氏傳』「莊公」 21년: "按『春秋』突歸于鄭之後, 其出奔蔡, 入于櫟, 皆以名書, 猶繫於爵, 雖篡而實君, 雖君而實篡, 不沒其實也. 忽雖世子, 其出奔猶不得稱子, 其復歸猶不得稱伯, 以其實不能君也."

서 『춘추』가 담고 있는 철학적 가치를 모두 무시한 채, 『춘추』를 오로지 역사서로만 읽어야 한다는 뜻이 아니다. 왜냐하면 주자는 기본적으로 경전으로서 『춘추』의 지위와 『춘추』 속에 담긴 의리의 존재를 인정하기 때문이다. 따라서 "『춘추』의 의리는 역사적 사실 속에 담겨 있으며, 『춘추』는 경전과 역사의 결합이자 사실과 의리의 융합"[48]이라는 것이 주자가 제시한 『춘추』 독법의 기본 관점이라고 할 수 있다. 이러한 관점을 밑바탕에 깔고 있기 때문에 주자는 『춘추』 기록 자체에서 대의를 찾아야 하며, 포폄 필법과 같이 해석자가 주관적으로 설정한 독법의 기준에 따라 함부로 대의를 억측하거나 곡해해서는 안 된다고 주장한 것이다. 다시 말해서 『춘추』 대의는 『춘추』 기록 자체에 의해 자연스럽게 드러나는 것이지, 결코 그 기록 밖에 존재하는 것이 아니다. 만약 해석자가 임의로 설정한 독법의 기준에 따라 『춘추』를 읽는다면, 성인의 대의는 점점 더 가려져서 정확한 『춘추』 독해는 거의 불가능한 상태로 빠지고 말 것이다. 이처럼 주자는 『춘추』의 본의를 훼손하고 대의를 왜곡하는 최대 원인이 바로 포폄의 필법이라고 단정하고, 이에 대한 본격적인 분석과 비판을 통해 『춘추』 독법의 올바른 방법을 찾고자 하였다.

3. 포폄 필법에 대한 비판적 분석

일반적으로 『춘추』 대의에 대한 독법은 기록자인 공자의 생각이나 의도를 파악하는 것이기 때문에 겉으로 보이는 글자나 문장의 뜻보다는 그 이면에 숨어 있는 상징적인 의미를 찾는 것이 핵심적인 방법이다. 즉 "나는 추상적인 말로 기재하여 시비를 따져보려고 했지만, 그보다는 차라리 위정자가 행한 실재 치적을 놓고 포폄을 진행하는 것이 일을 훨씬

---

48 李建軍, 『宋代「春秋」學與宋型文化』, 北京: 中國社會科學出版社, 2008, 56쪽.

더 절실하고 명백히 하는 것이라고 여겼다"[49]라는 공자의 말에 주목하여, 공자의 포폄 속에 담긴 것이 곧 『춘추』의 대의라고 생각한다. 공자가 필삭을 통해 드러내고 했던 포폄이 『춘추』에 기록된 글자와 문장 속에 미언대의(微言大義)의 형식으로 담겨 있으며, 그것을 정확하게 포착하는 것이 곧 『춘추』 독해의 척도라는 것이다. 이러한 포폄의 필법은 "경문(經文)의 한 글자 한 구절 사이, 한 장(章) 한 조목 속에는 겉으로는 간결하고도 객관적으로 기술되어 있는 것에 불과한 사건이나 인물에 대해서, 기술자의 호오나 포폄의 마음가짐이 감추어져 있는데, 바로 그 감추는 방식의 원칙"[50]이라고 정의될 수 있다. 포폄 필법에 대한 강한 믿음은 심지어 『춘추』의 글자 하나하나마다 모두 포폄이 담겨 있다는 '일자포폄(一字褒貶)'[51]의 주장까지 확대된다.

주자도 "성인이 이 책을 지어서 인욕(人欲)이 제멋대로 흐르는 데에서 인욕을 막으니, 마침내 242년간의 일을 가지고 자신의 포폄을 담아 놓았다"[52]라고 하여, 포폄 속에 담긴 『춘추』 대의 자체는 인정하고 있다. 그렇지만 '일자포폄'에 대해서는, "만약 한 글자를 더하거나 한 글자를 뺀 것이 곧 포폄이라고 말한다면 나는 도저히 믿을 수가 없다"[53]고 하여, 매우 강한 불신을 표출하였다. 포폄 필법은 글자의 차이나 글자의 가감, 문장의 변형 등의 방법을 통해 이루어지는데, 그것은 의례(義例)나 범례

---

49 『史記』「太史公自序」: "子曰, 我欲載之空言, 不如見之於行事之深切著明也."

50 竹內照夫, 「春秋와 春秋筆法」(閔斗基 편, 『中國의 歷史認識 上』, 서울: 창작과 비평사, 1985), 163~164쪽.

51 '一字褒貶'은 "春秋」言是其微也."(『荀子』「儒效」)라는 문장에 대해, 楊倞이 "一字爲褒貶, 微其文隱其義之類是也."라고 주석한 것에서 유래한다. 胡安國도 "由此觀『春秋』書法, 皆欲治亂賊之黨, 謹華夷之辨, 以一字爲褒貶, 深切著明矣."(『春秋胡氏傳』「宣公」9년)라고 말한 것을 보면, 당시에 '一字褒貶'이 『춘추』 대의를 파악하는 주요한 방법으로 여겨졌다는 것을 알 수 있다.

52 『朱子語類』卷83「春秋」: "聖人此書之作, 遏人欲於橫流, 遂以二百四十二年行事寓其褒貶."

53 『朱子語類』卷83「春秋」: "若謂添一箇字, 減一箇字, 便是褒貶, 某不敢信."

(凡例) 등과 같은 일정한 형식의 글쓰기 방법이다. 다만 의례와 범례가 글자의 사용 용례나 문장의 기록 방식 등을 통해 사건을 기록하는 정형화된 글쓰기 패턴을 의미하는 것과는 달리, 포폄 필법은 그러한 글쓰기 형식 속에 포함된 기록자의 주관적인 호오나 시비와 선악의 판단을 해석하는 것이다. 주자도『춘추』문장을 역사 기록 그 자체로만 보지는 않고, 의례와 범례, 포폄 필법 등 별도의 독법 기준을 적용하여 글자나 문장 속에서 담긴 특별한 의미를 찾는 독법을 전면적으로 부정하는 것은 아니다.

『춘추』의 큰 요지 중에 볼 수 있는 것은 난신(亂臣)을 주살하고, 적자(賊子)를 토벌하며, 중국(中國)을 안으로 여기고 이적(夷狄)을 밖으로 여기며, 왕자(王者)를 귀하게 여기고 패자(覇者)를 천하게 여기는 것뿐이다. 앞선 학자들이 말하는 것처럼, 한 글자 한 글자마다 반드시 의리가 있는 것이 아니다. 생각해보면, 공자가 당시에 단지 2~3백년의 일을 갖추어 기록하려고 했기 때문에 역사서의 문장을 취하여 이 책 속에 기재한 것이니, 어떤 일에는 어떤 기록 법칙을 사용하고, 어떤 일에는 어떤 기록 의례(義例)를 사용했다고 어찌 말한 적이 있던가? 또한 예를 들어 회합과 맹약, 침략과 정벌의 기록에서는 대체로 제후가 제멋대로 흥기하여 스스로 방자하게 굴었다는 사실만을 볼 수 있을 뿐이다. 교(郊)제사와 체(禘)제사의 기록에서는 대체로 노나라가 신분을 벗어난 예법을 사용했다는 사실만을 볼 수 있을 뿐이다.[54]

『춘추』의 전(傳)에서 제시한 의례(義例)는 대부분 믿을 수가 없다. 성인이 일을 기록하는데, 어찌 허다한 의례가 있을 수 있겠는가! 예를 들어 다른 나라

---

54 『朱子語類』卷83「春秋」: "『春秋』大旨, 其可見者, 誅亂臣, 討賊子, 內中國, 外夷狄, 貴王賤伯而已. 未必如先儒所言, 字字有義也. 想孔子當時只是要備二三百年之事, 故取史文寫在這裏, 何嘗云某事用某法, 某事用某例邪? 且如書會盟侵伐, 大意不過見諸侯擅興自肆耳. 書郊禘, 大意不過見魯僭禮耳."

를 정벌한 기록을 통해 제후가 제멋대로 흥기한 것을 미워했다는 것을 알 수 있다. 산의 붕괴와 지진, 메뚜기와 누리와 같은 부류의 기록을 통해 재해가 저절로 이르렀다는 것을 알 수 있다.[55]

주자는 포폄 속에 담긴 『춘추』 대의와 단순한 사실 기록은 분명하게 구별해야 한다고 주장한다. 먼저 난신적자에 대한 토벌이나 중국과 이적의 구분, 천자와 제후의 위계질서 확립 등과 같은 『춘추』 대의는 분명하게 존재하며, 그것과 관련된 사건 기록에는 포폄 필법이 적용되었을 가능성이 있다. 그러나 대의와는 무관할 뿐만 아니라 포폄을 가할 대상이 되지 않는 자질구레한 사건에 대해, 하나하나마다 포폄 필법을 적용하여 기록했을 리는 없다. 또한 대부분의 사건은 포폄 필법으로 해석하지 않더라도 대의가 자연스럽게 드러나는 경우가 많다. 예를 들어 제후들의 회맹이나 침벌 기록을 통해, 당시 제후들이 천자의 제가도 받지 않고 제멋대로 행동했기 때문에 기록자가 그들의 행동을 미워했다는 것을 자연스럽게 이해할 수 있다. 별도의 포폄 필법을 적용하여 해석할 필요가 없는 것이다. 따라서 『춘추』의 기록마다 모두 어떠한 포폄이 적용되었는지 따지는 것은 전혀 쓸데없고 무의미한 공리공담에 지나지 않는다.

사람들은 『춘추』를 이해하기 어렵다고 말하는데, 내가 알기로는 이해하기 어려운 곳이 없다. 단지 거기에 있는 일에 근거할 뿐이요, 거기에 그렇게 기록된 것에 근거할 뿐이다. 단지 올해 무슨 일이 있었고, 내년에 무슨 일이 있었는지에 대한 기록만을 보고서, 예악과 정벌이 천자로부터 나왔는지 제후로부터 나왔는지 대부로부터 나왔는지 알 수 없다. 단지 그럴 뿐인데도 지금 오히

---

55 『朱子語類』卷83「春秋」: "『春秋』傳例多不可信. 聖人記事, 安有許多義例! 如書伐國, 惡諸侯之擅興. 書山崩·地震·螽·蝗之類, 知災異有所自致也."

려 글자 하나하나에서 포폄을 파악하여 성인의 뜻을 탐구하려고 하니, 그대가 어떻게 성인의 마음속 일을 알 수 있겠는가!**⁵⁶**

『춘추』는 기본적으로 역사적 사실에 대한 기록에 지나지 않기 때문에 그 사실 자체를 정확하게 이해하면 독해에 큰 어려움은 없다. 그런데 그 기록 이면에 공자의 포폄이 담겨 있다고 생각하기 때문에 기록을 그 자체로만 보지 않고 어떻게든 그 포폄의 실체를 밝히려고 시도한다. 포폄을 억지로 찾으려는 과정에서 해석자의 견강부회나 곡해는 자연스럽게 동반될 수밖에 없다는 것이 주자의 판단이다. "성인이 『춘추』를 지을 때, 선을 칭찬하고 악을 비난하여, 만세에 바뀌지 않는 법을 보여주고자 하였다. 그런데 지금 갑자기 이 이론을 사용하여 사람을 필주하고, 얼마 지나지 않아 또 이 이론을 사용하여 사람에게 상을 주니, 천하의 후세 사람들로 하여금 모두 그것을 찾도록 하더라도 그 뜻을 알 수가 없을 것이다."**⁵⁷** 결국 '일자포폄'과 같은 잘못된 기준에 집착하기 때문에 『춘추』 독해가 어려울 수밖에 없다. 존재하지 않는 포폄을 억지로 설정하여 역사적 사실과 끼워 맞추려고 하는 과정에서 온갖 상상력과 견강부회가 동원되고, 결국은 『춘추』의 본래 의미와 점점 더 멀어질 수밖에 없다.

『춘추』에서 기록한 것, 예를 들어 어떤 사람이 어떤 일을 했다고 한 것은 본래 노나라 역사서의 옛 문장에 근거하여 필삭하여 문장을 만든 것이다. 지금 사람들은 『춘추』를 보면, 반드시 어떤 글자는 어떤 사람을 비난한 것이라고 말

---

56 『朱子語類』卷83 「春秋」: "人道 『春秋』難曉, 據某理會來, 無難曉處. 只是據他有這簡事在, 據他載得恁地. 但是看今年有甚麼事, 明年有甚麼事, 禮樂征伐不知是自天子出, 自諸侯出, 自大夫出. 只是恁地, 而今卻要去一字半字上理會褒貶, 卻要去求聖人之意, 你如何知得他肚裏事!"

57 『朱子語類』卷83 「春秋」: "聖人作 『春秋』, 正欲褒善貶惡, 示萬世不易之法. 今乃忽用此說以誅人, 未幾又用此說以賞人, 使天下後世皆求之而莫識其意."

하려고 한다. 이와 같다면 이것은 공자가 사사로운 뜻을 제멋대로 부려서 망령되이 포폄한 것이다. 공자는 단지 옛 문장에 근거하여 있는 그대로 기록했는데, 선악이 저절로 드러난 것이다. 지금 만약 기어코 이처럼 밀어붙여서 말하고자 한다면, 반드시 노나라 역사서의 옛 문장을 확보하여 공자가 필삭한 문장과의 동이(同異)를 참고하고 비교한 이후에야 [그 포폄을] 볼 수 있을 것인데, 그것이 또한 어찌 가능한 일이겠는가!⁵⁸

『춘추』는 단지 당시의 일을 있는 그대로 기록한 것일 뿐이니, 당시의 치란과 흥쇠를 보려고 해야지, 한 글자마다 포폄을 정해놓은 것이 아니다. 애초에 왕의 정치가 행해지지 않아서 천하에 통치와 지배가 전혀 없었다. 다섯 패자가 출현하여 천하를 보살피자 비로소 통치와 지배가 이루어져서, "예악과 정벌이 제후로부터 나왔다." 나중에 다섯 패자가 또 쇠퇴하자 정치가 대부로부터 나왔다. 공자의 시대에는 황제, 천자와 패자의 도가 없어졌기 때문에 공자가 『춘추』를 지었으니, 그 사실에 근거하여 여기 『춘추』 속에 기록함으로써 사람들에게 당시의 일이 이와 같았음을 볼 수 있도록 한 것이다. 옛날 역사서의 내용 중에 무엇을 사용하고 무엇을 사용하지 않았는지 어찌 알겠는가? 지금 이 글자가 공자의 문장이고 이 글자가 옛 역사서의 문장이라고 억지 주장을 한다면, 그것을 어떻게 검증할 수 있는가?⁵⁹

포폄의 진실을 밝히는 가장 좋은 방법은 공자의 『춘추』와 노나라 옛

---

58 『朱子語類』 卷83 「春秋」: "春秋』所書, 如某人爲某事, 本據魯史舊文筆削而成. 今人看『春秋』, 必要謂某字譏某人. 如此, 則是孔子專任私意, 妄爲褒貶. 孔子但據直書而善惡自著. 今若必要如此推說, 須是得魯史舊文, 參校筆削異同, 然後爲可見, 而亦豈復可得也!"
59 『朱子語類』 卷83 「春秋」: "春秋只是直載當時之事, 要見當時治亂興衰, 非是於一字上定褒貶. 初間王政不行, 天下都無統屬. 及五伯出來扶持, 方有統屬, 禮樂征伐, 自諸侯出. 到後來五伯又衰, 政自大夫出. 到孔子時, 皇・帝・王・伯之道墻地, 故孔子作『春秋』, 據他事實寫在那裏, 敎人見當時事是如此. 安知用舊史與不用舊史? 今硬說那箇字是孔子文, 那箇字是舊史文, 如何驗得?"

역사서의 원본을 가져다가 글자와 문장의 차이를 대조하는 것이다. 그렇지만 현재 노나라의 옛 역사서가 없어졌기 때문에 공자가 필삭한 부분과 필삭에 담아놓은 포폄을 확인할 방법이 없다. 따라서 『춘추』 독해의 최선의 방법은 현재 전하는 『춘추』의 기록을 대상으로 삼아서, 그 문장을 있는 그대로 객관적으로 이해하는 것이다. 그런데 그 문장에서 벗어난 포폄 필법의 적용은 공자의 본래 의도를 왜곡할 소지가 매우 크기 때문에 주자는 강력한 경계와 비판을 가했다. 만약 공자가 글자마다 모두 포폄을 가하여 자신의 정치적 판단을 피력했다면, 그것은 단지 공자가 자신의 정치적 욕망을 위해 역사를 제멋대로 해석한 것에 지나지 않는다. 따라서 주자는 "만약 한 글자의 사이에서 미루어 구하여, 성인이 선을 칭찬하고 악을 비난한 것이 오로지 여기에 있다고 여기고자 한다면, 그것은 아마도 성인의 뜻이 아닐 것이다."[60]라고 단언한다.

그렇다면 성인의 뜻, 즉 공자가 『춘추』를 통해 세상에 보여주고자 했던 것은 무엇인가? 공자는 단지 올바른 정치의 도리가 무엇인지를 밝히고자 했을 뿐이다. 즉 "성인이 노나라의 역사에 근거하여 그 일을 기록하여, 사람들로 하여금 스스로 보고서 경계를 삼도록 한 것일 뿐이다."[61] 만약 사실을 정확하게 기록하는 것보다 자신의 사적인 포폄에만 집중했다면, 사람들로 하여금 이해하기 어려운 그 기록을 통해 경계를 삼도록 만드는 것은 사실상 불가능하다. 그 기록의 이면에 숨어 있는 포폄, 즉 공자 개인의 정치적 의도와 깊은 뜻을 사람들이 어떻게 쉽게 발견할 수 있겠는가? 따라서 주자는 『춘추』 기록을 문장 그대로의 역사적 사실로 받아들일 것을 재차 요구하였다.

---

60 『朱子語類』 卷83 「春秋」: "若欲推求一字之間, 以爲聖人褒善貶惡專在於是, 竊恐不是聖人之意."

61 『朱子語類』 卷83 「春秋」: "此是聖人據魯史以書其事, 使人自觀之以爲鑒戒爾."

예를 들어 즉위(卽位)를 기록한 것은 노나라 임금이 즉위의 예법을 거행한 것이며, 시해 당한 임금의 뒤를 계승한 경우에 즉위를 기록하지 않은 것은 즉위의 예법을 거행하지 않은 것이다. 환공(桓公)에 대해 즉위를 기록한 경우는 환공이 스스로 즉위의 예법을 절차에 따라 거행한 것일 뿐이다. 기타 붕(崩)·훙(薨)·졸(卒)·장(葬)도 또한 특별한 의미가 없다.[62]

일반적으로 『춘추』를 해석할 때 특별한 필법을 적용하여 독해하는 경우가 많다. 동일한 사건을 해석할 때 정형화된 형식의 필법을 적용하면 사건의 내용이나 그 속에 담긴 진실을 비교적 쉽게 파악할 수 있기 때문이다. 그리고 그러한 형식에서 벗어난 기록에 대해서는 기록의 오류나 궐문으로 규정하여 해석을 보류해두면 아무런 문제가 생기지 않는다. 그런데 문제는 기록의 형식에서 벗어난 글에서 특별한 의미를 찾고자 하는 데서 발생한다. 그 기록을 특별한 필법으로 간주하는 순간 독해의 어려움이 생기고, 더 나아가 그 기록 이면에 담겨 있는 기록자의 의도를 억지로 밝히는 과정에서 무리한 필법 적용으로 인한 심각한 오독을 피할 수 없게 된다. 정자가 "『춘추』의 대의가 수십 가지인데, 그 의리가 비록 크지만 밝기가 마치 해나 별과 같아서 쉽게 볼 수 있다. 오직 그 은미한 말과 숨은 의리, 때에 맞추어 조치한 것과 시의(時宜)에 따른 것은 알기가 어렵다"[63]라고 말한 것이 바로 정형화되지 않은 예외적인 형식의 기록을 독해할 때의 난해함을 말한 것이다. 이러한 기록은 해석자마다 각자의 생각이나 관점에 따라 서로 다른 해석을 제시함으로써 많은 혼란을 초래할 뿐만 아니라 학술적인 논쟁의 대상이 되기도 한다. 즉위와 관련된 기록이 바로 그 대표적인 사례에 속한다. 그런데 주자는 『춘추』의 즉

---

62 『朱子語類』卷83「春秋」: "如書卽位者, 是魯君行卽位之禮, 繼故不書卽位者, 是不行卽位之禮. 若威公之書卽位, 則是威公自正其卽位之禮耳. 其他崩·薨·卒·葬, 亦無意義."

63 『河南程氏經說』卷第4「春秋傳」「序」: "『春秋』大義數十. 其義雖大, 炳如日星, 乃易見也, 惟其微辭隱義, 時措從宜者, 爲難知也."

위 기록은 포폄의 필법이나 『춘추』 의리와는 전혀 무관한 것이라고 단언함으로써 삼전(三傳)의 전통적인 해석을 전면적으로 부정하였다.

『춘추』에는 모두 12명의 노나라 임금이 기록되어 있는데, 각 임금의 첫 해는 "원년, 춘, 왕정월, 공즉위(元年, 春, 王正月, 公卽位.)"라고 쓰는 것이 일반적인 기록 원칙이다. 그런데 만약 전대의 임금이 시해를 당했을 경우에는 그 뒤를 계승한 임금은 '공즉위(公卽位)'라는 세 글자를 삭제하고, "원년, 춘, 왕정월."이라고만 기록한다.[64] 12명의 임금 중에서 은공·장공·민공·희공 등 4명의 임금의 첫 해에 '공즉위'라는 말이 없는데, 이를 통해 이들의 전대 임금이 시해를 당했다는 것을 알 수 있다. 그런데 은공의 경우는 전대 임금인 혜공(惠公)이 시해를 당한 역사 기록이 없음에도 불구하고 '공즉위'라는 말이 빠져 있기 때문에 논란의 대상이 될 수밖에 없었다. 이 기록에 대해 삼전과 호안국·정이천 등은 포폄 필법과 『춘추』 의리에 입각하여 다양한 해석을 제시하였다. 예를 들어 『좌씨전』에서는 은공이 즉위하지 않고 섭정(攝政)했기 때문에 '공즉위'를 기록하지 않는 것이 당연하다고 해석했다.[65] 『공양전』과 『곡량전』에서는 은공이 비록 즉위했지만, 환공에게 그 자리를 물려주려고 했기 때문에 은공의 그러한 뜻을 이루어주기 위해 공자가 '공즉위'를 의도적으로 삭제했다고 해석했다. 그런데 『공양전』은 은공이 자신보다 지위가 높았던 환공에게 자리를 물려주려고 한 것을 좋게 평가하여 칭찬했는데,[66] 『곡량전』은 은공이 장자계승의 즉위 원칙을 어기고 동생에게 자리를 물려주려고 한 것은 올바르지 못할 뿐만 아니라, 천륜(天倫)을 폐기하고 군부(君父)를 잊는 처사라고 강하게 비판하였다.[67]

---

64 『公羊傳』「桓公」 원년: "繼弑君, 不言卽位."; 『穀梁傳』「桓公」 원년: "繼故不言卽位, 正也."

65 『左氏傳』「隱公」 원년: "不書卽位, 攝也."

66 『公羊傳』「隱公」 원년: "公何以不言卽位? 成公意也. …… 故凡隱之立, 爲桓立也. 隱長又賢, 何以不宜立? 立適以長, 不以賢, 立子以貴, 不以長."

67 『穀梁傳』「隱公」 원년: "公何以不言卽位? 成公志也. …… 讓桓正乎? 曰不正. …… 已廢天

한편 호안국은 제후의 왕위 계승 원칙을 따르지 않은 은공을 비판하기 위해 공자가 의도적으로 삭제한 것이라고 말했다. 그리고 "『춘추』에서는 은공을 가장 먼저 축출함으로써 큰 법도를 밝혔으니, 이에 부자와 군신의 윤리가 바로잡혔다"라고 하여, '공즉위'의 삭제에 담긴 대의를 확대 해석하였다.[68] 정이천도 또한 『춘추』의 시작 부분에서 공자가 대법을 밝히기 위해 즉위를 기록하지 않았다고 해석하였다. 즉 은공이 왕명을 받들지 않고 스스로 임금이 되려고 했기 때문에 그가 임금이 되는 것을 인정하지 않기 위해 '공즉위'를 삭제했다는 것이다.[69] 비록 각 해석마다 차이는 있지만, 모두 공통적으로 포폄 필법을 적용한 의리 해석을 제시하고 있다. 그런데 주자는 이러한 기존 해석의 포폄 필법을 전면적으로 부정하였다. 주자는 이 기록을 통해 확인할 수 있는 것은 단지 은공이 즉위하지 않았기 때문에 즉위를 기록하지 않았다는 객관적인 사실밖에 없다고 말하고, 별도의 추가적인 언급은 하지 않았다. 아마도 『춘추』 기록 자체만으로도 '공즉위'가 없는 이유를 바로 이해할 수 있기 때문에 더 이상의 중언부언은 무의미하다고 판단한 것으로 보인다. 이처럼 주자가 더 이상의 논증적 진술을 하지 않았기 때문에 그 주장의 합리성 여부를 따질 수는 없다. 다만 기존의 대표적인 해석을 부정하면서까지 『춘추』 독해의 객관적인 방법을 찾고자 했던 주자의 강한 의지를 엿볼 수

倫, 而忘君父, 以行小惠, 曰小道也. 若隱者, 可謂輕千乘之國, 蹈道則未也."

68 『春秋胡氏傳』「隱公」 원년: "國君逾年改元, 必行告廟之禮, 國史主記時政, 必書卽位之事, 而隱公闕焉, 是仲尼削之也. 古者諸侯繼世襲封, 則內必有所承, 爵位土田, 受之天子, 則上必有所稟. 內不承國於先君, 上不稟命於天子, 諸大夫扳已以立而遂立焉, 是與爭亂造端, 而篡弑所由起也. 『春秋』首絀隱公, 以明大法, 父子君臣之倫正矣." 은공의 즉위에 관한 『춘추』 삼전과 호안국의 해석의 차이점에 대해서는 김동민, 「『春秋』 三傳과의 비교로 본 胡安國 『春秋』 해석의 특징」(한국양명학회, 『양명학』 37, 2014), 343~352쪽 참조. 한편 이에 대해 丁若鏞도 독창적인 해석을 제시했는데, 자세한 내용은 김동민, 「茶山 丁若鏞의 『春秋』에 대한 이해와 해석 방법」(온지학회, 『온지논총』 31, 2012), 260~267쪽 참조.

69 『春秋傳』「隱公」 원년: "隱不書卽位, 明大法於始也. 諸侯之立, 必由王命, 隱公自立, 故不書卽位, 不與其爲君也."

있다.

다음으로 '공즉위'를 기록한 임금 중에서 기록 원칙에서 벗어난 사례
가 보인다. 환공(桓公)과 선공(宣公)은 전대의 임금이 시해를 당했음에도
불구하고, 세 글자를 삭제하지 않고 그대로 기록하였다. 『공양전』에서
는 환공이 은공을 시해하고 임금이 되고 싶어 했기 때문에 그의 나쁜 의
도를 비판하기 위해서 즉위하고 싶었던 그의 뜻대로 기록했다고 해석했
다.[70] 『곡량전』에서도 시해를 당한 임금의 뒤를 이을 경우에는 즉위를 말
하지 않는 것이 원칙이지만, 그가 시해에 참여한 것을 비판하기 위해 원
칙과는 다르게 즉위를 기록했다고 풀이했다.[71]

환공은 『춘추』에 기록된 임금 중에서 처음으로 전대의 임금을 시해하
였고, 또 아우로서 형을 죽였기 때문에 『춘추』에 기록된 인물 중 최악의
인물로 지목되어 삼전을 비롯한 대부분의 해석서에서 강력한 필주의 대
상이 되었다. 호안국과 정이천은 여기에 더해 리학(理學)의 관점에서 '공
즉위' 기록에 숨겨진 포폄의 의리를 표방하였다.[72]

환공은 군주를 시해하고 즉위하였으니, 하늘을 부정하고 왕을 무시한 극치이

---

70 『公羊傳』「桓公」원년: "繼弑君, 不言卽位, 此此其言卽位何? 如其意也."

71 『穀梁傳』「桓公」원년: "繼故不言卽位, 正也. …… 繼故而言卽位, 則是與聞乎弑也." 『좌씨
전』도 비슷한 논조로 비판을 가했다. "[경문에] 은공의 장례를 기록하지 않은 것은 환공이 그
를 시해하고 자리를 찬탈하여 喪禮가 이루어지지 않았기 때문이다."[『左氏傳』「隱公」11년:
不書葬, 不成喪也. / 杜預 注: 桓弑隱篡位, 故喪禮不成.] 전대 임금에 대한 상례가 정상적
으로 거행되어야만 뒤를 이은 임금이 정식으로 즉위할 수 있는데, 은공의 장례식이 이루어지
지 않았기 때문에 환공은 정식 즉위식을 거행해서는 안 된다. 그럼에도 불구하고 '公卽位'라
고 기록된 것은 "환공은 임금을 시해하고 그 자리를 빼앗으면서도 常禮를 사용하여 喪을
당해 임금 자리를 계승한 것처럼 하고자 한 것"이라고 杜預는 강하게 비판했다.[『左氏傳』「桓
公」원년 杜預 注: "子位定於初喪而改元必須踰年者, 繼父之業, 成父之志, 不忍有變於中
年也. 諸侯每首歲必有禮於廟, 諸遭喪繼位者因此而改元正位, 百官以序. 故國史亦書卽
位之事於策. 桓公篡立而用常禮, 欲自同於遭喪繼位者."]

72 호안국과 정이천의 『춘추』 해석에 보이는 理學的 관점과 송대 춘추학의 특징에 대해서는 김
동민, 앞의 논문(2015.6)과 앞의 논문(2015.7) 참조.

다. 그래서 [즉위한 첫 해에] "봄, 왕의 정월, 공이 즉위하다"라고 기록하여, 천도(天道)와 왕법(王法)으로 그 죄를 바로잡았다.[73]

환공이 은공의 시해에 참여했기 때문에 그가 임금을 시해하고 즉위한 죄를 드러내어, 그를 깊이 끊어버린 것이다. …… 『춘추』에서는 환공의 죄를 밝게 드러내어 깊이 비판하였고, 처음부터 끝까지 도적을 토벌하는 의리를 갖추어 기록함으로써 왕법을 보여주고, 인륜을 바로잡고, 천리를 보존하여, 후세에 가르침을 드리웠으니, 사악함으로 그것을 어지럽힐 수 없는 것이다.[74]

정이천과 호안국은 천도와 왕법, 천리와 인륜, 시군(弑君)과 무왕(無王) 등 천인관계와 인륜의 도리와 관련된 개념들을 총동원하여 비판하였다. 심지어 환공 개인뿐만 아니라, 그와 관계를 맺은 인물들까지도 비판의 대상으로 삼음으로써 포폄의 필법이 지닌 엄중함을 보여주었다. 예를 들어 환공이 즉위한 첫 해에 정나라 군주와 처음으로 맹약을 맺었는데,[75] 이에 대해 정이천은 "군주를 시해한 사람은 백성들 중에 원망하지 않는 자가 없는데, 정나라는 그와 더불어 맹약을 맺어 안정시켜 주었으니, 그 죄가 크다"[76]라고 했고, 호안국은 "대체로 시해하고 역모한 사람은 백성들 중에 원망하지 않는 자가 없다. …… 그런데 정나라는 그와 더불어 맹약을 맺어서 그 자리를 안정시켜 주었으니, 이는 인욕을 제멋

---

73 『河南程氏經說』卷第4『春秋傳』「桓公」원년: "桓公弑君而立, 不天無王之極也. 而書春王正月, 公卽位, 以天道王法正其罪也."

74 『春秋胡氏傳』「桓公」원년: "桓公與聞乎故而書卽位, 著其弑立之罪, 深絕之也. …… 『春秋』明著桓罪, 深加貶絕, 備書終始, 討賊之義, 以示王法, 正人倫, 存天理, 訓後世, 不可以邪汨之也."

75 『春秋』「桓公」원년: "三月, 公會鄭伯于垂. 鄭伯以璧假許田. 夏四月丁未, 公及鄭伯盟于越."

76 『河南程氏經說』卷第4『春秋傳』「桓公」원년: "弑君之人, 凡民罔弗憝, 而鄭與之盟以定之, 其罪大矣."

대로 부리고 천리를 사라지게 하여, 중국이 변하여 이적이 되고, 인류가 변하여 금수가 된 것이다"[77]고 비판하였다.

이상과 같이 대부분의 해석서는 환공의 '공즉위' 기록을 포폄과 의리의 측면에서 이해하였다. 그러나 주자는 환공이 규정된 절차에 따라 즉위의 예법을 거행했기 때문에 '공즉위'는 정상적인 기록 방법일 뿐이라고 간단하게 말한다. 거기에 포폄이나 의리 해석을 통해 특별한 의미를 부여할 여지는 전혀 없다는 것이다. 이것은 『춘추』 기록을 사실 그 자체로 이해하면 그만이지, 포폄이나 의리를 억지로 끌어다가 사실을 견강부회하거나 왜곡해서는 안 된다는 주자만의 독특한 『춘추』 독법이라고 할 수 있다.

한편 죽음과 관련된 붕(崩)·훙(薨)·졸(卒)·장(葬) 등의 기록을 살펴보면, 죽은 날짜의 기록 여부, 장례 기록의 유무 등 여러 가지 기록 방식이 있다. 예를 들어 「은공」 원년에 "공자 익사가 죽었다.[公子益師卒.]"라는 기사에는 죽은 날짜가 기록되어 있지 않다. 이에 대해 『곡량전』에서는 "대부가 죽었을 때 날짜를 기록하는 것이 올바르다. 날짜를 기록하지 않은 것은 미워한 것이다"[78]고 하여, 날짜 기록의 여부가 곧 포폄을 판단하는 기준이라고 이해하였다.[79] 이에 비해 정이천은 "혹은 날짜를 기록하고, 혹은 날짜를 기록하지 않은 것은 옛 역사서를 그대로 따른 것이다"[80]고 하여, 거기에 어떠한 의미도 부여하지 않았다. 주자도 기본적으

---

77 『春秋胡氏傳』 「桓公」 원년: "夫弒逆之人, 凡民罔弗憝. …… 而鄭與之盟, 以定其位, 是肆人欲, 滅天理, 變中國爲夷狄, 化人類爲禽獸."

78 『穀梁傳』 「隱公」 원년: "大夫日卒, 正也. 不日卒, 惡也."

79 『穀梁傳』 「隱公」 원년 "春, 王正月."의 楊士勛의 疏에서 "穀梁皆以日月爲例."라고 했다. 『公羊傳』에서는 기록자인 공자와의 시간적 거리가 멀기 때문에 날짜를 기록하지 않았다고 했고[何以不日? 遠也.], 『左氏傳』에서는 은공이 小斂에 참여하지 않았기 때문이라고 했다.[衆父卒, 公不與小斂, 故不書日.] 그리고 호안국은 삼전의 해석을 조목조목 비판한 다음, "은혜에 두터움과 얕음이 있음을 보인 것이 아닌가?"[其見恩數之有厚薄歟?]라고 하여, 은혜가 얕기 때문에 날짜를 기록하지 않았다고 해석했다.

80 『河南程氏經說』 卷第4 『春秋傳』 「隱公」 원년: "或日, 或不日, 因舊史也."

로는 정이천의 입장을 따르면서, "혹『춘추』를 해석한 자 중에 오로지 일월(日月)을 가지고 포폄을 삼아서, 계절과 달을 기록하면 비판한 것이라고 여기고, 날짜를 기록하면 칭찬한 것이라고 여기니, 전혀 의리가 없는 것을 천착한 것이다"[81]라고 하여,『곡량전』과 같은 포폄 해석을 단호하게 거부하였다.

이외에도 주자는 다양한 유형의 포폄 필법에 회의적인 반응을 보인다. 예를 들어 '천왕(天王)'이라는 호칭에서 '천(天)'자가 없이 '왕(王)'이라는 말만 사용한 경우, '춘(春)·하(夏)·추(秋)·동(冬)'과 같이 계절을 나타내는 용어가『춘추』기록에 빠진 경우, 특정 제후를 호칭할 때 그의 작위가 상황에 따라 다르게 기록된 경우 등이다.

『춘추』에 '천왕(天王)'이라고 기록한 경우도 있고 '왕(王)'이라고 기록한 경우도 있는데, 이것은 모두 이해하기 어렵다. 혹자는 천왕에 대해 '천'이라고 호칭하지 않은 것은 그를 비판한 것이라고 여긴다. 내가 생각하기에, 만약 '천왕'이라고 기록하면 그 죄가 자연스럽게 드러난다.[82]

환공에 대해 가을과 겨울을 기록하지 않은 것은 역사서의 궐문이다. 혹자는 천왕이 형벌을 제대로 시행하지 못한 것을 비판한 것이라고 말하는데, 의론 거리가 되지 못하니, 도를 혼란스럽게 만드는 것이라고 할 수 있다. …… 노나라 환공의 시해에 천왕이 토벌하지 못했기 때문에 죄악이 저절로 드러나는데, 어찌 가을과 겨울이라는 용어의 삭제를 기다린 이후에야 드러나겠는가![83]

---

81 『朱子語類』卷83「春秋」: "或有解『春秋』者, 專以日月爲褒貶, 書時月則以爲貶, 書日則以爲褒, 穿鑿得全無義理. 若胡文定公所解, 乃是以義理穿鑿, 故可觀."

82 『朱子語類』卷83「春秋」: "『春秋』有書'天王'者, 有書'王'者, 此皆難曉. 或以爲王不稱'天', 貶之, 某謂, 若書'天王', 其罪自見."

83 『朱子語類』卷83「春秋」: "威公不書秋冬, 史闕文也. 或謂貶天王之失刑, 不成議論, 可謂亂道! …… 魯威之弑, 天王之不能討, 罪惡自著, 何待於去秋冬而後見乎!"

만약 등(滕)나라를 폄하하여 '자(子)'라고 했다면, 등나라는 『춘추』가 끝날 때까지 '자(子)'라고 호칭했으니, 어찌 이러한 이치가 있겠는가? 지금 조정에서 법을 세우는데, 관직을 강등한 자도 오히려 사면을 거쳐서 복직을 제수하는데, 어찌 등자(滕子)가 환공에 조회했다는 이유만으로 마침내 그 자손까지 싸잡아서 작위를 강등할 수 있겠는가![84]

　먼저 『춘추』 기록 중에는 '천왕'과 '왕'이라는 호칭이 함께 보인다. 이에 대해 호안국은 『춘추』에서 천자의 권위를 높이기 위해 '왕'자 앞에 반드시 '천'자를 붙이는데, "왕에 대해 '천'이라고 호칭하지 않는 것은 비난을 보여준 것이다"라고 했다. 즉 '천'자를 삭제한 것이 포폄의 필법이라고는 파악한 것이다.[85] 하지만 주자는 천자의 잘잘못은 객관적인 역사적 사실을 통해 자연스럽게 드러나기 때문에 '천'자의 기록 여부와는 아무런 상관이 없다고 말했다.
　다음으로 가을과 겨울을 기록하지 않은 경우는 「환공」 4년에 천왕이 총재인 거백(渠伯) 규(糾)를 노나라로 보내 환공을 빙문하게 한 일이 있었는데,[86] 이 내용 이후에 가을과 겨울이라는 용어가 보이지 않는다. 이에 대해 『공양전』에는 "아래의 두 계절을 삭제한 것은 환공이 왕을 무시하고 행동했는데도 천자가 주살하지 못하고, 도리어 아래로 환공을 빙문하였기 때문에 그것을 비판함으로써 그 죄를 드러내고 마땅하지 않음을

84　『朱子語類』 卷83 「春秋」: "又如貶滕稱'子', 而滕遂至於終『春秋』稱'子', 豈有此理! 今朝廷立法, 降官者猶經赦敍述復, 豈有因滕子之朝威, 遂併其子孫而降爵乎!"

85　『春秋胡氏傳』 「桓公」 4년: "王不稱天以示譏." 예를 들어 『春秋』 「桓公」 4년에는 "天王使宰渠伯糾來聘."이라고 되어 있고, 「莊公」 원년에는 "王使榮叔來錫桓公命."이라고 되어 있다. 이에 대해 호안국은 "『春秋』書王必稱天, 所履者天位也, 所行者天道也, 所賞者天命也, 所刑者天討也."(「莊公」 원년)라는 기록 원칙을 말하고, 천왕이 桓公에게 命을 하사한 것을 비판하기 위해 '天'자를 의도적으로 삭제했다고 해석했다. '王'과 '天王'의 차이에 대한 보다 구체적인 내용은 김동민, 『春秋淺見錄』에 보이는 權近의 『春秋』 이해(한국유교학회, 『유교사상문화연구』54, 2013), 194~200쪽 참조.

86　『春秋』 「桓公」 4년: "夏, 天王使宰渠伯糾來聘."

밝힌 것이다"[87]라고 하였다. 호안국과 정이천의 해석도 이와 비슷하다.

사시(四時)가 갖추어진 이후에 한 해가 이루어진다. 따라서 비록 아무런 일이 없더라도 네 계절은 반드시 기록한다. 지금 여기에서 유독 가을과 겨울이 빠진 것은 어째서인가? …… 환공이 동생으로서 형을 주살하고, 신하로서 군주를 시해했는데도 하늘의 토벌이 가해지지 않았다. 이것은 양(陽)은 있지만 음(陰)이 없는 것이니, 한 해의 공적이 이루어질 수 없는 것이다. 따라서 특별히 가을과 겨울 두 계절을 삭제함으로써 당세에 형벌을 잘못 시행한 것을 표시한 것이다."[88]

환공이 임금을 시해하고 즉위했는데, 천자는 다스리지 못하고, 천하는 토벌하지 못했다. 그런데 천왕이 총재를 사신으로 보내 그를 빙문하게 하여, 존중과 총애를 더함을 보여주었으니, 천리가 사라지고 인도가 없는 것이다. …… 사람의 이치가 이미 사라지고 하늘의 운행이 어그러지니, 음양이 질서를 잃어서 한 해의 일이 이루어질 수 없기 때문에 사시를 갖추어 기록하지 않았다.[89]

『공양전』과 호안국·정이천의 해석에 내용상으로는 다소 차이가 있지만, 그 초점은 모두 포폄의 필법에 맞추어져 있다. 즉 역사서의 기록은 '춘·하·추·동' 네 계절을 모두 갖추어 기록하는 것이 원칙이다. 그러

---

87 『公羊傳』「桓公」4년 何休 注: "下去二時者, 桓公無王而行, 天子不能誅, 反下聘之, 故爲貶, 見其罪, 明不宜."

88 『春秋胡氏傳』「桓公」7년: "四時具然後成歲. 故雖無事必書首時. 今此獨於秋冬闕焉, 何也? …… 桓弟弑兄, 臣弑君, 而天討不加焉. 是陽而無陰, 歲功不能成矣. 故特去秋冬二時, 以志當世之失刑也."

89 『河南程氏經說』卷第4 『春秋傳』「桓公」4년: "桓公弑君而立, 天子不能治, 天下莫能討. 而王使其宰聘之, 示加尊寵, 天理滅矣, 人道無矣. …… 人理旣滅, 天運乖矣, 陰陽失序, 歲功不能成矣, 故不具四時."

나 이 사건의 경우는 환공이 은공을 시해했음에도 불구하고, 천자는 그를 토벌하기는커녕 오히려 사절단을 보내 빙문하였다. 따라서 '추(秋)'와 '동(冬)'이라는 두 글자를 삭제함으로써 강력한 필주를 가했다는 것이다. 이에 대해 주자는 천왕이 환공을 토벌하지 못한 것은 굳이 글자를 삭제하지 않더라도 누구나 알 수 있는 명백한 사실이자 죄악이며, 두 글자가 없는 것은 이전의 역사서에서 빠진 것에 불과하다고 간단하게 이해하였다.

마지막으로 등(滕)나라 임금의 작위 호칭과 관련된 문제이다. 등나라는 원래 '후(侯)'의 작위를 가진 나라인데,[90] 「환공」 2년부터는 그보다 두 단계 아래인 '자(子)'의 작위로 기록되어 있다.[91] 이에 대해 호안국은 다음과 같이 해석하였다.

> 지금 환공은 동생으로서 형을 시해하고, 신하로서 군주를 시해한 천하의 큰 악이니, 백성들 중에 원망하지 않는 자가 없다. 그런데도 [등나라는] 이미 토벌하지도 못했을 뿐만 아니라, 또한 이웃 나라보다 앞서서 그를 조회하니, 이 것은 천리에 위반되고 인욕을 제멋대로 부린 것이니, 이적과 다름이 없어서, 『춘추』가 깊이 미워하는 것이다. 따라서 강등하여 '자'라고 호칭하여 그 죄를 바로잡은 것이다.[92]

호안국은 등나라가 환공을 토벌하지도 못한 상태에서 오히려 다른 나라에 앞서 가장 먼저 조회하였기 때문에 『춘추』에서 그 죄를 바로잡기 위해 작위를 강등시켰다고 해석하였다. 정이천도 "등나라는 본래 후(侯)의 작위인데, 나중에 초나라에 복속되었기 때문에 강등하여 자(子)라고

---

90 『春秋』「隱公」11년: "春, 滕侯·薛侯來朝."

91 『春秋』「桓公」2년: "滕子來朝."

92 『春秋胡氏傳』「桓公」2년: "今桓公弟弑兄, 臣弑君, 天下之大惡, 凡民罔弗憝也. 已不能討, 又先鄰國而朝之, 是反天理, 肆人欲, 與夷狄無異, 而『春秋』之所深惡也. 故降而稱子, 以正其罪."

호칭하여 이적으로 여긴 것이다. 가장 먼저 환공을 조회하였으니, 그 죄가 저절로 드러난다"[93]고 하여, 마찬가지로 포폄의 필법으로 해석하였다.[94] 주자는 공자에게는 기본적으로 제후의 작위를 강등할 권한이 없기 때문에 이러한 필법의 적용 자체가 어불성설이라는 입장이다. 또한 환공을 조회했다는 단순한 이유만으로 등나라 임금 본인뿐만 아니라 그 후손들까지 대대로 작위를 강등하는 것은 역사의 현실에서도 있을 수 없는 처사이기 때문에 포폄의 필법과는 전혀 관계가 없다고 단정하였다.

4. 결론

주자는 경학 연구 분야에서 독보적인 지위를 차지하기 때문에 유교 경전에 대한 그의 주석과 해석은 표준적인 이론으로 거론되는 경우가 많다. 그런데 그에게 『춘추』 관련 저서가 없기 때문에 춘추학 분야는 다른 경학 분야와는 그 양상이 다를 수밖에 없다. 일반적으로 『춘추』 해석에서는 삼전과 호안국의 『춘추호씨전』를 합친 '사전(四傳)'을 표준 해석서로 삼고, 거기에 정이천의 『춘추전(春秋傳)』을 보완 자료로 삼는다. 주지하듯이, 삼전은 각각 독립된 학파를 형성하여 서로 다른 학파적 관점과 이론으로 『춘추』를 해석하였고, 호안국과 정이천은 이학이라는 학문적 관점을 『춘추』 해석에 반영하였다. 이와 같은 대표적인 해석서가 다양하게 존재함에도 불구하고, 『춘추』는 다른 어떤 경전보다도 이해하기 어렵다고 정평이 나있다. 심지어 『춘추』라는 책은 수천 년 동안 해결되지 않는

---

93 『河南程氏經說』卷第4 『春秋傳』「桓公」 2년: "滕本侯爵, 後服屬于楚, 故降稱子, 夷狄之也. 首朝桓公, 其辜自見矣."

94 등나라의 작위 강등과 관련된 구체적인 내용은 김동민, 앞의 논문(2015.7), 8~9쪽 참조.

미해결의 사안이다"[95]라는 말이 있을 정도이다.

『춘추』에 대한 독해가 왜 이렇게 어려운 것인가? 주자도 사실 『춘추』 독해의 난해함에 부딪혀서 그 해결책을 찾으려고 많은 노력을 한 것으로 보인다. 그에게 비록 『춘추』 관련 저서는 없지만, 『주자어류』 속에 포함된 『춘추』 관련 자료들을 살펴보면 『춘추』 독해에 관한 고민, 그리고 『춘추』 연구의 깊이를 확인할 수 있다. 결론적으로 주자는 그 이유를 찾은 것처럼 보인다. 주자 스스로 "『춘추』는 내가 정말로 이해하기 어려운 곳이 있다. 성인이 진짜 이러한 말을 했는지 어떤지를 모르겠다"라고 하소연하기도 했지만, "사람들은 『춘추』가 이해하기 어렵다고 말하는데, 내가 알기로는 이해하기 어려운 곳이 없다. 단지 거기에 있는 일에 근거할 뿐이요, 거기에 그렇게 기록된 것에 근거할 뿐이다"라고 하여, 자기 나름대로 『춘추』 독해의 방법을 찾은 것으로 보인다. 이 글에서는 주자의 이러한 해석 방법을 크게 두 가지 측면에서 살펴보았다. 첫째, 『춘추』 대의의 정확한 이해를 위한 객관적 독법. 둘째, 기존의 잘못된 『춘추』 해석 방법에 대한 비판적 분석이다.

첫째, 주자는 『춘추』가 성인의 대의를 담고 있는 경전이며, 그 대의의 실체를 찾아서 밝히는 것이 『춘추』 독법의 핵심이라고 여겼다. 『춘추』 독법의 핵심은 『춘추』 기록을 역사적 사실이라는 관점에서 바라보는 객관적 접근법이다. 그 기록에 대한 정확한 해석이 선행되어야만 비로소 그 기록 속에 담긴 대의에 올바르게 접근할 수 있기 때문이다. 주자의 관점에서 『춘추』 대의는 『춘추』 기록 자체로 자연스럽게 발현되는 것이지, 별도의 필법을 적용하여 해석해야 할 대상이 아니다. 예를 들어 난신을 주살하고 적자를 토벌하거나, 중국을 안으로 여기고 이적을 밖으로 여기거나, 왕자를 귀하게 여기고 패자를 천하게 여기는 것 등은 『춘추』에 기록된 역사적 사실을 통해 드러나는 대의이다. 그런데 삼전을 비롯한 대

---

95 『經義考』卷168「春秋」: "郝敬曰, 『春秋』一書, 千古不決之疑案也."

표적인 해석서에서는 수많은 난신적자의 행위 하나하나마다 포폄에 의한 대의 해석을 제시함으로써 심각한 천착과 왜곡이 발생하였다. 그 결과 성인의 본의가 더욱더 가려지고 감추어져 버렸기 때문에 『춘추』는 마치 암호처럼 이해하기 힘들다는 인식이 고착화된 것이다.

둘째, 주자는 해석자의 관점에 따라 제멋대로 적용하는 포폄의 필법을 강하게 부정하고, 그 세부 내용을 비판적으로 분석하였다. 그 필법은 『춘추』에 기록된 역사적 사실에 기초하여 도출된 객관적인 사건 판단 기준이 아니며, 해석자가 임의로 설정한 주관적인 추측이나 억측에 지나지 않는다. 그는 『춘추』에 대한 객관적 접근과 정확한 이해를 위해서는 역사적 사실에 기초하여 대의를 밝혀야 한다고 주장하였다. 결국 『춘추』 대의를 제멋대로 천착한 포폄의 필법을 제거해야 해야만 비로소 『춘추』의 대의의 진면목을 발견할 수 있다.

이상의 논의를 통해, 서론에서 제기했던 의문, 즉 주자가 『춘추』 관련 저서를 쓰지 않은 이유는 어느 정도 밝혀진 것으로 보인다. 주자는 『춘추』가 가진 경전으로서의 가치와 연구의 필요성을 깊이 느꼈음에도 불구하고, 그 출발점에서부터 큰 장애 요소를 만났기 때문에 본격적으로 착수하지 못했을 것이라는 예상이 가능하다. 『춘추』를 이해하기 위해서는 반드시 먼저 삼전과 정이천 · 호안국 등의 대표적인 해석을 기본 텍스트로 삼아야 하는데, 주자는 이들의 해석 방법에 심각한 문제가 있다는 것을 발견했기 때문이다. 『춘추』 해석의 목표가 공자의 본의를 파악하고 『춘추』 대의를 밝히는 것임에도 불구하고, 이들은 모두 포폄의 필법이라는 방법론에 매몰되어, 대의를 밝히기는커녕 오히려 대의의 본질을 더욱 가려 버렸다. 따라서 주자는 『춘추』 독해를 위한 올바른 해석 방법의 정립이 『춘추』 이해의 출발점이라고 판단하였고, 삼전과 호안국 · 정이천의 의리 해석에 포함된 포폄 필법의 문제점을 비판적으로 검토하였다. 이와 같은 주자의 『춘추』 해석 방법은 비록 체계적인 구조를 갖춘 하나의 이론으로 구축되지는 못했지만, 기존의 『춘추』 해석 방법에서 벗어나

하나의 새로운 『춘추』 접근법을 제시했다는 점에서 학술사적으로도 매우
중요한 의미를 지닌다고 평가할 수 있다.

2부

주희 철학에 대한
현대적 이해

해석학(解釋學)의 입장(立場)에서 바라본 주자학(朱子學)

강진석(한국외국어대학교 중국외교통상학부 교수)

1. 주자의 문제의식으로 돌아가자

1) 역사의 반성

우리에게 있어서 '주자학(朱子學)'은 장구한 역사성을 지닌다. 남송의 주자학이 고려말 우리나라에 전파되어 조선왕조 500년의 역사에 이르기까지, 주자학은 우리나라에서 아무도 도전할 수 없는 최고의 권위였다. 역사가 말해 주듯이 조선시대의 주자학은 그 자체로 살아있는 담론이었으며, 그 속에서 인간의 수양, 윤리, 정치, 의례 등이 사회와 각 가정에 적용되고 구현되었다. 그러나 서세동점의 근대시기 이후 주자학은 수백 년간 유지해왔던 고유의 언어, 사유, 담론, 질서 등의 권위를 '근대성(Modernity)'에 내어주고 말았다.

'근대성'은 산업혁명과 과학기술에 기반을 둔 서구 문명의 총체로서, 근대시기 이를 받아들인 동아시아 각국은 거대한 지각변동에 직면할 수밖에 없었다. 중국은 아편전쟁 이후 나라가 반(半)식민지 상태로 전락하였고, 이를 구하고자 일어났던 5.4 운동은 '전반서화(全盤西化)'의 기치 하에 전통문화를 전면으로 부정하였다. 그 후 등장한 중국식 마르크스

주의는 당시의 시대적 과제를 반봉건과 반제국주의로 규정하였고, 전통 사상에 대한 거부는 더욱 가속화되었다. 일본은 동아시아에서 가장 일찍 근대화에 성공하였고, '탈아입구(脫亞入歐)'의 구호를 전면에 내세워 소위 전통과의 결별을 선언하였다.

우리나라의 근대화 진입은 식민 통치와 이데올로기의 대립과 함께 진행되었다. 차분한 모색 속에서 근대화를 구현할 수 있는 현장이 우리에겐 주어지지 않았다. 일제 강점기 통치 속에서 생겨난 근대화에 대한 수동적인 학습, 굴욕적인 수용의 상처가 채 아물기도 전에, 해방 이후 우리는 극심한 이데올로기 간의 대립에 직면하였다. 강점기의 굴욕, 이데올로기의 대립, 전쟁의 포화 그리고 전쟁 이후 전개된 민주화의 지난한 역정 속에서, 우리는 '전통문화'와 '근대성'을 접목시키고 이를 실험할 수 있는 충분한 시간을 확보하지 못했다.

어느 날 돌연히 방문한 밤손님같이 우리 주변을 장악해버린 근대화의 지평 속에서, 전통문화는 언어양식, 사회질서, 문화담론, 정치문화의 열띤 토론의 현장에서 옹색한 한 자리를 차지하거나 조용히 그 자리를 뜨고 말았다. 대신 그 자리는 흰 운동복으로 차려입은 어린이들이 '국민교육헌장'을 일제히 외우고, 초록색 완장을 휘두른 공무원들이 '새마을 운동' 노래에 발맞춰 마을 청소를 하고, 대학 강단에선 '데·칸·쇼[1]'를 외치고, 도심에선 '독재타도'를 외치고, 마을엔 '반공 방첩'의 표어로 휘날리게 되었다.

이 와중에 전통문화는 일반가정의 효(孝)의 덕목으로 명맥을 유지하거나 국가의 강력한 충효(忠孝) 사상으로 변신하여 새로운 동력으로 추앙받기도 하였지만, 이미 한국 사회 속에서 '격물(格物)'은 더 이상 주자학이 말하는 공부의 첫 단계로 인식되지 않았고, '치지(致知)'는 더 이상 도덕적 함양에서 비롯된 깨달음을 높이 평가하지 않게 되었다. 우리의 눈

---

1 데카르트, 칸트, 쇼펜하우어.

앞에는 근대과학의 제반 방정식이 엄존했고, 링컨의 민주주의 역사를 배웠으며, 초등학생들은 극장으로 몰려가 '똘이장군'[2]을 관람했다.

　서구식 학제와 지식 체계로 재편되는 과정 속에서, 우리나라 지식인들은 자기 자신을 서구의 의미지평 속으로 별 저항없이 '기획투사[企投, Entwurf]'[3]하였다. 대한민국에서 피기투된 서구의 의미지평은 활발한 '현대 담론(Contemporary Discourse)'으로 자리 잡았다. 지식인들은 도덕적 근거를 밝히기 위해 존재의 '요청'이 필요하다는 문제에 대해서 심각하게 고민하면서, 칸트의 문제의식을 도덕윤리학의 '담론'으로 받아들였다. 반면 기존에 조선 유학자들이 말했던 '사단(四端)'의 능동적 발현은 마치 아련한 추억처럼, 사실이 아닌 과거의 '기억'으로 정리되어갔다.

　서구의 담론이 근대성에서 '포스트모더니즘'으로 옮겨가자 우리 지식인들도 이를 자신의 문제로 절실히 받아들였다. 대한민국의 현실은 근대성에 대한 실험과 적용이 성숙하지 않았음에도 불구하고, 우리는 어느새 자신을 포스트모던의 지평으로 다시금 '기획투사'하고 있었다. 지식인들은 푸코가 말한 '파놉티콘(Panopticon)'[4]의 눈으로 대한민국 현실을 바라보면서, 현대사회의 병리현상과 억압구조를 폭로하였다. 반면 수족이 마비되어버린 사회를 '불인(不仁)'으로 보고, 하늘과 땅에 충만한 생명의 기운을 인(仁)의 사회적 확장으로 보고자 했던 조선 유학의 진단시스템은 약발 듣지 않는 한약방의 고루한 처방처럼 구석 한 켠으로 밀려났다.

2　원제 '간첩잡는 똘이장군'. 1978년 개봉된 김청기 감독의 반공 애니메이션 영화.

3　하이데거에 의해 도입된 이론. "현존재는 가능존재이기 때문에 자기 자신을 항상 기획투사해야 한다." "이해로서의 현존재는 자기의 존재를 가능성들에로 기획투사한다." (이기상, 『하이데거의 존재와 현상』, 1992, 문예출판사, 170쪽.)

4　미셸 푸코의 저서 『감시와 처벌』에 등장하는 용어이다. 현대 감시와 규율의 사회를 상징하는 용어로 사용되었다.

2) 담론의 실종

현대 담론에서 이탈한 한국의 '전통'은 여러 부수 공간에 기생하면서 자생의 활로를 모색했다. 선진시기 관방에서 이탈한 중국 지식인들이 자신의 '기술'과 '지식'을 바탕으로 새로운 사학(私學)으로서의 학파를 세우고, 훗날 제자백가의 위용으로 거듭났건만, 근대시기 우리나라의 '전통'은 그렇지 못했다. 혁명과 서구화의 강력한 요구 속에서 전통의 목소리는 침잠될 수밖에 없었고, 지식계에서 이들의 활로는 오직 '연구(Study or Research)' 밖에 없었다. 시대적 기운을 담아 메시지로 '선포(Kerygma)' 되었던 담론은 가라앉고, 특정 지식을 대상으로 삼는 '연구'의 시대가 활짝 열렸다.

'연구'의 황금시대가 지속되면서, 동아시아에선 속속 '전통' 연구의 대가들이 등장했다. '연구'의 대가들은 연구를 선호하는 동서양의 대학을 넘나들면서 자신의 학술성과를 소개했다. 연구 논문에는 엄밀한 각주가 달리면서 섬세함에 정교함을 더해갔고, 대가들의 저작은 재차 많은 연구자들의 각주로 인용되면서 확대 재생산되었다. '전통'의 연구자들은 기존 역사에서 볼 수 없었던 엄밀함과 더불어 동서 비교의 관점까지 제공하면서 화려함까지 갖추게 되었다. 그러나 이 와중에 기존 '전통'의 '담론'이었던 윤리, 정치, 사회, 문화의 영역들은 점차 서구 담론으로 이동하여 갔다.

전통에 대한 '연구' 속에서, 메시지는 더 이상 '선포'되지 않았고, 담론은 더 이상 진지하게 '실험'되지 않았다. 유학자의 정신을 나타내는 시(詩)와 에세이는 사그러들고, 생산적 활동을 상징하는 서신(書信)과 대담은 갈수록 약화되었다. 오로지 엄밀한 학으로서의 논문과 연구 성과의 총체로서의 저작들이 우후죽순처럼 쏟아져 나왔다. 주자학에 관한 논문도 국내외에서 쏟아져 나와 거대한 산을 이루었다. 국내에선 빛나는 조선유학사의 후광에 힘입어 각종 주자학 연구가 봇물을 이루었다.

대학에선 공자의 춘추필법을 가르쳤지만 춘추필법의 '정신'은 제대로 구현되지 않았다. 전통에 대한 '연구'와 '소개'로 활로를 찾은 지식인들이 주춤하는 사이, 강단 밖에선 많은 일들이 일어났다. 1987년 6월 천주교 사제단이 성당 문을 열고 거리로 나와 메시지를 '선포'하였고, 얼마 후 유월항쟁이 시작되었다. 빠리에서 택시운전을 하던 좌파 지식인은 귀국하여 '똘레랑스'[5]를 외치기 시작했다. 1998년 금융위기 이후 기업은 '잭 웰치'[6]에게서 해법을 찾기 시작했다. 일부 대형교회 목사들은 전 세계적인 쓰나미 재앙[7] 이후, 전능주의 시각에서 용감히 하나님의 '섭리'를 주장했다. 그리고 저 멀리 티베트의 지도자가 쓴 『용서』[8]라는 대화록이 2004년 국내에 소개되어 큰 반향을 불러 일으켰다.

3) 주자 문제의식의 눈으로

우리 학계의 주자 연구는 크게 보아 주자의 사상 자체에 대한 연구와 조선 유학의 역사를 통과하여 바라본 주자학 연구로 나눌 수 있다. 이는 주자의 전기, 철학, 도통(道統), 경학, 문학, 미학 등의 연구로 진행되었고, 또한 조선유학사에 나타난 주자학의 수용, 변천, 변용, 발전 등의 연구로 확대되었다. 조선왕조 500년의 주자학 시대를 통과한 우리로서는 주자학이 지닌 '집대성'의 역사는 불변의 사실이고, 북송 유학에 대한 철학적 '종합'은 주자철학의 금자탑이며, 주자가 걸었던 여러 사상적 실험

---

5 Tolérance, Tolerance: 나 자신과 종교, 관습, 신앙, 신념 등이 다른 타자를 존중하고 관용하는 태도를 말한다. 우리나라에선 주로 '관용' 또는 '용인'으로 번역된다. 국내에선 홍세화 씨가 쓴 책『나는 빠리의 택시운전사』(2006) 이후 자주 언급되기 시작했다.

6 Jack Welch: 前 GE그룹 회장. '활력 곡선'과 '6시그마' 이론을 강조함. 신자유주의 경영기법의 대표적인 인물로 평가됨.

7 2011년 동일본 대지진의 여파로 거대한 쓰나미가 일본 해역을 덮친 사건을 말한다.

8 달라이라마 저, 류시화 역, 『용서』, 오래된 미래, 2004.

과 변천은 오늘날의 주자사상을 있게 한 당시의 여정으로서, 그것들이 우리의 고민거리가 되기에는 우리 주자학의 '역사'는 너무도 찬란했다.

사상사에서는 주자가 북송유학을 집대성한 면이 부각되었고, 철학사에서는 주자가 새로운 형이상학적 체계를 건립하고 다양한 메타포(metaphore)를 도입한 면이 부각되었고, 학술사에서는 주자가 유학의 새로운 도통(道統)을 확립시켰다는 점이 강조되었으며, 경학사에서는 주자가 사서(四書)를 새로운 경전의 지위로 끌어올렸다는 점이 높이 평가되었다. 이러한 연구는 모두 주자의 권위를 추앙하고 찬란한 업적을 밝히는 데 있어서는 매우 적절했다.

그러나 이 연구들은 주자가 당시 철학적 사색을 전개하는 가운데 방황하고 고민하면서 운용했던 내재적인 '양식(Form)'이나, 편집의 과정 중에 담지했던 '방법'과 '동기', 그리고 주자가 그 시대에 처했던 '의미지평' 속에서 보여주고자 했던 해석학의 '의미' 등에 관한 것들을 보여주기에는 너무나 미약했다. 시각을 달리하면, 주자가 당시 보여준 철학적 행보는 매우 '파격'에 가까웠다. 그는 당시 거의 주목받지 못했던 주렴계(周濂溪, 1017~1073)를 북송 유학의 시조로 발굴하였고, 도교 경전과 유사했던 『태극도설』에 가장 엄밀한 주석을 달았다. 그리고 천도(天道)의 입체적인 구조를 밝히기 위해 불교의 화두를 차용하는 것도 꺼리지 않았다.[9] 그리고 수천 년간 지속되어 온 유가경전의 반열에 사서(四書)를 새롭게 끌어올렸다.

기존에 필자는 주자의 이러한 '파격'적 실천이 단지 북송 신유학의 계승에서 기인했다고 생각하였다. 이러한 인식의 저변에는 주자를 '사상사'나 '철학사'의 입장에서 바라보는 전제가 숨어있다. 주자와 나 사이에는 약 900년의 간극이 존재하기 때문이다. 그러나 만약 '파격'을 주자 당시의 '문제의식'과 '해석동기'의 입장에서 바라본다면, 그것은 단순

---

9 '月印萬川'이 대표적인 예이다.

히 사상사에 의해 필연적으로 전개될 어떤 도식의 문제가 아닌 것이다. 주자 시대의 『사서집주』는 분명 미증유의 '파격'이었고, 그가 구축한 형이상학 담론은 현대용어를 빌리자면 유가 사상의 거대한 '블루오션(Blue Ocean)'[10]이었다.

주자 당시, 그가 처했던 사색의 현장, 경전의 전승(傳承)에 대한 내재적 양식, 그가 구사하고자 했던 편집의 방법, 그리고 그가 담지했던 해석학의 구조 등에 대한 탐색은 그가 처했던 시대의 문제의식과 철학사유를 밝히는 중요한 단서가 될 수 있다. 주지하다시피 이러한 주제들은 성서 비평학과 서양 해석학에서 자주 논의되었던 시각들이다.

주자가 기존의 유가경전을 계승하는 데 있어서 내재적인 전승 양식은 존재했는가? 주자는 북송 담론을 수용하고 편집하는 데 있어서 어떤 편집 정신을 가졌고 또 어떤 방법을 구사했는가? 그가 유가 고대경전과 북송담론을 해석하는 데 있어서 지니고 있었던 철학적 동기와 의도는 무엇인가? 주자가 처했던 의미지평 속에서 그가 구사했던 해석학적 순환의 구조는 어떻게 이해될 수 있는가? 이러한 물음에 대한 기존의 학술사나 사상사의 대답은 매우 미약하다.

성서 비평과 서양 해석학의 눈을 통해 주자의 내재적 고민과 편집의 양식을 밝히려는 시도는 다소 무모할 수 있다. 성서 비평은 예수와 초대교회의 100년 간의 시기에 집중하고 있다. 또한 서양 해석학은 도통(道統)과 경전의 연속성을 지닌 유학(儒學)의 전통과는 매우 상이한 논의 구조를 지녔다. 그럼에도 불구하고 이들의 시각을 빌어 주자학을 '해석학'으로써 다시 조명하려는 이유는 주자학의 새로운 방향을 고민해보자는 취지에서였다. 이는 추앙과 연구의 대상인 주자학이 아닌, 오늘날의 '새

---

10 본래 경영기법 이론에 관련된 용어임. 김위찬과 르네 마보안은 2005년 『블루오션전략』을 출판함. '블루오션'이란 경쟁자로 넘쳐나는 '레드오션'을 벗어나 새로운 미지의 영역인 '블루오션'을 개척한다는 의미로서, 주로 발상의 전환이나 새로운 영역의 개척이란 광의를 지닌다.

로운 방법'과 '존재 탈은폐'로서의 주자학이 가능한가에 관한 하나의 실험적 물음이다.

2. 서양 해석학으로 조명해 보는 주자의 정신

1) 성서 비평으로 본 전승양식과 편집방법

양식 비평 – 현장, 목적, 선포

성서 양식사 연구는 예수에 관한 '전승(Tradition)'이 구두로 사람에서 사람으로 공동체에서 공동체로 전해졌을 때, 무엇이 형성되었는가를 기술하는 연구이다. 이들 연구자들은 기독교의 삶과 사상이 예수 전승에 도입시킨 '변형(modification)'에 관심을 가졌다.[11] 전승의 '양식(Form)'이 어떻게 전달되고 형성되고 변형되었는가에 관한 이 연구의 물음은 많은 것을 시사해준다.

성서 전승의 가장 원초적인 특징은 교회의 '현장감'이다. 현존하는 예수의 복음서들은 본래부터 그 틀을 지니고 있지는 않았다. 기독교 선교 초기에는 단편적인 '전승'들이 교회 공동체 내에서 수시로 열람되고 낭독되었다. 예수 복음의 전승은 교회라는 선교의 '현장' 속에서 선포된 것이다. 만약 교회라는 공동체 '현장'이 존재하지 않았다면 예수의 전승은 선포될 수 없었을 것이고, 그 '양식'을 갖출 수 없었을 것이다.

이 교회 공동체의 삶은 전승의 내용에 영향을 끼쳤고, 복음서 자료를 문학 양식에 따라 분류하는데 공헌했다. 공관복음적 전승은 유대교와 밀접한 관련을 가졌던 바울 이전의 헬레니즘적 교회들 안에서 그 형태

---

11 황성규 편역, 『성서연구방법론』, 한국신학연구소, 1999년, 6쪽.

를 획득했다. 그들은 전도자들, 설교자들, 교사들에게 전달되어야 할 전승에 '관심'을 가졌다. 즉 '선포(Kerygma)'에 대한 관심이 전승의 양성과 형성을 가져온 것이다.[12] 다시 말해서 전승이 일방적으로 교회에 영향을 준 것이 아니라, 전승은 교회의 필요와 목적에 이바지했다.[13]

복음서의 저자들은 이미 그 자체의 양식을 소유했던 자료의 단위들을 인수하였다. 이 단위들은 교회생활 안에서 그것들의 자리에 관련되는 하나의 양식을 소유했다.[14] 따라서 교회의 현장 속에서 복음서의 기자들은 양식이 없이 전달되는 것에는 관심이 없고, 처음부터 회개를 초래하고 믿는 자들을 얻게 하는 정서적 힘으로 가득 차 있는 수집들에 관심을 가졌다. 이렇듯 예수의 전승은 단순히 전달된 것이 아니고, 개별 단위의 전승이 복음서 기자들에 의해 구성된 '양식'에 의해 선별적으로 수집되어 결합되었다. 복음서는 여러 자료가 수집된 것이며, 자료의 최종적인 취사선택과 배열은 복음서 기자의 몫이었다.[15] 전승은 기본적으로 구성하는 개체적인 언설들(Saying)과 설화들(Narratives)이 편집자들의 활동에 의해 복음서 안에서 창조적으로 결합되었다.[16]

이렇듯 기자가 지닌 '양식'이 존재했다는 입장에서 보면, 전승은 전달된 것이 아니라 기획되었고, 양식 속에서 개별 단위의 전승이 창조적으로 결합된 것이다. 그리고 그 전승은 단순히 필사되어 기록물로 남겨진 것이 아니라, 교회 안에서 회람되고 낭독되어 '선포'되는 '구전(口傳)'의 형식을 띠었다. '구전'으로서의 '선포'는 기독교 전승의 가장 역동적인 특징이다. 그리고 이 '선포'는 교회 현장의 삶과 예배, 설교, 변증, 교훈에

---

12 황성규 편역, 『성서연구방법론』, 한국신학연구소, 1999년, 139쪽.
13 황성규 편역, 『성서연구방법론』, 한국신학연구소, 1999년, 138쪽.
14 황성규 편역, 『성서연구방법론』, 한국신학연구소, 1999년, 140쪽.
15 황성규 편역, 『성서연구방법론』, 한국신학연구소, 1999년, 232쪽.
16 황성규 편역, 『성서연구방법론』, 한국신학연구소, 1999년, 137쪽.

있어서 명백한 기능을 발휘하였다.[17]

편집 비평 – 결합, 형성, 창조

성서의 편집사 연구는 양식사의 연구 성과를 바탕으로 한다. 양식사가 개별 단위의 전승이 교회의 현장과 저자의 양식에 의해 선별적으로 수용되는 데에 초점을 맞췄다면, 편집사는 구전이나 전승으로부터 어떻게 간단하고 복합적인 작은 단위들이 큰 '복합문'을 형성했는가를 밝히고자 한다.[18] 구체적인 언설들과 설화들이 하나의 양식을 이루었고, 이것이 어떠한 내재적 맥락 속에서 하나의 복합문을 이루었는가의 문제는 '양식'의 기본적인 문제의식을 넘어선다.

이들은 전해 내려온 '전승'과 후대의 '해석'에 따른 관점 사이의 상호작용에 관심을 기울인다. 이는 복음서가 왜 현재의 모습으로 '변경'되었고 '연결'되었는가의 근본적인 물음에 대한 이해의 문제이다. 이 물음에 답하기 위해서는, 완결된 복음서를 작성하는 동안에 작용한 신학적 '동기'를 밝히고, 그 작성을 통해 표현되는 신학적 '관점'을 설명해야 한다.[19] 신학적 동기와 신학적 관점은 단순한 문학 형식이나 개별 단위의 결합을 의미하지 않는다. 그것은 기독교 신앙의 내재적 맥락 속에 잠재되어 있는 복음의 실체와 해석의 근거를 밝히는 작업이다.

따라서 편집사 연구는 복음서 저자의 양식, 내용, 배열, 편집 외에도, 수집하고 창조하는 데서 보여준 그의 활동을 측정하는 능력이 요구된다.[20] 예를 들면 마태복음의 저자는 앞선 전승의 '해석자'이며, 그 전승을

---

17 황성규 편역, 『성서연구방법론』, 한국신학연구소, 1999년, 231쪽.

18 황성규 편역, 『성서연구방법론』, 한국신학연구소, 1999년, 6쪽.

19 황성규 편역, 『성서연구방법론』, 한국신학연구소, 1999년, 6쪽.

20 황성규 편역, 『성서연구방법론』, 한국신학연구소, 1999년, 216쪽.

'수정'함으로써 그는 자신의 신학과 선교의 목적을 나타내고자 했다.[21] 또한 마가복음은 타 복음서의 '원형'이고, 역사적 '회상'과 '해석'된 전승 및 복음서 기자의 자유로운 '창의성'의 복합체이다.[22] 편집사의 눈으로 본 복음서는 단순한 결합의 집합체가 아니라, 복음서 저자의 신학적 '해석'과 자유로운 '창의'의 산물이다.

복음서의 양식은 더 이상 설화라는 형식의 문학적 기록이나 역사적 예수를 기리는 기념비가 아니다. 그것은 예수의 재림을 대비하는 긴박한 묵시적 '갈망' 속에서 종말론적 '선포'를 지속하기 위한 목적으로 수집되었다. '부활'은 예수와 하나님 나라의 선포를 옹호하였다. 그 선포로 나타난 미래에의 '소망'은 예수를 옹호하는 하나님의 행위 때문에 여전히 유효했고, 실로 언제나 보다 '지금' 더 유효하다고 믿게 되었다. 따라서 선포는 계속되었다.[23] 복음서는 '부활'과 '희망'과 '실존'의 압축체로서 작용하였고, '선포'의 행위 속에서 예수와 초대교회의 '연속'은 매우 실제적이었다.[24]

2) 해석학의 의미와 방법 그리고 지평

사건과 지평

서양 해석학은 해석 비평이 본래 소리 내어 읽는 행위에서 출발하였다는 점을 강조한다. 해석의 본래적인 출발점은 소리 내어 읽은 '낭독'이었고, 따라서 '구어'의 전통을 지녔다. 문어는 구어의 형태로 변형되어야

---

21 황성규 편역, 『성서연구방법론』, 한국신학연구소, 1999년, 243쪽.
22 황성규 편역, 『성서연구방법론』, 한국신학연구소, 1999년, 295쪽.
23 황성규 편역, 『성서연구방법론』, 한국신학연구소, 1999년, 295쪽.
24 황성규 편역, 『성서연구방법론』, 한국신학연구소, 1999년, 296쪽.

만 언어의 본래적인 힘을 되찾을 수 있다.[25] '읽은' 행위 속에서 텍스트는 '시간' 속에서 일어난 구어적 '사건'이며 하나의 '존재'가 된다.[26] 작품의 존재가 시간 속에서의 구어적 사건이라면, 말은 하나의 '사건(Event)'이 된다. 성서 속의 바울의 서한은 눈으로 읽는 것이 아니라 소리 내어 낭독하게 되어있다. 성서는 '케리그마(Kerygma)', 즉 '선포'되어야 할 메시지이다.[27] 본래적 의미의 비평은 구두로 선포되는 메시지를 듣는 행위였다. 그리고 그것은 낭독과 들음의 행위 속에서 하나의 '사건'이 되었다.

해석은 화자의 일방적인 전달이나 청중의 전폭적인 수용이 아니다. 해석에서 형성되는 의미(Significance)는 본질적으로 청중 자신의 '기투'(企投)와 의도에 대해 그 '사건'이 갖는 '관계'이다.[28] 해석은 본질적으로 쌍방향적이고, 그 관계 속에서 형성된 의미는 청중 자신의 기획투사에 의해 펼쳐지는 하나의 '사건'이다. 따라서 해석을 위한 '설명'은 그 자체로 맥락적이고 지평적(horizonal)이다. 설명이란 의미와 의도로 이루어진 '지평' 내에서 이루어질 수밖에 없는데, 이처럼 가정된 이해의 영역을 '선이해(Preunderstanding)'라고 부른다. 개인의 '선이해'로 이루어진 세계의 지평은 작품의 지평에 대해 지평의 '융합'이 이루어진다. 이 '지평 융합'은 해석학의 기본적인 요소이다.[29]

역사성과 해석학적 순환

딜타이에 의하면, 해석학적 '의미'의 단위는 그 본질상 시간적이고 유한하므로 '역사적'으로 이해되어야 한다. 역사 지평 속에 펼쳐져 있는 '삶

---

25 리차드 E. 팔머, 이한우 역, 『해석학이란 무엇인가』, 문예출판사, 1988, 39쪽.
26 리차드 E. 팔머, 이한우 역, 『해석학이란 무엇인가』, 문예출판사, 1988, 43쪽.
27 리차드 E. 팔머, 이한우 역, 『해석학이란 무엇인가』, 문예출판사, 1988, 44쪽.
28 리차드 E. 팔머, 이한우 역, 『해석학이란 무엇인가』, 문예출판사, 1988, 51쪽.
29 리차드 E. 팔머, 이한우 역, 『해석학이란 무엇인가』, 문예출판사, 1988, 52쪽.

(Leben)'은 모든 형태의 창조성과 의미를 위한 동태적이고 무궁무진한 원천이다. 이 '삶'은 잘 짜여진 천이나 엄밀한 오성처럼 구성적이지 않고 오히려 감정과 열정으로 충만한 비합리적인 힘이다.[30] 따라서 '의미'에 있어서 중요한 요소는 삶의 '체험'이다. 이 '체험'은 정태적인 것이 아니라 역동적인 것이다. 체험은 이 의미의 통일성 속에서 과거의 회상뿐만 아니라, 미래에 대한 예기를 '의미'의 총체적 맥락으로 이해한다.

의미는 미래가 예기됨이 없이는 존재할 수 없고, 과거의 자료에도 의존하지 않을 수 없다. 그러므로 과거와 미래는 모든 체험의 현재성과 구조적 통일성을 이루며, 이러한 시간적 연관은 현재의 모든 지각이 해석될 수 있는 불가피한 지평이라 할 수 있다.[31] 객관적으로 파악된 사실의 '의미'는 사실 자체와 함께 주어지며, 그 의미는 본질적으로 시간적일 뿐만 아니라 의미를 파악하려는 사람의 삶의 연관에 비추어 규정된다. 이것을 딜타이는 '내적 시간성' 또는 '역사성'이라고 부르는데, 이 '역사성'은 삶에 부과되는 것이 아니라 삶 자체 속에 본질적으로 내재되어 있다.

해석자는 이미 주어진 내적 시간성이 있고 역사 지평이 있다. 이러한 '시간성' 가운데에서, 해석자는 텍스트의 의미 지평으로 진입하는데, 이 때 그는 텍스트의 의미 지평에 들어가기에 앞서 주제와 상황을 '선이해' 하고 있어야 한다. 오직 해석자가 지평의 오묘한 순환에 들어선 경우에만 해석자는 텍스트의 의미를 이해할 수 있다. 이것이 바로 '해석학적 순환'이다.[32] 만약 '순환'이 없다면 텍스트의 의미는 드러나지 않는다. 선이해는 의미지평을 확장하고, 의미지평은 또다시 선이해를 강화한다. 쉴라이에르마허에 따르면, 해석자가 지닌 개별적인 개념은 그것이 입각해 있는 맥락(Context)이나 지평(Horizon)으로부터 의미가 도출된다. 하지만

---

30 리차드 E. 팔머, 이한우 역, 『해석학이란 무엇인가』, 문예출판사, 1988, 152쪽.

31 리차드 E. 팔머, 이한우 역, 『해석학이란 무엇인가』, 문예출판사, 1988, 164쪽.

32 리차드 E. 팔머, 이한우 역, 『해석학이란 무엇인가』, 문예출판사, 1988, 53쪽.

지평은 자신이 의미를 부여해 주는 바로 그 요소들로 이루어져 있다. 전체와 부분은 변증법적 상호작용에 의해 이들 각각은 서로에 대해 다른 의미를 제공한다. 이처럼 이해는 '순환'적이다. '의미'는 바로 이 '순환' 속에서 형성되기 때문에 이를 '해석학적 순환'이라고 부른다.[33] 이 순환은 '공유'된 이해의 영역을 제시한다. 그것은 화자와 청자에 의해 공유되는 '의미공동체'가 가정된다.[34] 이처럼 해석은 텍스트에 대한 어떤 일치된 이해를 의미하지 않는다. 그것은 해석자와 텍스트 간에 발생하는 '순환'의 원리이며 동시에 '공유'의 영역이다.

존재 탈은폐로서의 해석학

하이데거는 해석학의 새로운 지평을 제시하였다. 그는 해석이 지니는 이해와 역사성의 논의를 '존재(Sein)'에 관한 논의로 바꾸어놓았다. 이제 해석은 이해의 문제라기보다는 '존재'의 문제이며, 일치의 문제라기보다는 '탈은폐'의 문제이다. 이 차원에서 해석학의 본질이란 사물들의 존재 및 현존재의 존재 가능태를 탈은폐시킬 수 있는 이해와 해석의 존재론적 능력이다.[35] 따라서 이해의 본질은 해석자로서의 현존재가 세계 속에 처해있는 지평 내에서 구체적인 존재가능성을 '탈은폐'하는 데에 있다. 이것이 이해의 '실존성'이다.[36]

언어는 존재가 자신을 드러내 보이는 일종의 '창(窓)'이다. 언어는 화자가 아니라 세계라는 대상에 대한 탈은폐로서의 언어이고, 주관적이고 객관적인 현상이 아니라 주객관의 통일된 현상이다.[37] 인간이 아닌 존재

---

33 리차드 E. 팔머, 이한우 역, 『해석학이란 무엇인가』, 문예출판사, 1988, 133쪽.
34 리차드 E. 팔머, 이한우 역, 『해석학이란 무엇인가』, 문예출판사, 1988, 134쪽.
35 리차드 E. 팔머, 이한우 역, 『해석학이란 무엇인가』, 문예출판사, 1988, 192쪽.
36 리차드 E. 팔머, 이한우 역, 『해석학이란 무엇인가』, 문예출판사, 1988, 194쪽.
37 리차드 E. 팔머, 이한우 역, 『해석학이란 무엇인가』, 문예출판사, 1988, 205쪽.

의 창으로서 간주될 때, 언어는 인간의 표현이 아니라 존재의 출현이다. 이 차원에서의 '사유'는 존재로 하여금 스스로를 언어사건으로 드러나게 하는 행위이다.[38] 해석은 존재의 언어를 읽어 내는 것이고 존재가 드러나도록 개방하는 사유이다.

하이데거에 있어서 해석은 개별적인 사유와 개념으로써 텍스트의 의미 지평에 참여하는 행위의 차원이 아닌, 존재가 스스로를 드러내 보이는 방법에 관한 것이다. 이런 의미에서 예술 작품은 인간적 주관성의 대상이 아니라, 존재의 '탈은폐' 또는 존재의 영역에 이르는 '창구'이고, 인간과 예술작품의 만남은 존재의 '수용'이다.[39] 인간은 존재의 은폐와 탈은폐, 비존재와 존재 사이의 심연을 연결하는 존재자이다. 그리고 이 인간에게 있어서 '이해'는 곧 스스로를 기꺼이 개방하고 독단적인 태도를 지양하려는 '물음'의 문제일 뿐만 아니라, 동시에 텍스트의 존재(Sein)가 스스로를 드러내 보이는 장소를 기다리며 찾아내는 방법을 알아내는 문제이기도 하다.[40]

하이데거는 시종 존재를 조명해주는 '해석학적 과정'에 관심을 가졌다. 그것은 아직 드러나지 않은 의미를 해명하는 근원적인 사유의 과정을 말한다. 해석학이란 존재가 스스로를 드러내어 현존케하는 탈은폐의 신비적인 과정이다.[41]

38 리차드 E. 팔머, 이한우 역, 『해석학이란 무엇인가』, 문예출판사, 1988, 228쪽.
39 리차드 E. 팔머, 이한우 역, 『해석학이란 무엇인가』, 문예출판사, 1988, 217쪽.
40 리차드 E. 팔머, 이한우 역, 『해석학이란 무엇인가』, 문예출판사, 1988, 228쪽.
41 리차드 E. 팔머, 이한우 역, 『해석학이란 무엇인가』, 문예출판사, 1988, 236쪽.

3. 주자 해석학의 전승 양식, 편집 방법, 해석학적 순환

1) 주자의 전승 양식

전승의 현장

성서의 전승은 교회 공동체의 선교 현장에서 신도들을 향해 선포되는 메시지로서의 의미를 지녔다면, 주자의 전승 현장은 그러한 공동체적 현장감이 주어지지는 않았다. 또한 주자에게는, 기독교 전파 초기 곧 다시 도래할 예수 재림의 긴박감이나 이를 향한 성도들의 소망에서 비롯된 현존성 그리고 부활의 체험에 힘입은 예수 '설화'의 되새김과 같은 강렬한 열망과 신앙의 확신이 형성되어 있지도 않았다.

사상사의 입장에서 우리는 주자의 대표적인 업적인 북송 유학(儒學)에 대한 '집대성'이나 『사서집주』의 확립을 들어, 기존 사상에 대한 그의 전승 과정은 단계적으로 순탄하게 이루어졌을 것이라고 가정할 수도 있다. 그러나 청년 시절 그의 사유는 확신보다는 갖가지 '회의'로 충만했고 여러 학파를 떠돌아다니며 도를 구하는 '방황'의 양태를 띠었다. 당시 북송의 유학 담론은 학파별로 산재되어 있었고, 비록 이들 간에 문파가 형성되어 있을지라도, 당시 흥성했던 선종이나 도교에 비하면 그 세를 과시하거나 철학적 우위를 내세울 만큼 강력하지도 않았다.

주자의 나이 6세(1135)에 휘종황제가 금에 의해 죽었고, 13세에 송은 금과 굴욕적인 화의를 맺었다. 27세 때 흠종이 또다시 금에 의해 죽었다. 국세는 기울고 외세의 침입으로 민중이 고통받는 가운데 새로운 전승에 대한 열망이 그 어느 때보다 강렬했다는 점에서 남송의 시대 상황은 초기 기독교의 상황과 흡사해 보인다. 그러나 그의 전승 현장은 초기 기독교의 묵시적 현장이나 외세 침입의 위기 상황에 직접 관여하기보다는, 학파나 종파와의 교류를 통해 전승의 '양식'을 모색하고 철학적 '사유'를 전개하는 개인적인 실험 현장으로서의 성격이 강했다.

청년 시절 주자에게는 강력한 선교 목적이나 공동체의 현장 분위기에 직접 대응할 수 있는 고유의 전승 '양식'이 존재하지 않았다. 그는 15세에 선사 '대혜종고(大慧宗杲)'의 고제인 개선도겸(開善道謙)을 만나 문답을 나누고 한동안 선불교를 흠모하였다. 그리고 청년 시절 24세 도남학파(道南學派)인 이연평을 만나 미발(未發)의 체험에 대해 배웠지만 이내 회의하였다. 34세(1163)를 즈음하여 당시 '호상학파(湖湘學派)'였던 장남헌을 만나 교우하였다.[42]

흠모와 회의와 교우의 여정은 주자와 학파, 주자와 종파 간의 만남을 통해 형성되었다. 만남은 직접적인 대화를 통해 이루어지거나 서신(書信)을 통해 기나긴 대화로서 형성되었다. 그리고 이러한 만남의 현장 속에서 그는 또 다른 작업을 병행하였는데, 그것은 바로 북송 유가 담론에 대한 수집과 당대(當代) 유가 담론에 대해 교열 작업이었다. 그는 30세에 『상채어록』을 교정하고 35세에 『연평문답』을 완성했다. 그리고 39세에 『정씨유서』를 정리했다. 이와 더불어 그는 시종 고대 경전에 대한 연구와 사색을 그치지 않았다. 33세에는 이미 『논어요의』와 『논어훈몽구의』를 집필했다.

이처럼 30대 그의 활동은 학파와의 교류, 붕우와의 교제, 당대 담론에 대한 수집과 정리, 고대 경전에 대한 사색과 집필 등 다양한 갈래로 진행되었다. 청년 시절 주자의 앞선 유가경전과 담론에 관한 전승은 특정한 합목적성을 띠지 않았다. 그는 학파와의 교류와 소통이라는 현장에 충실하면서, 동시에 개인의 사색과 연구를 통한 지속적인 실험과 사색의 공간을 확보했다.

---

42 이상 王懋竑의 『朱子年譜』(臺北, 世界書局, 1984)와 '미우라 쿠니오'의 『인간주자』(창작과 비평사, 1996)를 참조함.

전승의 방법

앞서 밝혔듯이, 기독교 성서의 전승은 교회 공동체의 현장 속에서 이루어졌다. 특히 공관 복음서의 형성은 기존에 존재했던 단편적인 자료들이 교회 공동체 속에서 회람되고 낭독되면서 공동체의 목적에 부합하는 자료들이 추려지고 정리되고 가미되는 과정을 거쳐서 완성되었다.

그러나 주자가 처한 상황은 달랐다. 주자의 시대에는 이미 수천 년간 전승되어 내려온 '오경(五經)'의 실체가 현존했고, 훗날 주자가 『사서』로 확립한 대학, 논어, 맹자, 중용의 텍스트도 이미 엄존해 있었다. 그에게 있어서 문서의 전승은 고대 유가경전과 북송 유가 담론에 집중되었다. 그리고 이 문서들의 전승은 당대 학자와 붕우 간의 '대화'와 '논쟁'이 진행되는 기간 중에 하나씩 정리되고 교정되었다. 그리고 이 작업들은 주자가 장식(張栻)과 '중화(中和)' 논쟁을 벌이던 30대 후반과 40대 초반에 집중되어 이루어졌다.

39세에 『정씨유서』가 편집되었고, 43세에 『논맹정의』와 『서명해의』가 집필되었고, 44세에 『태극도설해』와 『통서해』가 집필되었고 『정씨외서』와 『이락연원록』이 정리되고 집필되었다. 그리고 46세에 북송 4자의 전승을 주제별로 정리한 『근사록』이 완성되었다.[43] 주자는 『정씨유서』를 편집하면서 자료의 수집과 정리에 힘썼을 뿐 주관적 배열이나 상세한 주석을 달지 않았다. 반면 주렴계의 『태극도설』과 『통서』 그리고 장횡거의 『서명』에는 엄밀한 주석을 달아 자신의 철학을 제시하였다. 그리고 『근사록』을 주제별로 배열하고 편집하여, '도체(道體)'로 시작되는 철학적 주제의 입장을 제시하였다.

주자의 유학에 대한 전승은 중화신설이 수립된 40세를 전후로 활발하게 진행되었다. 그것은 장식과의 논쟁 속에서 자신의 철학을 회의하고 수정하고 재구성하는 와중에, 고대 유가경전과 당대 유가담론에 대

---

43 王懋竑, 『朱子年譜』

한 수집, 배열, 편집의 작업을 진행하였고, 북송 사자의 담론에 대한 주제별 정리를 행하였으며, 몇몇 북송 담론에 대해서는 엄밀한 주석을 달아 자신의 철학을 제시하였다.

전승의 양식

주자에 내재된 전승 양식 속에는 초대교회 기독교인들이 지녔던 예수의 수난, 부활로 드러난 앞선 역사에 대한 체험, 소망, 실존과 같은 단일한 방향과 목적이 존재하지 않았다. 주자의 사유 속에는 북송 신유가 운동을 통해 형성된 새로운 시대정신에 대한 '도통(道統)' 의식과 당대 지식인과의 교우 속에서 얻은 '자득(自得)'의 실존성이 공존했다. 그는 주어진 지평 속에서 북송 유가의 담론을 충실히 '계승'하였고, 북송 유가에 의해 재평가된 고대 유가경전에 대해 더 구체적인 위상의 '정립'을 시도하였고, 스스로 모색한 철학의 새로운 언어, 영역, 체계를 지속적으로 '수정'해 나갔다.

그에게 있어서는, '계승'과 '재정립'과 '수정'이 모두 그의 '전승 양식'으로 구성되었다. 북송 신유학 운동의 정신과 그 담론을 수집, 정리, 분류, 재배열, 편집, 주해하고, 북송 유가에 의해 새롭게 평가된 고대 유가경전에 대해 새로운 언어와 철학으로 주석을 가하고, 자신의 철학 영역을 계속 확장하고 수정하는 행위가 그의 전승 양식을 입체적으로 구성하였다고 볼 수 있다. 그리고 그것은 고대와 당대 문헌에 대한 '주석', 당대 지식인과의 논쟁을 위한 '서신' 교환, 제자들과 철학을 논의하기 위해 수시로 벌인 직접적인 '대화', 서원 등지에서 행해진 '강연' 등의 방법을 통하여 제시되었다.

2) 주자의 편집 정신과 방법

오경의 전승과 회의의 정신

11세기 북송의 신유학 운동이 흥기했을 무렵, '오경(五經)'의 권위는 이미 매우 쇠락한 상태였다. 북송의 유가는 고대 경전의 권위에서 벗어나 자유분방한 분위기 속에서 '스스로 얻은 것(自得)'에 대해 외치기 시작했다. 그들에겐 당대(唐代)의 경전 주석이 더 이상 큰 의미를 지니지 못했다. 손복과 석개는 새로운 눈으로『춘추』를 연구하였고, 사마광, 왕안석, 장횡거, 정이천 등은『역경』을 새롭게 주해하였다. 이 새로운 해석의 운동은 손복이『춘추존왕발미』를 짓고 왕안석이『시경』,『서경』,『주례』에 주소를 달면서 최고조에 달했고, 왕안석의 주소는 '새로운 학문' 즉 '신학(新學)'으로 불렸다.

특히 정이천은『역전(易傳)』으로『역경』을 해석하면서 경전의 의미와 전혀 관계없거나 때론 경전과 어긋나는 내용도 피력하였다. 정이천 이후로 송대 신유가는 오경을 '도를 실은 문장[載道之文]'으로 간주하기 시작했다.[44] 북송 이후로 오경은 '도학(道學)'의 의리를 밝히기 위한 도구로서 인식되는 경향이 짙었다. 그들에게 가장 중요한 것은 경전에 대한 역사적인 고찰이 아니라 당대에 '스스로 깨달은 것'으로써 경전을 새롭게 해석하는 것이었다.

주자는 북송 유학이 보여준 '탈권위'와 '자득'의 해석 정신을 전면으로 받아들였다. 비록 그는 오경 중에서 네 경전에 주석을 달았지만[45], 오경 자체에 대해서는 '회의(懷疑)'하는 정신을 시종 견지했고, 심지어는 지난 수백 년간 지속된 관점을 송두리째 뒤집기도 하였다. 그는 '시서(詩序)'가 원작이 아니고 후대의 작품이라고 보았다. '시서'를 지은 자는『시경』

---

44 陳榮捷,『朱學論集』, 臺北, 學生書局, 1988, 20쪽.

45『易學啓蒙』,『周易本義』,『易傳』,『書說』,『詩集傳』,『儀禮經傳通解』.

의 본의를 오독하여 그 중 적지 않은 남녀 애정의 고사를 도덕적 교훈으로 간주했다고 폄하했다. 주자는 305편의 시 중에서 24편은 순전히 남녀 애정에 관한 내용이라고 단정했다. 또한 그는 『고문상서』가 진본이라는 설에 반대하면서, '서서(書序)'의 문장이 매끄러운 것을 들어 서한 시대의 작품이 아니라고 보았다. 그리고 『예기』에 대해서는 진한대 이후의 제유(諸儒)가 의례를 해석한 작품이라고 보았다. 『역경』의 진위에 대해서는 의심하지 않았지만 본래 점치는 책에 불과하고 의리가 담기지 않았다고 보았다. 『춘추』에 대해서는 의심하지 않았지만 『삼전(三傳)』에 대해서는 취할 바가 없다고 보았다.[46]

주자가 경전에 대하여 보여준 '희의'의 태도는 당시의 분위기 속에서 대단한 '파격'이었다. 그 역시 정이천과 마찬가지로 고대 유가경전을 '재도지문(載道之文)'으로 간주하는 태도로 일관했다. 그는 "경전을 빌어 이치에 통하면 그만이다"[47], "만약 이치를 깨달았으면, 경전은 없어도 괜찮다"[48]는 말을 거침없이 내뱉었다. 그의 '파격'은 수백 년간 지속된 경전 권위에 대한 '도전'과 해석 전통에 대한 '회의 정신'으로 표출되었고, 이러한 '파격'의 행보는 북송 유학의 실험 정신으로부터 영감을 받은 것이다.

사서의 확립

주자의 관심은 당대의 지평에 걸맞는 새로운 경전 위상의 확립에 있었다. 주자는 사서(四書)의 지위를 오경 권위 앞에 부각시켰다. 사서의 편성과 권위의 확립은 북송 유학 운동의 조명 아래서 이루어졌다. 주지하다시피 한대(漢代) 시기 『논어』는 소학에 불과했고, 『맹자』는 송대 이전까지 경서로서의 지위가 전무했다. 『맹자』의 가치는 한유에 의해 비로소

---

46 陳榮捷, 『朱學論集』, 21쪽.
47 『朱子語類』卷11: "借經以通乎理耳. 理得則無俟乎經."
48 『朱子語類』卷103: "若曉得理, 則經雖無亦可."

발굴되었다. 『중용』의 위상은 북송의 범중엄에 의해 칭송되었고 장횡거는 이를 매우 중시하였다. 그리고 이정(二程)에 의해 사서의 위상은 뚜렷한 지위를 획득하게 되었다. 이들은 특히 『논어』와 『맹자』의 지위를 함께 강조하였다.[49] 『맹자』의 발굴, 『중용』의 부각, 『논어』·『맹자』를 함께 강조하는 경향 등은 주자가 사서의 위상을 확립하는 데 중요한 자양분이 되었다.

주자에게 있어서 사서(四書)는 도덕 의리와 수양 실천의 덕목으로 충만한 책이었다. 그에 따르면 『주역』은 정미하나 사실과 도덕 원리에 미치지 못했고, 『춘추』는 역사를 품평했으나 수양을 논하지는 않았다. 주자는 의리로 충만한 사서를 '치학(治學)'을 위한 새로운 경전으로 확립하고자 했다. 주자의 사서 확립에 있어서 가장 두드러진 특징은 『대학』을 사서 공부의 첫 단계로 설정한 점이다. 주자에 의해 사서는 『대학』, 『논어』, 『맹자』, 『중용』의 순으로 편성되었다. "먼저 『대학』을 읽고 그 규모를 정하고, 그 다음 『논어』를 읽고 그 근본을 말하며, 그 다음 『맹자』를 읽고 그 발휘되는 바를 보고, 그 다음 『중용』을 읽고 옛 사람들의 미묘함을 탐구한다"[50]고 주자는 말했다.

주자가 『대학』을 성인의 어록인 『논어』보다 앞에 둔 것은 『대학』이 수신과 치학의 순서를 밝혔기 때문이다. 그 가장 기초가 되는 것이 바로 '격물'이다. 『대학』은 치학과 수신의 첫 걸음으로 '격물'을 말하고 있다. 정이천은 '격물'을 단지 수신 방법의 하나로 보았으나, 주자는 이를 '근본지도'로 격상시켰다. 주자 이후로 '치지'는 반드시 격물궁리로부터 발단해야 한다는 주장이 유가의 보편적인 인식이 되었다.[51]

---

49 陳榮捷, 『朱學論集』, 22쪽.

50 『朱子語類』 卷14: "先讀大學以定其規模, 次讀論語以言其根本, 次讀孟子以觀其發越, 次讀中庸以求古人之微妙."

51 陳榮捷, 『朱學論集』, 23쪽.

주자의 사서 확립은 오경에 대한 탈권위와 자득의 해석 정신, 오경에 대한 회의 정신의 기초 위에서, 북송 유학의 사서에 대한 발굴과 재평가의 업적을 흡수하고, 『대학』에 대한 새로운 위상 정립을 결합하는 가운데 이루어졌다. 사서는 기존 경전에 대한 탈권위와 회의의 정신 그리고 숨겨진 경전 가치의 발굴과 재평가의 방법이 결합된 산물이다. 주자는 이 바탕 위에서 사서에 대해 엄밀한 주석을 행하였다.

북송 담론의 전승

북송 신유학 운동은 "과거의 성인을 위하여 끊어진 학통을 잇는다"[52]는 사명의식으로 충만했다. 주자는 북송 신유학에 의해 제시된 새로운 언어 체계와 이를 통해 확장된 철학 영역에 주목했다. 특히 그는 도덕의 리와 수양공부에 관한 천도론적 관계를 해명한 이론의 수용에 적극적이었다. 주렴계의 '태극', 이정의 '천리', 장횡거의 '기론' 등은 모두 '천도(天道)'의 형이상학적 영역을 밝히는 언어 체계였다.

특이하게도 그는 주렴계의 철학 담론에 대한 전승에 많은 공을 들였다. 주렴계가 해설한 '태극도'는 본래 도교의 학설에 가까웠다. 『태극도설』은 그 자체로는 도교의 우주생성론을 설명한 해설서로 보아도 전혀 무리가 없었다. 주자 당시에는 이와 관련된 정본이 존재하지 않았다. 특히 첫머리인 '무극'과 '태극'을 설명하는 대목과 관련해서는, '자무극이위태극(自無極而爲太極)', '무극이생태극(無極而生太極)', '무극이태극(無極而太極)' 등의 상이한 판본이 존재했었다.[53] 그 중에서 주자는 '무극이태극'

---

52 黃宗羲, 『黃宗羲全集』 卷3, 『宋元學案』 「橫渠學案上」: "爲天地立心, 爲生民立命, 爲往聖繼絶學, 爲萬世開太平."

53 陳來, 『朱熹哲學硏究』 (이종란 역, 『주희의 철학』, 예문서원, 2002), 31쪽. 『國史』 『濂溪傳』에는 '自無極而爲太極'으로 수록되어있다. 주희는 이에 대해 반박하였고, 정본은 '無極而太極'이라고 주장했다. 당시 楊方九江舊本에는 '無極而生太極'으로 기술되어 있다. 陳來 교수는 본래 '무극이태극'이 당시의 정본이었을 것이라고 추정한다. 그러나 『國史』가 임의로 '自'와 '爲'를 붙였을 가능성은 매우 낮다고 볼 때, 당시 여러 판본이 존재했을 가능성이 높다.

을 정본으로 사용하였다. 이는 주자가 '태극'의 형이상학적 지위를 확립시키고, '무극'을 태극의 '무성무취(無聲無臭)'하고 '무형(無形)'한 형이상학적 특색을 상징하는 언어로 설명하려는 의도에 부합했다.

주자 44세에 집필된 『태극도설해』는 그의 저작 중에서 가장 엄밀한 주해서 중의 하나이다. 그는 형이상학의 초월성와 운동의 과정을 설명하기 위해 『태극도설』에 엄밀한 주를 달았다. 그는 태극과 동정에 관한 해석을 가하기 전에 먼저 당시에 산재했던 여러 『태극도설』 판본을 섭렵했을 가능성이 높다. 그 중에서 그는 '무극이태극'의 판본을 정본으로 삼았으며, 이를 통해 '태극'이 지닌 형이상학적 초월성, 태극의 기(氣)에 대한 주재성 그리고 전체 역정으로서의 '천명지유행(天命之流行)'을 입체적으로 기술하였다. 그의 판본 선택과 이를 통한 해석은 그가 본래적으로 지향했던 형이상학과 형이하학을 구분하는 이원적 경향, 그리고 이 양자 간의 상호 관계에 대한 섬세한 이론적 구축에 관한 철학적 의도를 벗어나지 않는다.

『근사록』의 편집과 이후의 전개

주자는 순희 2년 46세에 여조겸과 함께 『근사록』을 편찬하였다. 이들은 북송 유학의 담론 중에서 북송 사자(四子)[54]의 문헌을 선택하여, 이 중에서 그들의 사상을 대표하는 명제들을 '주제별'로 분류하여 편집하였다. 주자가 북송 오자(五子)의 담론 중에서 '소강절'을 제외한 것은 소강절의 철학이 상수학에 지나치게 경도되어 공문(孔門)의 '인의지학'이 거의 언급되지 않았고 도가의 기풍이 너무 강했기 때문이었다.[55] 이는 주자가 지향하던 '도덕의리지학'의 전승 목적에 부합하지 않았다.

주자는 북송 사자의 담론을 편집한 목적에 대해, "제 선생의 말 중에

---

54 주렴계, 정명도, 정이천, 장횡거
55 陳榮捷, 『朱學論集』, 5쪽.

서 정요(精要)한 부분을 산취(刪取)하여 후학들에게 입덕(入德)의 문을 보여주고자"[56] 하는 의도에서 편집했다고 말했다. 그는『근사록』에 담긴 사상이 하나 같이 절실하지 않은 내용이 없으며 사람들의 결점을 고쳐주는 힘이 있다고 생각했다.[57] 그의 편집은 '입덕(入德)'과 '구병(救病)'의 목적과 이를 후학들에게 전수하여 읽히려는 의도에서 진행되었으므로, 그의 편집은 수양과 전수의 두 목적이 있었다.

그는 북송 유학의 담론과 고대 유가경전은 차이가 있다고 보았다. 북송 유학의 담론은 그야말로 주자 당대에도 지속적으로 논의되는 내용과 언어로 구성되어 있었다. 시간적인 연속성과 언어의 친근함 그리고 논의의 적실함이 녹아 있었으므로 고대 유가경전에 비해 '절실'할 수밖에 없었다.『중용』,『대학』,『논어』,『맹자』등에 담긴 성현의 말은 평이하지만,『근사록』은 바로 앞선 시대의 담론이므로 비교적 절실하다.[58] 북송 신유학의 담론은 언어체계나 논의내용에 있어서 사실상 주자 당시의 당대 담론에 속해 있었다. 그것은 주자 시대 지식인들이 당장 논의할 수 있는 언어와 문체로 구성되어 있었고, 관심과 주제에 있어서도 매우 절실한 문제들을 포함했다.

그러나 주자의『근사록』편집은 결코 '입덕'과 '전파'의 의도로만 이루어지지 않았다. 그는 북송 사자의 담론을 총 14권으로 나눠 '주제별'로 편집하였다. 그중에서 특히 제1권이 '도체(道體)'로 편성된 점이 눈에 띈다. '도체' 편에는 북송 유학의 형이상학 담론이 집중되어 수록되었다. 본래 성인이 성(性)과 천도(天道)에 대해서 거의 언급하지 않았던 고대 유

---

56 『朱熹集』卷61「答嚴時亨」: "近思錄一書, 皆是刪取諸先生精要之語, 以示後學入德之門戶."

57 『朱子語類』卷105: "近思錄一書, 無不切人身, 救人病者."

58 『朱子語類』卷105: "聖賢說得語言平, 如中庸大學論語孟子, 皆平易. 近思錄是近來人說話, 便較切."

가의 전통[59]이 북송 유학 이후로 활발히 논의되기 시작하였고, 주자의 편집 목록에서는 제1권에 책정되기에 이르렀다. 주자는 본래 이 내용이 너무 난해하고 추상적이라 제1권에 수록하는 것을 망설이기도 하였다. 그러나 마땅히 '도체'를 대체할 만한 내용이 없어 이를 그대로 두었다. 그는 초학자들에게 만약 제1권이 이해가 안 되면 제2권이나 제3권부터 읽기를 권하였다.[60]

'도체' 편은 '태극', '음양', '리', '기', '태허', '귀신', '성(性)' 등의 천도론과 심성론에 관련된 언어로 가득 차 있다. 만약 제1권인 '도체' 편만 놓고 보면 『근사록』은 결코 '입덕지문(入德之門)'의 입문서가 아니다. 주자는 『근사록』 편집을 통해 신유학 운동의 정점을 이루는 형이상학 담론의 체계를 보여주고자 한 것이다. '도체'는 향후 그가 전개하는 다양한 형이상학 담론의 초판과도 같다. 그가 전개한 태극론, 리기론, 심성론 등은 모두 이 '도체' 편에서 영감을 얻은 것들이다. 그는 후대의 교육이 평실하고 절실하게 이루어지기를 희망하면서도 동시에 엄밀한 형이상학 담론의 새로운 확장을 꿈꾸었다. 『근사록』은 이러한 두 가지 의도가 결합된 당시 담론의 연장선상에 있었다.

『주자어류』 편집의 의의

주자(1130~1200) 사후, 주자가 생전에 문인들과 나누었던 대화록이 출간되었다. 여정덕(黎靖德)은 도종 함순 6년(1270)에 방대한 분량의 『주자어류』를 편집하여 출간하였다. 그는 당시 여러 학자들이 간행한 주자어류본을 수집하고 종합하고 주제별로 목록을 설정하여 출간하였다. 그는 주자 사후 70년간 보존된 어록을 수집하고 정리하여 주제별로 편집한 것이다. 『어류』에는 주자와 문인, 주자와 지인의 대화를 대화 당사자

---

59 『論語』「公冶長」: "夫子之言性與天道, 不可得而聞也."

60 『朱子語類』卷105: "看於近思錄, 若於第一卷未曉得, 且從第二第三卷看起."

나 제3자가 기록한 글로 이루어졌고, 이를 여정덕이 주제별로 다시 분류하여 편집하였다. 주자의『근사록』이 '도체'로 제1장을 설정한 것과는 달리『어류』의 제1권은 '리기(理氣)'로 구성되었다.『어류』는 모두 140권으로 편집되었는데, 그 중에『사서』가 51권을 차지하고『오경』이 29권을 차지하며, '리기', '지행(知行)' 등의 철학적 주제들과 북송오자의 사상과 개인의 치학 방법 등이 40권을 차지하고, 역사와 정치 그리고 문학 등이 20권을 차지한다.

『어류』는 남송 당대 백화문의 전형을 보여준 문헌으로 유명한데, 이로 인해 철학계보다도 오히려 송대 한어와 송대 문법을 연구하는 학자들에 의해 더 주목을 받았다. 백화문은 곧 당시의 구어체 문장을 말한다. 주자의『문집』이 다소 난해한 문언체 문장으로 쓰여졌고,『사서』는 집주의 형태로 이루어졌기 때문에, 구어가 지닌 생동감과 맛을 드러낼 수가 없었다. 반면『어류』는 '대화'의 문장으로 구성되어 있고 구어체의 생동감이 살아있다. 이는 비록 주자 자신이 쓴 저작은 아니지만 주자로 인해 만들어진 문헌으로서, 당시 주자와 문인의 대화록은 주자가 앞선 전승 즉 고대 경전이나 북송 담론을 '설명'하고 새롭게 제시된 철학적 주제들을 '설명'하는데 있어서, 중요한 전승의 '현장'과 소통의 '장소' 역할로서의 의미를 지닌다.

후대 유가들의『어류』에 대한 평가는『문집』이나『사서집주』에 비해 매우 낮았다. 명초 유가인 조단(曹端)은『태극도설해』를 높이 평가한 반면,『어류』에는 정해지지 않은 학설이나 응답 중에 황급히 기록된 부분이 있다고 보아 폄하했다.[61] 동시대 유가인 설선(薛瑄)도 "어록에는 사람의 깊음과 열음에 따라 발명하였기 때문에 정해지지 않은 논리가 있고, 제유(諸儒)들이 제각기 그 본 바를 고수하였기 때문에 그 중에는 주자와 다

---

61 曹端,『太極圖說述解序』: "至於語錄, 或出講究未定之前, 或出應答倉卒之際, 百得之中不無一失, 非朱子之成書也."

른 것이 있다"⁶²고 말하면서, 『어류』를 읽기보다는 『사서집주』를 읽어야한다고 말했다. 왕양명은 『어류』에 문인들이 이기고자 하는 마음에 자신들의 견해를 첨가하여 기록한 부분이 있다고 말했고, 심지어는 『집주』에 대해서도 미정의 설이라고 폄하하였다.⁶³ 조선시대 퇴계 역시 『어류』보다는 『문집』을 높이 평가했고, 특히 주자의 서신 중에서 도의 발단처를 발견했다고 고백하였다.

주자 이후의 유가들은 대부분 『어류』가 주자의 사상을 정확히 또는 엄밀히 반영하는데 부족하다는 이유로 폄하했다. 그러나 『어류』는 그 자체로 또 다른 가치를 지닌다. 그것은 주자가 문인들과 끊임없이 '대화'하고 '소통'하면서 주자 이전의 담론을 '해석'하고 또한 자신의 철학을 '설명'하였다는 점이다. 그리고 이러한 작업은 한두 번에 그친 것이 아니고 그가 생을 마감할 때까지 끊임없이 지속되었다는 점이다. 『집주』는 시대를 초월해 수천 년간 이어져 온 경전에 대한 주자의 해석이고, 『문집』의 서신은 전문적인 당대 지식인과의 교류를 통해 주자가 자신을 회의하고 수정하고 변호한 여정을 보여줬다면, 『어류』는 당대 문인들과 직접적인 대화를 통해 담론을 해석하고 철학을 설명한 '구어체'의 공간이었다. 『어류』 속에는 주자가 당시에 말했던 생생한 '언어'가 담겨 있고, '소통'의 모습이 엿보이고, 대화자에 따라 '개별'적으로 대응한 상황이 담겨 있다. '구어체'의 생생함이 담겨 있다는 점에서 『어류』는 주자의 기타 문헌과는 큰 차별성을 지닌다. 직접적인 '소통'과 구어체의 '언어'로써 철학이 말해졌다는 점에서, 『어류』는 분명 우리에게 또 다른 해석의 의미를 지닌다.

---

62 薛瑄, 『讀書錄』 卷1: "四書當先以集注章句爲主, 參之於或問. 如輯釋諸書, 固多有發明處, 但語錄或人淺深而發, 或有未定之論, 諸儒又或各持所見, 間有與朱子異者."

63 王陽明, 『朱子晚年定論序』(『王陽明全集』卷7, 上海古籍出版社, 240쪽.): "世之所傳集注或問之類, 乃其中年未定之說, 各咎以爲舊本之誤, 思改正而未及. 而其諸語類之屬, 又其文人挾勝心以附己見, 固於朱子平日之說猶有大相繆戾者."

3) 주자의 해석학적 순환과 탈은폐의 해석학

주자의 의미지평

앞서 딜타이가 말했듯이, 사실 속의 '의미'는 본질적으로 시간적일 뿐만 아니라 의미를 파악하려는 사람의 삶의 연관에 비추어 규정된다. 이것이 곧 '내적 시간성' 또는 '역사성'이라고 부르는데, 이 '역사성'은 삶에 부과되는 것이 아니라 삶 자체 속에 내재되어 있다. 그리고 해석자는 '선이해'를 지니고 이러한 역사적 의미지평에 진입한다. 이 선이해는 의미지평을 '확장'하고, 의미지평은 또다시 선이해를 '강화'한다.

대만의 황준걸(黃俊杰) 교수에 따르면, 중국의 경전 해석학은 전통적으로 농후한 '역사성'을 지니고 있었다. 경전의 해석자들은 주어진 당대의 사회, 정치, 경제, 역사, 문화의 지평의 한복판에서, 이 지평에 의해 제약받고 또 지평을 창조하는 자들이었다. 경전 해석자가 처한 이 복잡한 지평은 구체적인 존재이자 역사적인 존재로서 장구한 역사의 축적에 의해 형성된 것이다. 이것이 바로 '역사성'이다. 경전 해석자의 '역사성'은 해석자가 처한 역사 환경, 역사 기억 그리고 해석자 자신의 사상 체계를 포함한다.[64]

경전 해석에 담긴 '역사성'은 두 가지 면을 지닌다. 하나는 경전 저자의 '역사성'이고 또 하나는 경전 해석자의 '역사성'이다. '역사성'으로 경전에 잠재된 의미를 밝히는 방법에는 두 가지가 있다. 첫째는 경전 저자의 역사 맥락을 드러내고 구체화하여 경전 저자의 의미를 열어 밝히는 것이고, 둘째는 경전 해석자가 자신의 '역사성'으로써 경전의 본의를 조명하여 경전에 잠재된 의미를 드러내는 방법이다.[65] 그러나 해석자의 '역사성'은 마치 '양날의 검'과 같아서 경전 속에 숨겨져 미처 말해지지 않은

---

64 黃俊杰, 『東亞儒學史的新視野』, 上海, 華東師範大學出版社, 2008, 37쪽.

65 黃俊杰, 『東亞儒學史的新視野』, 39쪽.

의미를 드러낼 수 있음과 동시에 해석자의 주관성이 과도하게 나타날 수도 있다.[66]

황준걸은 결론적으로 경전 해석자가 자신의 역사성을 완전히 제거하는 것과 과도하게 자신의 역사성을 주입하는 것 사이에서 역동적인 '균형'을 이루어야 한다고 말한다.[67] 그러나 '지평 융합'과 '해석의 순환'이란 관점에서 볼 때, '균형'은 존재하지 않고 '일치'는 시공간을 초월한 의미일 뿐이다. 주어진 '시간성' 속에선 '균형'과 '일치'가 아닌 경전 텍스트와 해석자 간의 '융합'과 '긴장'이 존재할 뿐이다.

앞서 밝혔듯이, 주자의 의미지평은 전승과 실험의 긴장 관계 속에서 형성되었다. 그에게 있어서 북송 유학 담론의 전승은 과거의 경전을 해석하고 당대 지평을 실험하는 '선이해'였다. 그는 북송 전승을 통해 사서(四書)의 가치를 재발견하고 사서에 새로운 언어와 철리를 주입하였다. 그리고 그는 100년 남짓 시간차를 가졌던 북송 유학과 그들의 담론에 대한 경전화를 시도했다. 그 근거로서 그는 주렴계 – 장횡거 – 이정(二程)으로 이어지는 신유학의 계보를 맹자 이후 끊어진 공자 정신의 새로운 계승이라는 '도통(道統)'의 맥락에서 이해했다. 북송의 전승은 주자가 남송 시대의 철학자들과 벌였던 논쟁 구도에 지속적인 영향을 끼쳤다. 그의 사상적 실험은 줄곧 북송 철학의 전승에 근거하려는 태도를 유지했다.

이처럼 북송 담론의 전승이란 '선이해'는 사서의 해석에 대한 새로운 '변형'을 가져왔다. 그리고 이 '선이해'는 북송의 담론에 대한 '경전화'를 시도하고 '도통' 관념을 강화하는 근거가 되었다. 또한 이 '선이해'는 남송 담론과의 논쟁 구도 속에서 주자 자신의 철학을 개척하고 강화해 나가는 '근거'로서 작용하였다.

---

66 黃俊杰, 『東亞儒學史的新視野』, 46쪽.

67 黃俊杰, 『東亞儒學史的新視野』, 52쪽.

주자의 해석학적 순환

앞서 밝혔듯이, 해석자가 지닌 개별적인 개념은 그것이 입각해 있는 맥락(Context)이나 지평(Horizon)으로부터 의미가 도출된다. 하지만 지평은 자신이 의미를 부여해 주는 바로 그 요소들로 이루어져 있다. 전체와 부분은 변증법적 상호작용에 의해 이들 각각은 서로에 대해 다른 의미를 제공한다. '의미'는 바로 이 '순환' 속에서 형성되기 때문에 이를 '해석학적 순환'이라고 부른다.

북송 담론으로부터 계발된 개념들은 주자의 독자적인 사유 속에서 새로운 변이가 일어났다. 기존의 개념은 주자의 사유와 당대 지식인과의 논쟁 속에서 끊임없이 변모하였으며, 이를 통해 주자 해석의 의미 지평은 수정과 확장과 종합 등의 양태로 변신을 거듭했다.

주자는 이정(二程)으로부터 '리(理)'의 사상을 전수받아서 자신의 중심 철학으로 삼았다. 또한 이정에게서 '성', '재(才)', '기'에 관한 이론도 전수받아 이정의 설로 『맹자』를 해석했다.[68] 특히 '리'의 철학은 사서를 두루 관통하는 중심 개념으로 우뚝 섰다. 주자의 리기론은 본래 이정에서 영향을 받았지만 이정의 담론과는 많이 달랐다. 이정은 본래 리와 기가 어떻게 서로 의지하고 그 선후 관계는 어떻게 되는 가의 문제 등에 관심이 없었다. 그러나 주자는 리와 기는 본래 한시도 떨어지지 않는 관계라는 점을 강조하면서도, 이와 더불어 리가 구비한 초월성과 내재성을 제시하였다.[69] 주자가 구축한 리기론의 엄밀하고 복잡한 관계의 이론은 북송 담론의 전승을 '확장'하여 새로운 영역을 창출하였다.

의미 지평은 새로운 영역으로의 '확장'만을 도모하지 않았다. '중화설'에 관한 주자 사유의 여정은 많은 의미 담론을 포함한다. 그중에서 천도와 심성의 '관계' 이론은 중화설의 변천에 따라 '수정'의 과정을 보여준

68　黃俊杰, 『東亞儒學史的新視野』, 44쪽.
69　陳榮捷, 『朱學論集』, 7쪽.

다. 주자는 37세 '병술지오(丙戌之悟)'의 '선찰식후함양(先察識後涵養)'에 경도된 시기, 줄곧 심성와 천도의 구조를 함께 논의하고 있다. 이 시기 그는 심성의 구조가 천도의 '천명지유행(天命之流行)'과 일관된 구조를 이룬다고 이해했다.[70] 그의 의미 지평 속에서는 '천명지유행'과 '심성'의 체용 구조는 '합일'의 구조를 이루었다. 이는 천도의 체용으로 심성의 원리를 비출 수 있고, 심성의 체용으로 천도의 구조를 '규명'할 수 있는 의미 지평이었다. 그러나 40세 '기축지오(己丑之悟)' 이후 그는 천도로써 심성의 구조를 논하지 않게 되었다. 심성의 미발 이발의 원리 그리고 '심'이 '성정(性情)'을 주재하는 '심통성정'의 구조는 심성 고유의 구조로서, 천도 체용의 원리와는 합치되기 어렵다고 생각했다. '체용(體用)'으로서 천도와 심성을 일관되게 이해하려는 의미 지평은 '수정'이 불가피했다. '병술'에서 '기축'으로 전이되는 '중화' 이해의 변화는 주자의 의미 지평이 논쟁과 사색을 걸쳐 '수정'되는 전형을 보여준다.

40세 '기축지오' 이후 여러 실험과 사색을 거듭했던 주자의 공부론은 정론을 도출했다. 이연평에 영향을 받았던 '미발'의 수양 공부는 주자의 사색 속에서 무언가 불만족스러웠다. 또한 장남헌에서 영향을 받았던 '선찰식후함양'의 수양 공부는 '이발'의 공부만이 강조되므로 미발 공부의 맹점을 해명할 수가 없었다. 주자는 오랜 사색의 기간을 거치면서 공부의 근거가 되는 심성의 구조에 대해 더 입체적인 이해에 도달한다. 그것은 심(心)의 체용이 전개되는 과정에 성정(性情)의 체용이 함께 구현된다는 이해의 지평이었다. '심'은 사물이 다가오지 않고 생각이 싹트지 않은 상태에서 '성'이 혼연하고 도의가 완전히 구비된 상태에서도 '체'로서

---

70 『朱熹集』卷30 1289, 「答张钦夫」: "盖愈求而愈不可见, 於是退而验之於日用之间, 则凡感之而通, 触之而觉, 盖有浑然全体应物而不穷者. 是乃天命流行, 生生不已之机, 虽一日之间万起万灭, 而其寂然之本体则未尝不寂然也. 所谓未发, 如是而已, 夫岂别有一物, 限於一时, 拘於一处, 而可以谓之中哉? 然则天理本真, 随处发见, 不少停息者, 其体用固如是, 而岂物欲之私所能壅遏而梏亡之哉?"

있고, 그것이 동하여 사물이 교차하고 사유가 싹트고 칠정(七情)이 작용하여 각자 주도된 바가 있는 상태에서도 '용'으로 있다. 이처럼 '심체유행(心體流行)'은 심의 체용과 성정의 체용을 포괄하는 전체대용의 과정이다.[71] 이 '심체유행'을 포괄하는 공부로서 주자는 '경(敬)'을 새롭게 내세웠다. '경'의 공부는 미발과 이발의 전 과정을 모두 통괄하는 공부이다.[72]

주자의 미발이발의 새로운 이론과 이를 통한 '경' 공부의 주장은 도남학파와 호상학파 공부론에 대한 '종합'의 산물이라고 말할 수 있다. '중화신설'의 입장에서 그 '일치'된 바를 따진다면, 도남의 학설과 호상의 학설은 한쪽으로 치우쳤으므로 배격해야 할 대상으로 간주될 수 있다. 그러나 '지평 융합'의 관점에서 이해할 때, '중화 신설' 이후의 주자 철학은 도남 교류 시기의 의미 지평과 호상 교류 시기의 의미 지평이 '융합'하는 과정에서 변형된 새로운 의미 지평이라고 말할 수 있다. 이런 의미에서 '경'의 공부와 전체대용으로서의 '심체유행'의 학설은 주자 의미지평의 '종합'과 '융합'의 산물이라고 볼 수 있다.

탈은폐로서의 해석학

주자는 사서를 집주하면서, 『논어』 「자한」 편의 한 문장에 주목했다. 공자가 흐르는 시냇물을 보며 "흐르는 것이 이와 같도다! 밤낮으로 멈추지 않는구나"[73]라고 말한 문장이었다. 북송 담론 이전까지 공자의 이 말

---

71 『朱熹集』 卷32 1403, 「答张钦夫」: "然人之一身, 知觉运用莫非心之所为, 则心者固所以主於身, 而无动静语默之间者也. 然方其静也, 事物未至, 思虑未萌, 而一性浑然, 道义全具, 其所谓中, 是乃心之所以为体而寂然不动者也. 及其动也, 事物交至, 思虑萌焉, 则七情迭用, 各有攸主, 其所谓和, 是乃心之所以为用, 感而遂通者也. 然性之静也而不能不动, 情之动也而必有节焉, 是则心之所以寂然感通, 周流贯彻而体用未始相离者也."

72 『朱熹集』 卷43 2047, 「答林择之」: "敬字通贯动静, 但未发时则浑然是敬之体, 非是知其未发, 方下敬底工夫也. 既发则随事省察而敬之用行焉, 然非其体素立, 则省察之功亦无自而施也. 故敬又非两截事, 必有事焉而勿正, 心勿忘, 勿助长, 则此心卓然, 贯通动静, 敬立乂行, 无适而非天理之正矣."

73 『論語』 「子罕」: "子在川上, 曰逝者如斯夫! 不舍晝夜.'"

은 다소 일상적인 해석을 벗어나지 않았다. 맹자는 뿌리 깊은 샘에서 흐르는 물은 멈추지 않으므로, 뿌리가 깊은 사람은 물의 덕을 배운다고 이해했다.[74] 한 대의 양웅[75]이나 동중서[76]는 모두 공자가 물의 다양한 속성을 은유로써 표현한 것으로 이해했다. 위진남북조 시대에 접어들자 해석자들은 이 말을 노년에 접어든 공자의 한탄조로 해석했다. 양조(梁朝)의 황간(皇侃)은 공자가 세월이 물처럼 빠르게 지나가 버린 것을 한탄한 것[77]으로 이해했다. 진조(晉朝)의 손작(孫綽)은 이미 노년이 되어버린 공자가 도를 다시 일으킬 수 없는 신세를 한탄하는 말[78]로 해석했다.

물의 다양한 속성, 노년의 한탄으로 해석된 이 문장은 북송 시대 이정(二程)의 등장과 함께 새로운 전환점을 맞는다. 정명도는 한대 이후의 유가들이 이 말을 이해하지 못했는데, 사실 이 말은 성인의 마음이 '순역불이(純亦不已)'함을 말한 것으로서, 이것은 본래 하늘의 하늘됨을 이루는 '천덕(天德)'이고, 성인은 이를 자신의 덕으로 삼는다고 해석했다.[79] 정이천은 한 걸음 더 나아가 이 말을 '도체(道體)'로서 해석했다. 그는 말한다. "이것은 도체(道體)이다. 하늘이 운행하여 그치지 않고, 해가 가고 달이 오며, 추위가 가고 더위가 오며, 물이 흘러서 멈추지 않고, 생성함이 끝

---

74 『孟子』「離婁下」: "徐子曰, 仲尼亟稱於水, 曰'水哉, 水哉!' 何取於水也? 孟子曰, 原泉滾滾, 不舍晝夜. 盈科而後進, 放乎四海, 有本者如是, 是之取爾."

75 『法言』「學行」: "或問進, 曰水. 或曰爲其不舍晝夜與? 曰有是哉! 滿而後漸者, 其水乎!"

76 『春秋繁露』「山川頌」: "水則源泉滾滾沄沄, 晝夜不竭, 旣似力者. 盈科後行, 旣似持平者. 循微赴下, 不遺小間, 旣似察者. 循溪谷不迷, 或奏萬里而必至, 旣似知者. 障防山而能淸淨, 旣似知命者. 不淸而入, 潔淸而出, 旣似善化者. 赴千仞之壑, 入而不疑, 旣似勇者. 物皆困於水, 而水獨勝之, 旣似武者. 咸得之生, 失之而死, 旣似有德者. 子在川上, 曰'逝者如斯夫! 不舍晝夜.' 此之謂也."

77 『論語集解義疏』: "孔子在川水之上, 見川流迅邁, 未嘗停止, 故嘆人年往去, 亦復如此."

78 『論語集解義疏』: "川流不舍, 年逝不停, 時已晏矣, 而道猶不興, 所以憂歎也."

79 『二程集』『河南程氏遺書』卷14, 141쪽: "子在川上, 曰'逝者如斯夫! 不舍晝夜.' 自漢以來儒者, 皆不識此義, 此見聖人之心純亦不已也. 『詩』曰, '維天之命, 於穆不已.' 皆曰天地所以爲天也. '於乎不顯, 文王之德之純', 皆曰文王之所以爲文也. 純亦不已, 此乃天德也. 有天德便可語王道, 其要只在愼獨."

이 없는 것은 모두 도와 함께 체(體)를 이룬 것으로서, 밤낮으로 운행하여 멈춘 적이 없다. 군자는 이를 본받아서 스스로를 끊임없이 강하게 하며, 그것이 지극함에 이르면 순정하여 그침이 없게 된다."[80]

이천에 따르면, 대자연의 운행은 모두 도(道)가 유행 발현하는 모습이다. 이 생생불식하는 대자연의 유행은 도체 유행의 모습이고, 사람은 이를 본받아 끊임없이 자강불식하면 이 또한 도체 유행이다. 그리고 이 도체 유행은 『중용』12장에 등장하는 '연비어약(鳶飛魚躍)'의 비유 속에서도 잘 드러난다. 주자는 말한다. "도는 하늘과 땅 사이에서 유행 발현하여 미치지 않는 곳이 없다. 위로는 솔개가 날아올라 하늘까지 이름이 이것이고, 아래로는 물고기가 꿈틀거리며 연못 위로 뛰어오름이 이것이다. 사람들에게서는 일상생활과 인륜질서와 부부가 알고 행할 수 있는 것과 성인도 알 수 없고 행할 수 없는 것들이 모두 이것이다. 위아래로 도가 유행 발현한 것을 '드러남'이라고 말할 수 있다.[81]"

주자는 이정(二程)의 해석을 도체 유행의 이론으로 발전시켰고, 이를 '체용'의 이론으로 다시 해석했다. 주자에 따르면 공자가 시냇가에서 흘러가는 것이 이와 같다고 말한 것과 『중용』에서 솔개가 날아오르고 물고기가 뛰어노는 세계를 말한 것은 모두 도가 유행 발현하는 모습을 상징적으로 보여준 것이고, 이는 사실상 도의 '용(用)'을 말한 것이다. 도의 '체(體)'는 비록 은밀하여 드러나지 않지만 도의 '용(用)'은 온 우주와 대자연의 운행처럼 역동적이고 충만하며, 이 도를 얻어 행위 하는 사람의 일거수일투족도 모두 도체의 유행이고, 곧 도의 '용'의 발현이다.

---

80 『論語集注』卷5: "程子曰, 此道體也. 天運而不已, 日往則月來, 寒往則署來, 水流而不息, 動生而不窮, 皆與道爲體, 運乎晝夜, 未嘗已也. 是以君子法之, 自强不息. 及其至也, 純亦不已焉."

81 『四書或問』卷4: 『中庸或問』: "道之流行發見於天地之間, 無所不在. 在上則鳶之飛而戾于天者, 此也; 在下則魚之躍而出于淵者, 此也; 其在人則日用之間, 人倫之際, 夫婦之所知所能而聖人之所不知不能者, 亦此也. 此其流行發見於上下之間者, 可謂著矣."

해석학의 입장에서 볼 때, 「자한」편의 시냇물 비유는 공자 사후 주로 사람의 인격이나 사물의 속성의 각도에서 이해되고 해석되었다. 그러나 북송의 이정 이후, 공자의 말은 사람과 사물이 아닌 '도(道)'가 주체가 되어 자신을 드러내는 상징으로 해석되었다. 천년 넘게 감추어졌던 '도'가 이정에 의해서 '탈은폐'되고 주자에 의해서 '체용'의 구조로서 재해석되었다. 조선시대 유학자들도 이 '도체 유행'의 기상을 매우 높이 사고 즐겨 인용했다. 이를 하이데거 식으로 말한다면, 송대 유가는 「자한」편을 읽으면서, '존재[天道]'에 대해 '물음'을 던진 것이고, '존재[天道]'는 「자한」편의 상징을 통해 존재 자신을 '열어 밝힌 것(탈은폐)'이다.

이 해석의 신비로움은 세 가지 요소를 지닌다. 먼저 『논어』라는 텍스트가 지닌 연속성이다. 만약 텍스트가 없었다면 후대의 해석은 존재할 수 없었다. 다음은 북송 유가의 존재[天道]에 대한 '물음'이다. 이정(二程)의 사색과 물음이 없었다면, 천년 넘게 은폐되어 있던 도체(道體)의 해석은 여전히 은폐된 채로 남았을 것이다. 그리고 주자의 새로운 해석 개념의 '주입'이다. 이정의 도체 해석은 주자에 의해 '체용'의 이론으로 재해석되었다. 주자의 '체용'에 의해, 본래 감추어졌던 도는 도의 '체'이고 대자연과 인간세에서 유행 발현하는 도의 기상은 기실 도의 '용'이었다는 것이 열어 밝혀졌다.

'탈은폐'의 해석학으로 보면, 천도(존재)는 역사의 축적을 통해 우리에게 다가오지 않는다. 이 존재는 오히려 주어진 역사의 지평 속에서 새로운 자신의 모습을 일순간에 탈은폐시킨다. 이 존재는 고전적인 텍스트의 언어와 상징을 통해 자신을 열어 밝히지만, 주어진 역사 지평 속에서 해석자의 새로운 물음에 대해, 이에 합당한 응답으로서 자신을 열어 밝힌다. 우리 시대에 우리의 지평 가운데, 주자의 해석자들은 어떠한 물음을 던지는가, 그리고 이에 대한 존재의 응답은 어떻게 드러나는가에 따라, '천도'의 현시(顯示)는 다르게 나타날 것이다.

4. 주자의 해석정신으로 바라본 오늘의 지평

주자는 청년 시절, 기존 유학에 대한 전승과 더불어 자신의 철학에 대한 모색을 병행하였다. 30대, 그의 전승 현장은 학파와의 교류, 붕우와의 교제, 당시 담론과 고대 경전에 대한 전승의 양태가 공존했다. 청년 시절 그를 둘러싼 현장은 '계승'이라는 단일한 합목적성을 띠기보다는 학파와의 소통을 유지하는 동시에 개인의 사색과 연구를 통한 실험을 지속하는 개인적 공간의 성격이 강했다.

주자의 유학에 대한 전승은 중화신설이 수립된 40세를 전후로 활발하게 진행되었다. 그는 장남헌과의 논쟁 속에서 자신의 철학을 회의하고 수정하고 재구성하였고, 이와 동시적으로 고대 유가경전을 주석하고, 북송 담론에 대한 수집, 편집, 주해의 작업을 진행하였다. 당시 주자의 사유 속에는 북송 신유학 운동을 통해 형성된 새로운 정신에 대한 '도통' 의식과 당대 지식인과의 교우 속에서 얻은 '자득'의 실존성이 공존했다. 앞선 유학에 대한 계승, 재정립, 수정 등이 그의 전승 양식을 구성했다.

후대에 집대성의 공로자로 널리 알려진 주자의 문제의식은, 기실 기존 권위에 대한 '탈권위'적 자세와 축적된 전통에 대한 '회의'의 태도에서 출발했다. 그는 오경의 권위를 사서 아래로 끌어올리고, 사서에 대한 위상을 새로운 경전의 권위로 끌어올렸다. 사서 위상의 확립은 오경에 대한 회의 정신과 치학에 대한 새로운 견해에 근거해 이루어졌다. 북송 담론의 전승을 통해 주자는 적어도 두 가지 목적을 꾀했다. 『근사록』과 같이 '입덕지문'을 후학에게 보이고자 하는 교육적 의도와 함께, 그는 북송 담론에 기반으로 하여 『태극도설해(太極圖說解)』와 같은 고도의 형이상학적 체계의 수립을 꾀했다. 그는 앞선 담론과 자신의 철학을 설명하기 위해 항상 제자들과 대화했다. 비록 그가 편찬한 책은 아니지만 『주자어류』는 송대 당시의 생생한 구어체 대화문이 수록되어 있다는 점에서, 해석의 새로운 전통을 보여주었다.

주자의 해석학적 의미 지평은 '전승'과 '실험'의 긴장 관계 속에서 형성되었다. 그에게 있어서 북송 유학의 담론은 과거의 경전을 해석하고 당대 지평을 실험하는 '선이해'였다. 그는 북송 담론을 통해 사서의 가치를 재발견하고, 이에 새로운 언어와 철리로써 주석을 가했다. 북송 담론에서 전승된 개념들은 주자의 독자적인 사유와의 '융합' 속에서 새로운 변이가 일어났다. 기존의 개념은 주자의 사색과 당대인들과의 논쟁 속에서 끊임없이 변모하였고, 이를 통해 주자의 의미 지평은 해석학적 순환 과정 속에서 수정과 확장과 종합 등의 양태로 변신을 거듭하였다.

　　사서(四書)에서 평범한 비유로 남아있던 어구가 북송 유가에 의해 마치 긴 잠에서 깨어나듯 새로운 해석으로 등장했다. 공자의 시냇물 비유와 『중용』의 '연비어약'의 상징은 이정(二程)에 의해 도체(道體)로서 해석되었다. 물의 속성과 공자의 한탄으로 해석되던 시냇물 비유는 이정에 의해 도가 생동하는 모습으로 해석되었다. 주자는 이 도의 모습을 도의 유행 발현이라고 해석하였고, 이는 대자연과 인간세에서 마치 솔개와 물고기가 날아오르고 뛰어노는 듯한 역동적인 도체 유행의 기상으로 해석했다. 공자와 『중용』은 사실상 감추어져 있던 도의 체가 용으로서 유행 발현하는 모습을 말한 것이다. 이를 해석학의 입장에서 보면, 천도의 탈은폐는 텍스트의 연속성과 해석자의 물음과 도의 응답이라는 현시로서 이루어진 것이다.

　　이상으로 필자는 주자를 해석학의 입장에서 다시 살펴보았다. 주자의 문제의식과 해석방법에 관한 고찰 속에서 필자는 몇 가지 자문을 하고 싶었다. "우리에게 주어진 의미 지평 속에서 우리들의 '선이해'는 과연 무엇인가?" 이 질문은 곧 "우리 시대의 담론은 무엇인가?" "오늘 우리의 유가 담론을 대표하는 텍스트는 무엇인가?" 등의 질문과 맥을 같이 한다. 주자는 북송 유학의 담론이라는 선이해 속에서 고대 유가경전을 재해석하고 자신의 철학을 새롭게 발전시켰다. 북송의 담론은 남송의 주자에게 매우 절실하게 다가왔다. 언어와 문체가 그러했고 생각하고 고민하는 주제가 그러했다. 주자 당시의 상황을 곱씹어 보면, 앞선 담론이 없이는 고대에 대한 해석과 미래에 대한 예기가 불가능할 수 있기 때문이다.

이 선이해가 용인되는 '시간성(역사성)' 속에서 주자는 전승과 실험을 병행하였다. 그리고 이 전승과 실험의 병행 과정 속에서 주자의 해석 지평은 수정되고 확장되고 종합되는 양태를 띠었다. 그렇다면 다시금 자문하고 싶다. "우리가 구사하는 실험은 무엇인가?" 끊임없는 회의와 수정 그리고 확장되어지는 의미 지평 속에서 주자는 북송의 전승을 넘어서 자신만의 독자적인 영역을 개척할 수 있었다. "우리 시대의 의미 지평에 새롭게 등장한 개념은 무엇인가?" "'똘레랑스'와 '용서' 등의 주제는 과연 비유가적인 어법에 불과한가?"

탈은폐의 해석학으로 보면, 천도는 결코 멀리 있거나 역사의 축적 아래 감추어져 있지 않다. 그것은 해석자의 진지한 물음에 대해, 기존 경전의 언어와 상징을 통해 천도 자신이 자신을 드러내는 해석학적 과정일 수 있기 때문이다. '물음'은 진지한 사색 속에서 무르익고 마침내 의심할 수 없는 자득의 경지 속에서 던져질 수 있는 것이다. "이 시대, 천도가 자신을 탈은폐하는 응답의 전주로서 우리는 어떠한 '물음'을 던져야 하는가?" 필자는 다시 해석학의 기본 명제에 주목하고 싶다.

해석은 본래 큰 소리로 낭독하고 그것을 듣는 행위 속에서 발생하였다. 해석은 구어로 바뀌어야만 그 힘을 발휘하게 된다. 해석은 구두로 선포되는 메시지를 듣는 행위였고, 그럼으로써 그것은 하나의 사건이 된다. 그 사건은 공동체라는 전승 현장 속에서 메시지로 선포되고, 그 속에서 새로운 전승으로 변형된다.

격물(格物)과 윤리적 딜레마

김재경(조선대학교 자유전공학부 부교수)

1. 문제 제기

『대학(大學)』은 본래 『예기(禮記)』의 한 편에 불과했지만, 주자는 『예기』의 또 다른 한 편이었던 『중용』과 함께 『대학』을 『논어』, 『맹자』와 동급으로 여겨 사서(四書)의 반열에 올려놓았다. 게다가 주자는 정이천의 해석에 힘입어 '격물치지(格物致知)' 개념을 집중 조명하면서, 죽음을 코앞에 두고서도 『대학』 개정 작업을 멈추지 않았다고 전해진다. 그 이유가 무엇이었을까?

주자가 살던 당시 남송의 지성계 풍토는 선풍(禪風)이 여전히 강하게 남아 있었다. 주자 역시 젊은 시절 선 공부를 했을 정도니 두말할 필요도 없겠다. 어쨌든 당시까지 유행하던 불교의 간화선(看話禪)의 양상은 일상을 '비일상화'하는 것이었다. 주자는 이에 반기를 들고 '유학적 일상'의 귀환을 기치로 삼았기 때문에 『대학』의 격물치지 해석에 온 힘을 기울였다고 보인다.

이 논문은 주자가 심혈을 기울인 격물치지 이론에 등장하는 사사물물의 '일상'에서 우리가 의식하든지 의식하지 않든지 간에 이루어지는 윤리적 판단과 행위가 '격물'과 어떤 의미가 있을까라는 문제의식에서 출

발한다. 특히 주자가 해석하는 격물치지의 최종 목표가 어떤 것이며, 그
것이 일상을 살아가는 우리에게 어떤 의미가 있을지에 관심을 두고 논의
를 전개하려고 한다. 이를 위해 격물과 치지, 물격(物格)과 지지(知至)에
따른 합내외지리(合內外之理), 합내외지리와 공감, 윤리적 갈등 및 딜레
마 상황에서 윤리적 의사결정의 근거 등을 중점적으로 파헤쳐보려고 한
다.[1] 특히 현대의 간호 직업군에서 볼 수 있는 간호사들의 윤리적 딜레
마를 주자의 격물치지 이론으로 해석할 수 있는지, 있다면 그 내용은 어
떤 것인지를 논증해 보려고 한다.

2. 격물의 일상화[2]

1) 격물과 치지

"치지는 격물에 달려 있다.": 치(致)란 '끝까지 밀어붙이다'이다. 지(知)는 '식
별[識]'[3]과 같다. (치지는) 내가 식별하여 안 것[知識]을 끝까지 밀어붙여 앎
[知]에 미진한 구석이 없도록 함이다. 격(格)이란 '(거기에) 이르다'이다. 물
(物)은 '일'과 같다. (격물은) 사사물물의 리에 끝까지 이르러 그 끝에 다다르
지 못함이 없고자 함이다.[4]

---

1 이 과정에서 논자는 부분적으로 현상학적 '태도'를 방법론으로 이용하려고 한다.

2 여기에서 '격물의 일상화'는 인륜일용지간의 사사물물, 곧 일상을 格하는 격물 활동을 일상적
으로 행한다는 의미로 쓴다.

3 주자는 知를 그 일의 마땅히 그러해야 하는 바를 '식별'하는 것으로 해석한다. 『孟子』「萬章上」
7장 天之生此民也, 使先知覺後知, 使先覺覺後覺也에 대한 집주: "知謂識其事之所當然,
覺謂悟其理之所以然."

4 『大學章句』致知在格物: "致推極也, 知猶識也, 推極吾之知識, 欲其所知無不盡也. 格至
也, 物猶事也, 窮至事物之理, 欲其極處無不到也."

주자에게 '물(物)'이란 1차적으로 소리가 나고 색을 띠고 있으며 얼굴이 있고 모양이 있으면서 하늘과 땅 사이에 가득한 것들로서 자연의 법칙 아래 있는 것을 말한다.[5] 나아가 주자는 격물의 물을 객관 사물인 외물뿐만 아니라 인간이 삶을 꾸려가면서 힘을 들여 벌이는 모든 활동의 과정이자 결과인 '일'까지도 포함해서 해석한다.[6] 주자에게 물이란 그것이 눈에 보이든 보이지 않는 사물이든 비사물이든 구체적인 것이든 추상적인 것이든 존재하는 모든 것을 아우른다는 점에서 '있는 것'으로 규정할 수 있다.[7] 주자는 격물 해석에서 천년의 세월을 거슬러 올라가 정현의 "물유사(物猶事)" 해석 전통을 적극적으로 끌어들여 물(物) 개념의 외연을 확장함과 동시에 객관 사물이나 객관 물질세계보다 인간사라는 현실에 더 방점을 찍겠다는 의도를 보여 준다.[8] 그런 의미에서 "눈앞의 사사물물이 모두 리를 가지고 있다"[9]라는 주자의 주장은 삶의 주체인 인간 자신을 둘러싼 일상생활의 모든 것을 전면적으로 긍정하는 입장이다.[10]

주자의 격물치지 해석과 관련하여 볼 때 『대학』의 핵심 메시지는 "즉

---

5 『大學或問』5-2: "天道流行, 造化發育, 凡有聲色貌象而盈於天地之間者, 皆物也."

6 주자가 物을 事로 해석한 것은 程頤(1033~1107)의 입장을 수용한 것인데 정이는 후한 말기 鄭玄(127~200)의 주석을 받아들인 것이다. ※주자의 物猶事 해석에 대하여, 『대학』 경문 "物有本末, 事有終始"에 입각하여 物을 논의의 대상(인식의 대상), 事를 실천의 대상으로 보는 연구도 있다. 똑같은 대상이라도 그것을 논의와 인식의 대상으로 보면 그것은 物이고, 그것을 실천의 과제로 보면 그것은 事라는 것이다.(박성규, 「격물치지 개념의 연원」, 서울대학교규장각한국학연구원, 『규장각』24집, 2001, 122쪽.)

7 김재경, 「주자학에서 진리와 예술작품의 존재론적 관계에 대한 연구」, 성균관대학교 박사학위논문, 2005, 14~30쪽.

8 주자는 불교의 外物에 대한 부정[幻有]을 부정함[實有]으로써 현실을 긍정한다. 『朱子語類』126:28: "儒釋言性異處, 只是釋言空, 儒言實; 釋言無, 儒言有. 德明."; 『朱子語類』126:29: "吾儒心雖虛而理則實. 若釋氏則一向歸空寂去了. 柄."; 『朱子語類』126:30: "釋氏虛, 吾儒實; 釋氏二, 吾儒一. 釋氏以事理爲不緊要而不理會. 節."; 『朱子語類』126:31: "釋氏只要空, 聖人只要實."

9 『朱子語類』15:67: "目前事事物物, 皆有至理. 如一草一木, 一禽一獸, 皆有理."

10 이는 나의 일상을 벗어나서 손에 잡히지 않는 화두를 붙들고 "이뭣고?"를 외치는 선불교의 행태에 대한 전면 부정이기도 하다.

물궁리(卽物窮理)"[11]이다. 그런데 『대학』에서 궁리라고 하지 않고 격물이라고 한 이유에 대하여 주자는 이렇게 설명한다. 사람들은 도리를 (현실과 무관하게) 공중에 매달려 있는 것으로 여긴다.[12] 그러한 생각을 가진 사람들에게 리라고 말하면 그 리는 손아귀에 잡히지 않고 (리를 담지하는) 사물은 때로 (리와 무관하게) 떨어져 나간다. 하지만, 물이라고 말하면 리는 자재하여 본디 (사물과) 떨어지지 않는다.[13] 그래서 『대학』에서 궁리를 말하지 않고 격물을 말했다. 사람들은 사물에 나아가 이해해야만 그 실체를 볼 수 있다. 실체는 사물에 나아가지 않으면 볼 수 없다. 예를 들어 배를 만들면 물에 띄우고, 수레를 만들면 땅에서 몬다. 시험 삼아 여러 사람들이 힘을 합하여 한 척의 배를 땅에서 밀어보면 결코 배를 움직일 수 없다. 그때 비로소 사람들은 배는 땅에서 몰 수 없다는 점[理]을 알게 된다. 이것을 사물의 진면목[實體]이라고 한다.[14] 즉 『대학』에서 말하는 격물은 눈앞의 사사물물에 직접적으로 나아가 그 실체를 파악하는 것인데, 그 실체를 파악하는 궁리는 어버이를 섬기는데 왜 어버이를 섬겨야 하는지 그것이 왜 그러한가를 자세하게 캐묻는 작업이다.[15]

주자가 말한 그 실체는 다름 아닌 리인데, 리란 천하 만물 각각이 반드시 가지고 있는 소이연지고(所以然之故)와 소당연지칙(所當然之則)이

---

11 『大學』의 此謂知之至也에 대한 章句: "間嘗竊取程子之意, 以補之, 曰所謂致知在格物者, 言欲致吾之知, 在卽物而窮其理也."

12 『朱子語類』15:31: "人多把這道理作一箇懸空底物." 주자의 이러한 비판은 당시 북송과 남송 지성계를 지배한 불교의 看話禪에 대한 반작용이라고 할 수 있다.

13 『朱子語類』15:34: "格物, 不說窮理, 卻言格物. 蓋言理, 則無可捉摸, 物有時而離; 言物, 則理自在, 自是離不得. 賀孫."

14 『朱子語類』15:31: "大學不說窮理, 只說箇格物, 便是要人就事物上理會, 如此方見得實體. 所謂實體, 非就事物上見不得. 且如作舟以行水, 作車以行陸. 今試以衆人之力共推一舟於陸, 必不能行, 方見得舟果不能以行陸也, 此之謂實體. 德明."

15 이것이 단순하게 어버이 섬기기를 배우는 小學과 다른 점이기도 하다. 『朱子語類』7:10: "小學是學事親, 學事長, 且直理會那事. 大學是就上面委曲詳究那理, 其所以事親是如何, 所以事長是如何. 淳."〈寓同.〉

다.[16] 그러므로 격물, 곧 리를 밝힌다 함은 그것이 왜 그러는지와 그것이 마땅히 그래야야 함을 밝히는 것일 뿐이다.[17] 예를 들어 어버이를 섬길 때 마땅히 효성스럽고, 형을 섬길 때 마땅히 공손해야 하는 것이 소당연지칙이다. 그러나 어버이를 섬길 때 왜 반드시 효도를 해야 하는지, 형을 따를 때 왜 반드시 공손해야 하는지 그 본질적인 이유가 소이연지고이다.[18] "사친당효(事親當孝)"에서 어버이를 모시는 것은 하나의 사건 혹은 사태이다. "당효(當孝)"는 효는 명백하여 의심의 여지없는 원칙이기에 이 원칙을 그 사건·사태에 적용하는 것이다. "여하각수요효(如何卻須要孝)"는 무슨 이유로, 다른 이유도 아니고 꼭 그 이유로만 효를 해야 하는가라는 근본적인 질문이다.

주자는 "사친(事親)"과 같은 인간사뿐만 아니라 자연현상의 소이연지고에도 관심을 갖는다. "배우는 사람은 모름지기 하늘은 어찌하여 높을 수 있고 땅은 어찌하여 두터울 수 있으며 귀신은 어찌하여 보였다 안 보였다 할 수 있으며 산악은 어찌하여 정기가 뭉칠 수 있는지 마땅히 알아야 한다. 이것이 바로 격물이다."[19] 주자는 여기에서 한 걸음 더 들어가

---

16 『大學或問』0-6: "……至於天下之物, 則必各有所以然之故, 與其所當然之則, 所謂理也……"

17 『朱熹集』52-1(2556쪽) 答吳伯豐〈必大〉1: "所謂明理亦曰: 明其所以然與其所當然者而已."

18 『朱子語類』18:93: "問: '或問, 物有當然之則, 亦必有所以然之故, 如何?' 曰: '如事親當孝, 事兄當弟之類, 便是當然之則, 然事親如何卻須要孝, 從兄如何卻須要弟, 此即所以然之故.' 謨." ※이와 관련하여 有物有則의 則을 각각의 외물을 적절하게 맺어주는 '관계의 적합한 원리'라고 해석하기도 한다. 아버지와 자식, 임금과 신하라는 각 외물들의 관계에 효도와 자애로움, 인자함과 공경함이라는 적합한 원리가 있다는 것이다.(성광동, 「주희의 격물치지설에 대한 고찰」, 『동양고전연구』제63집, 2016, 149쪽.)

19 『朱子語類』18:31: "曰: '學者須當知夫天如何而能高, 地如何而能厚, 鬼神如何而爲幽顯, 山岳如何而能融結, 這方是格物.' 道夫." ※주자의 이러한 강조에도 불구하고 주자가 실제로 이러한 물체나 현상들에 대하여 과학적 탐구나 분석을 시도한 경우는 거의 없다. 주자는 사물의 소이연지고를 철두철미 파헤쳐야 한다는 원론적인 입장에서 자연의 물체나 현상들에 대해 '수사적'으로 이야기하고 있을 뿐이다.(김영식, 『주희의 자연철학』, 예문서원, 2005, 48~49쪽.)

어떤 것을 쪼개고 또 쪼개[cut] 더 이상 쪼갤 수 없는[uncut] 마지막 지점까지 가야 비로소 온전한 격물이라고 주장한다. 주자는 격물을 과일을 먹는 것에 비유한다. 사람들은 대개 먼저 과일의 껍질을 벗기고, 과육을 먹는다. 그러나 주자는 다시 한가운데의 씨까지 모두 깨물어봐야 된다고 한다. 만약 씨를 깨물어보지 않는다면 씨 안에 혹시 더 맛난 것이 있지는 않나 어림짐작하기 때문이다.[20] 따라서 누군가 겉으로 드러난 천지조화의 이치에 대해 모두 이해했다 하더라도 겉으로 드러나지 않은 안쪽 한가운데의 씨를 깨뜨리지 않으면 그 사람이 이해한 것 또한 반드시 모두 옳은 것은 아니다.[21]

주자의 이러한 주장은 내가 식별하여 안 것[知識]을 끝까지 밀어붙여야, 곧 사물의 리에 끝까지 이르러 그 끝에 다다르지 못함이 없어야 비로소 앎[知]에 미진한 구석이 없게 된다는 논리이다. 안다는 것은 대충 아는 것이 아니다.[22] 어떤 사람이든지 자식으로서 효를 알고 어버이로서 자애를 안다. 다만 자기가 식별하여 안 지식을 투철하게 끝까지 밀어붙이지 못하여 대충 알고 있을 뿐이다.[23] 사람들은 모두 눈으로 보고 무엇인가를 식별할 줄 알기 때문에 그들이 전혀 알지 못한다고 할 수 없다. 어린아이들도 자기 엄마 아빠를 사랑할 줄 모르지 않는다. 다만 추론하여 확장해 나가지 않기 때문에 중간쯤 가다가 그만두어 일을 그르치고 만다.[24]

---

20 『朱子語類』18:94: "……譬如喫果子一般: 先去其皮殼, 然後食其肉, 又更和那中間核子都咬破, 始得. 若不咬破, 又恐裏頭別有多滋味在."

21 『朱子語類』18:94: "……格物, 謂於事物之理各極其至, 窮到盡頭. 若是裏面核子未破, 便是未極其至也. 如今人於外面天地造化之理都理會得, 而中間核子未破, 則所理會得者亦未必皆是, 終有未極其至處."

22 『朱子語類』69:67: "曰: '所謂知者, 不似今人略知得而已……' 銖."

23 『朱子語類』15:47: "人誰無知? 爲子知孝, 爲父知慈. 只是知不盡, 須是要知得透底. 人傑."

24 『朱子語類』18:53: "凡人各有簡見識, 不可謂他全不知. 如'孩提之童, 無不知愛其親; 及其長也, 無不知敬其兄', 以至善惡是非之際, 亦甚分曉. 但不推致充廣, 故其見識終只如此.

'치지'는 내가 식별하여 안 것[知識]을 끝까지 밀어붙여 앎[知]에 미진한 구석이 없도록 함으로써 그 앎이 참된 앎[眞知]이 되도록 하는 것이다. 진짜로 알려면 뼛속까지 모두 꿰뚫어 보아야 한다.[25] 철저하게 궁구하여 반드시 이와 같음을 진짜로 보아야[眞見得] 한다.[26] 그 누구라도 호랑이가 사람을 해친다는 사실을 모르지 않는다. 그러나 그 이야기를 듣고서 두려워하는 자와 두려워하지 않는 자의 차이점은 호랑이에게 당해 보았는지 그렇지 않은지에, 곧 호랑이에 대한 앎에 참이 있느냐 없느냐에 달려 있다.[27] 호랑이에게 당해 본 사람은 호랑이 이야기만 들어도 낯빛이 변한다. 이것이 진짜로 본[안] 것이다. 사람들은 모두 물을 밟으면 반드시 빠지고 불을 밟으면 반드시 타버린다는 것을 안다. 지금 시험 삼아 그들에게 물과 불을 밟으라고 하면 결코 (물과 불로) 가지 않는다. 이것이 참된 앎이다.[28] 주자는 이처럼 직접 겪어서 피부로 생생하게 느낄 수 있는 것처럼 아는 것이 진짜로 아는 것이라고 강조한다.

　　주자의 논리에 의하면, 진짜로 알게 되면 그 앎으로 인한 행위는 그치지 않고 지속된다. "격물장에는 본래 소이연지고라는 문구가 있었습니다." "나중에 보니 소당연을 보아야만 하는 것이 키포인트였다. 만약 그칠 수 없는 것[不容已處]를 본다면 저절로 (소이연지고를) 깨달아 알 수 있다."[29] 지금 사람들은 "마땅히 그러하여 그칠 수 없는[當然而不容已]" 것

德明.";『朱子語類』18:5: "人各有箇知識, 須是推致而極其至. 不然, 半上落下, 終不濟事.……德明."

25 『朱子語類』15:2: "致知所以求爲眞知. 眞知, 是要徹骨都見得透. 道夫."

26 『朱子語類』18:4: "知, 便要知得極. 致知, 是推致到極處, 窮究徹底, 眞見得決定如此. 程子說虎傷人之譬, 甚好. 淳."

27 『大學或問』5-2: "昔嘗見有談虎傷人者, 衆莫不聞, 而其間一人神色獨變, 問其所以, 乃嘗傷於虎者也. 夫虎能傷人, 人孰不知, 然聞之有懼有不懼者, 知之有眞有不眞也."

28 『朱子語類』28:30: "……因說: '伊川嘗言虎傷者, 曾經傷者, 神色獨變, 此爲眞見得, 信得. 凡人皆知水蹈之必溺, 火蹈之必焚. 今試敎他去蹈水火, 定不肯去. 無他, 只爲眞知.' 寓. 〈集注.〉"

29 『朱子語類』17:44: "或問格物章本有'所以然之故'. 曰: 後來看得, 且要見得'所當然'是要

을 미처 보지 못하고, 다만 그 자리에서 좋고 싫음을 견주어 헤아릴 뿐이다.[30] 마땅히 그러하여 그칠 수 없는 것은 초목을 봄이 살리고 나면 가을이 죽이는 현상이 그치지 않음과 같다.[31] 만일 이것이 내가 마땅히 해야 하는 것임을 진짜로 본다면[안다면] 저절로 그칠 수 없게 될 것이다. 예컨대 신하가 되어서 반드시 충성해야 한다 함은, 괜히 그렇게 말하는 것이 아니라 신하가 되어서는 (신하의 진면목[實體]이 그러하므로) 충성하지 않을 수 없기 때문이다.[32]

주자가 해석한 격물치지는 일상에서 시작하여 일상에서 그친다. 일상의 모든 것에 대한 궁리, 즉 즉물궁리는 사물의 진면목[實體]을 캐묻는 작업이다. 그 실체는 '그칠 수 없는' 소당연의 원칙과 '바꿀 수 없는' 소이연의 리이다. 주자는 이 실체를 밝히려면 추론을 통해 자신의 앎을 끝까지 밀어붙여 참된 앎에 이르러야 한다고 주장한다.

2) 내외합일: 일상의 공감화, 공감의 일상화

주자는 일상의 전면적인 긍정 아래 그 일상의 격물을 강조한다. 주자의 해석에 의하면, 성인은 단지 "격물(格物)" 두 글자를 말하였는데 이는 곧 사람들이 일상의 사사물물에 나아가 이해를 하도록 한 것이다. 한 순

切處. 若果見得不容已處, 則自可黙會矣." ※"소이연지고라는 문구가 주희가 온 정력을 쏟은 격물장에 한 번 들어갔다가 나중에 의도적으로 삭제되었다는 사실은 주목할 만하다."(김재화, 「주희의 '격물치지' 개념에 대한 소고」, 서울대학교 동아문화연구소, 『동아문화』제56집, 2018, 173쪽.)

30 『朱子語類』18:92: "今人未嘗看見'當然而不容已'者, 只是就上較量一箇好惡爾."

31 『朱子語類』18:90: "問: 或問云: '天地鬼神之變, 鳥獸草木之宜, 莫不有以見其所當然而不容已.' 所謂'不容已', 是如何? 曰: '春生了便秋殺, 他住不得. 陰極了, 陽便生.' 淳. 〈寓錄云: "春生秋殺, 陽開陰閉, 趨來趨去, 自住不得."〉"

32 『朱子語類』18:92: "如眞見得這底是我合當爲, 則自有所不可已者矣. 如爲臣而必忠, 非是謾說如此, 蓋爲臣不可以不忠; 爲子而必孝, 亦非是謾說如此, 蓋爲子不可以不孝也. 道夫."

간의 미세한 생각에서 온갖 일과 온갖 사물에 이르기까지, 조용히 있든 움직이든, 집안에 있든 먹고 마시든 말을 하든, 일[事]이 아닌 것이 없으며 각각 천리와 인욕 아닌 것이 없다. (때문에) 모름지기 하나씩 확인·점검해야 한다. 예컨대 비록 조용한 곳에 앉아 있더라도 경(敬)과 사(肆)를 확인·점검해야 한다. 경은 천리이고 사는 인욕이다. 집안에 있을 때에도 공(恭)과 불공(不恭)을 확인·점검해야 하며, 일을 처리할 때에도 경(敬)과 불경(不敬)을 확인·점검해야 한다.[33] 주자는 일상에서 만나는 모든 사사물물이 어떤 것이 천리이고 어떤 것이 사욕인지 구별하려면 격물이 필요하다고 해석한다.

그런데 일상에서 어떤 일을 하든지 간에 주자는 그 일을 하는 목적과 그 일을 대하는 '태도'를 중시한다. 곰곰이 생각하는 태도[考]로 행위에 드러난 점을 마주 하며, 자세하게 살피는 태도[察]로 생각의 미세함을 마주 하고, 무엇인가를 찾아내려는 태도[求]로 문자를 대하며, 탐색하는 태도[索]로 강론을 해야 한다.[34] 성찰자의 태도에서 경험하는 자신의 행위와 생각은 또 하나의 세계로 자신에게 다가오고, 그 세계에서 성찰자로서 나는 자신의 행위와 생각의 세계를 경험한다. 배우는 학자의 태도로써 경험하는 문자와 강론의 세계는 또 다른 세계로 자신에게 그 모습을 드러내고, 그 세계에서 학자로서 나는 문자라는 기호의 세계와 강론이라는 논리의 세계를 경험한다. 마찬가지로 도학자의 태도에서 경험하는 책은, 그 책을 포함하는 또 하나의 세계로 바뀌기 때문에 그 세계가 나에게 다가오는 순간 그 세계는 도학자의 세계로 경험된다.[35] 도학자는

---

33 『朱子語類』15:26: "……因言, 聖人只說'格物'二字, 便是要人就事物上理會. 且自一念之微, 以至事事物物, 若靜若動, 凡居處飮食言語, 無不是事, 無不各有箇天理人欲. 須是逐一驗過, 雖在靜處坐, 亦須驗箇敬·肆. 敬便是天理, 肆便是人欲. 如居處, 便須驗得恭與不恭; 執事, 便須驗得敬與不敬. 德明."

34 『大學或問』5-2: "若其用力之方, 則或考之事爲之著, 或察之念慮之微, 或求之文字之中, 或索之講論之際."

35 현상학적 관점에서 태도(Einstellung)는 "주체가 대상 및 세계를 경험하는 다양한 방식"을 뜻

도학자의 태도로 그 책의 세계, 곧 자신의 세계에서 어떤 것이 도의인지 아닌지 하나씩 가려내며 확인·점검하는 과정을 거쳐 그 속에 담긴 리를 발견한다. 마찬가지로 고금의 인물을 논하여 비평함으로써 옳고 그름이나 삿되고 바름을 변별한다면, 고금의 인물 속에 존재하는 리를 발견할 수 있다. 일과 사물을 마주하고 처리할 때 그 마땅함과 그렇지 않음을 가려낸다면, 마주하고 처리하는 일과 사물 속에 존재하는 리를 발견할 수 있다.[36] 그렇게 하다 보면 그 한 가지 '물(物)' 가운데에서 '마땅히 그러하여[所當然] 그칠 수 없음'과 '그러할 수밖에 없어[所以然] 바꿀 수 없음'을 발견하기 때문이다.[37] 따라서 격물의 '격(格)'은 방법상 현상학적 '태도'에 가깝다고 말할 수 있다.

그런데 이러한 태도는 자신의 필요에 의해 형성되지만, 자신에게 어떤 절실함이 있다면 그 태도는 더욱 특정한 양상을 띨 수도 있다. 도학자 입장에서는 자신이 책을 읽는 행위의 목적이 여러 가지가 있을 수 있지만, 도의를 밝히는 일이 가장 절실하다. 그래서 주자는 자기에게 절실한 것에서부터 이해를 해 나가서 자기 문제가 어느 정도 안정된 뒤에 다른 것으로 차차 나아가야 한다고 강조한다.[38] 그러면 무엇이 가장 절실

한다. "주체가 가지고 들어가는 태도가 다름에 따라 세계는 주체에게 각기 다른 의미를 지닌 세계로 현출하며 세계 속에서 현출하는 개별적인 대상 역시 각기 다른 의미를 지닌 대상으로 현출한다." 산에 어떤 나무가 있을 때 내가 "등산객의 태도"를 취하면 나는 그 나무를 등산객의 태도에서 경험하며, 그럴 때 내가 경험하는 대상인 그 나무를 포함하는 세계는 나에게 "등산객의 세계"로 현출할 뿐 아니라 그 세계는 등산객의 세계로 경험된다. "내가 어떤 대상을 특정한 태도에서 경험할 경우 이 대상을 포함하는 세계 전체는 그러한 태도를 통하여 각인된 세계로 경험된다."(이남인, 「양적 연구와 질적 연구의 구별에 대한 현상학적 해명」, 한국현상학회, 『현상학과 현대철학』제55집, 2012, 174~176쪽.)

36 『朱子語類』18:7: "曰: 如讀書以講明道義, 則是理存於書; 如論古今人物以別其是非邪正, 則是理存於古今人物; 如應接事物而審處其當否, 則是理存於應接事物. 道夫."

37 『大學或問』5-2: "使於身心性情之德, 人倫日用之常, 以至天地鬼神之變, 鳥獸草木之宜, 自其一物之中, 莫不有以見其所當然而不容已, 與其所以然而不可易者."

38 『朱子語類』15:13: "格物, 須是從切己處理會去. 待自家者已定疊, 然後漸漸推去, 這便是能格物. 道夫."

한가? 전통사회에서 군신·부자·형제·부부·붕우의 사회적 관계를 영위하는 일상적 사람이라면 군신·부자·형제·부부·붕우의 도리가 가장 절실하다. 다만, 배우는 사람은 도학의 태도로 일상을 접하기 때문에 어버이를 섬길 때에 절실한 태도로 그 효를 마땅히 '다해야' 한다. 만약 터럭만큼이라도 '다하지 못함'이 있으면 궁격[居敬窮理, 格物致知]은 이르지 않은 것이다.[39] 문자를 강론하거나 어떤 일과 사물을 마주하고 처리하거나 간에 일상생활을 하면서 자신의 몸과 마음에서 시(是)와 비(非)를 겪어야 한다. 증자가 날마다 세 가지 것으로 절실하게 자신을 돌아본 것처럼 오직 몸으로 겪어 나가야 한다.[40]

주자의 '지지(知至, 앎이 이름)' 해석에서도 특정한 태도와 절실한 마음의 중요성을 감지할 수 있다. 지(知)가 '이른다[至]' 함은 천하 사물의 리에 대하여 지가 도달하지 않음이 없음을 말한다.[41] 누군가 불선한 짓을 해서는 안 된다는 것을 알면서도 실제 일을 할 때에 또 그 짓을 한다면 이것은 지(知)가 아직 이르지 않은 것이다.[42] 하나는 알고 둘을 모르거나, 큰 것은 알고 가느다란 것을 모르고, 높고 먼 것은 알지만 그윽하고 깊은 것을 모른다면 이것들 모두 지(知)가 이른 것이 아니다. 그래서 주자는 모름지기 동·서·남·북에 이르고, 동남·서남·동북·서북에 이르러 알지 못하는 바가 없어야 '이른다[至]'라고 말한다.[43] 어떤 일과 어떤

---

39 『朱子語類』15:15: "文振問: 物者, 理之所在, 人所必有而不能無者, 何者爲切? 曰: 君臣父子兄弟夫婦朋友, 皆人所不能無者. 但學者須要窮格得盡. 事父母, 則當盡其孝; 處兄弟, 則當盡其友. 如此之類, 須是要見得盡. 若有一毫不盡, 便是窮格不至也. 人傑."

40 『朱子語類』15:14: "凡自家身心上, 皆須體驗得一箇是非. 若講論文字, 應接事物, 各各體驗, 漸漸推廣, 地步自然寬闊. 如曾子三省, 只管如此體驗去. 德明." ※이런 점 때문에 격물치지에 의해 완성되는 '지'를 마음과 신체를 온전히 지배하는 '지'라고 여겨, '지'의 신체화라고 명명하기도 한다.(이기원, 「격물치지론에 대한 철학치료적 접근」, 『인문과학』 제63집, 2016, 215쪽.)

41 『朱子語類』15:68: "知至, 謂天下事物之理知無不到之謂."

42 『朱子語類』46:13: "人有知不善之不當爲, 及臨事又爲之, 只是知之未至."

43 『朱子語類』15:68: "若知一而不知二, 知大而不知細, 知高遠而不知幽深, 皆非知之至也.

사물을 대할 때 특정한 태도와 절실한 마음으로 그 일과 사물을 철두철미 겪어야 하는데 그러하지 못한다면 앎이 이르렀다고 할 수 없다. 어떤 것에 대하여 사방팔방으로 막힘없이 알아야 앎이 이르렀다[知至], 즉 앎이 완성 단계에 이르렀다고 할 수 있다는 것이다.

주자에게 '물격(物格)'이란 사사물물의 의미를 쪼개고 쪼개어 더 이상 쪼갤 수 없는 리의 진면목이 격물하는 당사자에게 이르지 않음이 없는 것이다. '지지(知至)'란 격물하는 당사자가 그 사사물물의 진면목에 대하여 다 알지 못함이 없을 만큼 막힘없이 아는 것이다.[44] 주자의 이러한 해석은 사사물물이 지닌 리의 극처에 도달하려면 특정한 태도와 절실한 마음이 없이 가능하지 않고, 내 마음이 아는 바가 다하지 않음이 없으려면 특정한 태도와 절실한 마음이 없이 가능하지 않다는 말과 다르지 않다. 그래서 주자는 "물이 다다르고 나서 지가 이른다"[物格而後知至]에서 '이른다[至]'의 의미를 아는 것이 가장 중요하다고 강조한다.[45]

그러면 사방팔방 막힘없이 안다는 것은 어떤 의미인지 '물격(物格)'에 대한 주자의 해석을 살펴보자. 격물은 온갖 이치를 마음속에 갖추고 있는 격물 당사인 내가 날마다 순간순간 마주하는 내 눈앞의 사사물물, 나를 둘러싸고 있는 일상의 사사물물의 이치를 밑바닥까지 파헤쳐보는 지적 작업이다. 그러므로 "격물은 마땅히 나의 리와 바깥 사사물물의 리를 합일시키는 것인가?"라는 질문이 가능하다.

이런 질문에 주자는 "그렇게 말할 필요가 없다. '물(物)'이 '격(格)'한 후에 그 안팎[內外]의 리는 저절로 합해진다."라고 답하면서 다음과 같은 예를 든다. 한 포기의 풀과 한 그루의 나무, 한 마리의 날짐승과 한 마리

要須四至八到, 無所不知, 乃謂至耳. 履孫. 〈以下知至.〉"

44 「大學」物格而後知至에 대한 장구: "物格者, 物理之極處無不到也, 知至者, 吾心之所知無不盡也."

45 『朱子語類』46:13: "…… '物格而後知至', 最是要知得至."

의 길짐승도 모두 살아 있는 것을 좋아하고 죽는 것을 싫어한다. 이것이 그들[外]의 리이다. 사람인 나도 살아 있는 것을 좋아하고 죽는 것을 싫어한다. 이것이 나[內]의 리이다. 자기가 이러함을 안다면, 곧 자기와 만물이 '기(氣)'를 함께 하며 '체(體)'를 같게 함을 안다면[=物格: 사물의 리가 나에게 다다름을 안다면], 그것들이 살아 있음을 보고 그것들의 죽음을 차마 보지 못하며, 그것들의 소리를 듣고 그것들의 고기를 차마 먹지 못한다. 이것이 곧 내 안의 리와 나의 밖에 있는 사물의 리가 합해지는 것이다. 자신이 사물의 이치가 이러함을 알면, 그 사물의 리의 저절로 그러함 때문에 내 마음의 리가 따라 움직이니[應], 안팎의 리가 합하여지는 것을 볼 수 있다. 안팎의 리가 합하여지지 않은 적이 없다.[46] 이렇게 사물의 리와 나의 리가 저절로 합하여질 때[物格] 앎은 완성된다[知至].

'사물의 리에 나의 리가 저절로 따라 움직인다'라는 주자의 "합내외지리(合內外之理)" 통찰은 우리 뇌의 공감회로에 장착되어 있는 거울뉴런의 기능과 유사한 점이 있다. 마음이론에 의하면, "인간은 다른 사람의 마음에 저마다의 다양한 욕구, 의도, 신념, 정신상태가 있다는 것을 선천적으로 이해할 수 있으며, 이러한 욕구, 의도, 신념, 정신 상태가 무엇인지에 관해 어느 정도 정확성을 가지고 이론을 만들어내는 능력이 있

---

46 『朱子語類』15:66: "叔文問: 格物莫須用合內外否? 曰: 不須恁地説. 物格後, 他內外自然合. 蓋天下之事, 皆謂之物, 而物之所在, 莫不有理. 且如草木禽獸, 雖是至微至賤, 亦皆有理. 如所謂「仲夏斬陽木, 仲冬斬陰木」, 自家知得這箇道理, 處之而各得其當便是. 且如鳥獸之情, 莫不好生而惡殺, 自家知得是恁地, 便須「見其生不忍見其死, 聞其聲不忍食其肉」方是. 要之, 今且自近以及遠, 由粗以至精. 道夫. 寓錄別出."; 『朱子語類』15:67: "問: 格物須合內外始得? 曰: 他內外未嘗不合. 自家知得物之理如此, 則因其理之自然而應之, 便見合內外之理. 目前事事物物, 皆有至理. 如一草一木, 一禽一獸, 皆有理. 草木春生秋殺, 好生惡死. 「仲夏斬陽木, 仲冬斬陰木」, 皆是順陰陽道理. 〈砥録作「皆是自然底道理」.〉自家知得萬物均氣同體, 「見生不忍見死, 聞聲不忍食肉」, 非其時不伐一木, 不殺一獸, 「不殺胎, 不殀夭, 不覆巢」, 此便是合內外之理. 寓. 砥録略." ※"주희는 사람의 마음이 사물의 리에 다가가는 것을 사물의 리와 사람의 마음의 리 사이의 일종의 공명 관계로 인식하였다. 이는 천리가 사람의 마음과 사물 속에 모두 존재하기 때문에 그러했다."(김영식, 49쪽.)

다."[47] 또한 거울뉴런은 우리 두뇌가 다른 사람의 상태를 반영한다는 사실을 보여준다. 거울뉴런은 "우리가 통증 따위의 뭔가를 경험할 때, 그리고 다른 사람이 같은 일을 겪는 것을 볼 때 작동"하는데, 거울뉴런은 "두뇌에서 벌어지는 일의 대부분이 실제로는 다른 사람들의 마음에서 일어나는 일임을 보여준다." 거울뉴런에 의하면, "나라는 것이 사실은 우리이다."[48] 이런 거울뉴런은 "서로 연결된 두뇌 부위를 적어도 열 군데는 포함하는 훨씬 더 복잡한 공감회로의 일부분"이다.[49]

주자가 해석한 내외합일의 도는 사물과 나의 리가 동일한 하나의 리이니까, 저쪽을 밝히자마자[곧, 저쪽이 밝혀지자마자] 즉각적으로 이쪽도 밝아진다는 뜻이다. 저쪽을 밝혀서 그것을 가지고 찬찬히 생각하면서 자기에게 돌이켜 리를 찾는다는 말이 아니다.[50] 주자가 사례로 든 것처럼 한낱 짐승도 살기를 좋아하고 죽기를 싫어함을 내가 아는 것은 인지적 측면의 공감이고, 그 사실을 안 즉시 측은지심이 발동하는 것은 정서적 측면의 공감이다. 그러므로 주자가 "자타가 똑같이 이 마음, 이 리를 가지고 있기 때문에 다시 비교할 필요 없이 저절로 안다."[51]라고 한 것은 바깥 사물과 나 사이에서 인지적 측면의 공감과 정서적 측면의 공감이 저절로 이루어진다는 말과 다르지 않다.

---

47 데이비드 프리맥과 가이 우드러프가 1978년 처음으로 이런 내용의 '마음이론'[Theory of Mind]를 주창하였다. (마이클 가자니가 지음, 박인균 옮김, 『왜 인간인가?』, 추수밭, 2009, 71~72쪽.)

48 로먼 크르즈나릭 지음, 김병화 옮김, 『공감하는 능력』, 더 퀘스트, 2015, 66~68쪽. ※'거울뉴런'은 1990년 8월 이탈리아의 신경과학자 지아코모 리졸라티가 이끄는 팀이 마카크원숭이를 가지고 실험하다가 우연히 발견하였다.

49 로먼 크르즈나릭, 70~71쪽. ※공감 기제의 수준은 뇌 속 특정 회로의 기능에 의존한다. 신경과학 분야에서는 최소한 열 군데의 상호 연결된 뇌 부위들, 즉 공감회로가 공감에 관여한다고 여긴다.(사이먼 배런코언, 홍승효 옮김, 『공감제로』, 사이언스북스, 2013, 44~59쪽.)

50 『大學或問』5-2: "或問: '觀物察己者, 豈因見物而反求諸己乎?' 曰: '不必然也. 物我一理, 纔明彼卽曉此, 此合內外之道也.'"

51 『朱子語類』18:32: "如赤子入井, 皆有怵惕. 知得人有此心, 便知自家亦有此心, 更不消比並自知. 寓."

주자는 "내외의 도가 합쳐지면 하늘과 사람, 사사물물과 내가 하나가 된다"라고 주장한다. 때문에 '격물(格物)'은 특정한 태도를 취하여 절실한 마음으로 온갖 사사사물의 리들이 하나에서 함께 나옴을 궁구하는 것이며, 격물의 결과인 물격, 곧 치지의 결과인 '지지(知至)'는 그 온갖 사사물물의 리들이 하나의 리에서 나옴을 아는 것이 된다.[52] 물(物)이 격(格)되고 지(知)에 이른 이 지점에서 '사물의 리에 나의 리가 저절로 따라 움직인다'라는 주자의 통찰과 거울뉴런의 작동에 의한 공감능력 발현은 서로 접점을 찾을 수 있다. 다시 말해 '물격(物格)'은 〈사물의 리가 나의 리에 닿아 공감의 단초가 열림〉을, '지지(知至)'는 〈그 공감에 따른 행동 혹은 행위가 이어짐〉이라는 새로운 해석이 가능하다. 이 해석이 받아들여진다면, '합내외지리(合內外之理)'는 〈너[物]와 나[我]의 공감이 이루어짐〉의 다른 표현이라고 할 수 있다. 즉, 대상의 이치를 끝까지 밀어붙이고 보니[格物] 그게 곧 나의 이치라는 깨달음[覺], 곧 참된 앎[眞知]에 도달하는 것이다. 이러한 논리가 받아들여진다면, 사사물물에 대한 궁리는 '일상의 격물화'이고, 그렇게 이루어지는 격물은 '일상의 공감화'라고 주장할 수 있는 여지가 생긴다.

3. 격물과 윤리적 의사결정

1) 윤리적 판단: 직관

우리는 사물의 리에 나의 리가 저절로 따라 움직이는 '물격(物格)'을 경험하든 그렇지 않든 간에 날마다 판단과 행위로 점철된 일상을 꾸려간

---

52 『大學或問』5-4: "蓋有以必窮萬物之理同出於一爲格物, 知萬物同出乎一理爲知至. 如合內外之道, 則天人物我爲一."

다. 특히 윤리적 행위와 관련하여 우리는 직관과 추론을 통해 윤리적 판단을 하고, 그 판단에 의거해 윤리적 의사결정을 한다.[53] 이 장에서는 주자의 격물치지 이론에서 어떤 점이 윤리적 직관에 해당하며, 어떤 점이 윤리적 추론에 해당되는지 분석하면서 윤리적 의사결정을 직관시스템과 추론시스템 두 가지 과정으로 재구조화 하려고 한다.

　윤리적 판단 기제인 직관은 즉각적으로 작동하기 때문에 판단에 따른 행위 역시 즉각적으로 이루어진다. 맹자의 통찰대로 어린아이가 우물에 빠지는 것을 본다면 사람들은 누구나 깜짝 놀라 가엾고 애처로운 마음을 갖는다. 이러한 반응은 즉각적으로 이루어진다. 대니얼 카너먼의 논리에 따르면, 어린아이가 우물에 빠지는 것을 보자마자 그 사태를 직시하는 것은 우리 정신 체계의 "시스템1" 덕분이다.[54] "시스템1"은 저절로 빠르게 작동하며, 노력이 거의 또는 전혀 필요치 않고, 자발적 통제를 모른다."[55] 이러한 자동적인 반응은 그 사태의 마땅히 그러한 바로서 그칠 수가 없는 것이다. 그런데 그것이 그리되는 것은 어째서인가? 거기에는 도리의 바꿀 수 없는 것이 반드시 있기 때문이다.[56] 주자는 '유자입정(孺子入井)'이라는 긴박한 사태에 대한 사람들의 반응을 설명하면서 '그칠 수 없는' 소당연과 '바꿀 수 없는' 소이연을 끌어들인다. '그칠 수 없다'는

---

53 윤리적 의사결정은 윤리적 판단에서 윤리적 행동으로 나아가는 전 과정을 포괄하는 개념이다. 윤리적 판단의 대상에는 인격, 행위, 사회제도가 포함된다. "저 사람은 정직한 사람이다." "저 행위는 비겁한 행위이다." "저 사회제도는 공정한 제도이다" 등의 선악을 판가름하는 판단이 윤리적 판단이다. 윤리적 판단은 윤리적 의사결정의 하위 과정인데, 윤리적 판단의 주요 기제는 직관과 추론이 있다.(문경호, 「도덕적 의사결정에서 직관과 추론의 역할」, 한국윤리교육학회, 『윤리교육연구』제44집, 2017, 88~89쪽.)

54 "아이가 우물에 빠지려고 할 때 누구나 재빨리 뛰어가서 잡으려고 하는 것은 자동 시스템이 작용한 결과이다."(문경호, 90쪽.)

55 카너먼은 인간의 정신을 두 가지의 시스템으로 본다. 그가 말하는 시스템1은 빠르게[fast] 작동하는 직관과 관련되며, 시스템2는 느리게[slow] 작동하는 추론과 관련이 있다. (대니얼 카너먼, 이창신 옮김, 『생각에 관한 생각』, 김영사, 2019, 39쪽.)

56 『朱子語類』18:94: "又如人見赤子入井, 皆有怵惕·惻隱之心, 此其事'所當然而不容已'者也. 然其所以如此者何故, 必有箇道理之不可易者."

것은 그 반응이 즉각적으로 어떤 통제도 없이 분출되어 멈출 수 없다는 뜻이다. 이른바 '자동적 사고'이다. '바꿀 수 없다'는 것은 그 반응이 불변의 법칙을 따르기 때문이다.

주자가 이 사태를 해석하면서 끌어들인 '그칠 수 없는' 소당연은 일종의 윤리적 판단의 기제로서, "직관적"[57]이다. 이 직관 시스템의 작동을 주자는 이렇게 설명한다. "사단(四端)이 아직 발하기 전에는 비록 고요하여 움직이지 않지만 그 속에는 저절로 조리(條理)가 있고 저절로 간가(間架)가 있어 도대체 아무 것도 없는 두리뭉실한 것이 아니다. 그 중간에 뭇 리가 혼연히 갖춰져 각각 분명하기 때문에 바깥 둘레가 만난 것이 자극하는 대로 (내 마음이) 따라 움직인다."[58] 이러한 기제는 곤충이 거미줄에 걸리면 거미가 거미줄을 타고 즉각 곤충으로 향하는 반응과 비슷하다. 그래서 주자는 마치 거미줄을 연상하기라도 한 듯이 "바깥 둘레가 중간(인 내 마음의 리)을 자극하면[感] (내 마음의 리가) 곧바로 따라 움직인다[應]."[59]라고 비유적으로 말한다. 예컨대 "벌거숭이 갓난이[赤子]가 우물에 빠지는 사태가 (내 마음의 리를) 자극하면, 인의 리가 곧장 따라 움직여 측은의 마음이 이에 드러난다. 사당과 조정을 지나가는 사태가 (내 마음의 리를) 자극하면, 예의 리가 곧장 따라 움직여 공경의 마음이 이에 드러난다."[60]

주자의 격물 해석 과정에서 우리는 자동시스템이 작동하는 구조, 즉

---

57 "대부분의 도덕적 판단은 직관적이다."(마이클 S. 가자니가 지음, 김효은 옮김, 『윤리적 뇌』, 바다출판사, 2009, 223쪽.)

58 『朱熹集』58-37(2975쪽)(66세) 答陳器之〈問玉山講義〉: "…… 蓋四端之未發也. 雖寂然不動, 而其中自有條理自有間架, 不是儱侗都無一物 …… 蓋由其中間衆理渾具, 各各分明, 故外邊所遇隨感而應." ※주자의 설명을 비유적으로 되짚어 보면, 四端은 거미와 같고, 條理와 間架는 거미줄과 같다. 一物은 곤충, 感은 곤충이 거미줄에 걸림을 뜻한다고 할 수도 있다.

59 『朱熹集』58-37(2975쪽)(66세) 答陳器之〈問玉山講義〉: "所以外邊纔感中間便應."

60 『朱熹集』58-37(2975쪽)(66세) 答陳器之〈問玉山講義〉: "如赤子入井之事感, 則仁之理便應, 而惻隱之心於是乎形. 如過廟過朝之事感, 則禮之理便應, 而恭敬之心於是乎形."

유교적인 직관의 논리를 엿볼 수 있다. 명덕은 우리 마음의 자동적인 직관 시스템에 따라 일찍이 쉰 적이 없어서 날마다의 사람살이와 세상살이에 시도 때도 없이 발현한다. 의롭지 못한 것을 보면[61] 즉각적으로 부끄러워하거나 미워하고, 어린아이가 우물에 빠지는 것을 보면 즉각적으로 측은해하며, 존귀하고 현명한 사람을 보면 즉각적으로 공경하며, 다른 이의 착한 행동을 보면 즉각적으로 칭찬하며 우러르는 것은 모두 명덕의 발현이다.[62]

정리하면 벌거숭이 어린애가 우물에 빠지려는 사태와 같은 '물사(物事)'가 적연부동한 사단의 조리·간가를 자극하면[感] 인의 리가 즉각 따라 움직여[應] 측은해 하는 마음이 드러난다. 곧, 윤리적인 판단이 즉각적으로 성립한다. 이때 즉각적으로 드러난 측은지심은 '그칠 수 없는' 소당연이고, 측은지심을 '그칠 수 없도록' 하는 것은 '바꿀 수 없는' 소이연으로서 인의 리이다. 이것이 주자가 보여준 윤리적 의사결정의 첫 번째 구조화 과정[직관 시스템]이다.

2) 윤리적 판단: 추론

윤리적 추론은 논리적 이유나 근거를 통해 윤리적 판단을 도출하거나 정당화하는 과정이다.[63] 주자는 벌거숭이 꼬맹이가 우물에 빠지려고 할 때 인의 리가 곧장 따라 움직여 측은지심이 드러나는 것과 같은 윤리적 판단을 계기삼아 미루어 가고[推] 또 미루어 넓혀 가면[推廣] 더할 수 없

---

61 주자는 격물에 대하여 설명하면서 '見'자를 자주 사용한다. 주자가 리를 '아는' 것으로 이야기하지 않고 '보는'(見, 看) 것으로 이야기하기 때문에 주자가 이루어낸 것은 "그 리에 대한 지식이 아니라 통찰"이었다는 평가도 있다.(김영식, 49쪽.)

62 『朱子語類』14:78: "明德未嘗息, 時時發見於日用之間. 如見非義而羞惡, 見孺子入井而惻隱, 見尊賢而恭敬, 見善事而歎慕, 皆明德之發見也. 僩."

63 문경호, 88쪽.

이 아주 많은 사례를 알 수 있다고 한다.[64]

주자는 『시경』의 "유물유칙(有物有則)" 구절의 '물(物)'을 보는 행위[事]인 '시(視)'와 듣는 행위[事]인 '청(聽)'으로 해석하면서 '추(推)'의 과정을 설명한다. "(눈으로) 봄에는 '마땅히 보아야' 할 원칙이 있고, (귀로) 들음에는 '마땅히 들어야' 할 원칙이 있다."[65] 주자의 이러한 견해는 '눈으로 보다'와 '귀로 듣다'에 대한 상식적인 생각과 다르다. 어떤 것을 눈으로 보는 사태와 어떤 것을 귀로 듣는 사태에서 주자는 일상인의 태도가 아니라 "마땅히 ~을 해야 한다"라는 윤리적 도학자의 '태도'를 취하고 있다. 윤리를 지향하는 도학자의 태도 앞에서 그가 보고 듣는 세계는 일상인의 세계가 아니라 도학자의 세계를 드러낸다. 그래서 "이와 같이 (마땅히 보아야 할 원칙에 따라) 보고, 이와 같이 (마땅히 들어야 할 원칙에 따라) 들어야 옳다. 이와 같이 (마땅히 보아야 할 원칙에 따라) 보지 않고, 이와 같이 (마땅히 들어야 할 원칙에 따라) 듣지 않으면 옳지 않다"[66]라는 '윤리적 판단'이 성립한다.

그러나 이러한 판단 이전에 보고 들음에 대한 추론의 과정이 진행되고, 보고 듣는 것에 대한 새로운 정의가 성립된다. "'멀리 볼 수 있음'을 눈 밝음[明]이라고 하니, 보는 것이 멀지 않으면 눈 밝음[明]이라고 하지 않는다. '덕을 들을 수 있음'을 귀 밝음[聰]이라 하니, 듣는 것이 덕이 아니면 귀 밝음[聰]이라 하지 않는다."[67] 주자는 『서경』의 "보기를 멀리 하되 밝게 볼 것을 생각하고, 듣기를 덕스러운 말로 하되 귀 밝게 들을 것

---

64 『朱子語類』14:78: "如此推之, 極多. 但當因其所發而推廣之, 儞." ※ 예를 들면, 지하철 선로에 사람이 떨어진 사태나 교통사고로 뒤집혀진 자동차에 사람이 끼여 있는 사태 등을 그려 볼 수 있다.

65 『朱子語類』59:35: "'天生蒸民, 有物有則.' 蓋視有當視之則, 聽有當聽之則."

66 『朱子語類』59:35: "如是而視, 如是而聽, 便是; 不如是而視, 不如是而聽, 便不是."

67 『朱子語類』59:35: "能視遠謂之明, 所視不遠, 不謂之明; 能聽德謂之聰, 所聽非德, 不謂之聰."

을 생각한다"[68]라는 성현의 말씀을 끌어와 하나의 연역적 원리로 제시한다.[69] 그리하여 '총(聰)'과 '명(明)'은 당연지칙으로서 '덕을 들을 수 있음'과 '깊고 먼 것[深遠]을 볼 수 있음'으로 재정리된다. 그 결과 눈으로 보고 귀로 듣는 '행위'는 마땅히 깊고 먼 것을 볼 수 있어야 하는 원칙[當然之則]에 따라 천근함에 가려지지 않도록 멀리 보아야 하고, 마땅히 덕을 들을 수 있어야 하는 원칙[當然之則]에 따라 간사함에 미혹되지 않도록 덕을 들어야 하는 것으로 재구조화된다.

보고 듣는 행위의 재구조화 결과, 보고 듣는 일[事]은 '물(物)'이고, 귀 밝고[聰] 눈 밝음[明]은 '칙(則)'이 된다. 이러한 재구조화 과정을 가지고 입과 맛의 관계, 코와 냄새의 관계를 추론하면 맛보는 일[事]과 냄새 맡는 일[事]의 마땅히 그러해야 하는 원칙[當然之則]을 알게 되고, 그 원칙에 따라 합당한 가치판단, 즉 윤리적 판단을 내릴 수 있다. 따라서 '궁리'란 이러한 추론의 과정을 밑바닥까지 파헤쳐 알아내는 작업일 뿐이다.[70] 이러한 추론 과정을 밟는 것이 미루어간다[推], 혹은 미루어 넓혀간다[推廣]의 의미이다. 이 사례에서 볼 수 있듯이 '보자마자 아는' 직관의 사태와 달리 '미루어 넓혀가는[推廣]' 추론의 영역인 '시스템2'는 어떤 것을 버리고 취해야 할지 어떤 점에 초점을 맞추어야 할지 선택과 집중을 요구하는 이성적 사고가 개입한다.[71]

헤어(R. M. Hare)에 의하면, 합리적인 도덕추론(연역적 추론)은 삼단논

---

68 주자는 『書經』「商書‧太甲中」의 "視遠惟明, 聽德惟聰" 구절에 "思明則所視者遠, 而不蔽於淺近, 思聰則所聽者德, 而不惑於憸邪."라고 주석을 달고 있다.

69 행위자 중심의 윤리에서 당위는 원리의 형태로 제시되기보다 聖人이라는 도덕적 이상을 통해 표현된다.(김철호, 「성리학에서의 도덕적 추론의 성격」, 동양철학연구회, 『동양철학연구』 제77집, 2014, 259쪽.)

70 『朱子語類』59:35: "視聽是物, 聰明是則. 推至於口之於味, 鼻之於臭, 莫不各有當然之則. 所謂窮理者, 窮此而已."

71 시스템2는 "복잡한 계산을 비롯해 노력이 필요한 정신 활동에 주목한다. 흔히 주관적 행위, 선택, 집중과 관련해 활동한다."(대니얼 카너먼, 39쪽.)

법 형식으로 표현되며, 특정한 판단들은 대전제인 도덕원리로부터 도출됨으로써 정당화된다.[72] 고대 동아시아에서는 "공동체에서 용인된 도덕적 표준들, 특히 성인(聖人)의 언행"은 원리처럼 작동되어 일상에서 사사물물에 대한 가치를 판단할 때 기준이 된다.[73] 예를 들어 형수에게 전해 줄 물건이 있는 상황[事]에서 그 물건을 형수의 손을 잡고 전해 주어서는 안 된다는 원칙[則]은 남녀유별이라는 "예(禮)"[74]가 원리처럼 작동하기 때문이다. 하지만 남녀유별의 원리가 정상적으로 작동하는 평상시와 달리 위급하고 예외적인 상황이 벌어지면 행위자는 갈등을 겪게 된다. 만약 형수가 우물에 빠졌다면 이 긴박한 상황에서 행위자는 남녀는 유별해야 한다는 윤리적 요구와 생명을 존중해야 한다는 윤리적 요구의 충돌 때문에 윤리적 갈등에 빠진다. 맹자는 형수가 우물에 빠진 긴박하고 예외적인 상황에서 손을 잡고 구원하지 않으면 그 사람은 승냥이라고 말한다. 맹자는 이 윤리적 갈등 상황에서 '권도(權道)'를 내세워 생명존중의 편을 들어준다. 이 긴박한 사태 앞에서 생명존중이라는 가치가 그 우선순위에서 남녀유별의 가치보다 더 상위에 있기 때문이다.[75]

---

72 연역적 추론의 예는 다음과 같다. 대전제(원리): 거짓된 것을 결코 말하지 말라. 소전제(사실): 이런 상황에서 x를 말하는 것은 거짓된 것을 말하는 것이다. 결론(가치판단): 나는 x를 말해서는 안 된다. (김철호, 257~258쪽.)

73 김철호, 264쪽.

74 『孟子』「離婁上」17장: "淳于髡曰, 男女授受不親禮與? 孟子曰, 禮也." ※이 상황을 헤어의 삼단논법으로 구성하면 다음과 같다. "대전제(원리): 남자와 여자는 주고받기를 친히 하지 말아야 한다. 소전제(사실): 형수에게 전해 줄 물건이 있다. 결론(가치판단): 형수의 손을 잡고 직접 전해 주어서는 안 된다."(김철호, 264~265쪽.) 이처럼 원리중심의 윤리에 기반한 연역적 추론은 단일 가치가 문제되는 상황에서라면 유용한 도구가 될 수 있다. 내 앞에 있는 개구리 한 마리를 해치지 말아야 한다는 가치판단은 '생명을 존중하라'는 대전제로부터 자연스럽게 도출될 수 있다. 그러나 인간의 이익이나 다른 권리가 개입될 때, 즉 터널개통이나 습지매립과 같이 개구리의 생명뿐만이 아니라 여러 가치들이 뒤얽힌 다논리적 갈등사태라고 한다면 연역적 추론의 효용성은 제한된다.(김철호, 258쪽.)

75 이 사례가 의리의 경중과 선후를 따진다하여 맹자의 해결책을 두고 '의리 경중의 권도론'이라고 부르기도 한다.(정종모, 「정이천의 권도 개념과 유학의 시대 적응」, 충남대학교유학연구소, 『유학연구』제43집, 2018, 148쪽.)

위에서 든 "시원유명(視遠惟明), 청덕유총(聽德惟聰)"의 사례에서 볼 수 있듯이 주자 역시 연역적 추론을 한다. 주자가 펼친 연역추론을 헤어의 삼단논법으로 정리하면 다음과 같다. "보기를 멀리 해야 한다."(대전제: 원리)/ "x를 보는 것은 천근한 것을 보는 것이다."(소전제: 사실)/ "나는 천근한 것을 보아선 안된다."(결론: 가치판단) 하지만, 주자가 실제로 보여준 방식은 전형적인 삼단논법에 의한 연역추론이라고 보기 힘들다. 다만, 주자는 연역추론에 의한 연쇄적인 격물을 '추(推)'라고 여긴 것으로 보인다. 주자는 먼저, "보기를 멀리 하되 밝게 볼 것을 생각한다[視遠惟明]"라는 성현의 말씀을 대전제로 삼는다. 이 대전제는 '바꿀 수 없는[不可易]' 소이연으로서 하나의 원리처럼 작동한다. 두 번째로, 이 대전제에서 "(눈으로) 봄에는 '마땅히 보아야' 할 원칙이 있는데, '멀리 볼 수 있음'을 명(明)이라고 한다[視有當視之則, 能視遠謂之明]"라는 당연지칙을 추출한다. 세 번째, "이와 같이 (마땅히 보아야 할 원칙에 따라) 보아야 옳고, 이와 같이 (마땅히 보아야 할 원칙에 따라) 보지 않으면 그르다[如是而視, 便是, 不如是而視, 便不是]"라는 행위를 위한 판단을 제시한다. 무엇인가를 보는 데 있어서 행위자의 의사결정은 이 판단에 따른다.

주자는 이처럼 자기만의 방식으로 〈대전제: 원리[성현의 말씀]〉 → 〈당연지칙 추출〉 → 〈행위를 위한 판단 제시〉라는 연역추론을 통해 "보고 듣는 일은 물(物)이고, 귀 밝고 눈 밝음은 칙(則)이다"라는 1차 격물의 결과를 보여준다. 그런 뒤 1차 격물의 연역추론 방식을 2차 격물의 사물[口, 鼻]에 적용하여, 연역추론에 의한 2차 격물을 시도하라[推]고 주문한다. 이것이 주자가 보여준 윤리적 의사결정의 두 번째 구조화 과정[추론 시스템]이다.

4. 윤리적[76] 딜레마와 격물

윤리적 의사결정이 이루어지는 과정은, 그 과정이 공리주의적 윤리에 의해서든 의무주의적 윤리에 의해서이든 간에 '물(物)'을 '격(格)'하는 과정이다. 격(格)의 방법과 내용은 물(物)이 어떤 것이냐에 따라 달라진다. 물(物)이 단순사물일 때 격은 인지·인식의 방법이고, 물이 사건이나 사태일 때 격은 인지·인식 및 판단·추론의 방법이다. 특히 물이 사태이지만, 그것이 윤리적 사태일 때 거기에는 윤리적 갈등이 개입되고, 더 나아가 윤리적 딜레마에 빠질 수도 있다. 딜레마는 일상에서 일어나는 하나의 사태이자 사건, 곧 사사물물(事事物物)이다. 그렇다면 주자가 "추극(推極)"으로 해석한 격(格)은 윤리적 갈등이나 윤리적 딜레마 상황에서 이루어지는 윤리적 판단과 윤리적 추론의 방법이자 과정이다.

딜레마는 "두 개의 선, 두 개의 의무, 두 개의 원칙이 서로 상충하는 경우이며 둘 다 해야 할 이유가 있으며 동시에 수행이 불가능한 경우"를 말한다.[77] 딜레마는 갈등의 하위 범주로서, 윤리적 갈등[78]에는 윤리적으로 행해야 할 요구사항이 있다. 윤리적 요구사항은 꼭 해야만 하는 당위성을 띤다. 윤리적 갈등은 이 요구사항들이 서로 충돌할 때 발생하며,

---

76 윤리적, 도덕적이라는 말이 '도덕적으로 옳은', 혹은 '도덕적으로 좋은'의 의미를 나타내지 않는다. 그것은 '도덕과 관련된' 것을 의미하며, '비도덕적', '비윤리적'에 대립되는 말은 아니다.(Frankena, 1973, 11, 한성숙, 12쪽에서 재인용) ※이 논문에서는 '윤리적'과 '도덕적'이라는 용어를 구분하지 않고 '윤리적'이라는 낱말로 통일하여 사용한다.

77 한성숙, 「간호사들이 임상에서 경험하는 윤리적 딜레마의 실상과 의사결정에 관한 연구」, 서울대학교대학원 박사학위논문, 1992, 11쪽. ※논자의 조사에 의하면, 윤리적 딜레마와 관련하여 간호직군에서 현재까지 이루어진 대부분의 연구 성과는 한성숙(1992)의 선구적 연구에 의존하고 있다.

78 도덕적 갈등은 도덕적 요구사항과 도덕적 이상으로 구분된다. 도덕적 요구사항은 의무적인 것으로 꼭 해야만 하는 당위성이 있으며 안하면 비난을 받게 된다. 도덕적 이상은 의무 이상의 것으로 사랑, 자비, 자선 등이 있고, 하면 좋으나 안 한다 해도 비난의 대상이 되지 않는다.(한성숙, 11쪽.)

이 요구사항들이 동시에 해결 불가능한 경우에 윤리적 딜레마가 된다.[79] 다시 말해 윤리적 딜레마[80]는 "윤리나 도덕의 문제가 내포된 상황에서 만족스런 해결이 불가능해 보이는 어려운 문제 혹은 어떤 선택이나 상황이 동등하게 불만족스런 두 가지 중에서 결정을 해야 하는 경우를 말한다."[81] 이러한 윤리적 딜레마의 속성은 크게 세 가지로 요약할 수 있다. 첫째, 서로 충돌하는 두 가지 이상의 윤리적 요구사항이 동시에 나타난다. 둘째, 상충되는 두 가지 이상의 윤리적 요구사항을 동시에 선택할 수 없으며 한 가지를 선택해야 한다. 셋째, 딜레마에 빠진 당사자가 어느 쪽을 선택해도 곤경에 처한다. 즉, 당사자에게 가책과 회한이 남으며 상실감, 무력감을 안겨다 준다.[82]

현대 직업의 세계에서 발생하는 윤리적 딜레마의 대표적인 사례는 간호사의 세계에서 찾아 볼 수 있다. 이 장에서는 간호사의 세계에서 겪을 수 있는 윤리적 딜레마와 격물이 어떤 관계가 있는지, 그 의미는 어떤 것인지에 대하여 세 가지 딜레마 사례를 통해 살펴보겠다.

【사례1】 회복이 불가능한 환자에 대한 적극적인 치료: 직관[83]

- 환자: 1년 동안 무의식 상태에 있던 뇌졸중 환자가 어느 날 밤 청색증이 나타나면서 혈액순환이 되지 않음. 새벽5시쯤 심장마비 발생
- 의사: 보호자가 심폐소생술을 원하지 않았는데도 1시간가량 심폐소생술

---

79 한성숙, 10쪽.

80 한국 간호사 윤리강령에 의한 딜레마의 분류——— 생명존중 및 인간의 권리 존중과 관련되는 딜레마, 간호사와 대상자가 관계되는 딜레마, 간호사와 전문직 업무가 관련되는 딜레마, 간호사와 협동자가 관련되는 딜레마가 있다.(한성숙, 66~68쪽.)

81 한성숙, 5쪽.

82 박현주 · 김미예, 「윤리적 딜레마에 대한 개념 분석」, 한국간호행정학회, 『간호행정학회지』제11권 제2호, 2005, 14~15쪽; 한성숙, 12쪽.

83 논자는 【사례1, 2, 3】을 윤리적 판단의 근거와 관련하여 각각 직관, 추론, 직관과 추론의 상호 보완으로 재분류하였다.

시도, 간호사에게 약물 투여 지시, 환자 사망
- ■ 간호사: 편안한 임종이라는 환자에 대한 책임과 의사에 대한 책임 사이에서 딜레마에 빠짐[84]

간호의 본질은 환자의 안녕을 위한 돌봄에 있다. 그런데 그 돌봄이라는 행위는 의사의 진단에 따른 지시와 분리될 수 없다. 이 사례에서 간호사는 의사의 의사결정이 권위주의적 · 제도적으로 이루어지는 병원의 구조적 문제와 간호사 자신이 전문직 가치와 신념에 따라 행동할 수 없는 상황에서 딜레마에 빠진다.[85] 이 딜레마에서 볼 수 있듯이 "간호사들은 의료와 기관의 목표, 그리고 양질의 간호 목표 사이에서 심각한 갈등을 겪는다. 즉, 간호사들은 환자에 대한 윤리적 의무를 가지며 동시에 의사들과 자신이 속한 기관에 대한 의무를 가진다. 따라서 간호사들은 복합적이며 다원적인 윤리적인 책임상황에 직면하게 된다."[86]

간호사들은 이러한 딜레마 상황에서 윤리적 의사결정을 해야 하는데, 그 의사결정의 판단 근거는 어떤 것들이 있는가? 윤리적 의사결정의 이론적 배경으로 공리주의와 의무주의를 들 수 있다. 간호사의 세계에서 말하는 공리주의는 "임상에서 일어날 수 있는 간호행위의 윤리적 문제를 초래하는 모든 상황에서 결과적으로 최대의 이익을 가져오는 행위가 도덕적으로 옳다고 생각하는 경우"를 뜻한다. 반면, 의무주의는 "임상에서 일어날 수 있는 간호행위의 윤리적인 문제를 초래하는 모든 상황에서

---

84 한성숙, 83~85쪽.
85 간호사는 상황이 긴박할수록 이의 없이 의사의 지시에 따라야 할 필요성이 커진다.(한성숙, 88~89쪽.) 또한 Yarling & McElmurry(1986)와 Bishop & Scudder(1987)에 의하면, 간호사는 환자의 안녕과 안위를 위해 무거운 책임을 지고 있으나 도덕적 의사결정을 위한 책임이나 기회는 주어지지 않았으며 도덕적으로 행동하는데 자유롭지가 못하였다고 한다.(한성숙, 13쪽.)
86 한성숙, 13쪽. ※이 견해는 Davis & Aroskar(1983), Holly(1986)에 의거한다.

반드시 지켜야 할 규칙과 도덕이 있다고 생각하는 경우"를 의미한다.[87] 간호사들은 간호 현장에서 윤리적 갈등이나 딜레마 상황에 처했을 때 양심, 종교적 원리, 전문직 의무, 윤리이론, 윤리원칙, 윤리규칙 등을 의사결정 판단의 기준으로 삼는다.[88] 그런데 간호사들이 윤리적 의사결정의 근거로 삼는 이 기준들은 주자가 말하는 소당연지칙과 소이연지고와 밀접한 연관이 있다. 【사례1】의 간호사의 경우 환자에 대한 책임과 의사에 대한 책임 사이에서 윤리적 의사결정을 위한 윤리적 판단을 해야 한다. 혼수상태(coma)의 환자가 심장마비를 일으킨 급박한 상황에서 그 환자를 돌보는 간호사의 판단은 숙고의 여유가 없이 즉각적으로, 직관적으로 이루어져야 한다.

일반적으로 우리가 "어떤 행위를 했을 때 편하다면 그것은 도덕적으로 편한 것이며, 불안하다면 그것은 도덕적으로 불안한 것"[89]일 수 있다. 비록 긴박한 응급 상황일지라도, 자신의 판단과 그 판단에 따른 의사결정의 결과가 어떠한 양상을 띨지 모르더라도, 심리적 무력감과 상실감을 최소화할 수 있는 방법은 윤리적인 편안함의 유무에 달려 있다. 윤리적인 편안함과 불안함은 양심에 따른 행위가 정말 옳고 그른지를 알 수 있는 방법 가운데 하나가 될 수 있다. 『논어』의 한 장면이 우리에게 이러한 문제에 대한 시사점을 던져 준다.

재아는 여러 가지 현실적인 사안들을 거론하며 1년상도 길다고 공자에게 문제를 제기한다. 이런 재아에게 공자는 그러고도 쌀밥을 먹고 비단옷을 입는 행위가 편안하냐고 반문한다. 편안하다는 재아의 답변에

---

87 한성숙, 5~6쪽.

88 간호사가 윤리적 의사결정시 판단근거로 삼는 가치나 지식은 다양하지만 양심, 종교적 원리, 간호사의 윤리강령 등 전문직 의무, 공리주의 이론 및 의무주의 이론 등 윤리이론, 자율성의 원칙·무해성의 원칙·선행의 원칙·선의의 간섭주의·정의의 원칙 등 윤리원칙, 정직의 규칙·신의의 규칙·성실의 규칙 등 윤리규칙을 판단기준으로 삼는다.(한성숙, 17~40쪽.)

89 이기원, 207쪽. ※그러나, 연쇄 살인자의 경우 살인 그 자체가 쾌락이고 편안함이 될 수 있다는 점에서 이러한 주장은 보편타당하지는 않다.

공자는 편안하면 그렇게 하라고 반쯤 포기한 듯 말한다. 그러면서 공자
자신은 군자가 상을 당하면 맛난 것을 먹어도 달지 않으며 음악을 들어
도 즐겁지 않고 처소에 거해도 편안하지 않다면서 3년상의 당위성을 설
파한다.[90] 이 에피소드에서 재아의 윤리적 판단의 근거는 공리주의에 가
깝고, 공자의 윤리적 판단의 근거는 의무주의에 가깝다. 1년상이 공자에
게는 편안하지 않음으로 다가오지만, 재아에게는 편안함으로 다가온다.
3년상이 재아에게는 편안하지 않음으로 다가오지만, 공자에게는 편안
함으로 다가온다. 자신의 양심을 비추어보는 거울이 의무주의적 입장이
냐, 공리주의적 입장이냐의 차이는 있지만, 공자와 재아 모두 편안함을
느끼는 것은 자신의 양심에 거리낌이 없어서이다.

　이때 공자의 양심이 절대적으로 옳고, 재아의 양심은 상대적으로 옳
은 것인가라는 물음이 가능하다. 주자의 다음과 같은 언설은 이러한 물
음에 대하여 생각의 여지를 제공한다. "사사물물에는 반드시 '시(是)'가
있고 '비(非)'가 있다. 옳은 것은 자기 마음속에서도 반드시 옳고 그른 것
은 자기 마음속에서도 반드시 그르다. 사물에서 보더라도 옳은 것은 반
드시 옳으며 그른 것은 반드시 그르다."[91] 의사의 지시에 따라야 한다는
책무와 환자의 안녕을 도모해야 한다는 책무 사이에서 딜레마에 빠진 간
호사의 상황도 비슷하다. 간호사가 의사의 지시대로 따를 때 마음이 편
안한지 불안한지, 환자의 편안한 임종을 지켜줄 때 편안한지 불안한지
여부도 결국 자신에게 달려 있다. 딜레마 상황에서 어느 쪽으로 마음을
기울여야 할지 판단하는 기준은 자신의 양심이다. "그것을 옳다하고 그
것을 그르다고 하는 판단의 근거는 단지 자신에게 있다. (인의예지) 네 가

90　『論語』「陽貨」21장: "宰我問三年之喪, 期已久矣. …… 子曰, 食夫稻, 衣夫錦, 於女安乎?
曰安. 女安則爲之. 夫君子之居喪, 食旨不甘, 聞樂不樂, 居處不安, 故不爲也. 今女安則
爲之. …… 子曰 …… 子生三年然後, 免於父母之懷, 夫三年之喪, 天下之通喪也. ……"

91　『朱子語類』15:21: "…… 事事物物上各有箇是, 有箇非, 是底自家心裏定道是, 非底自家
心裏定道非. 就事物上看, 是底定是是, 非底定是非. …… 賀孫."

지는 사람들이 가지고 있으며 (누구나) 동일하게 하늘에서 얻은 것으로 다른 이에게 물어서 빌릴 필요가 없"⁹²기 때문이다.

【사례2】종교적 신념과 응급 수혈: 추론

- 환자: 중환자실 여자 환자가 응급 수혈이 필요한데도 종교적 이유로 수혈을 거부함
- 의사: 주치의는 간호사에게 진정제 주사 후 수혈하도록 처방함. 수혈과 관련하여 환자의 동의는 받지 않고 환자의 남편에게서만 동의서 받음. 현재 우선순위는 환자의 생명이지 동의서가 아니라며 빨리 처방대로 수행하라고 간호사에게 지시함
- 간호사: 주치의에게 환자의 수혈동의서를 받았느냐고 확인함. 의사는 화를 내며 수혈 처방 내리고 나가버림. 간호사는 정상적인 성인의 결정을 무시하고 강제 수혈하는 것이 옳은 간호행위인지 난감한 상태에 처함⁹³

이 사례는 생명존중의 원칙과 대상자의 자율성 존중의 원칙이 충돌하고 있는 딜레마로서 두 가지 상충되는 윤리적 요건이 동시에 발생하고 있다. 이 사례에서 간호사는 정상적인 성인의 결정을 무시하고 강제 수혈하는 것이 옳은 간호행위인지 난감한 상태에 처했다고 한다. 그런데 이 상황을 주자의 '물격(物格)' 논리를 가져와 추론해 보면, 이 상황을 바라보는 간호사의 시각이 바뀔 수도 있다.

이 환자는 응급 수혈이 필요한 중환자이다. 수혈을 하지 않으면 생명을 잃을 수도 있다. 모든 생명 있는 것은 삶을 좋아하고 죽음을 싫어한다. 이러한 이치는 중환자에게도 간호사에게도 동일하게 적용된다. 또

---

92 『朱子語類』15:21: "…… 到得所以是之, 所以非之, 卻只在自家. 此四者, 人人有之, 同得於天者, 不待問別人假借. …… 賀孫."

93 이 사례를 들고 있는 연구자들은 이 사례를 간호사의 세계에서 윤리적 딜레마의 모든 속성을 갖춘 '모델사례'로 제시하고 있다.(박현주·김미예, 10쪽.)

한 이 중환자가 종교적인 이유로 수혈을 거부하고 있긴 하지만, 이 중환자가 병원에 입원한 사실 자체가 삶을 희망한다는 반증이기도 하다. 이 환자를 돌보는 간호사가 이러한 이치를 깨닫는 순간 환자[外]의 리와 간호사 자신[內]의 리가 합일된다. 그렇게 되면 이 상황은 마치 죽어가는 짐승들의 울부짖는 소리를 듣고 그 고기를 차마 먹지 못하며, 그것들이 살아 있는 것을 보고 그것들의 죽음을 차마 보지 못하는 것과 유사한 상황으로 바뀐다. 이를 연역추론의 형태로 바꾸면 다음과 같다. 【대전제[원리]】"모든 생명 있는 것은 살기를 원한다." 【소전제[사실]】"이 환자는 생명이 있다." 【결론[가치판단]】"이 환자는 살기를 원한다." 만약 이 딜레마에 처한 간호사가 주자의 논리대로 '합내외지리'를 깨닫는 순간, 환자에 대한 간호사의 윤리적 판단이 서고 그에 따라 환자의 생명을 살리기 위한 간호사의 윤리적 행위가 이어질 수 있다. 이때 간호사는 상실감이나 무력감을 느끼지 않을 가능성이 높다.

【사례3】임신중절: 직관과 추론의 상호보완
- 환자: 30세 된 임신 30주 정도의 산모. 폐결핵과 탈진 상태 등 여러 가지 문제로 내원
- 병원: 가톨릭 이념인 생명의 존엄성 때문에 정신적 육체적으로 지칠 대로 지쳐 있는 환자에게 임신중절 수술을 하지 않고 아무 대책 없이 퇴원시킴
- 간호사: 태아의 생명도 중요하지만 산모의 생명이 위험하므로 임신중절을 해야 한다고 생각함[94]

이 사례는 간호사 자신의 생명관과 가톨릭 병원의 생명관의 충돌로 빚어진 딜레마로서 공리주의 윤리와 의무주의 윤리의 충돌이기도 하

---

94 한성숙, 94~95쪽.

다.[95] 임신 30주의 기간은 약 7개월에 해당된다. 태아를 어느 시점부터 한 인간으로 볼 것이냐의 쟁점에서 벗어나 태아도 생명이고 산모도 생명이라는 점을 인정한다면, 이 딜레마는 간호사와 병원 양쪽의 가치관 충돌 이전에 아프리카 민담 속의 딜레마로 그 양상이 바뀔 수도 있다. 아프리카 민담에 의하면, 한 사내가 자신의 어머니를 모시고 아내와 함께 강을 건너고 있는데 건너편 강둑에 기린 한 마리가 나타났다. 그가 기린을 향해 총을 겨누자 기린은 다음과 같이 말했다고 한다. "(60초 안에) 네가 나를 쏜다면, 너의 어머니가 죽는다. 나를 쏘지 않는다면, 너의 아내가 죽는다." 그러자 그 사내는 어떤 선택을 해야 할지 딜레마에 빠지고 만다.[96] 이 민담 속의 사내는 직접적인 이해 당사자이지만, 이 사례의 간호사는 직접적인 이해 당사자는 아니다. 이 차이는 크다. 간호사가 자신의 생명관과 병원의 이념 중 어느 한 쪽을 따르더라도 자신에게 직접적으로 끼치는 영향은 없다.

다시 【사례3】 자체로 돌아가 보면 두 개의 소당연지칙이 충돌하고 있다. "태아는 마땅히 살려야 한다. 그러니 태아를 죽이는 임신중절 수술은 불가하다."(소당연지칙1) "산모는 마땅히 살려야 한다. 그러므로 임신중절 수술을 해야 한다."(소당연지칙2) 사실 이 사례의 직접적인 이해 당사자는 산모의 남편이다. 그는 산모의 남편이자 태아의 아버지로서 산모를 살리자니 태아를 죽여야 하고, 태아를 살리자니 산모를 죽일 수도 있는 처지에 놓여 있기 때문이다. 산모든 태아든 마땅히 살려야 한다는 당위는 '그칠 수 없는[不容已]' 소당연지칙이다. 이렇게 놓고 보면 이 사

---

95 "두 생명이 모두 중요할 경우 어느 생명을 구할 것이냐? 즉 태아와 산모의 생명의 가치가 상충할 경우 산모의 생명의 가치를 중요시할 경우 산모를 위해 임신중절을 시켜야" 한다는 입장이 공리주의 윤리이다. 반면에 "태아가 다른 모든 인간들과 동일한 생명권을 가진 인간존재라면 임신중절은 어머니의 생명을 구하기 위해서일지라도 허용될 수 없다."라는 입장이 의무주의 윤리이다.(한성숙, 95~96쪽.)

96 이 딜레마는 윌리엄 파운드스톤 지음, 박우석 옮김, 『죄수의 딜레마—존 폰 노이만, 게임이론, 핵폭탄』, 양문, 2004, 7쪽에 실려 있는데, 논자가 서구적인 형태로 조금 각색하였다.

례에서 '마땅히 그러해야만 하는' 두 개의 소당연지칙이 서로 충돌하면서 서로 다른 의사결정의 갈림길이 눈앞에 펼쳐진다. 그렇다면 그이야말로 윤리적 딜레마의 진정한 당사자가 된다.

〈마땅히 그러해야 한다〉, 〈마땅히 그러해야 하는 원칙〉은 각각의 관계 속에서 주어진 의무를 다해야 하는 의무주의적 원리에 가깝다. 의무적이고 당위적인 윤리적 요구사항은 소당연지칙에 가깝다. 〈그러할 수밖에 없는 이유〉, 즉 인(仁)할 수밖에 없고 의(義)할 수밖에 없으며 예(禮)할 수밖에 없고 지(智)할 수밖에 없는 이유는 인간이 본질적으로 그러한 의무[소당연지칙]를 수행할 수 있는 씨앗[仁義禮智]을 잠재적으로 타고났기 때문이다. 따라서 행위의 필연성은 '사사물물의 본질이 그러하니까[所以然之故] 그러할 수밖에 없다[所當然之則]'는 메커니즘을 따른다. 두 개의 소당연지칙이 충돌하는 이 딜레마에서 이 두 개의 소당연지칙을 소당연지칙이게끔 만드는 소이연지고는 '생명'이다. 살려는 의지를 가진 생명의 원리는 살아 있는 것들[物]의 최고 원리로서 '인(仁)'에 해당된다.

이 사례에서는 직관 시스템과 추론 시스템이 동시에 작동한다. 태아든 산모든 이 둘은 생명이므로 마땅히 살려야 한다는 직관이 즉각적으로 작동한다. 이와 함께 둘 모두를 살려야 하는데 그럴 수 없다면 어떻게 해야 할지 추론 시스템 역시 가동된다. 만약 산모를 마땅히 살려야 한다는 소당연지칙을 받아들이면 임신중절 때문에 태아는 희생된다. 생명 둘 중 하나의 생명만 살아남는다. 만약 태아를 한 사람의 인간으로 인정하여 태아를 마땅히 살려야 한다는 소당연지칙을 받아들인다면 산모의 생명을 구하기 위해서일지라도 임신중절은 허용될 수 없다. 그럴 경우 태아와 산모 둘 다 살 수도 있지만, 둘 다 죽을 수도 있다. 그렇다면 후자보다 전자가 현실적으로나 윤리적으로 더 '안전한' 의사결정이 된다. 이 추론이 받아들여진다면 생명이기 때문에 살려야 한다는 소이연지고는 의무주의적 입장에서만이 아니라 공리주의적 입장에서도 '바꿀 수 없는[不可易]' 리로 존재한다는 사실을 확인할 수 있다.

5. 결론

"역사상 처음으로 마주하는 수학적 알고리즘의 위험한 힘"[97]이 우리의 일상을 지배하고 있다. 이러한 시대에 격물이 필요한 이유는 무엇일까? 최근의 뇌신경과학의 연구 성과에 의하면 윤리적 딜레마를 해결하는 인간의 뇌 활동은 직관, 공감, 이성의 세 가지 기제에 의해 이루어진다고 알려져 있다.[98] 주자가 해석한 '격물·치지'는 일상을 장악하는 힘이 있다. 격물의 '물(物)'을 사건이라고 해석한다면, 시간은 '사건들의 연속체'[99]이고 삶은 시간으로 이루어지므로, 격물은 시간관리라고 해석할 수 있다. 만약 이런 식으로 격물을 해석하면 격물은 21세기에도 여전히 그 위력을 발휘할 수 있다.

이 논문은 이러한 문제의식에서 출발하여 주자의 격물과 치지, 그리고 물격(物格)과 지지(知至)의 의미를 살펴보고, 간호사의 윤리적 딜레마에 담긴 격물·치지의 의미를 분석하였다. 그 결과 사사물물이라는 일상 혹은 외물을 전면적으로 긍정한 주자의 격물치지 이론을 몇 가지로 정리할 수 있었다. 첫째, 주자의 격물 이론은 '일상'의 격물화 및 '격물'의 일상화를 통하여 궁극적으로 '합내외지리'를 추구한다. 둘째, 주자의 격물 이론은 윤리적 의사결정을 위한 직관과 추론이라는 윤리적 판단의 기제를 함축하고 있다. 셋째, 주자의 격물 이론은 현대의 간호사들이 겪는 윤리적 딜레마를 재구조화하는 데 유효한 해석학적 도구가 될 수 있다.

주자가 제시하는 소당연지칙과 소이연지고는 본질적으로 유가의 원

---

97 강준만, 「왜 우리는 가깝지도 않고 멀지도 않은 관계를 유지하는가?」, 『월간 인물과 사상』 2019년1호(제249호), 2019, 80쪽에서 재인용.

98 윤진호·이은주·장정, 「우리는 '호모 모랄리스'인가? 도덕 딜레마 해결 기제의 신경윤리학 연구」, 한국경영학회, 『경영학연구』제48권 제1호, 2019, 72쪽.

99 하이럼 스미스, 김경섭·이재경 옮김, 『성공하는 시간관리와 인생관리를 위한 10가지 자연법칙』, 김영사, 1998, 36쪽.

칙, 곧 유교 경전에 나타나 있는 성현의 말씀을 기준으로 정의되고 해석될 수밖에 없다. 하지만, 이러한 입장에서 벗어나 소당연지칙과 소이연지고를 문자 그대로 받아들인다면, 유교적 맥락에서만이 아닌 새로운 측면에서 그것들을 해석할 수 있는 가능성이 열린다. 왜냐하면, 우연의 일치일지 모르겠지만 주자의 격물 이론을 분석한 결과인 직관 시스템과 추론 시스템, 그리고 합내외지리라는 공감의 기제가 현대의 윤리적 딜레마를 해결하는데 기여한다는 인간 뇌 활동[직관, 이성, 공감]과 유사한 점이 있기 때문이다. 이 논문은 그러한 가능성의 단초를 여는 데 조금이라도 기여할 수 있다는 점에서 의의를 부여하고 싶다.

'다른 근대'와 주희 주권론의 현재성

김상준(경희대학교 공공대학원 교수)

1. '다른 근대'와 주희

주희의 정치관·군주론이 흥미로운 이유는 그 현재성 때문이다. 주희 당대의 군주론은 오늘날로 말하면 '주권론(theory of the sovereignty)'이다. 오늘날 정치학에서 주권을 뜻하는 언어, 동의 '주권(主權)'이나 서의 'sovereignty'는 공히 과거 군주시대의 군주를 칭하는 말, '군주(君主), 인주(人主), the sovereign'에서 비롯되었다. 그리하여 이 시대 주권론을 논하는 학자라면 누구나 니콜로 마키아벨리의 『군주론』(1532)이나, 장 보댕의 『국가6론』(1576), 또는 토마스 홉스의 『리바이어던』(1651)을 그 효시로 본다. 모두가 유럽 '초기근대(the early modern era)'의 군주론이다. 이들 군주론은 이후 서구근대 주권론의 골간을 이루어 오늘날까지 학술계의 논의만이 아니라 현실 정치의 주권행사 관행에 커다란 영향을 미치고 있다. 이제 '서구주도근대(the Western hegemonic modern era)'의 시대가 저물고 새롭게 다원문명이 공존하는 '후기근대(the late modern era)'가 열리고 있는 시점에서, 서구주도 근대시대의 주권론·국가론의 시대적 의미 역시 새롭게 음미할 때가 되었다.

이러한 작업에서는 우선 역사적인 비교의 축=관점을 세울 필요가 있는데, 여기서 주희의 정치관·군주론의 검토가 중요한 역할을 할 수 있다. 최근 국제역사학계의 흐름이 말해주듯 주희의 시대인 중국 송대는 초기근대의 세계사에서 매우 큰 위상을 점하고 있다. 따라서 송대에 표출된 새로운 정치관·군주론을 집약해서 볼 수 있는 주희의 관점이 비교사적으로 중요한 의미를 갖게 되는 것도 자연스러운 일이다.

미리 밝혀두자면, 주희 군주론이 우리의 관심을 끄는 현재성이란, 그것과 유럽 초기근대 군주론의 유사성을 추출해 보는 데 있지 않다. 오히려 반대로 서구근대 주권론이 역사적으로 노정했던 한계를 반성적으로 추찰(推察)해 보는 계기를 여기서 찾아보려고 한다. 서구근대 주권론의 한계란, 그 핵심을 집어 말하면, 전권(專權)적·전국(戰國)적·팽창적 주권론의 한계라 할 수 있다. 서구근대 주권론은 시종 전국(戰國)적 상황에서 탄생하고 발전하고 완성되었다. 유럽 중세는 난립하는 봉건세력들 간의 전쟁의 연속이었다. 이러한 상황이 종교개혁으로 더욱 격화되고(초기근대의 시작), 이후 유럽 내부의 전쟁은 해외 식민지 쟁탈 전쟁으로 확장된다. 크게 보아 종교개혁에서 베스트팔렌 조약(1648)까지는 그 초점이 유럽 내부에서 벌어진 패권쟁탈 전쟁에 있었고, 그 이후에는 점차 유럽 바깥의 식민지 전쟁으로 중심이 옮아갔다고 볼 수 있다. 주지하듯 유럽의 비서구 식민화는 15세기말 이래 소위 '신대륙' 아메리카, 그리고 아프리카를 중심으로 시작되었고(유럽 초기근대의 또 하나의 계기), 이후 4세기 동안 중근동, 인도, 동남아시아, 동아시아로 점차 확대되었다.

유럽 내부의 전국 상황이 1차 정돈된 것은 19세기 초 나폴레옹 전쟁을 종식시킨 비인 회의(1814~1815)를 통해서였다. 이때 형성된 영국 중심 패권질서하의 평화(Pax Britanica)는 1차대전 전야까지 지속된다. 이 시기를 유럽사가들은 흥미롭게도 '100년 평화'라 부른다. 이 시기 유럽의 평화란 유럽이 유럽 밖의 비서구 세계로 본격적으로 뻗어나갔던 유럽의 부단한 침략전쟁, 식민지 쟁탈 전쟁의 시기와 정확히 중첩된다. 유럽 내부의 전쟁 상태와 유럽 바깥의 식민지 전쟁 상황이 반비례 관계를 이루고 있었음을 보여주는 대목이다. 그러나 비서구의 희생을 딛고 선 그 평화란 무한 지속될 수 없는 것이었다. 서구중심국가들의 쟁패전은 곧 1, 2차 세계대전으로 속개되었고, 주지하듯 그 참혹했던 전화(戰禍)는 서 구/비서구를 가르지 않고 인류 전체의 운명에 고스란히 강요되었다. 길 게 보면 냉전시대 역시 이러한 팽창적 서구주권론의 거침없는 논리가 관 철되었던 과정이었고, 이제 20세기 말 냉전의 종식을 통해서야 비로소 우리는 서구주도 근대의 팽창적 논리를 역사적으로 반성하고 되돌아 볼 귀한 기회를 얻게 되었다고 할 수 있다.

　이 시점에서 우리는 앞으로 열릴 '다른 근대'의 가능성을 생각해 보 게 되고, 주권론의 영역에서 서구근대의 팽창적 주권론과는 다른 유형 의 근대적 주권론의 효시 내지는 원형이 과연 존재하였던가를 살피게 된 다. 서구 주권론의 핵심은 전쟁 주권론이었고, 부단한 전쟁 수행에 요구 되는 국가권력의 전권(專權=독재권)에 대한 강조가 그 배경에 있다. 앞서 언급한 마키아벨리『군주론』, 보댕『국가론』, 홉스『리바이어던』이 모두 전국(戰國)적 상황의 산물이었고 모두 전쟁 군주의 전권(=독재권)을 옹호 하고 있다는 것은 결코 우연이 아니다. 주희의 정치론·군주론은 이와 는 전혀 다른 성격의 주권론이었다. 유럽 절대주의 주권론이 전권적, 팽 창적, 공격적 주권론이었다면, 주희 주권론은 공치(共治)적, 내향적, 평 화적 주권론이었다. 이 글은 주희의 정치론·군주론을 이러한 맥락에서 비교·분석한다. 주요 텍스트는『주자봉사(朱子封事)』[1]를 중심으로 하되, 연관된 자료들을 당대 정치사의 흐름 속에서 함께 살필 것이다.

1　『주자봉사』는 주희의 문집에서 군주에게 올렸던 封事, 奏箚, 箚子 33편을 골라 묶은 소책자 로, 유독 조선에서 17세기 이후부터 여러 차례 편집 간행되어 널리 읽혔다. 이 글에서는 최근 주자사상연구회에서 옮긴『주자봉사』(혜안, 2011)를 참고하였다. 봉사는 군주에게 올린 밀봉 상소문, 주차는 군주를 직접 면담하는 자리에서 제출한 글, 차자는 특정 정책 사안에 대한 의 견을 간략히 개진한 글을 말한다. 주자사상연구회 역,『주자봉사』, 혜안, 2011, 11쪽(정호훈, 「조선후기『주자봉사』의 간행과 활용」).

2. 주희와 '송대 공치(共治)의 세 파고(波高)'

중국 송대가 세계사상 초기근대의 선구로 주목되는 근거는 다양하지만, 여기서는 주로 정치제도, 주권론, 신분제 상의 변화에 한정하여 살펴보기로 한다. 초기근대의 여러 표징 중에서도 중세–봉건적 신분제도의 동요와 해체는 매우 중요한데, 세계역사상 그러한 변화가 최초로 두드러지게 나타났던 곳이 중국 송대였고, 그 귀결은 문치(文治)체제의 성립으로 나타났다. 송 태조가 성립시킨 문치체제란 당대(唐代) 안록산의 난 이후 200여년 지속된 무인 귀족들(많은 부분은 서와 북에서 내려온 비 한족)의 지방 할거 체제를 종식·대체시킨 것인데, 그 핵심은 세습귀족 대신 과거(科擧) 문신들이 통치의 주축, 정확히 말하면 군주와의 공치(共治)의 주체로 나선 데 있다. 반면 중세–봉건시대 군주의 공치 주체는 세습귀족이었다. 이들 중세–봉건시대 지배적인 세습귀족의 힘의 근원은 동(東)이나 서(西)나 문(文)이 아닌 무(武)에 있었다. 그러나 송대 과거(科擧) 문신들은 더 이상 작위와 봉토를 세습하는 세습귀족이 아니었고, 문화적 교양의 능력여부에 따라 선발된 전업(專業) 관료들이었다. 이들에게는 봉건귀족의 힘의 근거인 세습 봉토가 없고 따라서 독자적 무장력, 소(小)주권의 근거도 없었다. 이러한 상태에서 보다 강력해진 군주와 군주제는 여전히 봉건적이었지만, 능력위주의 과거문신제는 오히려 근대적 관료제도에 가깝다. 송대 정치상의 초기근대란 이러한 두 대립적 (봉건적, 근대적) 요소가 혼효(混淆)되면서 발생한 현상이다.

그 대립/혼효는 송대에 황제 전권과 군사(君士) 또는 군신(君臣) 공치 흐름 간의 날카로운 길항관계로 나타났다. 주희 군주론의 요목은 황제 전권을 제약하고 군신 공치를 확장하는 데 있다. 그 결과 일차적으로 주권 주체가 군주와 사(士)층으로 확장되고, 더 나아가 주권의 존재이유(raison d'etre)를 민의 복리와 안정의 실현으로 설정한다. 이러한 사유의 배경에는 공맹 유가의 오랜 전통이 있다. 송대에 이르러 세습귀족이 몰

락함으로써 그 가능성이 실현될 사회경제적·정치적 조건이 형성되었던 것이다.

중국사에서 송대는 군사(君士)공치의 경향이 특별히 두드러졌던 시기다. 오랜 전란 후의 새로운 시대에 문치관료제의 주역으로 등장한 송대 유자층은 자신을 천하위공의 이상을 구현할 치도(治道)의 주체임을 자임했다. 일찍이 범중엄이 말했듯 "천하가 걱정하기 앞서 걱정하고, 천하가 기뻐한 후에야 기뻐한다[先天下之憂而憂, 後天下之樂而樂]"는 숭고한 포부와 공적 사명감을 품고 있었다. 주희는 송대 사대부의 이러한 사명감을 "천하의 일을 자신의 임무로 삼는다[以天下爲己任]"라는 말로 집약했다. 위잉스에 따르면, 송대 공치의 흐름에는 세 개의 큰 파고가 있다. 그 제1파는 북송 인종(仁宗) 연간(1022~1063) 범중엄, 구양수 등이 주역이 되었던 신정(新政) 시도였고, 이어 "군주와 국시를 함께 정했던[共定國是]" 왕안석의 등장이 제 2파를 이루었다. 특히 왕안석의 신법이 군주[神宗]의 절대적 지지를 받았던 희령(熙寧) 연간(1068~1077)이 절정이었다. 마지막 파고는 남송 안정기인 효종(孝宗) 연간(1162~1189)에 일어났는데, 이 시기는 주희의 정치적 활동기이기도 하였다.[2] 이 세 시기를 오늘날 역사가들은 송대 300년 중에서 안정과 번영을 누렸던 성세(盛世)로 본다.[3]

송대 사(士)층은 신분이 아닌 개인 능력으로 두각을 나타내야 했던 집단으로서 이미 더 이상 봉건적 존재로 보기 어렵다. '천하기임(天下己任)'의 높은 사명을 깊이 내재화한 집단일수록 더욱 그러했다. '천하기임'을 요즘 언어로 하면 '지식인의 사회적 사명감, 책임감'에 가깝다. 반면 당대 군권의 기본성향은 늘 전권(專權)적일 수밖에 없다. 선진(先秦) 공맹시대에도 공치론은 소수의 이상이었을 뿐 결코 실현될 수 없었다. 전쟁

---

2 위잉스, 이원석 옮김, 『주희의 역사세계(상·하)』, 글항아리, 2015.
3 쿤, 디터, 육정임 옮김, 『하버드 중국사 송』, 너머북스, 2015; 위잉스 상계서.

군주의 시대, 전국시대였기 때문이다. 진(秦)의 통일은 가장 투철한 전쟁 군주론, 군주전권론의 승리였다. 진은 단명했지만, 그 영향은 강하게 존속했다. 그렇다보니 송대 공치사조의 고조는 군주권과의 팽팽한 긴장관계를 수반하지 않을 수 없었다.

송대 공치세력은 자신들이 새로운 시대를 열고 있음을 자각하고 있었고 그들의 행보는 문화적 · 정치적 대개혁의 포부를 품고 있었다. 이들이 표방한 과거와의 혁신적 단절은 공맹이 내세웠던 '요순 3대'로의 회귀를 모토로 내걸었는데, 이는 유럽의 종교개혁이 원시기독교로의 회귀를 표방했던 것과 동형을 이룬다. 결과적으로 요순 3대와 자신들의 시대 사이에 낀 모든 역사, 진-한-당 치세 모두가 의문에 부쳐진다. 일체의 전쟁군주 전권주의(패도와 법가), 그리고 남북조시대와 수당, 오대십국 시기를 구가했던 노불(老佛)의 소위 '허무주의', 더 나아가 그러한 흐름들과 타협했던 한당(漢唐)유교가 모두 부정과 혁파의 대상이 된다. 송대 공치세력이 늘 혁신가의 풍모를 띠고, 후일로 갈수록 도덕혁명 또는 종교개혁적 근본주의(fundamentalism)의 경향을 강화했던 것도 유럽 종교개혁 때 나타났던 현상과 평행을 이룬다.

주희의 정치 역정은 불우했다. 그에 앞선 공치의 두 파고, 즉 북송대 범중엄과 왕안석은 모두 재상으로서 한 시대를 당당하게 풍미했다. 특히 왕안석은 군주의 절대적인 신임 아래 국가체제, 조세, 유통-재분배, 군정(軍政) 등 광범한 영역에서 개혁 구상을 실현할 수 있었다[4](위잉스, 2015a; 쿤, 2015; Bol, 1992; 류, 1991). 그러나 주희는 북송 패망 이후, 공치 사조가 퇴조하고 군주 전권론이 득세하던 고종(재위.1127~1162), 효종(재위.1162~1189) 연간에 활동했다. 범중엄-왕안석 시대에 세워진 '천

---

4 위잉스, 상게서; 쿤, 상게서; Bol, Peter, *This Culture of Ours*, Stanford: Stanford University Press, 1992; 류, 제임스, 이범학 역, 『왕안석과 개혁정책』, 지식산업사, 1991 참조.

하기임'의 높은 기상은 꺾이고 군주의 눈치를 살피고 현상유지에 급급하는 근왕(近王)파가 실권을 잡고 있었다. 공치 시대의 경험은 오히려 북송 멸망의 원인으로 매도되고 있었다. 왕안석이 물러간 이후 신법당 구법당 사이의 물고 물리는 파당 정치는 왜소한 이권투쟁·보복정치로 타락했고, 그런 상태가 이어지면서 북송 멸망(1127)을 맞이했기 때문이다.

주희는 이른 나이인 19세에 과거에 급제했으나(1148년), 이후 대부분의 시간을 지방의 한직이나 대기직[祠祿職] 상태로 보냈다. 그의 학문적 명성이 차차 높아지면서 주희에 대한 여러 차례의 중앙 천거가 있었지만, 조정의 실권을 장악한 근왕(近王)파는 주희를 기피하여 그의 중용을 번번이 가로막고 외직으로 돌리곤 했다. 그래서 그의 제자 황간(黃榦)은 주희 사후 행장(行狀)에서 "(과거 급제 이후) 50년간 네 명의 황제를 섬겼는데(고종, 효종, 광종, 영종), 지방관으로 외지로 나간 것은 겨우 9년, 조정에 섰던 것은 단 40일이었다. 도(道)란 이처럼 행하기 어려운 것이다"고 썼다. 외직이라 해도 관직 초년에 현(縣)의 일개 주부(主簿)로 재임했던 4년 3개월(1153년 7월~1157년 10월)은 정치적으로 별 다른 의미가 없는 시기였다. 그 후 1179년부터 지사(知事), 다염공사(茶鹽公事), 안무사(安撫使) 등의 외직에 제수되어 들쑥날쑥 재임한 기간 역시 다 합쳐도 4년이 채 되지 않는다. 그의 명성과 직위가 높아질수록 그에 대한 견제와 중상은 크고 교묘해졌다. 그가 근왕파·현상유지파의 태만과 부패에 대해 직설적인 비판을 서슴지 않았기 때문이다. 지방 관료들의 부패와 태만이 지방 유력자, 그리고 궁극적으로는 조정의 실권자들과 연루되어 있음을 감연히 고발하고 처벌, 자숙, 자정을 요청했다. 그렇기에 남강군지사(南康軍知事) 재임 이후 관료로서 주희의 정치 역정은 현상유지 실권파와의 심각한 갈등의 연속이었다. 현상유지파는 천하기임의 정신을 공유하는 사대부 그룹(道學파, 道學당)을 '세상을 속이고 이름을 훔쳐' 서로를 밀어주고 있는 '위학당(僞學黨)'이라 낙인찍고, 그 중심에 주희가 있다고 고발했다.

주희가 현상유지파의 공격을 받을수록 그가 옳다고 여겨 옹호하고 지지하는 세력이 모아졌으니, 이 당의 중심에 주희가 있다고 한 것은 사실에 부합한다. 그러나 그가 영종 초년(1194) 중앙 관직(군주의 경연 시강[侍講])을 받아 한 가닥 희망을 걸고 조정에 섰던 40여일[入朝四十日]은 역설적이게도 주희 정치의 최후의 순간이기도 하였다. 그는 40여일 만에 조정에서 내쳐지고 이듬해 위학금지령[慶元黨禁]이 선포된다(1195년). 주희와 그의 지지자들은 일제히 관직에서 추방된다. 사후 근 30년이 지나서야 주희는 복권될 수 있었다(1227년).[5]

주희 정치론의 핵심은 그의 군주론에 있다. 『맹자』가 유학의 '군주론'이라면, 이를 이은 주희의 '군주론'은 『주자봉사』라 할 수 있다. 『맹자』가 그랬던 것처럼 『주자봉사』도 군주권의 자의적 행사에 대한 매서운 비판을 담고 있다. '천하기임'을 표방한 송대 공치론자들이 한결같이 『맹자』를 중시했던 데는 분명한 이유가 있다. 유독 조선에서 『주자봉사』가 별도로 출판되어 널리 읽혔던 것은 그만큼 조선에서 유학의 정치적 역할과 위상, 그리고 주희의 정치학에 대한 관심이 높았다는 것을 말한다. 『주자봉사』가 조선에서 간행되기 시작한 17세기가 조선에서 유교정치의 힘이 크게 성장했던 시기와 일치한다는 것은 결코 우연이 아니다. 당시 조선은 유교 붕당정치가 크게 융성하기 시작했고, 조선의 유학자-정치가들(Confucian scholar-statesmen)은 주희를 학자의 모범이자 동시에 올바른 정치가의 전범(典範)으로 보았다. 또한 그들은 당대의 조선이 처한 상황이 주희의 시대인 송대와 흡사하다고 생각했다. 유학이 융성했다는

---

5 이하 주희의 생애사에 대한 상세한 내용은 아래 연구들을 참고하였다. 수징난, 김태완 옮김, 『주자평전』 상,하, 역사비평사, 2015; 위잉스, 상게서; 정호훈, 상게서; 틸만, 호이트, 김병환 역, 『주희의 사유세계』, 교육과학사, 2010; 최석기 외 엮음, 『주자』, 술이, 2005; Bol,, 상게서; Liu, James, *China Turing Inward*, Cambridge: Harvard University Press, 1988; Shirokauer, Conrad, "Chu Hsi's Political Career: A Study in Ambivalence," in *Confucian Personalities*, ed. by Arthur Wright and Denis Twithett, Stanford: Stanford University Press, 1962.

점도, 강한 외적이 존재하고 있다는 점도 그렇다는 것이다. 이들의 내심은 만주족에 의해 세워진 청을 송나라를 위협하고 멸망시킨 금이나 원과 같은 외적(오랑캐)으로 보았다. 이제 명이 청에 의해 멸망하였기 때문에 공맹과 정주(程朱)의 맥은 오직 조선이 잇고 있다는 것이다(소중화론). 그렇기 때문에 흡사한 시대를 살았던 주희, 그것도 학자로서의 주희만이 아니라, 정치가로서의 주희를 중시하고 깊이 연구했다. '정치가 주희'에 주목한 조선 유자들의 관점은 정확하다. 실제로 주희는 그의 시대에 학문의 중심이었을 뿐 아니라, 정치적 풍랑의 중심이기도 했다. 또 역사적으로 송과 조선은 유교정치가 가장 화려하게 꽃피웠던 시대였다는 점에서도 공통적이다. 이하에서는 『주자봉사』(이하 『봉사』)에 나타난 주희의 독특한 주권론을 추출, 재구성해 보기로 한다.

3. 『주자봉사』에 나타난 주희의 주권론

『봉사』에 실린 33편의 봉사, 주차, 차자는 모두 군주에게 직접 올리는 글이다(각주1). 그 대상은 효종, 광종(1189~1194), 영종(1194~1224) 세 군주인데, 여기서 가장 중요한 내용은 모두 효종을 대상으로 한 글들에 있다. 광종은 부자갈등으로 인한 광기(정신분열)로 제 역할을 할 수 없었고, 그 이유로 억지로 왕위에 오른 영종은 심히 나약하고 무능했으며, 오직 효종만이 주희가 맞상대로 볼만한 군주로서의 학식과 의지, 경륜을 갖추고 있었다. 그래서 『봉사』 전편 중 효종에 올린 글이 항상 가장 진지하고 긴장감이 강하며 내용이 풍부하다. 효종은 남송을 개창한 고종이 맞아들인 양자인데, 고종은 북송 공치 경험을 강하게 부정하면서(왕안석을 북송 멸망의 원인으로 지목했다) 군주권을 전제적으로 행사했다(Liu, 1998). 반면 효종은 고종이 포기했던 실토 회복의 의지를 품었고, 북송의 공치 전통에 대해서도 고종보다는 포용적인 태도를 가지고 있었다. 그렇기에 주희를 비롯한 여러 공치파 유자들은 혹 그들 역시 왕안석처럼 '군주를 얻어 도를 여는 정치[得君治道]'를 할 수 있겠는지 일말의 희망을 품게 되었다.[6] 결국 이 희망은 이루어지지 못했다. 특히 주희가 효종 말년(1188)에 올린 「무신봉사(戊申封事)」(11월)와 「무신주차(戊申奏箚)」(6월)에는 그러한 희망과 실망, 기대와 좌절의 날카로운 교차가 선명하다. 이 두 글은 주희 말년의 완숙한 정치사유가 잘 드러난 명문이기도 하다.

1) 비−인간(impersonal)[7]의 주권

주희 군주론의 제1조는 군주의 마음을 바르게 하는 것이다. "군주의 일심이 천하의 근본[天下之大本, 陛下之一心]"이기 때문이다. 그 요체는 군주 마음의 인욕을 완전히 제거하여 천리에 이르는 것이다.

신이 폐하의 마음으로 천하의 커다란 근본을 삼는 것은 무슨 이유이겠습니까? 천하의 일이 천 가지 만 가지로 변화하여 그 실마리가 끝이 없으나, 그 중에 한 가지도 인주(人主)의 마음에 근본하지 않는 것은 없으니, 이는 자연의 이치입니다. 때문에 인주의 마음이 바르면 천하의 일은 한 가지도 바른 것에서 나오지 않음이 없지만, 인주의 마음이 바르지 못하면 천하의 일은 한 가지도 바른 것에 말미암을 수 없게 되는 것입니다.[8]

아부나 칭송이 아니다. 반대로 바로 이것이 되어 있지 못하여 모든

---

6   위잉스, 상게서.

7   이하 논의에서 분명해지겠지만, 여기서 "비−인간"은 인간 이하의 비인간(inhuman)이 아니라 오히려 그 반대, 즉 인간 이상의 비−인간이다. 이 구분을 위해 '비−인간'이라 표기했다. 한자로는 이백의 '별유천지 비인간'에 오히려 가깝고, 영어로는 비교사적 차원에서 impersonal(사적인 것이 아닌 공적인)이 그에 근사하다.

8   주자사상연구회 역, 『주자봉사』「무신봉사」, 혜안, 2011, 87쪽.

문제가 생긴다고 군주를 비판한다. 『봉사』에서 우선 놀라게 되는 것은 군주를 극상으로 떠받치고 자신을 비하하는 극존비의 어법에도 불구하고 군주에 대한 날카로운 견책을 결코 숨기지 않는다는 점이다. 주희는 대면하고 있는 눈앞의 군주에게 '폐하'께서 인욕을 완전히 제거하지 못하여 "천리와 인욕이 서로 다투는 걱정[交戰之患]을 면하지 못하는 듯하다"고 마치 마음속을 헤집어 들여다보는 듯 말한다(『무신주차5』). 슬쩍 들여다보는 데 그치지 않는다. 그렇다 보니 "사사로이 좋아하는 사람들과 가까이 부리는 부류를 모두 법도에 따라 다스리지 못하고, 만약 강명하고 공정한 사람을 재상으로 삼아 보도(輔導)하게 할 경우 곧 그가 나의 일을 방해하고 나의 사람을 해쳐서 내가 마음대로 하지 못할까 염려하여, 그 때문에 대신을 가려 뽑을 때 항상 먼저 이와 같은 무리는 제쳐 두고, 세상에 찌들고 비겁하며 연약하여 평일에 감히 직언하며 정색(正色)하지 못하는 사람을 취하여 마음속으로 맞추어 보고, 또 그들 가운데서도 극히 용렬하고 극도로 비루하여, 결코 방해되는 일이 없을 것으로 확신할 수 있는 자를 얻은 연후에 발탁하여 자리에 올려놓"게 된다고, 그 마음 때문에 생겨났다고 하는 일들을 위축됨 없이 과감하게 열거한다(상동).

'폐하'의 심리분석은 한 발 더 깊이 들어간다. 예를 들어 이렇듯 선택된 용렬하고 비루한 인격의 재상이 자신과 연루된 부패한 관료의 죄를 감싸고 감추어 주는 경우가 생길 때, 인욕이 완전히 제거되지 못한 군주의 마음에는 어떤 현상이 발생하는가?

신이 생각건대 폐하께서 그가 속이는 것을 완전히 깨닫지 못한 것은 아닐 것입니다. 제 생각으로는 분명코 '사람의 마음은 각각 사사로운 바가 있는 것이니, 내가 이미 나의 사사로움을 이루고자하니 저도 또한 그의 사사로움을 이

루고자 하였을 것이리라'라고 생각하였을 것입니다.[9]

이는 가상의 시뮬레이션이 아니다. 주희 자신이 과거 절동(浙東) 제거 (提擧)로 재직 시, 태주지사이던 부패한 관료 당중우(唐仲友)를 탄핵했던 유명한 사건(1182년)을 들추어 힐문하고 있다. 이때 주희는 6차례나 탄핵문을 올렸지만, 당중우의 고향 선배이자 인척이었던 재상 왕회(王淮) 가 그를 감싸고돌아 결국 흐지부지 끝나고 만 사례다. 반면 주희는 이 일로 집권당의 미움을 사 '위학(僞學)'의 탄핵을 받고 벼슬길에서 물러섰 다(1183년 왕회의 사주를 받은 진가(陳賈), 정병(鄭丙)의 '금위학(禁僞學)' 고발). 이렇듯 『봉사』에 언급된 많은 진술들은 겉으로는 그저 일반론으로 보이 나 실은 당대 조정 내외의 사대부들이라면 누구나 익히 알고 있는 (따라 서 군주 역시 잘 알고 있는) 실제 사례들을 들어 말하고 있다.

이러하므로 군주라면 마땅히 일체의 사사로움(인욕)을 끊어야 한다. 만일 군주가 "이 사사로움에 하나라도 구애되면, 선정은 반드시 이루어 지지 않을 것이며 행하는 것은 모두 사사롭고 구차한 정치가 될" 뿐이 다. 이를 위해서는 반드시 "안으로 황궁으로부터 밖으로 조정에 이르기 까지 두 곳 사이에 투명하여 털끝만큼의 사사로움·부정함도 끼어들지 않"아야 한다고 거듭 강조한다. 조정에서 집무 중일 때만이 아니라 정사 를 마치고 쉬는 동안에도 "궁의 내전과 후비(后妃) …… 귀척(貴戚)과 근 신(近臣), 휴복(携僕: 기물을 들고 있는 시종)과 엄윤(奄尹: 환관의 우두머리)"들 앞에서 어떤 사사로움을 품거나 허용해서는 안 된다. 그래야 "한 사람도 감히 내외에 사통하거나 위복(威福)을 훔쳐서 권세를 끼고 은총을 팔아 조정을 어지럽히는 일이 없"게 된다(상동).

상대는 화자(話者)의 명운(命運)과 생사존망을 한마디로 좌지우지할 수 있는 절대군주다. 주희의 한 마디, 한 문장마다 전율과 긴장이 역력하

---

9 상동. 111쪽.

다. 정치상황도 위태롭다. 자신을 찍어 '위학(僞學)의 우두머리'라 공공연히 비난하고 배척하는 자들이 군주를 에워싸고 조정의 실권을 장악하고 있다. 그럼에도 이렇게 직언할 수 있는 것이 위대한 학자이자 정치가로서 주희의 내공이다. 그렇지만 '학자—정치가의 내공'이라고 말하고 말면, 무언가가 크게 비어있다는 느낌이 든다. 요순—공맹—이정(二程)으로 이어진, 하늘이 내린 신성한 도통을 이어간다는, 드높은, 어쩌면 비장하기까지 한 초월적 · 종교적 사명감이 강렬하게 풍겨남을 놓칠 수 없다. 일신의 생사나 공명에 대한 관심은 여기서 열사(熱沙)의 이슬처럼 흔적조차 없다.

인욕을 제거하고 천리에 이른다는 말에서 우리는 주희가 '중화신설(中和新說)'에 이르러 이룩한 미발(未發)과 이발(已發)을 포괄하는 존덕성과 함양의 높은 경지를 본다. 이제 이 높은 경지를 군주에게 요구하고 있다. 아니 거꾸로 말해야 하는지 모른다. 그의 '중화신설'이 바로 그의 군주관 · 정치관에서 돌파구를 찾음으로써 도달했던 경지라고. 주희는 중화(미발과 이발의 문제)에 대한 새로운 깨달음[新說]을 얻었던 1169년 직후(1170), 그의 절친한 친구이자 이 문제에 대한 핵심 토론 상대였던 장식(張栻)에게 보낸 편지에서 다음과 같이 쓴 바 있다.

> 우리는 이전에 (토론할 때) …… 자기완성의 공부(에 대한 논의)가 그 근본적 측면에서 그다지 정확하지 않았습니다. 예컨대 먼저 함양하지 않고 지견(知見)을 얻는 데 힘쓴 것이 그것입니다. 따라서 그렇게 논하여, 인주(人主)로 하여금 공부를 할 곳이 없게끔 했습니다[10]

여기서 우리는 주희의 정치관 · 군주관이 그의 학문관 · 도통관과 불가분의 한 몸을 이루고 있었음을 보게 된다. 오늘날에도 철학 또는 일종

---

10 『문집』卷25, 「答張敬夫書三」, 위잉스, 상게서, 하권, 725쪽에서 재인용.

의 종교적 신념으로서 '중화신설'은, 견해에 따라 여러 비판도 존재하지만, 여전히 높게 평가하는 흐름도 의연히 존속한다. 또 오늘날에도 여전히 뜻 높은 정치인들에게 '중화신설'이나 『봉사』가 공인(公人)으로서의 자기수양을 위한 좋은 고전이 될 수 있다고 하여도 크게 무리한 말은 아닐 것이다. 그러나 어찌 되었든, 이러한 점을 두고 갑론을박하는 것은 이 글에서 우리의 관심이 아니다. 우리에게 흥미로운 것은 바로 주희의 당대에 주희의 이러한 군주관에 내포된 특이성이다.

우선 주희가 '인주의 한 마음[陛下之一心]'을 그토록 강조했던 이유는 그가 살던 당대의 군주의 한 마음이 그만큼 결정적이었기 때문이다. 왕안석이 일세를 풍미하며 한 시대를 변화시킬 수 있었던 것도 오직 그 군주의 한 마음을 얻었기[得君] 때문이다. 그런데 그 한 마음을 득(得)할, 그 마음의 주인은 어떠한 존재였던가? 봉건적 세습군주다. 학문과 교양의 실력주의로 선발된 주희와 같은 학자—정치가와는 존재근거가 전혀 다르다. 혈연에 따라 세습으로 왕위에 오른 군주가 늘 영명하고 학문이 높을 것인가. 그 가능성은 오히려 항상 작고 늘 극히 위태롭다. 요행히 자질이 좋은 군주가 왕위를 이었다 하더라도 무소불위의 일인 절대권 자체가 인주의 마음을 타락시키고 권력을 타락시킬 가능성은 도처에 널려 있다. 더욱이 군주는 늘 주권을 사사(私事)화할 수 있는 '후비(后妃), 귀척(貴戚), 근신(近臣), 휴복(携僕), 엄윤(奄尹)'과 같은 '근습(近習)'들에 의해 겹겹이 싸여있다. 주희에 따르면 이러한 근습들의 주권 사사화와 군주 자신의 주권 사사화는 한몸처럼 맞물려 있다. 그렇기에 재상과 국사를 논하는 자리에서도 "내가 이미 나의 사사로움을 이루고자 하니 저도 또한 그의 사사로움을 이루고자 하"는 관계가 성립한다고 분석한다. '군주가 이루려 하는 사사로움'과 '저들(=近臣, 近習) 또한 이루려 하는 사사로움'이 서로 맞물려 있다는 진단이다.

주희의 눈은 현실을 매우 세심하게 보고 있다. 당대 군주가 처한 상황과 심리를 이토록 마이크로한 수준에까지 날카롭게 파헤친 것이 놀랍다. 그랬기에 현실 문제의 핵심에 누구보다 핍진(逼眞)하게 다가가 그 문제를 딛고 현실을 한 발 뛰어넘는 무엇을 이뤄낼 수 있었다. 『봉사』 전반에서 우리는 주희의 학(學) 그리고 송대 '천하기임의 사(士)'라는 존재 자체가 당대 세습군주의 존재양태와 날카롭게 부조화하고 있음을 엿볼 수 있다. 바로 그 긴장된 부조화의 역장(力場) 안에서 송대 공치파 유자들의 천하기임(天下己任)의 사명감을 구현시킬 새로운 차원의 공간을 열어야 했다. 그 긴장의 역장이 돌파의 도약대가 된다. '바로 이곳이 로두스다. 여기서 뛰어라!'

주목할 점은 주희가 지금 『봉사』에서 대화의 상대로 삼고 있는 대상이 과연 누구인지, 무엇인지다. 그는 분명 한 사람, 군주[人主], 효종이다. 그러나 과연 주희가 그를 '조신(趙昚)'이라는 이름을 가진 한 구체적 인간으로서 보고 있는지는 의문이다. 굳이 인간이라면 바로 그 인간에게 결부된 모든 구체적 존재조건――절대권을 가진 한 사람의 세습군주에게 소여(所與)된 일체의 사사로움의 근거와 가능성――을 깨끗이 다 지운 인간, 사(私)[人欲]는 다 지워지고, 공(公)[天理]만 남은 특별한 인간이다. 이 과정을 통해 주희는 (그가 의도했든 의도하지 않았든) 특별한 일을 하고 있는 것으로 보인다. 인간으로서의 군주에 수반되는 일체의 사사로움을 깨끗이 다 지운, 새로운 유형의 주권(主權)을 창조하고 있다. 사적 인간으로서의 군주가 지워진, 순수히 공적인 것만 남은 어떤 특이한 실체, 즉 '군주권'에서 인간으로서의 '군(君)'이, 또는 '인주(人主)권'에서 '인(人)'이, 떨어져 나가고, 이제 모종의 추상적 실체로서만 남은 '주권(主權)'이라는 개념이다. 바로 우리에게 익숙한 현대적 주권관(the modern concept of sovereignty)이다.[11]

물론 주희의 이러한 돌파의 배경에는 우선 공맹의 군주관, 요순3대론, 성왕(聖王)론이 있다. 이미 『서경』에서 우리는 모든 사적인 것이 탈

---

11 김상준, 『맹자의 땀 성왕의 피: 중층근대와 동아시아 유교문명』, 아카넷, 2011, 458~464쪽.

색된 성스러운 왕의 이미지를 볼 수 있다. 그러나 그 이미지는 근대적이라기보다 아직 신화적이고 고대적이었다. 성왕의 인간 안에 완벽한 성스러움과 평화로움이 자동으로 부여·합체되어 있다.[12] 공맹 당대의 군주에 대한 태도도 인간과 주권을 분리하고, 주권 자체를 추상화하는 단계에 이르지 못한다. 예를 들어, 눈앞의 소 대신 보이지 않는 양을 희생으로 올리라 했던 제(齊) 선왕(宣王)의 마음을 칭찬했던 맹자가 보여주는 것은 인간[군주]과 주권의 분리가 아니라 오히려 융합이다(『맹자』「양혜왕상」). 군주 개인의 사사로운 마음씀을 단서로 군주의 인(仁)[不忍人]의 확충을 도모한 맹자의 계도 방법이 우수했다 말할 수 있을지 모르지만, 이는 이 글에서 주목하는 주권의 추상화와는 전혀 다른 차원의 문제다.

보다 가까이는 주희가 깊이 연구한 북송 유자들의 영향이 있다. 위잉스는 정이, 장재 등이 그들의 당대(왕안석 은퇴 이후) "군권의 절대화에 깊은 불만을 품었"고, "절대적 군권에 대한 …… 일관된 반대"를 견지하여 "군권을 제한하고 다른 한편으로는 사권(土權)을 신장하려는 시도를 했음이 분명하다"고 하면서 이를 그들 저작의 여러 구절을 들어 소상히 고증했다.[13] 이는 군사공치 이념의 필연적 귀결이고, 송대 공치파 유자들에게 널리 공유된 신조이기도 하였다. 그러나 어느 누구도 주희처럼 주권 안에서 인간적 요소를 철저히 지움으로써, 전혀 새로운, '비–인간(impersonal)의 주권론'을 수립하는 단계에 이르지 못했다.

주희는 군주에게 인욕을 철저히 지운 천리의 주체, 담지자(carrier)가 될 것을 주문한다. 그 천리를 주희는 태극[14]이라 한다. 또한 태극은 무극이다. 태극=무극은 "일정한 장소가 없고 형상이 없어서, 만물 이

---

12 Kim, SangJun, Inventing Moralpolitik: An Interpretation of Confucian Ideology, Ritual, and Politics, Dissertation, Columbia University, 2000, pp.84~95.

13 위잉스, 상게서 상권, 236, 239, 245쪽.

14 같은 의미로 "理之至極", "天下公共之理", "總天下萬物之理" 등의 용어를 쓰고 있다(『語類』권94).

전에 있었으면서도 만물이 있게 된 후에도 편재하는 것 …… 음양 밖에 있으면서도 음양 속에서 운행 …… 전체를 관통하면서 무소부재하여 애초부터 형언할 만한 소리, 냄새, 이미지는 없다".[15] 이 역시 '비-인간(the impersonal)'의 실체가 아닐 수 없다. 흥미롭게도 영어의 'the impersonal' 역시 사적인 것이 아닌 것, 공적인 것을 의미한다. 주희의 철학·형이상학이 그의 정치관·군주론과 불가분리적으로 맞물려 있다 함은 이미 언급한 바 있다. 주희는 자신의 정치관·군주론을 철학적 형이상학적 차원에서 철저히 밀고 나간 끝에 이윽고 전혀 새로운 차원의 군주관, 즉 지극히 현대적인 의미의 주권론(=임퍼스널한 주권론)을 펼쳐 보이는 경지에 이르렀던 것이다.

2) 서구 주권론과의 비교: '왕의 두 신체'와 정치신학

주희 주권론의 요점은 군주권에서 구체적 인간에 해당하는 '군(君)'을 지우고 추상적인 '주권(主權)'만 남게 된 것에 있다. 그러나 이론적으로는 지워지지만 세습군주제가 존속하는 한 구체적 '군(君)'과 추상적 '주권(主權)'은 현실에서 계속 마찰·갈등하지 않을 수 없다. 서구근대 주권론도 동일한 경로를 밟았다. 그 마찰, 모순이 극점에 이르렀던 것이 유럽 절대주의다. 극점에 이른 모순이 폭발했을 때, 왕의 목은 잘리고 군주제가 종식되면서 모순은 일단 해소된다(김상준, 2011:458~464). 이 과정의 첫 단추, 즉 주희의 주권=천리론과 마찬가지로 군주권에서 공과 사를 날카롭게 분리하는 평행적 논리가 유럽 근대초기에 처음 나타났던 것은 16세기 중엽이다(Kim, 2000:187). 영국 엘리자베스 여왕 치세에 일군의 '왕실 법률가들(crown jurists)'이 다음과 같이 전개한 '왕의 두 신체(King's

---

15 『문집』 권36 「答陸子靜五」. 위잉스, 상권 265쪽에서 재인용.

Two Bodies)' 이론이다.

> 왕은 자신 안에 두 개의 몸, 즉 자연적 신체(Body natural), 그리고 정치적 신체(Body politic)을 갖는다. 그의 자연신체는 (그 자체로 고찰될 때) 사멸할 신체(Body mortal)다. 자연과 사고에 의한 쇠약, 유년과 노년으로 인한 판단부족, 일반 타자의 자연 신체에 따르는 결함과 같은 것들에 종속된다. 그러나 그의 정치신체는 보이지도 만져지지도 않는 몸이다. 정부와 정책으로 이뤄지고, 인민의 향도(向導), 공공선의 관리를 위해 구성된다. 이 몸에는 유년과 노년, 그리고 자연신체가 종속되기 마련인 결함과 어리석음이 일체 존재하지 않는다. 바로 이러하므로 왕이 그의 정치신체로 행하는 것은 그의 자연신체의 무능력에 의해 무효화되거나 좌절될 수 없다.[16]

공적—정치적 신체가 전면에 나서고, 사적—자연적 신체는 그 뒤 그늘로 감추어져 사라진다. 이를 통해 일체의 사사로움이 사라진 비—인간(impersonal)의 주권을 도출했다는 점에서 주희와 유럽 절대주의 이론가들은 형태상 동일한 방향으로 움직였다. 이를 통해 양자 모두 중세적 주권관을 근대적 형태로 변형시키는 중요한 단초를 열었다.

그러나 그 양자가 지향하는 바는 판이하게 달랐다. 주희의 주권론에서는 천리=주권에 이르지 못하는 군주의 일체의 사사로움이 부정되는 바, 이는 결국 군주권을 제약하는 이론이 된다. 그러나 영국과 유럽의 '왕의 두 신체'론은 정반대 방향으로 갔다. 자연신체의 무능력, 쇠약, 어리석음, 사멸성을 정치신체의 무오류, 불멸성으로 덮어 정당화한다(불멸의 신체, Body immortal). 중세 교회가 누렸던 초월적 권위, 즉 "corpus Christi(구세주의 몸체)", "corpus mysticum(신비한 몸체)"이라는 신학적 초

---

16 Kantorowicz, Ernst, *The King's Two Bodies: A Study in Mediaeval Political Theology, Princeton*: Princeton University Press, 1957, p.7.

월성이 군주의 몸체에 걸쳐진다. 군주는 '불멸의 정치적 신체'의 주인이 된다.[17]

그렇다 보니 이런 흐름을 충실히 이어받은 후일의 영국 법학자 블랙스톤은 1765년 "왕은 잘못할 수 없을 뿐 아니라, 잘못 생각할 수조차 없다. 그는 부적절한 일을 결코 의도할 수 없다. 그의 안에는(in him) 어떤 어리석음도 약함도 존재하지 않는다"고 주장하기에 이른다.[18] 군주의 일거수일투족, 더 나아가 군주의 생각과 언어, 성품 자체가 무오류·무결점임이 선포되는 것이다. 이 시기가 군주의 전제권에 상당한 제약이 가해졌던 소위 '명예혁명'과 '권리장전'의 채택 이후임에도 그러했다. 조금 이른 시기 프랑스에서는 보쉬에가 『성서에 기반을 둔 정치』(1709) 4서 4장에서 "국가 전체가 군주 안에 있다 …… 모든 완벽성과 모든 미덕이 신 안에 있듯이 개인들의 권력은 군주의 인격 안에 있다. 한 인간이 이 많은 것을 지닐 수 있다니 어찌 놀라운 일이 아닌가!"라고 군주를 찬미한다.[19] 바로 절대주의 군주관, 주권론이다.

칸토로비치는 현대주권론의 배경에 있는 바로 이러한 신학적·초월적 주권관을 비판하려 했다. 종교에서 빌려온 '허구(fiction)', '인위적 비현실(man-made irreality)'이 결국 현대주권과 국가권력을 괴물로 만들었다고 보았다. 학자적·이론적 관심에서만이 아니었다. 그가 이 책을 썼을 때는 세계대전의 체험이 아주 가까웠던 때였다. 그래서 책 서문에

---

17 상동, p.506.

18 상동, p.4.

19 장 보댕, 임승휘 옮김, 『국가론』, 책세상, 2005, 173쪽(임승휘, 「해제-장 보댕과 근대주권론의 탄생」) 재인용. 당시 유럽 법률가들의 이러한 진술은 주희의 다음과 같은 주장과 선명하게 대비된다. "폐하께서는 …… 이른 아침부터 밤늦게까지 생각하고 반성하면서, 생각을 할 때나 말을 하고 일을 처리할 때 늘 황천상제가 마치 하늘 위에서 임하시는 것처럼 하며, 종묘사직의 신령들이 마치 곁에서 지키고 있는 것처럼 생각하여 삼가고 삼가서, 그 사이에 터럭만한 것이라도 사사로운 뜻이 다시 생겨 하늘이 경고의 재앙을 내리는 번거로움이 없게 하십시오"(「論災異箚子」, 『주자봉사』, 상게서, 312쪽). 여기서 종교적·신학적 요소는 유럽과 반대로 군주의 자의를 견제하는 방향으로 작동한다.

서 1 · 2차 세계대전이라는 "가공할 경험"을 "크고 작은 모든 나라가 정치적 신학주의(political theologism)라는 극히 괴이한 도그마(the weirdest dogma)의 희생물로 전락"한 결과였다고 회고한다. 그리고 자신의 책이 그러한 "현대 정치종교의 우상들이 부상(浮上)"하게 된 기원을 탐색해보려는 동기에서 비롯된 것임을 내비친다. 달리 말하면 자신의 연구는 그렇듯 문제적인 "현대 주권국가와 그 영속성의 암호(cyphers)"의 기원을 "초기근대 유럽 주권론의 성립과정에서 찾는 것"이다.[20] 그래서 책의 부제가 '중세 정치신학(political theology)에 대한 한 연구'가 되었다.

칸토로비치가 비판적 · 문제적 시각에서 유럽 정치신학에 주목했다면, 정반대로 동일한 현상을 변호론적 시각에서 적극적으로 옹호하고 정당화 · 합리화했던 것은 독일의 저명한 나치 법학자 칼 슈미트(Carl Schmitt)였다. 실제로 칸토로비치가 "정치적 신학주의", "정치종교"라는 "극히 괴이한 도그마"의 대표적 이데올로그로 염두에 두고 있었던 것이 바로 슈미트고, 그의 정치신학론이었다.[21] 슈미트는 칸토로비치와 마찬가지로 유럽의 초기근대 주권론이 중세 가톨릭 교회가 가지고 있던 신성한 권력을 근대국가가 대신 담지하게 된 결과 생겨났다고 본다. 칸토로비치가 정치신학이라는 픽션의 '극히 괴이한' 면모를 풍자하는 반면, 슈미트는 전쟁수행의 주체, 무정부적 공포의 종식자로서 전권적 주권의 법적 실체성과 실효성, 그리고 그를 떠받치는 정치신학의 위력을 오히려 힘껏 강조한다. 또한 이를 통해 자신이야말로 보댕과 홉스의 진정한 해석자요 계승자임을 과시한다.

우선 슈미트는 유럽사에서 종교개혁으로 촉발된 종교전쟁(유럽내전)에서 세속국가가 교회 대신 전권을 행사하는 권력주체로 성장했음을 주

---

20 Kantorowicz, 상게서, p. viii,ix.

21 Rust, Jennifer, "Political Theologies of the Corpus Mysticum: Schmitt, Kantorowicz, and de Lubac," in *Political Theology and Early Modernity*, ed. by Grahan Mannill and Julia Lupton, Chicago: The University of Chicago Press, 2012.

목한다. 그의 장 보댕, 토마스 홉스의 주권론 해석의 핵심도 여기에 있다.[22] 아울러 이 시기와 거의 동시적으로 시작된 "지리상의 발견의 시대"에 "세계의 대지와 바다"가 점차 "유럽 민족들의 전세계적 의식에 의해 처음으로 파악·측량"되고 이를 통해 "(전세계를 대상으로 한) 대지의 노모스(nomos)"가 형성되었다고 말한다. 그리고 이 '대지의 노모스'가 "대륙의 공간질서와 자유해(自由海)의 공간질서의 관계에 근거하며, [이후] 400년 동안 유럽중심적인 국제법, 즉 유럽공법(jus publicum Europaeum)을 떠받쳐왔다"고 한다(슈미트, 1995:23). 그는 그리스어 '노모스'란 "다름 아닌 강자의 임의적 권리"를 뜻한다고 풀이하는데(56), 그 핵심은 "육지취득(Landnahmen)", "바다취득(Seenahmen)"에 의한 "원초적 분할(Ur-Teiling)", "원초적 분배(Ur-Verteiling)"에 있다(47). 이렇듯 사뭇 거창한(?) 웅변을 통해서 슈미트는 유럽 근대주권 형성의 '비밀'과 '암호'가 부단한 전쟁수행, 이를 통한 대지와 바다의 지배권획득 – 초기근대 유럽의 오랜 내전, 그리고 그보다 더욱 길었던 전 세계를 대상으로 한 식민지 쟁탈전쟁(그것은 두 차례의 세계대전으로 확대되었다) – 에 있었음을 공공연하게 자백한 셈이다.

슈미트 주권관의 핵심은 그의 출세작이 되었던 『정치신학』(1922)에서 집약돼있다. 그는 여기서 근대주권의 본질을 "예외를 결정하는 자"라는 점에서 찾고, 이는 "제한 없는 권력" 또는 "모든 현행 질서를 효력정지시키는 권한"을 보유한 주체라 하였다.[23] 이렇듯 '예외를 결정하는 자'로서의 주권, 즉 "국가적 권위의 본질"은 그러한 예외 결정이 "법규범으로부터 분리되고 …… 국가의 권위는 법을 만들기 위해서는 법이 필요없다는

---

22 슈미트, 칼, 김항 옮김, 『정치신학: 주권론에 대한 네 개의 장』, 그린비, 2010; 김효전 역, 『로마 가톨릭주의와 정치형태, 홉스 국가론에서의 리바이어던』, 교육과학사, 1992.

23 슈미트, 칼, 2010, 상게서, 16, 22, 24쪽.

사실을 증명한다"고 강조한다.[24] 이리하여 유럽 정치신학의 역정은 중세 'corpus mysticum'에서 16세기 '왕의 두 신체'를 거쳐, 17~18세기에 왕권(=주권) 무오류론으로 발전했다가, 이윽고 20세기 슈미트에 이르러 '법 위, 법 밖의 독재권'의 주창에까지 이르게 되었다.

슈미트의 정치신학적 예외 주권론은 허다한 비판에도 불구하고 오늘날까지 현대 주권론과 국제관계론 영역에서 상당한 영향력과 추종자를 유지하고 있다. 그 이유가 무엇일까? 그의 주장이 비단 과거의 나치즘에 국한되는 것이 아니라 실제로 서구 주권의 한 특성을 잘 보여주고 있고, 이제 서구 주권 형태가 세계적으로 확산된 오늘날 그러한 특성이 서구ㆍ비서구, 좌우 구분 없이 널리 관찰되고 있다는 사실 때문일 것이다. 최근에는 아감벤이 냉전종식 이후 초강대국 미국이 전세계를 대상으로 보여준 패권 행태에서 그러한 정치신학적 예외 주권의 면모가 여실하게 드러나고 있다고 지적한 바 있다.[25]

물론 서구 주권론이 슈미트류의 전권적 주권론 하나로 집약되지는 않는다. 로크-몽테스큐-칸트 등으로 이어지는 자유주의적 주권론, 스피노자-제퍼슨 등의 민주적 주권론 역시 큰 흐름을 이루어왔다. 여기에는 분명히 차이가 있다. 그러나 그 어떤 흐름도 유럽 근대 3~4백년간의 오랜 내전과 해외팽창전쟁의 와중에서 형성되었다는 서구 근대사의 엄연한 사실 밖에 존재할 수는 없다. 그래서 슈미트는 자유주의의 배경에는 영미 해양패권의 예외주권이 있고, 좌파 혁명운동의 이면에도 전위당의 독재주권론이 있다는 식으로 그의 예외주권론을 정당화하고 일반화했다. 서구 담론 내에서 슈미트 주권론에 대한 반론과 비판은 대단히 많다. 그러나 진정으로 근원적인 비판이란, 사뭇 궤변적인 그의 논변이 서

---

24 상동, 26쪽.

25 아감벤, 조르조, 박진우 옮김, 『호모 사케르: 주권권력과 벌거벗은 생명』, 새물결, 2008; 김항 옮김, 『예외상태』, 새물결, 2009.

구주권론·현대주권론의 바탕 깊숙이 박혀있는 근원적 문제를 날카롭게 드러냈다는 점을 인식하고 인정한 위에 가능할 것이다. 이러한 비교적 시각을 전제로 주희의 주권론과 그의 당대의 중국과 동아시아의 상황을 다시 검토해 보기로 하자.

3) 주희 주권론에서의 전쟁, 재정, 군정(軍政), 민력(民力)

주희의 특이한 주권론이 중국이나 동아시아의 군주관·주권론의 지배적 흐름을 대표하는 것은 아니다. 예외적인 몇 시대에 영향력을 가졌을 뿐이다. 앞서 말한 '송대 공치의 세 파고' 그리고 그와 유사했던 '조선 중후기 사림과 붕당정치의 몇 개의 파고'가 이에 해당한다. 지배적이었던 일반형은 오히려 유럽 절대주의의 신성화된 군주관에 가깝다. 중국 통일왕조의 군주를 칭하는 '천자'나 '황제'라는 용어 자체부터가 초월적이고 종교적인 것이다.[26] 주지하듯 이 두 용어는 중국 주나라의 수백년 전쟁상황(춘추전국시대)의 산물이다. 재미있는 것은 이 시기 중국과 초기 근대─근대 유럽은 수백년 전쟁=전국상황이었다는 점에서 유사하다는 사실이다. 전국시대의 최종승자인 진시황제의 왕권이 유럽 절대주의 왕권과 마찬가지로 초월적·종교적이었다는 사실은 결코 우연하지 않다.[27]

---

26 Ching, Julia, *Mysticism and kingship in China*, Cambridge: Cambridge University Press, 1997.

27 최근 후쿠야마는 왕가·귀족의 '사촌들의 전횡(tyranny of the cousins)'을 걷어내고 관료적 중앙집중체제를 이루었던 秦 제국을 '최초의 조숙한 근대관료국가'라 명명한 바 있다. 물론 그 목적은 중국의 조숙한 근대성을 칭찬하려는 데 있지 않고, 반대로 낡은 '동양적 전제론'을 말만 바꿔 리바이벌하려는 데 있다. 그가 말하는 진정한 근대국가는 '관료적 중앙집권제'와 함께 '법의 지배', '왕권의 민에 대한 책임성(accountability)'라는 삼박자가 갖추어져야 하는 데, 중국에는 나머지 둘이 없었기 때문이라는 것이다(Fukuyama, Francis, *The Origins of Political Order From Prehuman Times to the French Revolution*, New York: Farrar, Strauss and Giroux, 2011). 이 견해는 총체적으로 잘못되어 있다. 이에 대한 비판은, 김상준, 『유교의 정치적 무의식』, 글항아리, 2014, 66~75쪽.

주희 주권론은 중국과 동아시아에서 오랫동안 지배적이었던 전권적 군주관의 주류 흐름에서 보면 분명 예외적인 존재였다. 그러나 예외적이었다 하여 무의미한 것은 아니다. 오히려 반대다. 이 경우에는 '예외가 법칙을 입증한다(exceptio probat regulam)'는 금언이 오히려 정확히 들어맞는다. 유교 정치관·군주론의 진정한 법칙, 정수가 이 예외 속에서 여실히 드러나고 있기 때문이다.[28] 더구나 이 글 서두에서 언급한대로 '서구주도 근대의 주권론·국가론의 의미를 새롭게 음미할 때가 된' 상황에서는 유형적 대비가 되는 예외적 사례의 선명함이 오히려 돋보이는 미덕이 된다.

　　'전쟁군주론, 군주전권론에 대한 반대'는 유교의 탄생근거였다. 유교의 성왕은 평화의 군주, 무위지치(無爲之治)의 군주다. 그렇다고 공맹(孔孟)이 일체의 전쟁을 반대했던 절대평화주의자였던 것은 아니다. 폭군에 대한 정벌, 저항, 침략에 대한 항거 등의 불가피한, 의로운 전쟁은 인정한다. 그러나 춘추전국의 전쟁군주들에게 이러한 구분은 사실상 무의미했다. 『좌전』을 심층 분석한 루이스가 말했듯 당시의 전쟁군주들에게 전쟁과 폭력은 오히려 신성한 '의례'이자 '의무'였다.[29] 이는 후일 유럽 절대주의 전쟁군주들이 부단한 전쟁을 통해 추구했던 '영광(glory)'과 비슷한 가치요 멘탈리티였다 할 수 있다.[30] 상황이 이러하였으니 공맹이 살았던

28　김상준, 『맹자의 땀 성왕의 피: 중층근대와 동아시아 유교문명』, 아카넷, 2011, 223~233쪽.

29　Lewis, Mark, *Sanctioned Violence in Early China*, New York: State University of New York Press, 1990.

30　이러한 멘탈리티의 현대적 번안자는 역시 다시 한 번 칼 슈미트였다. 그는 '정의의 전쟁'과 '불의의 전쟁'을 구분 논변 일체를 싸잡아(여기에는 칸트의 논변도 포함된다) '중세적인 것'이라 일축하고, 유럽 국가들 사이의 모든 전쟁은 모두가 "동등하게 정당한 적들 사이의 무장대결"이라 정리한다. 더 나아가 "근대국가의 역사적 의미가 바로, 정당 원인을 둘러싼 모든 투쟁, 즉 그 이전의 봉건법적 또는 신분법적 또는 종교적 신학적 의미에 있어서의 실질적인 정당함과 실질적인 정의를 둘러싼 모든 투쟁에 종지부를 찍는 데 있다"고 선언한다 (슈미트, 1995, 상게서, 175쪽). 이러한 주장으로 그는 오늘날 '현실주의(realist)' 국제관계 정치학과 그 추종자들의 숨은 비조가 된다.

당시에도 공맹의 정치론·군주론은 결코 주류일 수가 없었다. 이후 진시황의 진제국은 말할 것도 없고 유교를 국교화했다는 한나라의 군주관역시 초월적 황제관의 강한 영향 하에서 고도로 신비화·절대화된 것이지 않을 수 없었다. 이러한 점에서 송대는 확실히 새로운 시대였다. 공맹의 정치관·군주관이 현실적인 정치이상으로 부각될 수 있는 조건이최초로 형성되었다. 그렇기에 송대 공치파 유자들은 주변화되었던 공맹의 반전쟁군주적·반전제군주적 정치관·군주론의 흐름을 되살렸고, 주희는 이를 가장 높은 수준으로 체계화하여 제시할 수 있었다.

따라서 서구 주권론과 주희 주권론의 비교의 축은 전쟁주권론, 군주전권론에 대한 것으로 요약할 수 있다. 주희의 반전권적=공치적 주권관은 앞서 논하였으니, 이제 주희의 반전쟁군주, 반전국적 주권관에 집중하여 살펴보기로 한다. 이를 통해 반전권=공치적 주권관에 대한 이해도확충될 수 있을 것이다. 유럽 절대주의 역사는 전국적 군주관이 재정(財政)의 군주전권화를 수반했다는 것을 보여준다. 따라서 재정과 군정(軍政)에 대한 주희의 견해 역시 살펴 볼 필요가 있다.

여기서 우선 풀어야 할 문제는 주희가 금나라에 대한 '주전(主戰)론자'로 알려져 있다는 사실이다. 당시 남송왕조는 북송을 멸망시키고 중원을 차지한 금(金)과 대치상태였고, 조정은 침략으로 잃어버린 중원의 회복을 놓고 '화의(和議)파'와 '주전파'가 대립하였다. 따라서 정확히 말하면 '현상유지파'와 '실지회복파'의 대립이었다. 흥미로운 것은 '현상유지파'는 군주전권의 추세에 영합한 반면, 주희를 비롯한 공치론자들은 모두 '실지회복파'에 속했다는 사실이다. 남송을 개창했던 이는 그의 부친인 휘종과 이복형인 흠종 등 황제와 황후, 태자가 생포되고 북송이 치욕적으로 멸망하는 과정에서 간신히 생명을 부지하여 강남으로 탈출했던강왕(康王) 조구(趙構=고종)였다. 이런 위기를 겪은 고종은 현상유지에 몰두하는 한편 군주 전권을 강화시켰다. 반면 1162년 고종의 선양으로 제위에 오른 효종은 실지회복의 뜻을 품었고 공치파에 대해서도 고종에 비해 우호적이었으나, 상황(上皇)의 자리에 앉아 1187년까지 장수했던 고종의 눈치를 봐야하는 상태였다. 주전론, 화의론 대립의 배경에 공치론과 전권론의 대립이 쌍을 이루고 있었던 것이다. 주희의 주전론은 이러한 맥락에서 나왔다. 주전론을 공치이념 고양의 고리로 보았던 것이다.

효종 초년의 「무오봉사(戊午封事)」(1162)와 「계미주차(癸未奏箚)2」(1163)에서 주희는 주전(主戰)의 근거를 정명(正名)과 의리에서 찾는다. "공자께서는 정치를 행할 때 정명을 우선을 삼아야 한다고 하셨으니, 대개 명분이 바르지 않으면 말이 순조롭지 못하고 일은 성사되지 않아서 백성들은 손발을 둘 데가 없게 됩니다." 요점은 "임금과 아비를 죽인 원수"에 대한 설욕의 의지가 없으면, "삼강과 오상의 근본"이 흔들리고 "나라의 기강"이 무너지게 된다는 것이다. 이는 모두 "천리의 스스로 그러함에 따른 것이지, 인욕의 사사로운 분노에 의한 것이 아닙니다"라고 말한다. 또 "오직 강화(講和)에 대한 말만 하는 것"은 사사로움만을 보는 소인들인데, 이들이 말하는 눈앞의 작은 이익에 현혹되는 것은 "의리의 근본"을 잃고 "이해(利害)의 말류로만 내달리는 것"이라 했다. 이러한 세력을 내치고 정명과 의리를 살릴 수 있는 "천하에서 군자, 충신, 현사(賢士)로 일컬어지는 사람들"을 중용해야 한다. 정명과 의리가 나오는 곳은 바로 공론이 나오는 곳인 바, 군주는 "오직 공론이 어디에 있는가만을 살펴야 합니다"라고 강조한다.[31]

결국 주희의 주전(主戰)의 목적은 나라의 위축된 기강과 손상된 의리의 회복 그리고 이를 통한 공치이념의 고양이었지, 전쟁 자체 또는 전쟁을 통해 얻어질 이익이나 공명이 아니었다. 전쟁에 대한 주희의 태도는 점차 더욱 신중해지는데, 효종말년(1188년)에 올린 「무신봉사」에서는 다음과 같이 말한다.

31　주자사상연구회 역, 『주자봉사』, 혜안, 2011, 58~59, 184~189쪽.

분발하여 힘쓰기를 생각하는 자는 또한 중원을 회복하는 것을 잊어서는 안 되고 쇠퇴해가는 것을 오래 지속시켜서는 안 된다는 것만 알 뿐, 세상에 보기 드문 공적은 세워지기 쉽지만 지극히 은미한 본심은 보존하기 어려우며, 중원의 오랑캐는 쫓아내기 쉽지만 자기 한 사람의 사사로운 뜻은 제거하기 어렵다는 것을 알지 못합니다. 진실로 어려운 것을 먼저 할 수 있다면 쉬운 것은 장차 말하지 않아도 저절로 처리될 것이지만, 어려운 것을 먼저 하지 않고 한갓 쉬운 것에서 요행을 바란다면 비록 아침저녁으로 그것을 말하여 입에 달고 있더라도 이 또한 한갓 빈말을 하여 한 순간의 뜻을 유쾌하게 하는 것일 따름입니다.[32]

이 대목은 효종 초년인 1163~1164년 효종이 군사를 일으켜 금나라를 공격하다 실패했던 경험을 신중히 재검토하는 부분에서 나온다. 이때 주전파인 장준 등이 기용되었으나 부리(符離)에서 군사작전의 실패로 화의론이 오히려 더욱 급격히 커지는 결과에 이르게 되었다. 주희가 당시를 회고하면서 '세상의 보기 드문 공적'과 '은미한 본심'을 대비시키고 있는 것은 매우 흥미롭다. 준비도 충분하지 못했으면서 전쟁을 벌였던 일을 상기하면서, 이것이 '한갓 요행을 바라고' 전쟁을 통해서 '보기 드문 공적'을 얻어 보겠다는 것이 아니었냐고 혹평하고 있는 것이다. 이 비판은 과연 누구를 향하고 있는 것일까? '제거하기 어려운' '한 사람의 사사로운 뜻'이란 과연 누구의 것일까? 당시 이 일에 관련된 주요 정책관련자 모두에게 해당할 수 있는 말일 수 있지만, 결국은 효종 자신으로 모아지고 있다. 주희의 뜻은 이렇다. 크고 길게 보면 중원회복은 오히려 쉽다. 그러나 이를 위해서는 먼저 '어려운 일', 즉 일체의 사사로움을 지우고 '은미한 본심'을 지켜 나라 안에 천리의 주권, 천하공공의 뼈대가 굳게 서도록 해야 한다. 그러나 돌이켜 보면, 그때의 전쟁은 그렇지 못

---

32 상게서, 132~133쪽.

했다. 사사로움의 혐의가 있었다. 눈앞의 공명과 공적을 구하기 급해 서둘렀던 일이고, 그러다가 한 전투에서 패하자 또 갑자기 화의론으로 돌아서서 정명(正名)과 의리를 오히려 더 그르치게 되었다는 것이다. 이러한 반성과 비판 위에 주희는 그의 오랜 신조였던 주전론을 크게 변경한다.

바라는 것은 오직 폐하께서 먼저 동남쪽(남송)이 아직 다스려지지 않은 것을 근심하셔서 마음을 바르게 하여 자기의 사사로움을 극복함으로써 조정을 바르게 하고 정사를 처리하시는 것입니다. 그러면 아마도 착실한 공효를 점차 거둘 수 있어서, 따로 근심과 해가 생겨나 원대한 계획을 방해하는 데에 이르지는 않을 것입니다.[33]

주전론이 오히려 '의리의 근본'을 손상시키고 '이익과 공명의 말류'에 빠지게 하는 데 이용될 수 있음을 자각한 탓이리라. 이어 주희는 "진실로 중원을 회복하는 데 뜻이 있는 자는 칼을 어루만지고 손바닥을 치는 일에 있지 않다"고 이 논의를 마무리한다. 효종의 흉중에 있을 것이라 넌지시 말한 '원대한 계획'이란 물론 '중원의 회복'이다. 그러나 그 방식은 칼이 아닌 문(文) 또는 일체의 사사로움을 떨친 천리의 실현에 의한 것이어야 한다고 정리하고 있는 것이다. 천리의 주권, 천하공공의 기틀을 세우는 일을 우선하자는 일종의 '준비론'이 된 것이다.

천리=천하공공을 강조하는 주희의 시각은 재정과 군정(軍政)에서도 일관된다. 그리하여 국가 재정의 사사(私事)화를 문제의 핵심으로 지적한다. 군주의 사적 창고[內帑庫]와 국가의 공적 창고(호조)가 분리되어 있다는 것, 알짜배기 조세는 모두 내탕고로 가고, 명목만 남은 부실조세만 호조 명부에 쌓이고 있다는 것을 문제로 지목한다. 그 이유를 "뒷날 군

---

33 상동 133쪽.

사를 일으킬 때의 불시의 수요에 대비하기 위한 것"이라고 하나, 말만 그럴듯하지 실제는 전혀 그렇지 못함을 비판한다.

이런 식으로 한지 20여년 동안 내탕고의 세입이 얼마나 쌓였는지 모르겠습니다만, 이를 황제께서 사사로운 자금으로 삼고 사인(私人)에게 맡겨 관리하니, 재상은 공물 진상의 규정에 따라 그 출입을 균등히 조절하지 못하고, 판조는 장부기록에 맞추어 있고 없음을 살피지 못합니다. 그리하여 나날이 덜어내고 다달이 잘라내어 사사로운 연회의 비용으로 쓰는 것이 얼마나 되는지 모릅니다. 그러니 어찌 …… 그 돈으로 오랑캐의 머리를 바꾸어 올 수 있었다는 이야기를 들을 수 있겠습니까?[34]

이렇듯 재정이 사사화되면, 한쪽으로는 군주의 사적창고로 향하는 뇌물과 부패의 고리(중앙관리-지방수령-토호의 결탁)가 성해지고, 다른 한쪽으로는 비어가는 공적창고를 채우기 위해 조세부과와 수취를 더욱 가혹하게 하지 않을 수 없다. 그 결과,

판조(判曹)의 경비 부족이 날로 심해지고 징세 감독은 날로 엄준해져 결국에는 조종 이래로 전해져 온 감세[破分]의 좋은 법을 폐지하고 반드시 모두 채우도록 합니다. 부족하다고 여기면 또 감사와 군수를 비교하여 고과(考課)하는 법을 만들어 유인하고 협박하여 그들이 정교를 베푸는 잘잘못에 대해서는 더 다시 일체 묻지 않고, 한결같이 백성을 벗겨내어 위로 바치는데 능한 자를 현명하다고 여깁니다. 이외 중외에서 그 풍조를 이어 경쟁적으로 가혹하고도 급박한 정치를 펼칩니다. 감사(監司)는 주군(州郡)의 수령에게 엄한 명령을 내리고 군수(郡守)는 속읍(屬邑)에 엄한 명령을 내리는데, 민사(民事)에는 특별히 마음을 기울이지 않으며 오직 세금부과와 징수를 재촉하고 감독하기에

---

34 상게서, 121쪽.

힘쓸 뿐입니다. 이것이 민력(民力)이 매우 어려워진 근본원인으로, 정해진 조세 외에 화매, 절백, 과죄, 월춘과 같은, 명목에도 없는 부세에 대해서는 아직 논하지도 않은 것입니다.[35]

주희는 당시의 여러 변법 조세 중 특히 문제가 되었던 '경총제전(經總制錢=경제전과 총제전)'을 아예 없애자는 과감한 주장을 편 것으로도 유명하다(「무신주차3」). 지방관리로서의 행정경험에서 나온 소신이었다. 대안 없는 이상론이 아니었다. 내탕고 세입을 호조 세입으로 돌리면 된다는 것이다. '재정공공화=정상화'의 논리였다.

군정(軍政) 역시 문제의 핵심은 군주권의 사사화다. 주희는 그 관건을 군주의 근습들(주로 환관들)이 장수의 임명권을 쥐고 있는 현상에서 보았다.

대저 장군은 삼군의 사명(司命)인데도 그들을 뽑아 직책을 맡기는 방법이 이와 같이 어긋났으니, 저 지혜와 용맹과 재략을 갖춘 사람이 그 누가 환관, 궁첩(宮妾)에게 마음을 누르고 머리를 숙이기를 좋아하겠습니까? 폐하가 얻어 장수로 삼는 사람들은 모두 용렬한 졸장부들이니 전략을 세우고 군사를 조율하는 일을 어떻게 하는 것인지 전혀 모르며 오직 군졸에게 가렴주구하는 것을 앞세우고, [뇌물을 바쳐] 인맥을 쌓는 것만 도모할 것입니다.[36]

가렴주구는 뇌물로 모일 것이고, 뇌물은 환관 등 황제의 근습(近習)들에게 바쳐질 것이니, 이 역시 군주가 아직 버리지 못한 사사로움의 누(累)가 아닐 수 없다. 그래서 거듭 "군주의 마음의 바름, 사사로움 없음"에 있음을 강조하면서, "환관과 군부의 장수가 사통(私通)하는 것을 엄격

---

35 상게서, 121~122쪽.
36 상게서, 125쪽.

히 금지하고 장군을 뽑는 일을 재상에게 맡기면" 된다고 말한다.[37]

또한 주희는 "장수를 적임자로 얻지 못하면 사졸만이 그 피해를 입는 것"이 아니고, "그들이 미치는 해를 끝까지 추적하면 또 그것이 백성에게까지 미치게 된다"고 말한다. 당시의 군은 둔전(屯田)을 받고 병사들이 이를 경작하여 자급(自給)하도록 되어 있었는데, "자기 욕심 채우는"데 급급한 '환관과 사통하는 군부의 장수들'은 농민들을 둔전 경작에 강제 동원하여 민력을 고갈시키고, 사졸들은 위세를 부리거나 장수의 사적 용도에 동원되고 있음을 지적한다. 군정 문제를 "민력(民力)이 넉넉해지는 일"을 중심으로 생각하고 있었던 것이다.[38] 물론 '민력이 넉넉해지는 일'에 대한 주희의 관심은 비단 군정(軍政)에 국한되지 않는다. 조세, 재정, 그리고 금나라와의 관계를 생각할 때도 항상 주희 사유의 바탕에 놓여있는 기본관심이었다. 나라의 존재이유, 정치와 주권의 존재이유(raison d'etre)를 여기서 찾았던 것이라고 볼 수 있다.

이와 관련하여 마지막으로 주희『봉사』에서 사창(社倉)론의 중요성을 언급해둔다(「신축주차(辛丑奏箚) 3, 4, 5」). 사창은 주희의 지방행정경험에서 나온 독창적인 구민정책방안이었다. ①국가가 아닌 농민이 주체가 되고, ②도시[縣]가 아닌 향촌[鄕] 단위에서 시행되었으며, ③국가 재정 보충이 아닌 농민의 자활력 제고를 목적으로 하였다는 점에서, 주희가 참조했던 왕안석의 청묘법을 넘어섰다. 농민을 단순한 시혜의 대상으로 보지 않고 자립근거와 상환능력을 가진 계약의 주체로 보았다는 점에서 근대 협동조합의 발상에 가깝다. 주희는 사창의 시행세칙에 세심한 신경을 썼는데(「사창사목(社倉事目)」), 이 제도가 지속적으로 잘 운영되기 위해서는 향촌의 '호민(豪民)' '대가(大家)'의 횡포에 맞설 수 있는 향촌내부의 네트웍과 자발적 지도력 형성이 중요하다고 보았다. 물론 사창에도

---

37 상게서, 127쪽.
38 상게서, 125~127쪽.

한계가 있었고, 사창만으로 민력 부양이 이뤄지는 것도 아니었다.[39] 여기서 주목하는 것은 주희의 주권론이 집약되어 있는 『봉사』에서 사창이 중요한 부분을 점하고 있고, 여기서 민의 자활력이 크게 강조되고 있다는 사실이다. 그의 천하공공의 주권관이 군과 사의 공치만이 아니라 밑으로부터의 민의 자활력 제고와도 긴밀하게 맞물려 있었음을 보여주는 대목이다.

4. 결론: 주희 주권론의 현재성

주희의 천리=천하공공의 주권관은 확실히 예외적인 것이었다. 주희의 『봉사』의 거의 모든 구절에서 군주권과의 날카로운 긴장을 느낄 수 있는 것은, 그가 상대하고 있는 현실의 군주권 자체가 이미 유럽 절대주의 군주론과 매우 흡사한 것이었음을 말해준다. 주희와 그와 뜻을 같이 했던 '도학' 공치파의 사상을 그의 정적들이 정치적으로 불온한 것으로 보고 공격했던 데 전혀 근거가 없는 것은 아니었다. 그들의 생각하는 군주전권적, 절대주의적 군주관에 비해보면, 확실히 주희 군주관에는 군주권 자체를 비판하고 제약하는 요소, 군주권 자체와 날카롭게 모순하는 측면이 존재했다. 그것은 주권의 공적 성격과 군주권의 사적 측면과의 갈등인데, 이는 세습군주제가 존재하는 한 필연코 수반될 수밖에 없는 현상이었다.

송대 공치파의 3대 파고에서 그 모순은 갈수록 날카롭게 되었다. 범중엄과 왕완석의 단계에서는 군주권 내의 사적측면과 공적측면 사이의 갈등이 부각되기 보다는 국가의 공적기구로서 관료기구 구축, 즉 세족(世族)이 아닌 과거(科擧)로 선발된 전업관료와 그들의 지휘를 받는 서리

---

39 김상준, 『유교의 정치적 무의식』, 글항아리, 2014, 139~147쪽.

(胥吏)가 행정과 조세체제의 실체가 되는 새로운 국가기구를 만드는 일에 초점이 맞추어졌다. 그러나 범중엄-왕안석 단계에서부터도 황권의 사적측면보다 공적측면을 강조하는 경향은 분명했고, 이 점을 이었다는 점에서 주희를 이 연속된 파동의 한 파고로 파악하는 것은 정당하다.

주희는 범-왕, 특히 왕안석의 실패의 원인을 심각하게 분석했는데, 이는 주희가 깊이 사숙했던 이정(二程=정호, 정이)의 영향이 크다. 이정 그리고 주희는 왕안석 실패의 원인을 내성(內聖)학의 미비에서 찾았다. 왕안석의 외왕(外王)학은 훌륭했으나 내성학이 미약했다는 것이다. 무엇보다 군주를 잘 계도하여 그가 내성을 갖추도록 하는 것이 중요하다. 그렇지 못하면 외왕은 늘 위태로울 것이기 때문이다. 주희가 군주에게 '일체의 사사로움을 지울 것'을 그토록 강조하게 되었던 근원이 여기에 있었다. 이로써 범-왕 단계에도 잠재하고 있었던 군주권 내부의 공-사 모순을 주희는 더욱 날카로운 형태로 부각시키게 된 것이다. 이러한 처방이 당대의 현실정치에서 얼마나 실효성이 있었느냐는 또 다른 문제다. 당대의 권력현실에서 군주권은 앞서 말했듯 오히려 절대주의적이었다. 바로 그러한 상황에서 군주권 행사의 사적 측면에 대해 그토록 집요하게 문제를 제기하면서 무릇 주권이란 일체의 사사로움을 철저히 제거하여 완전한 이성[至極之理], 천하공공의 이치에 이르러야 한다고 하였던 그 철저성이 오히려 주목되어야 한다.

혹자는 주희의 그렇듯 '비현실적'인 군주론이란 결국 현실정치에서 '조정 40일'로 내쳐진 것에 불과했던 것이고, 그리하여 병고와 탄압 속에 쓸쓸히 죽고만 것이 아니냐고 조소할 지도 모른다. 그러나 이 글에서 밝힌 것처럼 정치가 주희의 평생의 노력은 조정에 상당한 압박을 주었고, 이후 그의 군주관은 후대의 직유(直儒)들에게 엄청난 영향을 주었다. 더 나아가 이제 우리는 주희의 그렇듯 특별하고 철저했던 주권관을 다시금 재평가해야 하는 상황에 이르게 되었다.

주희의 주권론은 유럽 절대주의의 사적-공적 측면의 모순이 이윽고 극점에 이르러 파열된 후 도달했던, 이제는 오늘날의 세계표준이 되었다고 할 수 있는 인민주권론(국민주권론)과도 또 다른, 특이한 주권론이다. 인민주권이란 절대주의 왕의 목이 잘려진 바로 그 자리에 '인민'이라는 또 다른 주체가 자리잡은 것이다. 자유주의든 공화주의이든 사회주의든 이 점에서는 동일하다. 인민주권론은 주권 자체를 향하는 비판과 자기정제 · 자기정화의 날이 부재하다는 점에서는 절대주의 주권론과 크게 다르지 않다. 따라서 16세기 장 보댕이 주권의 세 특징으로 정리했던 명령권적 속성, 영속성, 절대성(임승휘, 2005)은 인민주권의 경우에도 동일하다. 근대 국민국가 주권론의 핵심인 인민주권론이 결국은 절대주의 정치신학의 연장에 불과하다고 단언했던 슈미트에게 그 나름의 이유가 없지는 않았던 것이다. 우리는 같은 사실을 슈미트가 행했던 바와 같은 변호론의 시각에서가 아니라 비판과 자성의 관점에서 보았다. 이는 이 글 서두에서 말한 바, '서구주도 근대시대의 주권론 · 국가론의 시대적 의미를 새롭게 음미할 때가 되었다'는 상황의식과 연관되어 있다.

이러한 시점에서 주희의 특이했던 주권론을 이후 남송과 명의 멸망, 더 나아가 19세기 서세동점 속에서 무너진 일체의 유교 '문약' 주권들의 망권의 근원일 뿐, 오늘날에는 아무런 쓸모가 없는 폐기물에 불과하다고 (중국과 한국의 많은 이들이 오늘날에도 그렇듯) 다소의 분개와 경멸감을 섞어 간단히 기각하고 마는 것은 역사적 판단의 타당성을 떠나 그다지 생산적이지 못해 보인다. 오히려 주희의 특이한 주권론은 지금까지 기존의 어떤 주권이론도 가보지 못했던 가장 먼 곳까지 가보았던 전혀 새로운 주권론으로 보인다. 말하자면 일종의 칸트가 그의 윤리론에서 봉착했던 첨예한 곤경이 주희의 주권론에서 매우 조숙하게 선취되고 있었다고 할 수 있겠다. 칸트에게서 윤리의 근거가 그가 'pathological'하다고 불렀던 '일체의 인간적 경향성'을 모두 부정한 이후, 일종의 비–인간의 가상공간에만 설정되는 것처럼, 주희가 말한 '일체의 사사로움이 지워진 천리의 주권' 영역 역시 그렇듯 위태로운 곳에 처하고 있는 것으로 보인다. 그러나 칸트가 그토록 공기가 희박한 곳에 위치시켰던 (즉 그가 설명하는 데 사실상 실패했던) '도덕적 동기'가 오늘날 인간의 몸 안에 풍부하게 내장된, 지극히 자연스러운 내재적 공감, 이타성, 협동성의 일상적 · 생물학적 메커니즘들로 재해명, 재발견되고 있는 것[40]과 같이 주희의 주권론도 (그 방향은 다르겠지만) 충분히 재해석될 여지가 있다.

　주권에서 일체의 사사로움을 지우면 공공의 직분으로서의 주권만이 남게 된다. 그 완벽한 구현을 어떤 한 개인에게 묻는 것은 여기서 초점이 아니다. 철저히 추상화된 '공공의 직분'이라는 영역이 하나의 실체로 형성되었다는 점이 중요하다. 주희에게 군주의 직분은 일체의 사사로움을 지우고 공공의 직분만을 소명으로 아는 사람들을 골라내 국정을 담당하도록 하는 데 있을 뿐이다. 여기서도 어떤 개개인이 도달한 완벽성 여부가 초점이 아니다. 그러한 기준, 표준이 세워졌다는 것이 중요하다.

　주권이 전권(專權)으로 경사될 가능성이 여기서 한 차례 제약된다. 주희가 인간 군주의 이미지를 태극＝무극＝무위지치의 주체로 바꾼 것은 절묘해 보인다. 권력이 집중화되는 경향성, 그리고 그 중심을 철학적으로 해체하고 있다. 일단 주권에서 전권성의 극(極)을 해체한 후, 그렇듯 해체된 주권의 공유 주체를 우선 재상(宰相)으로 그리고 더 나아가 '천하에서 군자, 충신, 현사(賢士)로 일컬어지는 사람들'로 하향 확산시킨다. 그 하향 확산은 결국 민에 이른다. 주희는 "주권의 극(極)이란 민(民)의

---

40 여기서 이에 관한 논의를 정리하고 문헌 증거를 다 드는 것은 너무 장황하고 불필요한 일이다. 필자에게 이러한 '인간본성에 대한 생물학계 인식의 대전환'을 가장 간명하게 요약하고 있는 대목으로 보이는 것은 De Waal , Frans, *The Bonobo and the Atheist: In Search of Humanism Among the Primates*, New York: Norton, 2013, 특히 pp.38~43이다. 인간 본성의 중핵은 이기심이고, 도덕성은 사과껍질과 같은 얄팍한 위장(＝껍대기, Veneer)에 불과하다는 기존의 견해('Veneer Theory')가 20세기말에 이르면 완전히 뒤집어졌다는 것이다. 그러한 '껍대기 이론'의 인간관은 20세기 후반을 풍미했던 신자유주의 사조의 자연과학적 배경이론이었다. 드 발은 영장류 전문가로 이러한 대전환에 일찍부터 선구적 역할을 했던 자연과학자 중의 한 사람이기도 하다.

극과 같은 것"이라 하였다.[41] 주권에 대한 주희의 여러 언급을 종합해 볼 때, 이 언명은 주희가 주권의 궁극적 존재근거, 존재이유(raison d'etre)를 민(民)에 두고 있었다는 것, 즉 '민의 복리와 안정의 실현', '민력을 높이는 것'에 있다고 본 것이라 풀이해도 무리가 없다.

그러나 그것만으로는 기존의 '서구주권론', 거기서 파생된 '인민주권론'의 대안으로서의 성격은 아직 선명해 보이지 않는다. 민주나 인민을 표방했던 현대 주권형태(=국민국가)들이 전권화=독재화=침략국가화 되었던 많은 사례를 우리는 이미 잘 알고 있다.

그렇다면 주희 주권론에서 주권이 전권으로 경사될 경향성에 대한 또한 차례의 사상적 자기 제약(self constraining)을 찾아볼 수 있는가? 우리는 이것을 그의 전쟁관의 변화에서 찾아 볼 수 있다고 생각한다. 남송시대에 주전(主戰)론은 오늘날의 말로 하면 일종의 '지식인의 사명'과 같은 것이었다. 정명과 의리를 강조하는 유자일수록 '오랑캐'인 여진족에게 중화문명의 발상지자 중심인 중원을 빼앗겼다는 수치와 굴욕감이 컸다. 문화적 · 종교적 근본주의(fundamentalism)는 칼 슈미트가 말한 바, '예외를 결정하는 자'를 부르기 쉽다. 주희의 내성외왕 일체의 주권론에는 분명 도덕독재의 가능성이 잠재해 있다.[42] 그러나 그것이 내전이나 국가 간 전쟁으로 폭발해 나갈 경향성을 내부에서 삭히는 반경향이 주희 주권론에 분명히 존재했다.

필자는 그것을 주희가 그의 젊었을 적의 주전론을 이후 장노년기에 사실상 철회하게 된 근거에서 찾는다. 주희가 주전론에서 준비론 내지 병립론으로 전환하게 된 근거는 두 가지다. 하나는 주전론이 군주의 전권을 오히려 강화하는 데 이용될 수 있다는 사실의 자각이다. 이는 앞서 살펴본 바 있다. 두 번째는 그의 사상이 완숙해지면서 나타난 금나라에

---

41 『어류』 권97 「상서2, 홍범」: "皇極如以爲民極."
42 Kim, 상계서, ch.5; 김상준, 2011, 상계서 4,10장; 김상준, 2014 상계서, 3장.

대한 인식의 변화다. 남송 효종 치세와 거의 중첩되는 금나라 세종기는 민생이 안정된 성세(盛世)로 평가된다(디터, 2015). 유교를 받아들이고 과거도 시행했다. 그래서 말년의 주희는 금나라의 공치(共治) 전통에 대해 "북방 오랑캐(금나라 사람)들이 처음에 흥기할 때 그 추장은 각 부족 수장들과 더불어 아무런 차이가 없었고 함께 앉아 마시면서 함께 춤도 췄다. 그래서 일을 해낸 것이다"라고 칭찬하는 말도 남겼다.[43] 더 나아가 금 세종이 '어진 정치[仁政]'를 펴고 있다는 세간의 평가에 대해 "그가 능히 요순의 길을 받들어 행하고 있다"[44]고 흔쾌히 인정하는 모습을 보이기도 한다.

우리가 흔히 아는 절대적 주전론자 주희와는 너무나도 다른 모습이다. 완숙한 주희가 문제의 안팎을 함께 보았음을 말해준다. 슈미트 예외주권론의 핵심은 국가의 안과 밖에 절대적인 적을 설정하는 데 있다. 이를 빌미로 주권은 쉽게 전권화=독재화된다. 주희 당대에 금나라는 충분히 그리고 쉽게 그런 대상이 될 수 있었다. 주희의 입장전환은 바로 이 문제를 인식하는 데—오늘의 언어로 하면 예외주권론의 치명적 문제를 간취(看取)한 데—에서 미루어 볼 수 있지 않을까. 앞 절에서 살펴보았듯이, 그러한 전환이 가능했던 근거는 민력=민의 상태를 우선으로 생각하는 태도였다. 여기서 '일체의 사사로움을 지운 공공의 직분으로서의 주권'이 다시 돌아온다. 그것은 (군주를 포함한) 어떤 사사로운 세력의 전권도 허락하지 않는 주권이고, 항상 민극(民極=皇極)을 축으로 삼는 주권이다. 이것이 주희가 생각한 공공(公共)의 의미였을 것이다.

여기서 한 걸음 더 나아가 주희의 주권론에는 주권 자체를 다시 생각하게 하는 모종의 근본성이 내재되어 있음을 살펴볼 필요가 있다. 그의

---

43 『語類』 권89, 64조. 위잉스, 이원석 옮김, 『주희의 역사세계(상)』, 글항아리, 2015, 60~61쪽에서 재인용.

44 『語類』 권123「夷狄」: "他能尊行堯舜之道."

주권이 '민극을 축으로 삼고 일체의 사사로움을 지운 천하공공'이라면 이는 '일체의 울타리가 지워진 천하무외(天下無外)의 주권'이지 않을 수 없다. 즉 주권과 구체적 인간(=군주)과의 관계를 끊으려 했던 것을 주권과 일체의 단위와의 관계를 끊으려 했던 시도로 확장하여 읽을 수 있다. 이러한 주권관은 남송의 민만이 아니라 중원과 화북의 민 역시 고려하는 수준 높은 것이었다. 주권과 특정 군주나 특정 왕조와의 연결을 추상화하여 증발시킬 뿐 아니라, 특정 나라라는 단위와의 연결 역시 천하무외의 경지 안에서 지워진다. '천하공공의 리'란 실로 이러한 수준과 경지의 주권을 말한다. 주권을 넘어선 주권, 국가를 넘어선 국가다.[45] 이러한 해석이 결코 과잉이나 과장이 아님은 주희의 영향권 안에 있는 후대 유자들의 언급들 속에서 쉽게 확인할 수 있다. 예를 들어 주권과 군주와의 연관을 끊어버리는 것은 황종희의 「원군(原君)」에서, 주권과 국가의 연관을 지워버리는 것은 강유위의 『대동서』에서 선명하게 드러난다. 이것은 물론 유교 성왕론 자체에 내재되어 있던 잠재성이었다. 이를 최초로 주권론의 형상으로 체계화한 이가 주희였다.

이러한 천하공공=천하무외의 주권관은 서구일극문명에서 세계다극문명으로 전환되고 있는 21세기의 세계에 매우 적실한 시사를 던져주고 있다. 여러 문명과 국가들이 평화롭게 공존하며 번영할 수 있는 방법을 찾는 데 인류문명의 미래가 걸려있다. 이러한 상황에서 걸림돌이 되는 것은 냉전이 종식된 이후임에도 세계 도처에서 긴장과 위기를 야기하고 있는 공격적·패권적 주권행사다. 그러나 이미 기존 국민국가의 틀은 지구화와 마찰하고 있다. 국민주권을 시민공론장 안에서 실체화하려는 주권의 내적 확장 현상도 보이고, 더 나아가 외국인 주권, 주변권 주권, 변경 주권 등 기존 주권관이 배제하고 억압했던 대상들이 기존 주권론의 정당성과 실효성을 물으며 주권개념의 확장·재구성을 요청하고 있다.

---

45 김상준, 2011, 상계서, 167~171, 462쪽.

이 글이 탐색해 본 주희 주권론의 현재성이란, 바로 이러한 긴박한 현실의 요청들과 결부되어 있다.

주자 인(仁) 개념의 자연생명론적인 의미에 관한 연구

황종원(단국대학교 철학과 부교수)

1. 머리말

유학의 핵심 이념인 인(仁)에 대한 고대 유학자들의 이해는 그 개념의 적용범위에 따라 크게 두 시기로 구분할 수 있다. 첫째는 인을 인간 내면의 가장 핵심적인 덕으로 규정하고 이 인의 덕을 주로 인간관계 속에서 발휘할 것을 요구한 시기로, 대표적으로 공·맹의 인 사상이 이에 해당된다. 장대년(張岱年)의 말처럼 공자는 처음으로 인을 "삶의 이상"으로 간주했고, 맹자는 공자의 사상을 계승하되 심성론의 측면에서 인의 보편성, 선천성, 내재성을 논증했다.[1] 둘째는 인의 적용 범위를 천지로 확장하여 인을 인간의 내적 덕성일 뿐만 아니라 천지의 덕으로도 규정함으로써 천지만물, 즉 자연을 인의 의미로 충만한 세계로 본 시기이다. 자연에 인의 의미를 부여하려는 시도는 멀리 북송 시기로까지 거슬러 올라가는데, 이 시기 많은 사상가들은 "복괘에서 천지의 마음이 보인다"[2]는 『주역』한 구절의 의미를 철학적으로 탐색하는 데서 그 노력을

---

1 張岱年, 『中國哲學大綱』, 中國社會科學出版社, 1982, 256~268쪽 참조.
2 『周易』「復」「象傳」: "復, 其見天地之心乎."

시작한다.

'천지의 마음'에 대한 이 시기 학자들의 여러 해석 가운데 후대에 지대한 영향을 준 의미 있는 대목은 '천지의 마음'의 내용을 '만물의 산출[生物]'로 설명한 점이다. 예컨대 구양수(歐陽修, 1007~1072)는 『역동자문(易童子問)』에서 "천지의 마음은 움직이는 데서 보이니 복(復)이고 하나의 양이 아래에서 움직임이다. 천지가 만물을 생육하는 것은 여기에 뿌리를 두고 있으니 천지의 마음이라고 한다. 천지는 물을 낳음을 마음으로 삼는 존재이다"[3]라고 하여 처음으로 천지의 마음의 의미가 '물을 낳음'임을 밝힌 바 있다. 동시대의 장횡거(張橫渠, 1020~1077) 또한 "무릇 '천지의 마음'이라 한 것은 천지의 큰 덕을 '생(生)'이라고 하니, 물을 낳음을 근본으로 하는 것이 곧 천지의 마음이다"[4]라고 하여 비슷한 설명을 하고 있다. 또 이정은 "'복에서 천지의 마음이 보인다'고 하니 한 마디로 말하면 천지는 물을 낳음을 마음으로 삼는다"[5]라고 하고 "양 하나가 아래에서 회복되니, 곧 천지의 물을 낳는 마음이다"[6]라고도 하여 이후 주자의 표현과 정확히 일치하고 있다. 사실상 주자(朱子, 1130~1200)는 '천지의 마음'에 관한 북송 시기 여러 사상가들의 설명들 중 이정의 표현을 그대로 차용하면서 '물을 낳음을 마음으로 삼는' 천지의 덕에 '인'이라는 의미를 부여한 것이다. 사상사적인 측면에서 볼 때 주자의 공은 바로 천지에 인이라는 가치를 직접적으로 부여했다는 데 있다.

주자의 인 개념에 대한 학계의 주목과 연구는 그간 지속적으로 이루

---

3 歐陽修, 『歐陽修全集』, 中國書店, 1986, 563쪽: "天地之心, 見乎動, 復也, 一陽動於下矣. 天地所以生育萬物者, 本於此, 故曰天地之心也. 天地以生物爲心者也."

4 張載, 『張載集』, 中華書局, 1978, 113쪽: "大抵言天地之心者, 天地之大德曰生, 則以生物爲本者, 乃天地之心也."

5 二程, 『二程集』, 中華書局, 1981, 366쪽: "復其見天地之心, 一言以蔽之, 天地以生物爲心."

6 二程, 『二程集』, 中華書局, 1981, 819쪽: "一陽復於下, 乃天地生物之心也."

어져 왔다. 특히 주자 나이 43세 즈음에 쓰인 「인설」을 중심으로 주자의 인 개념이 갖는 특징 및 호상(湖湘)학파에 대한 비판의 의미 등이 집중적으로 탐구되었으며, 이런 기존 연구 덕분에 학계의 주자 인 개념에 대한 이해는 갈수록 깊어지고 있다.

그러나 기존 주자의 인 개념에 대한 논의에는 한 가지 미진한 점이 있다. 바로 인간의 내재적 덕성인 인을 자연운동의 근본 원리와 일치시키는 주자의 논리에 대한 충분한 이해와 설명이 그것이다. 필자는 이에 대한 학계의 이해와 설명이 불충분한 까닭이 첫째로는 자연운동의 총체적 원리를 인으로 개념화한 주자의 시각은 생명의 눈으로 바라볼 때 보다 세밀하고 풍부하게 이해될 수 있음을 간과한 점, 둘째로는 인의 의미를 우주론적 차원으로까지 확장시킨 주자의 공을 인정하면서도 인에 관한 그의 주된 관심이 자연이 아닌 인간의 내적 덕성에 있었다고 하면서 서둘러 논의의 중심을 심성론의 측면에 집중한 점에 있다고 생각한다.

이러한 문제의식에서 출발해 본 논문에서는 자연운동의 총체적 원리라는 측면에서 인 개념이 지닌 함의를 자연생명론적인 시각에서 접근하여 설명하려 하며, 나아가 이렇게 자연운동의 차원에서 규정된 인 개념이 인간 내면의 덕성으로서의 인과 어떤 의미에서 일치될 수 있는지 논증하고 평가하고자 한다.

2. 천지의 물을 낳는 마음

인간의 내적 덕성을 지칭하는 인의 의미를 주자가 우주론적 차원으로 확장시켰음을 분명히 알려주는 대목으로 흔히 「인설」의 서두 몇 구절이 인용되곤 한다.

천지는 물을 낳음을 마음으로 삼는 존재이고, 사람과 물은 각기 그 천지의 마음을 얻어 마음으로 삼는 존재이다. 그러므로 마음의 덕에 대해 말하면 그것은 모든 것을 주재하고 관통하며 갖추지 않은 것이 없지만, 한마디로 말하면 인일 뿐이다.[7]

위 글은 만물을 산출하는 자연, 즉 천지와 산출된 인간 및 자연물이 인이라는 공통된 내적 본질을 지닌다는 선언이다. 그런데 우리는 이 선언에서 천지와 자연물을 인으로 연결하는 논리를 어떻게 이해해야 할까? 전병욱은 이 문제에 대한 주자의 논리를 이렇게 분석한 바 있다. "사람을 비롯한 만물들이 여기 존재한다. 그것들을 존재하게 만든 존재자가 있다고 가정한다면—주자는 이것을 천지라고 하였다—그 존재자의 본성은 '만물을 존재하게 만든다'라는 바로 그것이다. 존재자들이 존재하고 있다는 것 자체가 바로 그 존재자들을 존재하게 만든 존재자가 '다른 존재자들을 존재하게 만든다'라는 본성을 가지고 있다는 것을 설명해준다. 그리고 '다른 존재자들을 존재하게 만든다'라는 본성을 가진 존재자가 만든 존재자들도 당연히 '다른 존재자들을 존재하게 만든다'라는 본성을 가진다. 왜냐하면 그 본성을 갖지 않으면 그 존재자는 존재하지 않았을 것이기 때문이다."[8] 이 분석은 천지와 만물의 본성이 일치한다는 주자의 논리를 존재론적인 술어를 빌어 훌륭하게 설명하고 있다. 다만 '다른 존재자들을 존재하게 만드는' 본성이라는 해석만으로는 생(生)이라는 술어와 인의 이념 사이의 내용적 연결점이 명확히 드러나지 않는다는 점에서 아쉬움이 남는다. 천지와 만물이 인으로 연결되는 주자의 논리는 존재론적 술어를 동원해 설명하기보다는 '생'이라는 술어의 의미 및 그것과 인의 관계를 규명할 때 보다 분명히 밝혀질 것이기 때문이다.

---

7 『晦庵先生朱文公文集』卷67「仁說」: "天地以生物爲心者也, 而人物之生又各得夫天地之心以爲心者也. 故語心之德, 雖其總攝貫通, 無所不備, 然一言以蔽之, 則曰仁而已矣."

8 전병욱, 「주자 인설에서 '지각'의 의미」, 『철학』 제92집, 한국철학회, 2007, 22~23쪽.

'생'의 함의를 분석하기에 앞서 먼저 만물을 낳는 운동을 하는 천지의 성격을 주자는 어떻게 생각했는지부터 살펴보도록 하자. 이 점을 살펴보는 이유는 천지가 만물을 생육하는 존재라는 생각은 물론 전통 유학 전체의 공통된 전제이지만, 그 존재가 지닌 성격에 대한 규정은 학자마다 조금씩 다르며, 이 성격 규정으로부터 천지에 마음 혹은 인의 의미를 부여할 수 있는지의 여부가 결정되기 때문이다.

주자에게 천지는 우선은 만물을 산출하는 존재, 즉 일종의 능산적 자연일 뿐이다. "천지는 물을 낳음을 마음으로 삼는다. 하늘은 땅을 감싸고 있으며 따로 하는 일은 없고 다만 물을 낳을 뿐이다. 예로부터 지금까지 끝없이 낳고 낳는다."[9] 천지는 자연일 뿐, 신이 아니다. 그러므로 천지는 신처럼 어떤 의지와 목적을 갖고 세상을 주재하지는 못한다. 그러나 천지는 산출된 자연물이 아닌 산출하는 자연이라는 점에서 무수히 많은 자연물과는 다르다. 천지는 생명을 산출하는 자연, 즉 능산적 자연이다.

천지는 신이 아닌 자연일 뿐이지만, 생명을 산출하는 자연이라는 점에서 인간에게 그것은 자기 생명의 근원으로서 어떤 내적인 가치를 지닌 것으로 사유될 수 있는데, 주자는 이를 인이라 명명한다. 그런데 문제는 이렇게 천지를 인이라 규정하면 천지에도 마음이 존재한다고 말해야 한다는 데 있다. 천지도 인간처럼 마음이 존재한다고 할 수 있는가? 아래 문답에서 우리는 주자가 이 문제를 놓고 한 고심의 흔적을 엿볼 수 있다.

양도부가 말했다. "이전에 선생님께서는 천지에 마음이 있는지 없는지 생각해보라고 하셨습니다. 근래에 그것을 생각해보았는데, 천지는 마음이 없고

---

9 『朱子語類』卷53: "天地以生物爲心, 天包着地, 別無所作爲, 只是生物而已. 亘古亘今, 生生不窮."

인이 곧 천지의 마음인 듯합니다. 만약 거기에 마음이 있다면 반드시 사려도 있고 작위도 있어야 합니다. 천지에 어찌 사려가 있었던 적이 있습니까? 그렇다면 '사계절이 운행하고 만물이 생겨나는' 것은 그렇게 되는 것이 합당하기 때문에 그렇게 되는 것이지 사유를 필요로 하지는 않습니다. 이것이 천지의 도가 되는 까닭입니다." 말씀하셨다. "그렇다면 『주역』의 '복괘에서 천지의 마음이 보인다'거나 '바르고 위대하기 때문에 천지의 정을 볼 수 있다'는 말은 무엇이겠는가? 공이 말한 것은 그것의 마음이 없는 측면만을 말한 것일 뿐이다. 만약 정말 마음이 없다면 소가 말을 낳고 복숭아나무에서 오얏꽃이 피어날 것이다. 거기에는 자연히 정해진 것이 있다. 이정 선생은 '주재한다는 측면에서는 제(帝)라 하고 성정이라는 측면에서는 건(乾)이라 한다'고 하셨으니, 거기에는 개념의 의미가 정해져 있다. 마음은 곧 천지의 주재하는 측면이므로, 천지는 물을 낳음을 마음으로 삼는다고 말한다."[10]

위 문답에서 주자는 천지에 마음이 있다고도 없다고도 단언하지 않는다. 다만 자연의 드러난 모습을 통해 볼 때 천지는 마음이 없는 것으로 판단할 수 있는 측면도 있고 그 반대의 측면도 있다고 하여 유보적 태도를 보이고 있다. 위에서 양도부는 천지는 인간처럼 무엇인가를 사고하며 의도적, 합목적적으로 행동하는 일이 없다고 주장한다. 천지는 자연일 뿐이어서, 그것이 하는 일인 사계절의 운행이나 만물의 산출은 모두 무의식적, 무목적적 행위라는 것인데, 이 점을 주자가 부정하는 것은 아니다. 다만 그는 그것이 천지의 한 측면에 불과하며, 천지에는 그와는 정반대로 마음이 있다고도 추론할 수 있는 또 다른 측면도 있음을 지적

---

10 『朱子語類』卷1: "道夫言: '向者先生教思量天地有心無心. 近思之, 竊謂天地無心, 仁便是天地之心. 若使其有心, 必有思慮, 有營爲. 天地曷嘗尝有思慮來? 然其所以'四時行, 百物生'者, 蓋以其合當如此便如此, 不待思維, 此所以爲天地之道.' 曰: '如此, 則易所謂'復其見天地之心', '正大而天地之情可見', 又如何? 如公所說, 祇說得他無心處爾. 若果無心, 則須牛生出馬, 桃樹上發李花, 他又却自定. 程子曰: '以主宰謂之帝, 以性情謂之乾.' 他这名義自定, 心便是他箇主宰處, 所以謂天地以生物爲心.'"

한다. 그는 소가 말이 아닌 소를 낳고 복숭아나무에서는 오얏꽃이 아닌 복숭아꽃이 피는 까닭은 천지에 자연의 운동을 주재하여 질서지우는 의식적 목적적 측면 또한 있기 때문이라고 한 후, 『주역』의 천지지심(天地之心)·천지지정(天地之情) 및 이정의 주재·성정 등의 말을 인용하여 경전상의 권위에 기대고 있다.

이렇게 주자는 천지에 마음이 존재한다고 볼 수 있는 측면도 있고, 그렇게 볼 수 없는 측면도 있다고 여겼는데, 사실 이 중에서 주자가 더욱 강조한 것은 후자의 측면이었다. 예컨대 주자는 어떨 때는 "인은 천지의 물을 낳는 마음이다"[11]라고 하여 심의 측면을 강조한 것 같지만 「인설」을 비롯한 더 많은 말과 글에서는 "천지는 물을 낳음을 마음으로 삼는다"고 하여 생(生)의 측면을 훨씬 강조한다. 심지어 그는 이 문제로 장남헌(張南軒, 1133~1180)과 약간의 논쟁을 벌이기도 했다. 즉 장남헌은 「인설」의 '천지는 물을 낳음을 마음으로 삼는다'와 같은 말은 대충 보면 무방하지만 '천지가 물을 낳는 마음을 사람이 얻어 사람의 마음으로 삼는다'고 하는 것이 완벽할 것 같은데 어떻습니까?"[12]라고 하여 '천지는 물을 낳음을 마음으로 삼는다'는 주자의 표현에 대해 불만을 표한 바 있다.[13] 또 예컨대 주자는 이정의 천지는 무심히 조화를 행한다는 말에 대해 "그것은 천지의 마음이 없는 측면을 말한 것이다. '사계절이 운행하고 만물이 생겨

---

11 『朱子語類』卷95: "仁者, 天地生物之心."

12 『南軒集』卷21: "'仁說」如'天地以生物爲心'之語, 平看雖不妨, 然恐不若只云'天地生物之心, 人得之以爲人之心'似完全, 如何?"

13 주자와 장남헌 사이의 이견이 나타나는 원인을 陳來는 다음과 같이 요약한 바 있다. "주자와 남헌의 차이로는 다음 두 가지가 있다. 첫째, 주자는 사랑으로부터 인을 미루어나갈 것(以愛推仁)을 강조하여 '물을 낳음(生物)'을 부각시켰다.……반면 남헌은 사랑을 논하지 않았으므로 인은 천지의 마음이라고만 말했다. 둘째, 주자는 천지의 마음이 인이고 지극한 선이라고 직접적으로 말하지 않고 천지의 마음은 물을 낳음이라고 하여 물을 낳음으로부터 인으로 미루어갔다. 이렇게 천과 사람을 구분했다." (陳來, 『中國近世思想史研究』, 商務印書館, 2003, 88쪽) 주자가 인을 천지의 마음이라고 직접적으로 말한 적도 있고, 천지의 마음 있음의 측면에 대한 긍정 등의 세부 내용을 고려하지 않는다면 대체로는 맞는 지적이다.

남'에 천지가 무슨 마음을 둔 바가 있겠는가?"[14]라고도 했다. 다만 그러면서도 "만물이 생장할 때는 천지에 마음이 없을 때이고, 시든 것이 살고자 할 때는 천지에 마음이 있을 때"[15]라고 하여 "천지의 마음이 있는 측면도 알아야 하고 그것의 마음이 없는 측면도 알아야 함"[16]을 함께 강조하기도 한다. 요컨대 주자는 천지의 마음 없음의 측면을 더 부각시켰는데 그 이유는 천지가 자연임을 강조하기 위해서였으며, 그럼에도 불구하고 천지의 마음 있음의 측면 또한 인정했는데 그 이유는 천지가 가치의 담지자임을 논증하기 위해서였다. 이런 의미에서 멍페이위안(蒙培元)은 주자의 천지에 대한 관점을 '무목적적 목적론' 혹은 '자연 목적론'으로 요약한다. "천지자연은 필경은 단지 '물을 낳고' '끝없이 낳고 낳을' 뿐이지 인간과 같은 목적이 있다고 말할 수는 없다. 그것은 자연스럽게 진행되는 것이다. 그럼에도 불구하고 그것은 완전하고 완벽한 방향으로 진행되기 때문에 일종의 무목적적인 목적, 즉 자연목적이라고 할 수 있다."[17]

다른 한편으로 천지에 심이 존재하느냐의 여부를 놓고 주자가 했던 고심은 심성론의 영역에서 주자가 세운 심(心)·성(性)·정(情)의 체계를 천도론에서도 일관되게 적용시켜야 한다는 문제와도 관련된다. 주지하다시피 주자의 "'인'에 관한 토론은 주자 나이 36, 37세 이후(1165~1166) 10여 년 간 있었으며",[18] 「인설」이 쓰인 43세 즈음에는 인에 관한 그의 견해가 거의 완성이 되는데, 특히 중화신설(中和新說)로 그의 동정관·리기론·심성론·수양론 등에서 커다란 변화가 일어난 이후에 인에 관한

---

14 『朱子語類』 卷1: "這是說天地無心處. 且如'四時行, 百物生', 天地何所容心?"

15 『朱子語類』 卷1: "萬物生長, 是天地無心時. 枯槁欲生, 是天地有心時."

16 『朱子語類』 卷1: "今須要知得他有心處, 又要見得他無心處."

17 蒙培元, 『人與自然－中國哲學的生態觀』, 人民出版社, 2003, 329쪽.

18 임종진, 「주자의 인설 연구」, 『태동고전연구』 제10집, 한림대학교 태동고전연구소, 1993, 6쪽.

그의 견해 또한 분명히 표명된다. 이 중 심성론의 영역에서 기존의 심을 이발로, 성을 미발로 이해하던 생각은 "마음의 이발과 미발을 함께 말하고, 마음이 체용관계인 미발의 덕성[性]과 이발의 정감[情]을 통섭한다고 보는"[19] 것으로 변하는데 바로 심성론에서 심이 성과 정을 자기 안에 포함하면서 일신을 주재하는 것처럼 천도론에서도 그것과 유사한 구조를 갖는 체계를 세우려 한 데서 주자에게는 천지의 심이 문제로 떠오를 수밖에 없었을 것이다. 우리는 이 점을 다음과 같은 말에서 간접적으로나마 확인할 수 있다.

사람이 사람이 된 까닭은 그 리(理)의 측면에서는 천지의 이치이고 그 기(氣)의 측면에서는 천지의 기운이다. 이치는 자취가 없어 볼 수 없으므로, 기운에서 그것을 본다. 인의 의미는 혼연히 온화한 기운임을 알아야 하니, 그 기운은 천지의 밝은 봄의 기운이고 그 이치는 천지의 물을 낳는 마음이다.[20]

사람이 사람으로 존재할 수 있는 까닭을 주자는 리기론의 틀에 의거해 두 측면에서 설명한다. 천지가 사람을 비롯한 모든 생명을 산출하려는 그 마음과 이치는 우리 눈에는 보이지 않는다. 그러나 우리는 봄날 자연의 무수한 생명이 싹을 틔우고 자라나기 시작함은 목도할 수 있는데, 주자의 설명에 따르면 이는 천지가 양기로 만물에 자신의 생명력을 불어넣기 때문이며, 이를 통해 우리는 천지의 마음 혹은 이치가 생명 산출에 있음을 알 수 있다는 것이다. 이는 마치 심성론에서 측은히 여기는 도덕적 정감이 발해져 나오는 것을 목도함으로부터 마음 안에 인이 있음을 추론해내는 것과 같다. "예컨대 측은히 여기는 단서, 거기에서 미루

---

19 정상봉, 「주희의 인론」, 『중국학보』 제40집, 한국중국학회, 1999, 459쪽.

20 『朱子語類』卷6: "人之所以爲人, 其理則天地之理, 其氣則天地之氣. 理無迹, 不可見, 故於氣觀之. 要識仁之意思, 是一箇渾然溫和之氣, 其氣則天地陽春之氣, 其理則天地生物之心."

어 가면 이 마음의 인에 이른다."²¹ 또 심성론에서 인의 덕성은 체(體)이고 측은히 여기는 정감은 용(用)인 것처럼, 천도론에서도 천지의 물을 낳는 이치는 체에, 천지의 물을 낳는 기운은 용에 해당된다.

> "인에서 드러나는" 것은 보이는 것이니, "그것을 계승한 것은 선하다"는 뜻이다. "작용에서 감추는" 것은 보이지 않는 것이니, "그것을 이루는 것은 성"이라는 뜻이다. "작용에서 감추는 것"은 "인에서 드러나는 것"의 뼈대로 마치 '하나이면서 둘이고 둘이면서 하나'라고 말하는 것과 같다. …… "인에서 드러나고 작용에서 감추는" 것은 "원형리정"과도 같다. …… 원형은 작용을 발해 유행하는 측면이고, 리정은 유행하게 되는 뼈대이다.²²

천지의 물을 낳는 이치는 안에 감추어져 있는 데 반해 천지의 물을 낳는 기운은 부단히 밖으로 드러난다. 이 둘은 분명히 구분되면서도 하나로 연결되어 있다. 천지의 기운은 천지의 이치에 뿌리를 둔 것이기 때문이다. 봄과 여름에 자연생명이 싹트고 왕성하게 자라는 까닭은 천지가 자신의 기운을 쓰기 때문인데, 이 기운의 운동은 천지의 만물을 낳는 이치에 근거하고 있으며, 가을과 겨울에 자연생명이 결실을 맺고 씨앗의 형태로 생명을 간직하는 까닭은 천지가 자신의 기운을 거두어들여 자기 자신 안에 머물기 때문이다.

이렇게 천지를 이치와 기운의 두 측면으로 나누는 것은 심성론에서 인간의 마음을 성과 정으로 나누는 것과 같다. 마찬가지로 심성론에서 사람의 마음이 일신의 주재가 되는 것처럼 천지의 심 역시 자연운동 전체를 주재한다는 의미를 갖는다. "'그 본체의 측면을 천이라고 하고 그

---

21 『朱子語類』 卷9: "且如惻隱之端, 從此推上, 則是此心之仁."

22 『朱子語類』 卷74: "'顯諸仁'是可見底, 便是'繼之者善也'. '藏諸用'是不可見底, 便是'成之者性也'. '藏諸用'是'顯諸仁'底骨子, 正如說'一而二, 二而一'者也. …… '顯諸仁, 藏諸用', 亦如'元亨利貞'. …… 元亨是發用流行處, 利貞便是流行底骨子."

주재의 측면을 제(帝)'라고 한다. 예컨대 '아버지와 아들 사이에 친함이 있고 군신 간에 의가 있음'이 비록 이치가 그렇다 하더라도 이는 그 위에 이치가 있어 그렇게 되게 해야만 가능한 것이다."[23] 인간 사이의 도리든 자연의 이치든 주자는 그 무수히 많은 이치들 위에 그 이치들이 성립되게끔 하는 주재의 측면을 하늘이 갖고 있다고 생각했다. 그러나 그는 만물을 주재하는 주재자로서의 상제의 존재 여부에 대해서는 시종 신중한 태도를 취한다. "혹자가 '주재의 측면으로 천이라 말한다면 누가 주재를 하는 겁니까?'라고 물었다. 말했다. '자연히 주재함이 있다. 천은 지극히 강하고 지극히 밝은 것으로 자연히 그러하여 쉼 없이 운행하지만, 그렇게 되는 까닭에 대해서는 반드시 그것을 주재하는 것이 있어야 한다. 이러한 측면은 스스로 보아야 하니 이는 말로 다 표현할 수 있는 것이 아니다."[24] 이와 관련해 전목(錢穆)은 주자의 하늘에 대한 생각을 이렇게 정리하였다. "하늘에 진짜 주재자가 있는지의 문제에 대해 주자는 만년에 이르기까지 느슨한 유보적 태도를 보였다. 요컨대 하늘에 주재함이 없다고 할 수 없되, 이 주재함은 이치일 뿐이지만, 이치로 모든 것을 주재할 수는 없다"[25]고 생각했다. 이렇게 보면 천지에 마음의 개념을 적용하면서 주자가 천지에는 마음이 없는 측면도 있고 마음이 있는 측면도 있다고 한 점은 주재자로서의 천에 대해 유보적인 태도를 보인 것과도 밀접한 관계가 있다고 하겠다.

---

23 『朱子語類』卷25: "'其體卽謂之天, 其主宰卽謂之帝.' 如'父子有親, 君臣有義', 雖是理如此, 亦須是上面有箇道理敎如此始得."

24 『朱子語類』卷68: "或問: '以主宰謂之天, 孰爲主宰?' 曰: '自有主宰. 蓋天是箇至剛至陽之物, 自然如此, 運轉不息. 所以如此, 必有爲之主宰者. 這樣處, 要人自見得, 非言語所能盡也.'"

25 錢穆, 『朱子新學案』 第一冊, 三民書局, 1971, 370쪽.

3. 천지의 물을 낳음과 인

위에서는 '천지는 물을 낳음을 마음으로 삼는다'는 명제 중 천지가 갖
는 성격과 마음이 뜻하는 바를 주로 논했는데, 이상의 논의를 종합해보
면 주자는 천지를 하나의 원리에 따라 자신의 기운으로 전체 자연생명을
부단히 산출하는 운동을 하는 존재로 간주했으되 그 존재가 자연 전체를
주재하는 마음을 지니고 있는지에 대해서는 그런 측면도 있고 그렇지 않
은 측면도 있다고 하여 유보적 태도를 보였음을 알 수 있었다. 이제 이
논의를 토대로 천지의 자연생명을 산출하는 운동이 어떻게 인의 가치를
지닌 것으로 규정될 수 있는지, 간단히 말해 주자는 생(生)에서 어떻게
인의 의미를 찾을 수 있었는지 살펴보도록 하자.

> 천지가 그 물을 낳을 때 곧 인이 있으니, 그것은 낳음만을 알 뿐이다. 그것의
> 근원으로부터 내려오면 자연히 봄·여름·가을·겨울과 금·목·수·화·
> 토가 있게 된다. …… 봄에 천지에서 따스한 화기(和氣)가 생겨남을 보라. 예
> 컨대 초목에 싹이 틈에 처음에는 바늘 하나 정도에 불과하지만 얼마 되지 않
> 아 점점 자라나 가지, 잎, 꽃, 열매에 이르기까지 수많은 모습으로 변화하니,
> 그것의 낳고 낳는 뜻을 알 수 있다. 인애(仁愛)가 아니라면 어떻게 그럴 수 있
> 겠는가? 그것의 근원이 되는 곳에 인애하고 온화한 이치가 그렇게 있으므로
> 작용을 발해 자연히 자애롭고 측은히 여기는 것이다.[26]

만물이 소생하는 봄날, 겨우내 얼었던 땅이 녹기 시작할 즈음 땅을 뚫
고 나오는 작고 여린 싹 하나가 그렇게 싹을 틔울 수 있는 까닭은 자기

---

26 『朱子語類』卷17: "只天地生這物時便有箇仁, 它只知生而已. 從他原頭下來, 自然有箇春
夏秋冬, 金木水火土. …… 且看春間天地發生藹然和氣, 如草木萌芽, 初間僅一針許, 少
間漸漸生長, 以至枝葉花實, 變化萬狀, 便可見他生生之意. 非仁愛, 何以如此. 緣他本原
處有箇仁愛溫和之理如此, 所以發之於用, 自然慈祥惻隱."

힘만이 아니다. 천지 사이의 무수히 많은 기운들이 힘을 모아주어야 그 생명은 비로소 싹을 틔울 수 있다. 주자는 이를 천지의 화기라 표현했다. 그리고 이렇게 싹을 틔운 생명이 여름과 가을을 지나며 가지와 잎을 뻗고 꽃과 열매를 맺는 등 끊임없이 자신의 모습을 변형시키는데, 이런 생명의 성장과 성숙 과정으로부터 우리는 천지가 끊임없이 생명을 산출하는 뜻을 간파하게 된다. 주자는 이 뜻을 인애(仁愛)라고 단언한다. 천지에 인애의 뜻이 없다면 만물을 낳고 그것의 성장과 성숙을 돕는 일도 있을 수 없다는 것이다. 그리고 이로부터 그는 생명의 근원이 되는 곳, 즉 천지 자신에 인애의 이치가 깃들어 있다고 주장한다.

생명을 산출하고, 그것의 성장, 성숙을 돕는 일이 어떻게 인으로 규정될 수 있는지는 모든 자연생명이 지니고 있다고 생각한 생의(生意) 개념을 분석하면 좀 더 분명해진다. 사실 생의라는 개념은 주자에 앞서 정명도(程明道, 1032~1085)가 다음과 같이 사용한 바 있다. "만물의 생의는 가장 볼 만하다. '원(元)은 선의 우두머리'라는 말은 이런 의미이고, 이것이 이른바 인이다."[27] 또 다른 곳에서는 이 생의를 춘의(春意)라는 말로 바꿔 부르기도 했다. "이 생리(生理)를 계승한 것이 곧 선이다. 선에는 원(元)이라는 뜻이 있다. '원은 선의 우두머리'라고 하니, 만물에는 모두 춘의가 있고, '그것을 계승하는 것은 선'이라는 말은 이런 의미이다.[28]" 봄이 오면 무수한 자연생명이 되살아난다. 땅에서는 새싹이 돋고 나무에는 새잎이 돋아나며 겨울잠을 자던 짐승들도 깨어난다. 봄에 이런 일이 일어날 수 있는 까닭은 우선은 만물 그 자신에 생기 혹은 생장하려는 의지가 있기 때문이다. '춘의'나 '생의'는 바로 봄에 만물에게서 나타나는 생기발랄한 기상, 즉 왕성한 생명력의 발산 혹은 생장하려는 생명의 의

---

27 『二程遺書』卷11: "萬物之生意最可觀, 此'元者善之長也', 斯所謂仁也."
28 『二程遺書』卷2上: "繼此生理者, 卽是善也. 善便有一箇元底意思. '元者善之長', 萬物皆有春意, 便是'繼之者善也.'"

지를 뜻한다. 그런데 만물의 이런 생명운동 혹은 생명 의지는 만물 자신의 힘과 뜻만으로는 실현되지 못한다. 그것은 천지의 도움을 필요로 한다. '원'은 천지가 지닌 사덕(四德) 가운데 으뜸으로, 그것은 생장하려는 자연생명을 도와 그것을 생장하게 하는 천지의 덕이라는 뜻을 지닌 개념이다. 그리고 이 원의 덕은 천지 자신의 만물을 살리는 이치를 뜻하는 생리(生理)의 직접적 실현이라는 점에서 그것은 생리의 계승이자, 살고자 하는 생명을 살리는 인이기도 하다.

주자의 생의 관념은 정명도의 사상을 전면적으로 계승하고 있다. 우선 그는 생의의 개념은 생명을 지닌 존재에게만 사용해야 함을 분명히 한다. "시든 것에 대해 생의가 없다고 해도 되지만 생리가 없다고 해서는 안 된다."[29] 생의의 개념은 오직 살아 있는 생명에 대해서만 쓸 수 있다는 말이다. 생의는 예컨대 껍질을 뚫고 솟아나오는 꽃의 왕성한 생명력을 가리키는 개념이다. "예전에 꽃나무를 살펴보았는데, 아침 햇살이 비치자 싱싱한 생기가 넘쳐 그 생의가 있었으니, 나무껍질이 감싸지 못하고 저절로 솟아나왔다."[30] 다음으로 주자는 생의 개념을 아예 생명을 뜻하는 것으로 간주하고 인에도 그런 생명의 의미가 있음을 강조함으로써 양자의 일치를 시도하고 있다. "봄에는 생의가 생겨나고 여름에는 생의가 자라나며 가을에는 생의가 완성되고 겨울에는 생의가 간직된다."[31] 사계절에 걸쳐 생명은 탄생, 성장, 성숙, 재탄생을 위한 준비를 한다는 말인데, 여기서 생의는 생명과 거의 동의어로 쓰이고 있다. 나아가 그는 인 개념에 이 생명의 의미가 있음을 이렇게 말한다.

---

29 『朱子語類』卷4: "枯槁之物, 謂之無生意, 則可, 謂之無生理, 則不可."

30 『朱子語類』卷4: "嘗觀一般花樹, 朝日照曜之時, 欣欣向榮, 有這生意, 皮包不住, 自迸出來."

31 『朱子語類』卷6: "春則生意之生也, 夏則生意之長也, 秋則生意之成, 冬則生意之藏也."

원(元)은 천지가 물을 낳는 시작이다. 「건」괘에서는 '크다, 건원이여, 만물이 그것에 힘입어 시작된다. 지극하다, 곤원이여, 만물이 그것에 힘입어 생겨난다'고 했으니, 이로부터 원이 천지의 물을 낳는 시작임을 알게 된다. 원은 생의이니, 형(亨)에 있으면 생의가 자라나고, 리(利)에 있으면 생의가 이루어지며, 정(貞)에 있으면 생의가 완성된다. 만약 인에 대해 말하면 곧 이러한 의미이다. 인은 본디 생의이니, 곧 측은지심이다. 만약 이 생의를 해치면 측은지심이 발한다.[32]

만물의 탄생, 성장, 성숙, 완성은 천지가 지닌 원형리정의 사덕에 힘입어 이루어진다. 만물은 자신의 생의, 즉 생명을 천지의 생명운동에 의해 유지하고 성장해 가는 것이다. 그렇다면 만물의 생명의 근원으로서의 천지는 뿌리로서의 생명, 곧 생명 자체이다. "인은 본디 생의"라는 말은 그런 뜻이다. 또 천지는 살고자 하는 자연생명을 자신의 생명으로 살리는 존재이니, 그것 자체가 곧 인이다. 살고자 하는 자연생명을 살리는 천지의 생명운동은 측은지심의 발휘인 것이다.

인에 생명의 의미가 있음을 설명하기 위해 주자는 인을 씨앗에 자주 비유했는데, 이 비유는 정이천(程伊川, 1033~1107)에게서 먼저 보인다. "심은 비유컨대 곡식의 씨앗과 같으니, 생(生)의 성(性)이 곧 인이다."[33] 인을 생명의 씨앗으로 비유한 것인데, 주자는 여기서 한걸음 더 나아가 언어학적인 측면에서 인이 생명의 씨앗으로 간주될 수 있는 근거를 제시한다. "만물이 거두어 감춘다 해서 어찌 쉰 적이 있겠는가? 그 안에는 다 생의가 있다. 예컨대 곡식의 종자, 복숭아 씨[桃仁] 살구 씨[杏仁] 같은

---

32 『朱子語類』 卷68: "元者, 乃天地生物之端. 「乾」言: '大哉乾元! 萬物資始. 至哉坤元! 萬物資生.' 乃知元者, 天地生物之端倪也. 元者生意, 在亨則生意之長, 在利則生意之遂, 在貞則生意之成. 若言仁, 便是這意思. 仁本生意, 乃惻隱之心也. 苟傷着這生意, 則惻隱之心便發."

33 『二程遺書』 卷18: "心譬如穀種, 生之性便是仁也."

것은 심으면 살아나니, 죽은 물질이 아니다. 그러므로 '인'이라 이름을 붙인 것이니, 모두가 생의임을 알 수 있다."[34] 곡식의 종자, 복숭아 씨, 살구 씨는 모두 생명의 씨앗인데, 씨앗을 뜻하는 말로 인이라는 글자가 쓰이고 있다. 일상 언어 속에서 인이 생명의 씨앗이라는 의미를 띤 용례인데, 주자는 이를 부각시켜 인의 의미를 자연생명의 영역으로까지 확장시키고 있는 것이다.

이렇게 인을 생명의 씨앗으로 간주하면, 생명의 씨앗이 움터 자라나 무수히 많은 생명의 열매를 맺는 자연은 생명과 인의 의미로 가득 찬 세계로 이해된다. 예컨대 체용의 범주로 인간의 성정과 자연의 운동을 설명하는 앞선 인용문 중간에 그는 그런 식으로 자연을 묘사하고 있다.

'작용에서 감추는 것'은 '인에서 드러나는 것'의 뼈대이니, 한 그루 나무의 꽃들은 모두 '인에서 드러나는 것'이고, 그 꽃이 열매를 맺음에 꽃 하나마다 하나의 열매를 맺는다. 무수한 꽃들이 피어남에 그 나무 한 그루를 공유하며 하나의 생명[性命]을 공유하다가 열매를 맺어 익음에 열매 하나마다 하나의 생명을 이룬다. 예컨대 새끼가 물고기 뱃속에 있을 때에는 어미와 하나의 생명을 공유하다가 새끼가 태어남에 새끼 하나마다 하나의 생명을 이루는 것과 같다. '인에서 드러나는 것'은 천만 가지로 변화하지만, '작용에서 감추는 것'은 단지 하나로, 한 번 정해지면 변할 수 없다.[35]

한 그루 나무에서 부분 생명들은 나무 전체의 생명을 공유하고 있고,

---

34 『朱子語類』 卷6: "且如萬物收藏, 何嘗休了, 都有生意在裏面. 如穀種, 桃仁, 杏仁之類, 種着便生, 不是死物, 所以名之曰'仁', 見得都是生意."

35 『朱子語類』 卷74: "'藏諸用'是'顯諸仁'底骨子, 譬如一樹花, 皆是'顯諸仁', 及至此花結實, 則一花自成一實. 方衆花開時, 共此一樹, 共一箇性命, 及至結實成熟後, 一實又自成一箇性命. 如子在魚腹中時, 與母共是一箇性命, 及子既成, 則一子自成一性命. '顯諸仁', 千變萬化, '藏諸用', 則只是一箇物事, 一定而不可易."

어미 뱃속에 있는 물고기 새끼들도 어미와 하나의 생명을 공유하고 있다는 말은 어떤 개별생명도 다 공통된 생명의 근원, 즉 하나의 생명의 뿌리를 갖고 있다는 뜻이다. 꽃나무의 열매 하나마다, 그리고 물고기 새끼 하나마다 하나의 생명을 이룬다는 말은 하나의 공통된 뿌리를 가진 개별생명들로부터 여러 생명을 증식시킴으로써 번성해나간다는 뜻이다. 그런데 주자에게 이 생명의 뿌리는 천지의 인이다. 따라서 위 언설은 모든 개별생명은 천지의 인에 뿌리를 두고 있으며 각자의 생명운동을 통해 그 인을 실현해 나감으로써 자연 전체는 인의 의미로 충만해진다는 의미로 이해될 수 있겠다.

이제 주자가 어떻게 천지의 자연생명 산출 운동을 인의 가치를 지닌 것으로 생각할 수 있었는지 정리하도록 하자. 생명을 지닌 존재들은 모두 생장의 의지와 힘, 즉 '생의'를 지니고 있는데, 이 '생의'의 실현은 개별생명 자신의 힘만이 아닌, 천지의 도움이 있어야 가능하다. 천지는 이 개별생명을 살리는 이치와 기운으로 '생의'를 지닌 개별생명을 생장하도록 돕는다. 이렇게 천지의 생명운동은 살고자 하는 개별생명을 살리는 방향으로 이루어지므로, 그것은 인의 가치를 갖는다고 할 수 있다. 나아가 천지가 개별생명을 산출하는 그 순간부터 천지의 생명을 살리는 이치와 기운은 그대로 사람을 비롯한 모든 자연존재들에게 내재된다. 앞서 인용한 「인설」의 "사람과 물은 각기 그 천지의 마음을 얻어 마음으로 삼는 존재"라는 말은 바로 이런 의미인 것이다. 요컨대 천지의 물을 낳음 [生物]의 '생'은 단지 '낳음' 표면적 의미뿐만 아니라, 물을 '살림'이라는 심층적 의미를 지니고 있기 때문에 그것은 인의 이념과 하나로 연결될 수 있는 것이다.

4. 천지의 사덕과 인간의 사덕

앞선 두 부분에서는 주로 자연운동의 총체적 원리라는 측면에서 인 개념이 지니는 생명론적인 의미를 살펴보았다. 이제 마지막으로 주자는 자연운동의 차원에서 정립된 위의 인 개념이 지니는 의미를 인간 덕성의 측면에서 운위되는 그것과 어떻게 하나로 연결시키고 있는지 그 논리를 추적해보겠다.

주자는 천지와 인간 사이의 연결을 위에서 간헐적으로 언급한 천지의 사덕과 인간 내면의 사덕 사이의 일치점을 보여주는 것으로 시도하고 있는데, 이는 「인설」에서 가장 정제된 언어로 잘 요약되어 있다.

대개 천지의 마음, 그 덕에는 네 가지가 있으니, 원·형·리·정이라 하는데, 원이 통괄하지 않음이 없다. 그것이 운행하면 봄·여름·가을·겨울의 차례를 이루되, 봄의 낳는 기운이 통하지 않는 것이 없다. 그러므로 사람의 마음, 그 덕에도 네 가지가 있으니, 인·의·예·지라 하는데, 인이 포함하지 않음이 없다. 그것이 작용을 발하면 사랑함·공경함·마땅히 여김·분별함의 정감이 되는데, 측은지심이 관통하지 않는 것이 없다. 그러므로 천지의 마음을 논하는 자가 건원과 곤원이라고 말하면 네 가지 덕의 체와 용을 일일이 헤아리지 않아도 족하고, 사람 마음의 오묘함을 논하는 자가 '인은 사람의 마음'이라고 말하면 네 가지 덕의 체와 용을 두루 거론하지 않아도 다 포함된 것이 된다.[36]

---

36 『晦庵先生朱文公文集』卷67: "蓋天地之心, 其德有四, 曰元亨利貞, 而元無不統. 其運行焉, 則爲春夏秋冬之序, 而春生之氣無所不通. 故人之爲心, 其德亦有四, 曰仁義禮智, 而仁無不包. 其發用焉, 則爲愛恭宜別之情, 而惻隱之心無所不貫. 故論天地之心者, 則曰乾元坤元, 則四德之體用不待悉數而足, 論人心之妙者, 則曰'仁人心也', 則四德之體用亦不待遍擧而該."

우선 형식적인 측면에서만 보면 위에서 서술된 천지와 인간 사이의 일치점은 다음 두 가지로 정리될 수 있다. 첫째, 천지와 인간은 모두 네 가지 덕을 지니고 있는데, 그중 첫 번째 것은 나머지 세 덕을 자기 안에 포함할 수 있을 만큼 핵심적인 위치에 있다. 둘째, 천지와 인간의 덕은 모두 네 가지 작용이 있는데, 마찬가지로 첫 번째 작용이 나머지 세 가지 작용의 전제이자 그 과정 전체에 면면히 흐르는 토대의 역할을 하고 있다. 그러나 이런 형식적인 일치보다 더욱 중요한 것은 양자 사이의 내용적 동일성이다.

『주역』 '원 · 형 · 리 · 정'의 원뜻은 일반적으로 '시초 · 형통함 · 이로움 · 바르고 견고함'으로 풀이되는데, 앞서 보았듯이 주자는 이를 자연의 운동과 연결하여 이해한다. "하늘의 봄 · 여름 · 가을 · 겨울이 가장 분명하다. 봄에는 생겨나고 여름에는 자라나며 가을에는 거두고 겨울에는 간직한다."[37] 주자에게 '원 · 형 · 리 · 정'은 자연생명의 탄생 · 성장 · 성숙 · 재탄생을 위한 준비의 측면에서 이해된다. "원은 싹이 처음 돋아날 때이고, 형은 가지와 잎이 자라날 때이며 리는 이룰 때이고, 정은 열매를 맺는 귀결점이다."[38] 물론 여기서 원형리정과 춘하추동은 체와 용의 관계에 있다. 춘하추동에 걸쳐 일어나는 자연의 변화는 볼 수 있는 것인데 반해 원형리정은 천지 자신의 덕으로 보이지 않는 것이지만, 춘하추동의 변화는 원형리정의 덕의 작용으로 간주되므로 춘하추동의 변화를 파악함을 통해 천지 자신이 지닌 네 가지 덕의 성격을 알 수 있다는 것이 주자의 논리이다. "이치는 알기 어렵고 기운은 알기 쉽다. 단지 기운의 측면에서 보면 알게 되니 예컨대 원형리정을 보는 것이 그것이다. 원형리정 또한 보기 어렵다면 춘하추동을 보라."[39] 원형리정과 춘하추동의

『朱子語類』卷6: "天之春夏秋冬最分曉. 春生, 夏長, 秋收, 冬藏."

『朱子語類』卷62: "元是萌芽初出時, 亨是長枝葉時, 利是成遂時, 貞是結實歸宿處."

『朱子語類』卷6: "理難見, 氣易見. 但就氣上看便見, 如看元亨利貞是也. 元亨利貞也難

주제 속 주희, 현대적 주희

이런 관계를 이해한다면 천지의 네 가지 덕이 지닌 의미를 다음과 같이 규정할 수 있겠다. 원은 천지의 생명을 산출하는 덕이고, 형은 천지의 생명을 자라나게 하는 덕이며, 리는 천지의 생명을 성숙하게 하는 덕이고, 정은 천지의 생명을 재탄생하게 하도록 준비시키는 덕이라고 말이다.

이처럼 모든 자연생명을 산출·성장·성숙케 하고 재탄생을 위해 준비케 하는 천지의 사덕이 인의예지의 사덕과 각기 어떤 점에서 내용적으로 일치점을 지니는가? 주자는 이렇게 말한다. "하늘이 물을 낳으면 봄·여름·가을·겨울, 음·양·강·유, 원·형·리·정이 있다. 기의 측면에서 말하면 봄·여름·가을·겨울이고, 덕의 측면에서 말하면 원형리정이다. 그것은 인간에게서 인의예지가 된다. 갓 생겨난 것 안에 이것이 있다. 천하에 성(性)을 벗어난 것은 없다. 인은 자애 같은 것이고, 의는 강단(剛斷) 같은 것이며, 예는 겸손이고, 지는 명확한 분별이다."[40] 여기서 주자는 천지의 사덕과 인간이 선천적으로 지닌 사덕의 일치를 말하는데, 문제는 산출·성장·성숙·재탄생을 위해 준비케 하는 덕이 과연 별문제 없이 각기 인·의·예·지와 일치하고 있느냐에 있다. 위 인용문만 보면 양자 사이에 일치점을 찾는 일은 그리 쉬워 보이지 않는다. 이 대목에서 우리는 다시 앞서 인용한 「인설」의 '사랑함·공경함·마땅히 여김·분별함'으로 인간이 지닌 사덕의 작용을 풀이한 것에 주목할 필요가 있다. 자세히 보면 주자는 사덕은 인의예지라고 하면서 그것의 작용을 열거하는 부분에서는 '의'와 '예'의 작용 순서를 살짝 바꿔 '공경함, 마땅히 여김'이라 하고 있다. 물론 공경함은 예의 작용이고 마땅히 여김은 의의 작용이다. 그런데 주자가 이렇게 순서를 바꾼 까닭은 의도

看, 且看春夏秋冬."

40 『朱子語類』卷20: "天之生物, 便有春夏秋冬, 陰陽剛柔, 元亨利貞. 以氣言, 則春夏秋冬, 以德言, 則元亨利貞. 在人則爲仁義禮智, 是箇坯樸裏便有這底. 天下未嘗有性外之物. 仁則爲慈愛之類, 義則爲剛斷之類, 禮則爲謙遜, 智則爲明辨."

적인 것이다.

물었다. "원형리정은 하늘의 사덕이고 인의예지는 인간의 사덕입니다. 그런
데 '형'이 '예'에 해당되어 순서가 다른 까닭은 무엇입니까?" 말했다. "이 인예
의지(仁禮義智)는 춘하추동이라 말하는 것과 같고, 인의예지는 춘추하동(春
秋夏冬)이라 말하는 것과 같다."[41]

이 문답을 보면 「인설」에서 주자가 사덕의 작용 순서를 살짝 바꿔서
열거한 이유가 천지의 사덕이라는 기준에 인간의 사덕의 의미를 맞추기
위한 데 있었음을 알 수 있다. 물론 이러한 순서의 수정은 문헌학적인
측면에서만 보면 『주역』의 원형리정과 『맹자』의 인의예지를 회통시키기
위한 노력이었다고 간단히 말할 수도 있겠지만, 인의예지의 이념으로
인간과 자연에 대한 통합적 이해를 시도했던 주자에게 이는 단순한 문헌
학적 회통의 의미를 넘어 자신의 전체 이념체계가 논리적 정합성을 가질
수 있도록 하는 중요한 작업이었다.

「인설」에서 '의'와 '예'의 작용 순서를 바꾼 이유에 대한 더욱 명확한 설
명은 다음 문답에 보인다. "물었다. '맹자는 인의예지라 하여 의를 두 번
째 위치에 놓은 데 비해 『태극도』에서는 의가 리(利)에 대응되어 세 번째
위치에 놓여 있습니다.' 말했다. '예는 양(陽)이므로 형(亨)이라 한다. 인
의예지는 동서남북이라 말하는 것과 같고 원형리정은 동남서북이라 말
하는 것과 같다. 하나는 상대되는 측면에서 말한 것이고, 다른 하나는
한쪽에서부터 말하기 시작한 것이다.'"[42] 주자가 천지가 지닌 사덕의 기

---

41 『朱子語類』卷68: "問: '元亨利貞, 乾之四德, 仁義禮智, 人之四德. 然亨却是禮, 次序却
不同, 何也?' 曰: '此仁禮義智, 猶言春夏秋冬也, 仁義禮智, 猶言春秋夏冬也.'"

42 『朱子語類』卷6: "問: '孟子說仁義禮智, 義在第二, 『太極図』以義配利, 則在第三.' 曰: '禮
是陽, 故曰亨. 仁義禮智, 猶言東西南北, 元亨利貞, 猶言東南西北, 一箇是對說, 一箇是
從一邊說起.'"

준에 인간의 사덕을 맞추었다는 점은 예를 양에 속하는 것으로 간주했다는 데서 알 수 있다. 여기서 그는 인과 예는 양에 속하고, 의와 지는 음에 속하므로, 인의예지라 하면 이는 음양으로 상대되는 것끼리 맞붙여 놓은 것인 데 반해, 인-예-의-지의 순서로 말하면 이는 사계절에 각기 주요하게 작용하는 덕을 나타내는 원-형-리-정과 하나씩 더 잘 대응된다는 취지의 대답을 하고 있다.

인과 예는 양에 속하고 의와 지는 음에 속한다는 논리가 갖는 의미는 다음 편지글에서 더 잘 드러난다. 인의예지의 "네 가지 중 인과 의는 서로 대립하는 것의 핵심입니다. 대개 인은 인이고, 예는 인의 드러남입니다. 의는 의이고 지는 의의 간직함입니다. 이는 마치 춘하추동이 사계절을 이루지만 봄과 여름은 다 양에 속하고, 가을과 겨울은 음에 속하는 것과 같습니다."[43] 이 글을 인의예지에 대한 다음 규정과 함께 놓고 음미하면 비로소 인의예지와 원형리정의 대응관계가 드러난다. "인은 온화하다는 뜻이고, 의는 차갑고 강단 있다는 뜻이며, 예는 드러내며 발휘한다는 뜻이고, 지는 수렴하며 흔적이 없다는 뜻이다."[44]

주지하다시피 주자는 지각(知覺)이나 만물일체(萬物一體)의 측면에서 인을 논한 호상학파와 달리 정이천의 영향을 받아 인과 애(愛)를 구분하면서도 "성(性)과 정(情)의 연계성을 바탕으로 애에 대한 강한 실천을 촉구하기 위하여 애와 인의 관계를 강조한다."[45] 따라서 인에 대한 이해와 관련해 그가 강조한 것은 사랑의 측면이다. 사랑의 정감으로 발현되는 인 그 자체는 따뜻한 이미지로 형상화되며, 이는 따뜻한 봄날 천지의 만

---

43 『晦庵先生朱文公文集』卷58: "四者之中, 仁義是箇對立底關鍵. 蓋仁, 仁也, 而禮則仁之著. 義, 義也, 而智則義之藏. 猶春夏秋冬雖爲四時, 然春夏皆陽之屬也, 秋冬皆陰之屬也."

44 『朱子語類』卷6: "仁, 便是箇溫和底意思. 義, 便是慘烈剛斷底意思. 禮, 便是宣著發揮底意思. 智, 便是箇收斂無痕迹底意思."

45 최정묵, 「주자의 인설에 대한 검토」, 『동서철학연구』 제21호, 한국동서철학회, 2001, 96쪽.

물을 산출하는 덕과 일치한다. 다음으로 예는 인의 외적 표현이라는 점으로부터 밝은 인이 더욱 밝게 드러나는 이미지로 형상화될 수 있으며, 이런 이유에서 예는 여름날 더욱 성해진 양의 기운으로 만물을 성장케 하는 덕과 상응한다.

한편 의는 외물과 접촉하거나 일에 맞닥뜨렸을 때 가장 합당한 방식으로 판단하고 행동할 수 있도록 하는 덕으로 여기서 작동하는 것은 주로 차가운 이미지를 띤 이성과 그것에 기초한 강인한 의지 및 결단력이다. 이러한 이미지는 물론 가을에 만물이 풍성한 결실을 맺게 함과 동시에 만물에 부여했던 생명력을 천지 자신에게로 거두어들이는 천지의 차가운 이미지와 유사하다. 마지막으로 지는 무수히 많은 사물의 의리(義理), 즉 이치의 옳고 그름을 명확히 분별하여 지식의 형태로 간직하게 하는 덕으로 그것은 외부에 존재하는 의리를 궁구해 지식으로 내재화하여 도덕실천을 위한 준비를 한다는 점에서 안으로 수렴하고 밖에 흔적을 남기지 않는다는 이미지를 가지며, 바로 이 점에서 지는 겨울에 만물이 자신의 생명을 종자의 형태로 간직하여 이듬해 봄에 새로운 생명의 싹을 틔울 준비를 하게 하는 정의 덕과 유사하다.

지를 천지의 덕과 연결하여 설명하는 것과 관련해 한 가지 더 주목해야 할 것이 있다. 그것은 바로 겨울에 만물이 자신의 생명을 종자의 형태로 간직하여 새로운 생명운동의 준비를 한다는 점이 지의 중요성을 부각시키고 나아가 이치를 궁구하는 지적 활동의 의의를 강조하는 근거로 제시된다는 점이다. "인이 사단의 으뜸이라면 지는 시작하게 하고 끝을 맺게 할 수 있는 것이다. 이는 원이 사덕의 우두머리이지만 원은 원에서 생겨나지 않고 정에서 생겨나는 것과 같다. 대개 천지의 조화는 모이지 않으면 발산할 수 없다. 인과 지가 만나는 사이가 모든 조화가 일어나는 기틀이다."[46] 새싹은 봄에 돋아나지만 그것이 새싹으로 발산할 수 있는

---

46 『朱子語類』卷6: "仁爲四端之首, 而智則能成始而成終. 猶元爲四德之長, 然元不生於元

힘은 이미 겨울부터 종자 안에서 축적되어 왔던 것처럼 사물의 이치를 부단히 궁구하는 지의 작용이 없다면 인의 실천도 생겨나지 않는다는 말이다. 이런 의미에서 그는 "만약 이 지가 없다면 이 인은 일어나지 못 한다"[47]고 하여 지의 중요성을 부각시킨다. 심지어 인처럼 지 또한 나머지 세 덕을 자신 안에 포함하고 있다고까지 말한다. "지는 본래 인·의·예를 간직하고 있으니 오직 지가 이렇다. 이렇게 인·예·의가 지 안에 간직되어 있다. 마치 원형리정에서 정이 지에 해당되는데 정이 원·형·리의 의미를 안에 간직하고 있는 것과 같다."[48] 마치 종자 안에 생명의 산출·성장·성숙의 정보가 담겨 있는 것처럼 이치를 궁구함으로써 획득한 지식에는 인·의·예에 관한 내용이 두루 포함되어 있다는 것이다. 격물치지에 대한 강조의 근거를 자연생명 운동의 원리에서 찾아내는 대목이다.

마지막으로 천지의 원과 사람의 인이 나머지 덕을 모두 자기 안에 포함하고 있다는 명제의 구체적 의미를 분석해보겠다. 정명도는 "의·예·지·신은 모두 인"[49]이라고 했으며, 특히 정이천은 "사덕의 원은 오상(五常)의 인과 같으니 치우쳐서 말하면 한 가지 일이되 오로지 그것만 가지고 말하면 네 가지를 포함한다"[50]고 말한 바 있다. 천지의 만물을 산출하는 덕과 인간 내면의 인은 똑같이 좁게 보면 사덕 중의 하나이지만, 넓게 보면 사덕을 모두 자신 안에 포함하고 있다는 뜻이다. 주자는 "만약 그가 이렇게 말하지 않았다면 어떻게 이 점을 알 수 있었겠느냐?"[51]

而生於貞. 盖天地之化, 不翕聚則不能發散也. 仁智交際之間, 乃萬化之機軸."

47 『朱子語類』卷20: "若無這智, 便起這仁不得."

48 『朱子語類』卷53: "智本來是藏仁義禮, 惟是知恁地了, 方恁地, 是仁禮義都藏在智裏面. 如元亨利貞, 貞是智, 貞却藏元亨利意思在裏面."

49 『二程遺書』卷2上: "義禮知信皆仁也."

50 『周易程氏易傳』卷1: "四德之元, 猶五常之仁, 偏言則主一事, 專言則包四者."

51 『朱子語類』卷95: "若不得他如此說出, 如何明得?"

고 극찬할 정도로 정이천의 이 말을 무척 중시했다. 그리고 인이 어떻게 사덕을 포함할 수 있느냐고 그 구체적 의미를 묻는 물음에 이렇게 대답하기도 했다. "이는 『역』에서 잘 설명하고 있다. '원은 선의 우두머리'라고 말이다. 의·예·지는 선이 아닌 것이 없되 이것이 선의 우두머리이다."[52] 또 이렇게 말했다. "의·예·지는 인이 없으면 죽어버린다. 어느 곳에서 다시 의·예·지를 찾아낼 수 있겠는가?"[53] 인은 나머지 세 가지 덕이 각기 그 기능을 정상적으로 발휘할 수 있도록 통솔할 뿐만 아니라, 이 세 덕 자체의 존재를 가능하게 하는 전제라는 것이다. 인을 말하면서 원의 덕에 대한 설명을 근거로 제시하고 특히 인이 없으면 의·예·지는 죽어버린다는 말에서 우리는 인간의 사덕이 갖는 구조에 대한 주자의 설명이 천지가 행하는 생명운동의 이치에서 그 논리적 근거를 발견했다는 점을 간파할 수 있다.

실제로 그는 인이 사덕을 포함하고 있는 이치를 자주 자연의 영역에서 나타나는 기운의 성쇠에 빗대어 설명하곤 한다. 예컨대 천지의 만물을 산출하는 덕이 모든 선의 우두머리인 것처럼 인이 사덕을 포함하고 있다고 하지만 사계절에 걸쳐 천지가 만물을 산출하는 의미를 관찰해보면 음양의 기운은 늘 한쪽으로 치우쳐져 있는 것이 아니냐는 의문에 대해 그는 이렇게 대답한다. "그렇다면 가을과 겨울에는 모두 물을 낳는 기상이 없을 것이다. 다만 낳고 낳는 뜻이 거기에 이르러 쇠퇴한 것이다. 아직 다 쇠퇴하지 않은 곳에서는 양기가 여전히 존재한다."[54] 봄·여름에는 만물을 생장하고 번성하게 하는 천지의 밝은 양기가 성하고 가을·겨울에는 이 밝은 양기가 쇠약해지지만 그렇다고 해서 완전히 없어

---

52 『朱子語類』卷25: "『易』便說得好: '元者, 善之長.' 義禮知莫非善, 這箇却是善之長."

53 『朱子語類』卷25: "義禮知無仁, 則死矣, 何處更討義禮知來?"

54 『朱子語類』卷95: "如此, 則秋冬都無生物氣象. 但生生之意, 至此退了. 到得退未盡處, 則陽氣依舊在."

진 것은 아니고 그것은 미약하지만 여전히 존재한다는 것이다. 그렇지 않다면 자연생명은 모두 죽어버릴 것인 즉, 천지의 만물을 생육하는 기운은 비록 성쇠, 즉 강해지고 약해지는 차이는 있을지언정, 그 기운 자체는 사계절의 변화 저변에 면면히 흐르는 바, 따라서 천지의 만물을 산출하는 원(元)의 덕은 만물을 성장·성숙시키고 재생을 위해 준비케 하는 형·리·정의 덕의 전제가 된다는 말이다. "예컨대 사계절에서 봄의 낳는 기운이 없다면 여름이 와도 무엇을 자라게 하고 가을에 무엇을 거두며 겨울에 무엇을 간직하겠는가?"[55]라는 말은 바로 이런 의미인 것이다.

이러한 논리는 인간 내면의 사덕 중 인이 의·예·지를 포함함의 의미를 설명할 때에도 일관되게 구사된다. 인이 어떻게 사덕을 포함할 수 있느냐는 질문에 대한 아래 설명을 보라.

사람에게는 단지 이 하나의 마음이 있을 뿐이지만 그 안은 넷으로 나뉜다. 측은으로 논할 것 같으면 본래 그 측은한 정감일 뿐이로되, 마땅히 사양해야 할 상황에서는 사양하고, 불안할 때에는 부끄러워하고 미워하며, 분별할 곳에서는 시비를 가린다. 만약 안에 움직이는 것, 깨어 있는 것이 없다면 부끄러워하고 미워할 줄도 모르고 사양할 줄도 모르며 시비를 가릴 줄도 모를 것이다.[56]

앞서 천지가 발휘하는 기운의 작용은 산출·성장·거둠·간직함의 네 가지로 변화함에도 불구하고 그 과정 속에 생명의 낳음이 지속되는

---

55 『朱子語類』 卷53: "譬如四時, 若不是有春生之氣, 夏來長箇甚麼? 秋時又把甚收? 冬時又把甚藏?"
56 『朱子語類』 卷95: "人只是這一箇心, 就裏面分爲四者. 且以惻隱論之: 本只是這惻隱, 遇當辭遜則爲則爲辭遜, 不安處便爲羞惡, 分別處便爲是非. 若無一箇動底醒底在裏面, 便也不知羞惡, 不知辭遜, 不知是非."

현상으로부터 천지 자신이 지닌 사덕 중 생명 산출의 덕이 나머지를 자신 안에 포함한다는 점을 논증했던 것처럼 주자는 인의예지 또한 작용의 측면에서 네 가지 도덕정감의 관계를 관찰함으로써 인이 나머지를 자신 안에 포함한다는 점을 논증한다. 타인을 측은히 여기는 마음, 사양하는 마음, 자신의 잘못을 부끄러워하고 타인의 악행을 미워하는 마음, 옳고 그름을 분별하는 마음은 각각 인 · 의 · 예 · 지의 덕성의 발현이지만 타인을 측은히 여기는 마음이 바탕이 되지 않으면 사양도, 수오도, 시비도 모두 제 기능을 발휘하지 못한다. 측은이 없는 사양은 허례이고, 측은이 없는 수오는 자기 학대와 타인에 대한 증오이며, 측은이 없는 시비는 타인에 대한 냉혹한 재단이기 때문이다. 사양도, 수오도, 시비도 모두 그 정감의 발현은 사랑을 그 전제로 해야 하며, 살고자 하는 타인을 살리는 것을 그 최종 목적으로 해야 한다. 이렇게 타인을 측은히 여기는 정감이 네 가지 정감의 발현 과정 속에 면면히 흐르고 있으므로, 그 정감의 뿌리인 덕성 또한 인이 네 가지 덕성을 모두 포함하는 구조를 지닌다는 것이 주자의 생각이었다.

5. 맺음말

본문에서 필자는 주자의 인 개념이 지닌 자연생명론적인 의미를 집중적으로 규명했고, 나아가 그가 어떤 논리적 근거에서 인 개념을 가지고 천지와 인간의 덕의 일치를 논증하려 했는지도 분석해보았다.

끝으로 주자의 위와 같은 시도에 대해 평가해보고자 한다. 자연에는 수많은 생명이 존재한다. 생명은 그것이 생명인 한, 즉 살아 있는 한 끊임없이 운동을 하는데, 이 생명운동은 우선은 자기 자신을 위한 것이다. 생명은 자기 생장의 운동을 하며, 자기 생장의 의지를 지닌다. 주자는 이를 '생의'라 개념화했다. 자연이 이렇게 개별생명의 자기 생존과 번영을 위한 운동의 장으로만 간주된다면 자연은 근대인들이 그랬던 것처럼 약육강식과 적자생존의 정글로 생각될 수도 있을 것이다. 그러나 주자를 비롯한 도학자들은 각기 살고자 하는 생장의 운동이 펼쳐지는 자연에서 그 살고자 하는 생명을 살리는 보이지 않는 운동이 존재함을 간파했고 '천지의 덕'이라는 전통 관념을 계승하여 이 살리는 운동이 존재하는 까닭은 천지가 덕을 지니고 있기 때문이라 생각했다. 천지가 덕을 지닌다는 이런 생각은 천지 위에 어떤 의지와 목적을 지닌 신에 대한 생각으로 연결될 수도 있으나 그런 주재자로서의 천에 대해 주자는 유보적 태도를 취하면서 유학자답게 천지의 덕 혹은 마음이라는 관념을 자연생명론적인 차원에 제한해 이해하는데, 이런 의미에서 천지가 덕을 지닌다는 관념은 현대적인 언어로 풀이하면 자연이 내적인 가치를 지닌다는 의미에 가깝다. 주자는 이 자연이 지닌 내적 가치의 핵심을 인이라 규정했다. 개별생명의 차원으로만 보면 생명은 물론 탄생·성장·성숙뿐만 아니라 노쇠함과 죽음의 과정을 거친다. 그러나 주자는 개별 생명이 노쇠해지고 죽더라도 전체 자연생명의 차원에서는 여전히 자연의 생명 살림 운동이 중단된 적이 없음을 강조하며, 개별생명의 차원에서도 씨앗의 형태로 생명이 지속됨을 주장한다. 한마디로 말해 살고자 하는 생명을 살리는 것이 자연의 지배적 질서라는 것이다. 이렇게 자연을 생명의 눈으로 바라보고, 자연에 내적 가치가 있으며, 그 내적 가치는 생명 살림임을 간파한 점 등이 천지의 덕을 인으로 규정하는 주자 사상이 지닌 의의이다.

　자연의 본질을 인으로 규정함으로써 주자는 자연과 인간을 통합적으로 이해할 수 있게 되었다. 천지가 살고자 하는 생명을 살리는 것처럼 인간도 위험에 처한 생명을 보면 문득 측은히 여기는 정감이 생겨난다. 그리고 이렇게 측은지심이 생겨날 수 있는 까닭은 맹자의 말처럼 모든 사람이 선천적으로 인의 덕성을 지니고 있기 때문이다. 또 자연에서 일어나는 모든 변화의 이면에는 생명 살림의 의미가 면면히 흐르고 있는 것처럼 인간의 모든 도덕적 실천 또한 타인 및 자연물을 살리려는 측은 지심이 토대가 되어야 한다. 요컨대 자연 자체가 인하여 생명 살림의 운동을 하므로 사람 또한 인한 본성에서 우러나오는 타인과 자연물을 살리는 실천을 해야 한다는 것이다. 인간이 도덕적으로 살아야 하는 근거를 인간 내면의 덕성뿐만 아니라 자연에도 두고 있으며, 생명을 살리는 도덕적 실천 또한 타인뿐만 아니라 자연물로까지 확장되어야 한다는 논리이다. 이런 의미에서 진래(陳來)는 "인학(仁學)은 인간학일 뿐만 아니라 인간이 자연을 어떻게 대할 것인지에 관한 학문이기도 한다. 따라서 송명 유자들의 인학에는 생태학적 지향이 포함되어 있으며 독특한 생태철학 체계와 생태적 세계관을 발전시킬 수 있다는 점을 부정할 수 있는 사람은 없다"[57]고 주장한다. 인간이 지켜야 할 도덕적 가치를 자연의 가치와 연결하여 통합적으로 사유하고 있는 점, 나아가 인간의 윤리적 실천을 사회적 관계에만 제한하지 않고 자연으로까지 확대시킨 점 등이 자연과 인간을 통합적으로 이해한 주자 사상이 갖는 의의이다.

그러나 인 개념을 중심으로 자연과 인간을 통합적으로 이해하려 한 주자의 사상에는 다음 두 가지 문제점 또한 존재하는 것 같다. 첫째, 주자가 자연과 인간이 지닌 가치를 통합적으로 사유하면서 자연과 인간이 공통적으로 지닌 핵심적 가치를 인으로 요약한 것은 매우 성공적이었으나, 나머지 덕목들, 즉 형·리·정과 예·의·지 사이의 일치에 대한 논증은 부자연스러운 면이 있다. 그는 주로 음양 이론을 동원해 '원형(元亨)'과 '인예(仁禮)'는 똑같이 밝게 드러나는 기운이 지배적이고, '리정(利貞)'과 '의지(義智)'는 차가운 기운, 수렴하는 기운이 지배적이라는 점을 가지고 일치를 주장하는데, 엄밀히 말해 이는 이미지의 유사성이지 내용적 일치는 아니다. 인의예지와 원형리정의 일치를 논증하려면 차라리 이렇게 말하는 것이 낫다. "인은 살려는 생명을 살리려는 측은지심으로

---

57 陳來, 『中國近世思想史硏究』, 商務印書館, 2003, 49쪽.

나타난다. 의는 생명을 마땅한 방법을 통해 자라게 함이다. 예는 열매를 사양하면서 분배함이다. 지는 이러한 생명노동의 논리를 씨앗의 형태로 간직함이다."[58] 자연의 생명산출의 덕과 인간의 측은지심이 성공적으로 연결될 수 있었던 까닭은 양자의 연결고리에 생명 개념이 있었기 때문이다. 그런데 의ㆍ예ㆍ지에 대한 주자의 설명에서는 생명 개념이 그저 비유의 의미로만 사용되고 있기 때문에 각각의 연결이 부자연스러운 것이다.

둘째, 자연운동을 생명의 산출ㆍ성장ㆍ성숙ㆍ재탄생을 위한 준비의 과정으로 보고 그 총체적 원리를 인으로 규정함으로써 자연을 사랑과 조화로 충만한 세계로 묘사하는 것이 틀린 것은 아니지만, 자연 생명운동의 실제적인 모습이 과연 그렇게 조화롭기만 한 것인지에 대해서는 의문이 든다. 예컨대 곡식은 씨앗으로, 물고기는 새끼로, 사람은 자식으로 재생한다고 말하지만 과연 새 생명과 그 모체 사이에 연속성만 존재하는 것일까? 또 예컨대 모든 생명은 자신이 살기 위해 다른 생명을 먹을 수밖에 없는데, 그렇게 한 생명이 다른 생명을 먹는 일을 조화롭게만 볼 수 있을까? 물론 이런 물음이 주자의 자연에 대한 생명론적인 접근과 인간과 자연에 대한 통합적 이해의 정당성에 대한 부정은 아니지만, 위 물음 또한 직시하고 적절히 대답할 수 있을 때 우리는 개체를 본위로 하고 약육강식의 질서에 주목하는 사유의 합리성 및 한계 또한 파악하여 지양할 수 있을 것이다.

---

58 이준모, 『밀알의 노동과 공진화의 교육』, 한국신학연구소, 1994, 116쪽.

저자 약력

| 안재호

약력

북경대학교 철학박사

현 중앙대학교 철학과 부교수

주요 학술활동

저서 『공자曰, 공자는 이렇게 말했다』, 『왕부지철학』, 『신유가철학 비판』

역서 『송명성리학』, 『모종삼교수의 중국철학강의』, 민음사 四書 시리즈

논문 「奇大升之朱子學管窺」, 「花潭徐敬德之氣學"時中"論淺析」, 「陽村權近之'天人心性合一'論淺析」, 「The Significance of Toegye's Theory on "Manifestation of Principle"」 외 다수

| 김한상

약력

서울대학교 철학박사

현 명지대학교 철학과 조교수

주요 학술활동

역서 『정산 이병휴의 시와 철학』(공역), 『성호 이익의 심경질서』(공역), 『다산 정약용의 상서고훈』(공역)

논문 「Critique of the Theory of Nature (xing) and Principle (li) in the Philosophy of Zhu Xi : Matteo Ricci and Chong Yagyong」, 「The Primacy of Li (Principle) in the Neo-Confucian Philosophy of Zhu Xi」, 「[중용]의 '參贊化育'과 교황회칙 [찬미받으소서(Laudato Si')] 의 비교적 고찰」 「체용론과 주희 철학의 태극 개념에 대한 고찰」, 「東學의 사유에 드러난 새로운 형이상학의 가능성 검토」 외 다수

| 연재흠

약력

북경대학교 철학박사

현 공군사관학교 항공우주연구소 학술연구담당

주요 학술활동

논문 「주희의 충서관 연구」, 「주희 독서론 연구」, 「주희의 마음에 관한 이론 연구」 외
   다수

| 홍성민

약력

고려대학교 철학박사

현 한국외국어대학교 철학과 부교수
   한국외국어대학교 철학문화연구소 소장

주요 학술활동

저서 『감정과 도덕: 성리학의 도덕감정론』, 『감정의 인식론적 고찰』, 『欲望與修養』 외
   다수

역서 『기대승의 주자문록』, 『역주와 해석: 성학십도』

논문 「Aging, Cultivation, and Transcendence in Confucianism」, 「Horizontal
   and Vertical Frames: Linguistic Analytic Elucidation of Neo-Confucian
   Debates」, 「理氣經緯의 형이상학과 도덕적 인간학」 외 다수

| 신정근

약력

서울대학교 철학박사

현 성균관대학교 유학동양한국철학과 교수
   성균관대학교 유학대학장
   인문예술학회장

주요 학술활동

저서 『동양철학의 유혹』, 『사람다움의 발견』, 『철학사의 전환』, 『노자의 인생강의』,
   『중용이란 무엇인가』 외 다수

역서 『공자씨의 유쾌한 논어』, 『동중서의 춘추번로: 춘추-역사해석학』, 『백호통의』, 『중국미학사』 외 다수

논문 「동아시아의 이상향 연구 Ⅰ」, 「노자는 앎을 부정하는가?」, 「유교 경전의 확립 과정연구」 외 다수

| 김도일

약력

University of Toronto 철학박사

현 성균관대학교 유학동양한국철학과 부교수
성균관대학교 유교문화연구소 소장
성균관대학교 유학동양한국철학과 4단계 Brain Korea 21 교육연구단 단장

주요 학술활동

저서 『시대 속의 맹자, 주제 속의 맹자』(공저), 『제자백가의 다양한 철학흐름』(공저) 외 다수

논문 「유교 가족주의의 이중성-파벌과 권위주의의 유가(儒家)적 기원」, 「순자(荀子)는 패도(覇道)를 용인했는가?」, 「QIAN 謙 IN EARLY CHINESE THOUGHT」 외 다수

| 김동민

약력

성균관대학교 철학박사

현 성균관대학교 유학동양한국철학과 조교수
한국유교학회 회장

주요 학술활동

저서 『춘추논쟁』, 『우리들의 세상 논어로 보다』(공저) 외 다수

역서 『공자개제고』(전5권), 『국가와 백성 사이의 漢』, 『동양 고전과 역사, 비판적 독법』 외 다수

논문 「胡安國의 『춘추』 해석을 통해 본 宋代 春秋學의 특징」, 「『春秋淺見錄』에 보이는 權近의 『춘추』 이해」 외 다수

| 강진석

약력

북경대학교 철학박사

현 한국외국어대학교 중국외교통상학부 교수

주요 학술활동

저서 『체용철학』, 『중국의 문화코드』, 『처음 읽는 중국 현대철학』 외 다수

역서 『진래교수의 유학과 현대사회』

논문 「Yi Toegye's Reverent Seriousness and Philosophical Therapy」, 「다석 류영모 사상의 중문번역과 이에 대한 고찰」, 「퇴계의 도체관 연구」 외 다수

| 김재경

약력

성균관대학교 철학박사

현 조선대학교 자유전공학부 부교수

주요 학술활동

논문 「1인 가족 시대에 '유교적' 삶의 의미 모색」, 「격물과 윤리적 딜레마」, 「공자의 뒷담화와 그 피드백 효과」 외 다수

| 김상준

약력

컬럼비아대학교 사회학박사

현 경희대학교 공공대학원 교수

주요 학술활동

저서 『맹자의 땀 성왕의 피』, 『미지의 민주주의』, 『유교의 정치적 무의식』, 『코리아 양국체제』, 『붕새의 날개 문명의 진로』 외 다수

| 황종원

약력

북경대학교 철학박사

현 단국대학교 철학과 부교수

주요 학술활동

저서 『한국을 다시 묻다 : 한국적 정신과 문화의 심층』(공저), 『처음 읽는 중국 현대
　　철학 : 캉유웨이에서 리쩌허우까지, 현대 중국을 이해하는 첫걸음』(공저)

역서 『논어, 세번 찢다』, 『펑유란 자서전』 외 다수

논문 「이택후의 '자연의 인간화' 및 '인간의 자연화' 개념에 대한 비판적 고찰」, 「양계
　　초의 격의 서양철학에 관한 연구」, 「맹자의 '행기소무사(行其所無事)' 원칙과 성
　　론(性論)에 대한 생태 철학적 접근」 외 다수

수록된 논문의 원출처는 다음과 같다.

안재호, 「朱熹의 理는 本體인가? - 리 개념의 여러 문제 정리」, 『유교사상문화연구』
71집, 2018, 27~50쪽.

김한상, 「體用論과 朱熹 철학의 太極 개념에 대한 고찰」, 『유교사상문화연구』 74집,
2018, 255~284쪽.

연재흠, 「朱熹 哲學에 있어 '知覺'의 意義」, 『한국철학논집』 18집, 2006, 173~212
쪽.

홍성민, 「義外說 비판을 통해서 본 朱子 도덕 인식론의 특징 -陸象山과 비교를 중심
으로-」, 『유교사상문화연구』 69집, 2017, 225~252쪽.

신정근, 「주희의 仁과 知 관계에 대한 해법 ─ "멍청한 仁者"의 문제를 중심으로 ─」,
『동양철학 연구』 81집, 2015, 105~140쪽.

김도일, 「朱子의 『大學』 해석에 있어서의 실천의 문제 - 왜 止於至善은 독립된 강령
인가?」, 『퇴계학보』 136집, 2014, 289~318쪽.

김동민, 「朱子의 『春秋』 해석과 그 특징」, 『유교사상문화연구』 68집, 2017, 167~
198쪽.

강진석, 「解釋學의 立場에서 바라본 朱子學」, 『유교사상문화연구』 36집, 2009,
31~71쪽.

김재경, 「격물과 윤리적 딜레마」, 『유교사상문화연구』 78집, 2019, 7~40쪽.

김상준, 「'다른 근대'와 주희 주권론의 현재성」, 『유교사상문화연구』 66집, 2016,
247~283쪽.

황종원, 「주자 인(仁) 개념의 자연 생명론적인 의미」, 『유학연구』 29집, 2013,
352~377쪽.

주제 속 주희, 현대적 주희

초판 1쇄 인쇄 2021년 11월 25일
초판 1쇄 발행 2021년 11월 30일

지은이 황종원 · 김도일 외
펴낸이 신동렬
펴낸곳 성균관대학교 출판부

등록 1975년 5월 21일 제1975-9호
주소 03063 서울특별시 종로구 성균관로 25-2
대표전화 02)760-1253~4
팩스 02)762-7452
홈페이지 press.skku.edu

© 2021, 유교문화연구소

ISBN 979-11-5550-495-6 94150
978-89-7986-493-9 (세트)

잘못된 책은 구입한 곳에서 교환해드립니다.